COLLECTION FOLIO

Henry de Montherlant

La Rose de sable

Édition définitive

Gallimard

AVANT-PROPOS

Je ne suis pas de ces heureux lascars à qui on offre tout de go la forte somme pour qu'ils écrivent un roman ; que la forte somme inspire, vous pensez ! qui s'installent dans un hôtel et en sortent quinze jours après avec leur dernier chef-d'œuvre. La Rose de sable fut commencée en août 1930, achevée en février 1932 (j'avais donc de trente-quatre à trente-six ans), et entre ces dates je ne comprends pas les «préparations», auxquelles je m'étais mis bien avant. Hormis les chapitres VIII et IX, écrits à Paris, l'ouvrage avait été composé en entier à Alger, au 35 du boulevard Saint-Saëns, et dans divers bleds.

On voit dans la préface de Service inutile *comment, venu en Afrique du Nord (la première fois en octobre 1926) pour des raisons de climat et d'«exotisme», bientôt je ne m'y étais plus intéressé qu'à la condition faite aux indigènes*[1].

---

1. Nous avons laissé, bien entendu, dans la présente édition, la terminologie de 1930 qui figure dans l'original: «Arabes» pour l'actuel «musulmans nord-africains», «nègres» pour l'actuel «noirs», etc. Nous reprenons «indigènes» dans cette préface nouvelle, le mot n'ayant nullement le sens péjoratif que certains croient y voir. «*Indigène*. Qui est originaire du pays.»

Ce fut, en 1930, l'*Exposition coloniale de Paris* qui, par contrecoup, me décida à écrire un roman dont un des personnages incarnerait la lutte entre le colonialisme le plus traditionnel et l'anticolonialisme.

Entre 1926 et 1930, j'avais acquis une assez bonne connaissance des choses du pays. Dès 1928, je me proposais de rejoindre Tripoli, depuis Tunis, avec une large virée à travers le bled, et par mes propres moyens : une malheureuse piqûre contre la peste, faite avant mon départ, m'envoya en clinique et me fit renoncer à ce projet, la saison devenant trop avancée. Par la suite, je séjournai trois fois dans l'extrême Sud : une fois sous mon nom, deux fois sous mon patronyme, et alors inconnu de tous (du moins en principe).

On peut voir aussi, dans la préface de Service inutile, les raisons qui me firent renoncer à publier La Rose de sable une fois achevée.

En juin ou juillet 1934, à Paris, un de mes confrères, je ne sais plus lequel, m'annonça par téléphone qu'un jury littéraire, dont il faisait partie, venait de m'attribuer le Prix de la Fondation tunisienne, fondé par M. Peyrouton, alors Résident général en Tunisie. J'ignorais tout de ce prix. Je sus par le confrère qu'il comportait une somme de vingt mille francs (environ un million d'anciens francs en janvier 1968), plus un mois de séjour « aux frais de la princesse » en Tunisie, mais avec l'obligation d'écrire un ouvrage sur la Tunisie, ouvrage conçu, évidemment, dans le sens politique que l'on devine.

Comme je venais de passer deux ans, ou plutôt bien davantage, en comptant les préparations, à composer une œuvre dont le principal personnage découvrait l'anticolonialisme, il était piquant de recevoir ce prix, accompagné de la consigne que j'ai dite. Voilà ce que *c'est que de n'être pas très loquace sur ce qu'on fait et ce qu'on écrit. Alors qu'on m'attendait pour le classique cocktail, je refusai le prix. On pourrait retrouver tout cela dans les quotidiens parisiens de l'époque.*

Au début de 1938, je jugeai nécessaire de mettre La Rose de sable *à l'abri de la tempête qui s'annonçait. La photocopie n'était pas née, et je crois que j'ignorais l'existence de la ronéotypie. Sous le titre* Mission providentielle, *et sous le nom inventé de François Lazerge, je fis imprimer par E. Ramlot et Cie, 52, avenue du Maine à Paris, soixante-cinq exemplaires de* La Rose de sable, *dont cinq sur Hollande, tous numérotés et hors commerce (achevé d'imprimer du 25 avril 1938), et dispersai ces exemplaires chez des amis, dont quelques-uns vivant à l'étranger. Aucun de ces volumes, à ma connaissance, n'a été mis en vente, ni de la main à la main, ni sur catalogue, ni d'aucune autre façon. Ce qui prouve, soit dit en passant, qu'il y a quelquefois du feu sans fumée. On ne parle que de la fumée sans feu.*

Du manuscrit imprimé sous le titre Mission providentielle *j'avais supprimé un certain nombre de passages, allant de quelques lignes à quelques pages, qui me paraissaient indésirables même dans une impression d'un caractère aussi privé. La dactylographie des passages supprimés a été conservée par moi. Mais je ne suis pas un littérateur à secrétariat. Je ne sais ce que sont devenues ces pages dactylographiées, et ne les ai même pas recherchées. On les trouvera après ma mort, ou on ne les trouvera pas et, si on les trouve, on en fera ce qu'on voudra.*

Entre 1938 et 1940, je fis sur mon exemplaire personnel de Mission providentielle *une révision partielle — manuscrite — du texte, dont j'ai tenu compte dans l'établissement de la présente édition. La partie non revue en ce temps-là a été revue pour la présente édition en 1964. Les corrections ne sont le plus souvent que de petites coupures ou des corrections de style.*

Tant de choses aujourd'hui sont des impostures, que toutes sont suspectes d'en être. Je dépose donc à la Bibliothèque Nationale trois photocopies de cet exemplaire corrigé. Ceux qui le voudront pourront s'assurer que les corrections faites en 1938-1940, et en 1964, sont de peu d'importance.

Sur les cinq cent quatre-vingt-sept pages dactylographiées du manuscrit de La Rose de sable, *deux cent cinquante ont paru en 1954, aux éditions Plon, sous le titre* L'Histoire d'amour de «La Rose de sable»: *c'est l'intrigue amoureuse du roman, détachée de sa partie politique. Le roman, dans le texte qui est publié ici, a paru en 1967 en édition de luxe à tirage très restreint (Lefebvre, éd.), illustré de compositions d'André Hambourg.*

*

En lisant La Rose de sable, *il faut se souvenir sans cesse de trois points:*

1° Que c'est mon premier roman «objectif», antérieur aux Célibataires, *commencés en 1933. Mes deux romans qui l'ont précédé,* Le Songe *et* Les Bestiaires, *étaient des autobiographies à peine déguisées. Dans* La Rose, *je cherche à créer des personnages distincts de moi. Je mets en eux des traits que je trouve en moi. Et d'autres traits qui sont exactement le contraire de ce que je pense, de ce que je sens, de ce que je suis.*

2° Que cela est écrit dans le climat algérien *de 1930-1932, dont les jeunes générations d'aujourd'hui n'ont aucune idée. Je note ceci particulièrement à l'intention des Nord-Africains qui pourraient me lire. Le principal personnage du roman évolue en leur faveur. Cependant je parle d'eux, quelquefois, d'une façon qui pourra les choquer. Mais j'ai parlé des Espagnols, pour qui l'on sait assez mon amitié, d'une façon qui pouvait les choquer eux aussi* (La Petite Infante de Castille, Le Chaos et la nuit), *et dont ils ne se sont pas choqués, alors qu'on les dit si susceptibles. Quant aux Français, dans tous mes livres, comment ne les ai-je pas traités! Ici, de même qu'ailleurs, je parle des êtres humains — que je cherche ou que je ne cherche pas à les étudier en profondeur, — avec amusement, avec pointe, avec désinvolture. C'est une façon allègre de voir et d'écrire, qui fait partie de ma disposition, qui ne porte pas à conséquence, et dont nul ne doit s'offenser.*

3° Que cela est écrit dans le climat général de 1930-1932. Mussolini et le nazisme à ses débuts ne cessaient d'attaquer la France, de la présenter sous le jour le plus insultant. L'Italie ne cachait pas ses visées sur la Tunisie. Un jour, le sénateur Duroux, propriétaire de L'Écho d'Alger, *passant avec moi devant l'immeuble de son journal, me dit:* «Penser qu'un jour cela sera italien ou allemand!» *En publiant un livre dont le personnage principal portait un jugement sévère sur l'occupation française en Afrique du Nord, j'aurais fait sans nul doute le jeu de l'ennemi. On me dira:* «Vous a-t-il fallu dix-huit mois (le temps de sa composition) pour vous en apercevoir?» *Je répondrai:* «Je ne me suis rendu compte de la débilité de la France, et du caractère inéluctable d'une prochaine guerre, qu'à mon retour dans la métropole, en février 1932. Encore une fois, je vous renvoie à la préface de* Service inutile. »

Cependant, en 1933, je suggérai dans l'hebdoma-
daire Marianne qu'on élevât, à Alger, une statue aux
Arabes morts en défendant leur pays (article recueilli
dans Service inutile). En 1934, j'envoyai le montant
du Grand Prix de Littérature de l'Académie française,
qui venait de m'être décerné, au général Giraud, alors
commandant en chef au Maroc, en lui demandant de
le distribuer «partie aux soldats français victorieux,
partie aux dissidents marocains vaincus, puisque
après tout, des deux côtés, on a fait son devoir également». En 1935, je protestai, toujours dans Marianne,
contre l'expédition italienne en Éthiopie. C'était indiquer assez ma position à un public qui ignorait La
Rose de sable, sans attaquer la France.

En 1946, j'écrivais Le Maître de Santiago, dont le
héros condamne la conquête des «Indes» par les Espagnols: «Les colonies sont faites pour être perdues.
Elles naissent avec la croix de mort au front», etc.

Le gouvernement français s'étant résolu, en 1955, de
rendre aux musulmans nord-africains l'Afrique du
Nord, je n'avais pas à intervenir ensuite dans une partie dont l'issue avait été décidée à l'avance. Surtout au
moment où l'armée française souffrait et mourait pour
une cause sacrifiée, en d'autres termes: souffrait et
mourait pour rien.

J'ai toujours dit et écrit que La Rose de sable serait
publiée le jour où elle ne serait plus qu'un document
historique. Après trente-cinq ans, ce jour me paraît
venu. Il y a grand intérêt, pour les œuvres et pour les
hommes, à n'être pas d'actualité.

*

« *Les grands esprits, tous assez puissamment consti-
tués pour pouvoir considérer toute chose dans sa double forme*» (Balzac), conçoivent l'abandon de l'Algérie
indifféremment en tragédie grecque ou en conte de Vol-
taire. De mon point de vue, son importance est moins
politique que philosophique. Avoir vu cela assainit
l'esprit : impossible désormais d'ignorer de quel train
va le monde. Dans X années, peut-être, une vaste croi-
sade sera entreprise par les nations d'Europe pour
reconquérir leurs anciennes colonies, au nom de l'idéalisme. Les choses seront faites extrêmement bien : intox
à l'échelle internationale, hymnes, bannières, adhésion des grandes puissances tant occultes que spiri-
tuelles. Non cependant sans guerre de manifestes,
digne de La Guerre des boutons. Des enthousiasmes,
de l'héroïsme, une peine infinie, une douleur infinie,
de la mort seront répandus à gogo et de bon cœur,
comme sait le faire l'humanité quand elle s'y met.
Ceux qui ne seront pas d'accord seront fusillés.
Ensuite réhabilités. Ensuite des cérémonies commé-
moratives, des reconstitutions gonflées de mensonges,
des allocutions, des allocations, enfin tout. À moins
que les anciens peuples colonisés ne prennent l'initiative en sens contraire. Alors ils trouveront devant eux,
entre autres, cette France de cent millions d'habitants
qui nous est promise; comme on aime à dire en
France : qu'ils y viennent! Cependant (s'il en existe
encore) les hommes de l'alternance, de la Roue solaire,
du flux et du reflux, du sourire de la pensée la plus profonde, les maudits tranquilles qui siègent «en marge
des marées» contempleront une fois de plus ce très
vieux mouvement de l'univers, et murmureront avec
prudence en eux-mêmes la parole du Maître de Santiago : «Roule, torrent de l'inutilité!»

Pourquoi le monde est-il tragique? Le monde est tra-gique parce que les gens montent de toutes pièces des tragédies superflues, c'est-à-dire parce qu'ils ne sont pas sérieux.

1967.

La France extérieure est en proie à une crise morale, à un malaise politique, surtout en Indochine, qui a son origine dans la tendance que nous avons à considérer comme inférieures les races placées sous notre autorité. Il n'est pas juste de traiter les Berbères, Annamites, Arabes, Malgaches avec une condescendance dédaigneuse qui fait naître la haine et prépare les révoltes de demain.

LYAUTEY

PREMIÈRE PARTIE

LES CUEILLEUSES
DE BRANCHES

Allez! allez! il n'y a que les passions qui fassent penser.

Mme DU DEFFAND

I

Le lieutenant Auligny, assis — ce matin du 25 mars
1932 — à la terrasse d'un café espagnol du petit
Socco, qui est le carrefour principal de Tanger, se
sentait la civilisation incarnée. Ces Juifs aux sourires
doucereux, avec des barbes «de huit jours», qui rendaient grises leurs faces blêmes, et toujours des chapeaux melons (les seuls de la ville), et toujours des
jaquettes noires ocellées de taches, et par là-dessus
des noms d'anges : Benoliel, Benamour... ; ces notables marocains, fameux tartufes, portant sous le bras
leurs tapis de prière, qu'Auligny appelait leurs *sous-
c...*, du nom que lui et ses camarades donnaient jadis
aux petits tapis qu'ils emportaient en classe, pour
s'asseoir dessus ; ces Anglais précédés de leurs
grands mentons et de l'odeur sucrée de leurs cigarettes ; ces gosses arabes costumés en berlingots,
leurs jambes grêles toujours cabossées par d'affreux
furoncles, et qui, si Auligny faisait le geste de chasser
une mouche, accouraient, pensant qu'il les appelait ;
ces Espagnols aux yeux de Japonais, aux visages grê-
lés par la petite vérole, aux casquettes noires et aux
doigts velus : tout lui paraissait ridicule (avec cette
réserve que les Anglais, qui lui paraissaient ridicules

en tant qu'individus, il les respectait en tant que peuple). Chaque passant, aussi, lui semblait porter sur le visage, comme un masque, sa hargne nationale. Il trouvait que les Français étaient les seuls, avec leur air doux et gobeur, oui, *hélas*, les seuls qui montrassent des traits détendus.

De l'autre côté du carrefour se dressait, s'affaissait plutôt, l'agence d'une maison de crédit française. La maison était vétuste, et comme certaines physionomies de grues, trahissait par son seul aspect le défaut de clients. Sur sa façade on lisait l'inscription : « Fondée en 1865 ». Eh ! pourquoi le dire ? cela se voyait bien. On imaginait qu'à l'intérieur les employés, le mobilier, les méthodes bancaires, tout datait de 1865 ; que l'horloge devait être arrêtée depuis 1865. L'idée de revendiquer l'avancement à l'ancienneté ne détonnait d'ailleurs pas trop dans cette Tanger très Maroc XIXᵉ siècle, dans cette Tanger-la-délaissée, où les indigènes, en 1927, ne savaient pas ce qu'est un chemin de fer. De la maison sortit un barbifère bas sur pattes, ses vêtements fatigués, tenant en laisse deux chiens de dame, aux colliers ornés de faveurs roses. Quand ils eurent fait pipi, il rentra. C'était le directeur de l'agence.

Ce personnage apparut au lieutenant comme un symbole de la stagnation française, des abandons français, du laisser-aller français, car dans Auligny cohabitaient en une union sans nuage ces deux propositions : l'une, qu'en France tout allait à vau-l'eau, et l'autre, que la France était la première nation du monde. « Les visages de mes compatriotes, qui sont les seuls visages débonnaires parmi ces visages de toutes les races qui me passent ici sous les yeux, confirment ce qui est l'évidence pour toute personne de bonne foi : que la France est quasiment la seule nation d'Europe qui n'ait pas d'impérialisme. Et cependant c'est elle qu'on accuse d'être impérialiste, afin de lui faire honte d'elle-même, et qu'elle renonce encore à quelque chose de plus !» Et, devant la méchanceté et l'injustice de l'étranger à l'égard de son pays, le lieutenant Auligny eut un serrement de cœur.

Toutes les cinq minutes, le même galopin espagnol, désignant du doigt ses bottes, lui demandait : «*Limpiar ?*» À la fin, il cria au garçon (espagnol) :

— Tu ne vas pas faire foutre le camp à ce moineau-là !

Le garçon regarda Auligny un instant, puis tourna le dos sans répondre. En France, Auligny aurait dit «vous» au garçon, mais il disait «tu» à celui-ci parce qu'il était Espagnol, comme il eût fait en parlant à un Arabe, parce que, pensait-il, «Bicots et Espagnols, tout ça c'est la même graine».

En face du café, sur le seuil d'une petite gargote indigène, qui étalait le panonceau prétentieux d'un club de *futbol* également indigène, décoré d'armoiries de prince du sang (influence espagnole) et d'où sortaient les claquements de mains cadencés de la joie arabe, un superbe nègre était assis, vêtu à la marocaine : vestaquin aux broderies dorées, séroual[1] très lâche, d'un mauve tendre, chaussettes vert d'eau, souliers jaunes, européens, sortant de chez le bon faiseur, tout cela d'une propreté irréprochable. Et cette élégance suspecte, comme ces yeux qu'il coulait à droite et à gauche, les appuyant avec insistance sur certains visages, respiraient à la fois l'entremetteur

1. Pantalon «de zouave».

suspect et l'indicateur de police. «Rien que pour sa dégaine, je le ferais coffrer, si j'étais quelque chose ici, se disait Auligny. Mais ouiche! C'est lui qui fait coffrer, et non qu'on coffre, et qui fait coffrer des Européens!» Quand le nègre, se levant, mit familièrement la main sur l'épaule d'un officier espagnol, le sang d'Auligny ne fit qu'un tour: «Et en public! Quels cadavres faut-il qu'il y ait entre eux!»

Maintenant, près de la table d'Auligny, deux Européens venaient de s'asseoir, qui causaient en italien. Jusqu'alors il n'y avait eu à cette terrasse que des Espagnols, qui regardaient avec dédain les Français, parce que ceux-ci buvaient leur café pur, et des Français qui trouvaient du dernier ridicule que les Espagnols prissent le leur avec du lait. C'est sur de pareils faits que sont fondées les haines de races. Auligny ne voyait l'un d'eux que de dos, assez cependant pour remarquer qu'il avait le bras gauche en écharpe; mais l'autre personnage lui faisait face, homme d'une quarantaine d'années, aux petites moustaches noires, la chaîne de montre passée dans la boutonnière du revers et rejoignant dans la poche un mouchoir de soie violette; une cravate multicolore portant des initiales brodées, des bagues voyantes à ses doigts boudinés. Le lieutenant ne comprenait, de ce qu'ils disaient, que le mot *donna* — femme — qui revenait sans cesse, et il était exaspéré par leurs accents toniques évanescents: Auligny se sentait les nerfs râpés par quiconque ne parlait pas français. «Encore des maquereaux, se dit-il avec dégoût. Ah! vivement le Maroc français! Un pays où les hommes ne s'appellent plus Raphaël!» Une *maestra* au mufle bestial, qui passait, s'arrêta et engagea la conversation avec les deux inconnus; les syllabes évanescentes firent place à un crépitement de mitrailleuse ; on parlait espagnol à présent.

Parfois, quelques mots français réchauffaient Auligny comme un rayon de soleil.

— Monsieur, c'est la vérité vraie, disait le personnage aux moustaches. À Constantine, en 1927, on pouvait faire une passe pour vingt sous.

Il y eut encore de l'italien et de l'espagnol, puis l'homme qu'Auligny voyait de dos haussa la voix :

— Non, non, plus de petites Juives ! Pour qu'elles se réveillent encore, au milieu de la nuit, comme l'autre, en criant : « Élie ! Élie ! » Le Golgotha à domicile, non !

Auligny crut reconnaître cette voix, se pencha un peu, et poussa une exclamation :

— Guiscart !

— Et alors ! fit l'interpellé, à la mode algéroise. Et ils se serrèrent les mains.

— Une blessure au bras ?

— Oh ! rien... Je suis tombé dans un escalier.

— Et qu'est-ce que tu fais ici ? demanda Auligny. Mais l'autre, sans répondre, se tourna vers son compagnon et le présenta :

— Le signor Caccavella, qui veut bien conduire ma voiture quand j'ai la sottise de m'en servir.

Il désigna la maestra.

— La señora Delgado, qui me fait quelquefois la faveur de venir chez moi épousseter les objets. La seule femme au monde à qui j'aie donné mon numéro de téléphone. Il est vrai que les autres finissent toujours par l'apprendre, de sorte que je suis obligé d'en changer chaque année... Alors, en service au Maroc ?

— Depuis ce matin. Je rejoins Casa, d'où l'on

m'enverra quelque part dans le Sud, je ne sais encore où... mais certainement quelque part où l'on se bat.

— Oh! mais c'est gentil, ça...

Cette réponse décontenança un peu Auligny.

— Et toi, qu'est-ce que tu fais à Tanger? demanda-t-il de nouveau.

— M. Destouches jouit de la vie, dit le chauffeur, qu'Auligny ne regarda même pas, pour lui donner une leçon. Auligny aimait bien les humbles, mais préférait les convenances. Cependant Guiscart, de la tête, faisait un signe d'assentiment.

Pierre de Guiscart avait été camarade de collège d'Auligny pendant la guerre. Ils ne faisaient pas partie de la même classe — Guiscart était l'aîné, de trois ans, — mais ce petit «four» du quartier Monceau ne comprenant pas plus d'une cinquantaine de garçons, tous se connaissaient. À quinze ans, Guiscart, interne, avait sauté le mur (1916), et n'avait plus reparu à l'école. Par hasard, ils s'étaient rencontrés dans la rue, peu après l'armistice, Auligny alors en «troisième», Guiscart, engagé volontaire à dix-sept ans, mais arrivé sur le front six semaines avant le 11 Novembre, de quoi cependant en rapporter un brin de citation. Depuis, ils ne s'étaient pas revus, mais Auligny apprenait par les journaux que Guiscart s'était «fait un nom» dans la peinture. Il exposait, ses toiles faisaient de beaux prix, on voyait dans les feuilles sa photographie, et des interviews où il lui était demandé ce qu'il pensait de «la Révolution», des «États-Unis d'Europe», de la réforme du jury, enfin de toutes les questions dans lesquelles la peinture vous donne une compétence.

Quant à la peinture de Guiscart, Auligny ne la

connaissait que par des compositions ornant des ouvrages de luxe, ouvrages que lui avait montrés son médecin, qui avait horreur de la lecture, n'éprouvait nul plaisir des couleurs ni des lignes, n'entendait rien à la typographie, mais était bibliophile. Auligny avait jugé que «certainement il avait du talent, mais qu'il le gâchait à plaisir par snobisme».

— Croyez-vous qu'il soit sincère? avait demandé le médecin, qui avait entendu poser cette question à propos d'un peintre, et la trouvait excellente à replacer.

Et Auligny, jetant un nouveau regard sur les images:

— Non, ce n'est pas possible qu'il soit sincère.

L'autre raison pour laquelle il faisait peu de cas du talent de Guiscart, c'était que, lorsqu'ils s'étaient rencontrés en 1918, Guiscart était en tramway (et en seconde, encore!).

Auligny, ayant approché sa chaise de celle de Guiscart, admira sa stature, ses épaules, son teint hâlé, couleur de flamme, plus sombre que ses cheveux châtains, mais dont l'ardent soleil avait décoloré, sur le sommet de la tête, une mèche par-ci, une mèche par-là, ce qui lui faisait une chevelure comme tigrée. Auligny, qui savait vivre, dit alors la phrase rituelle que les usages commandent de dire aux artistes:

— Tu travailles beaucoup?

Car, dans les pays civilisés, l'honneur est dans le travail, et un vieux petit retraité de Fontenay-aux-Roses, qui n'a rien à faire qu'à arroser ses salades, se sentira vexé si vous ne l'abordez pas avec un soucieux: «Toujours très occupé?»

— Ici, je ne travaille pas du tout, ou presque pas. Je jouis de la vie, comme te l'a dit M. Caccavella. Je n'éprouve aucun plaisir à travailler. Pendant que je travaille, mon seul sentiment est : « Pauvres fleurs (ou « pauvres êtres ») qui, dehors, embaumez en vain, pendant que moi je suis collé à ma toile, comme une mouche à une m… ! Quelle folie de vous trahir ! Et la vie passe, et l'âge vient. »

— Mais enfin, tu travailles bien quand même ! Tu as des expositions, des livres illustrés… On voit ton nom souvent.

— Je travaille quand je ne peux pas faire autrement. L'été, la chaleur me fait revenir deux mois à Paris, où la vie est si laide que la question de jouir d'elle ne se pose plus. À Paris, il n'y a pas de tentations ; alors j'y travaille. Le reste du temps je vis en Méditerranée. Là, je ne prends mes pinceaux que quand je ne peux rien faire d'autre : quand je suis fatigué de l'aventure ; — ou les jours où il pleut ; — ou les jours où j'ai trop mal au pied. J'ai en effet le bonheur, le bonheur pour « mon art » (il dit « mon art » avec une intonation burlesque), d'avoir les pieds sensibles. Quand j'ai roulé pendant huit jours, j'ai les pieds dans un tel état qu'il me faut rester une journée en pantoufles, et alors je travaille. Ce qui me fait toujours quatre jours de travail assurés par mois. Ah ! la Providence a pensé à tout, du moins en ce qui me concerne.

Auligny se sentait offensé. Ce qu'il ne comprenait pas, parce qu'il ne l'avait pas ressenti, ou croyait ne pouvoir le ressentir, il disait que c'était du chiqué. Les paroles de Guiscart provoquaient en lui la même réflexion qu'avait provoquée sa peinture : « Ce n'est pas sincère. »

— Enfin, pourtant, ta carrière…

— Ce mot n'a pour moi aucun sens. Quand j'étais jeune homme, je me préoccupais d'elle, en effet.

Qu'est-ce que tu veux, personne ne nous apprend à jouir : on ne cultive en nous que la vanité. À vingt-cinq ans, j'ai fait une découverte qui a métamorphosé mon existence : je me suis rendu compte que l'ambition est une passion bourgeoise. De ce jour date pour moi une vie de liberté et d'insouciance, où je respire tout ce qu'il y a d'agréable dans le monde, et ne fais que cela. Tu comprends, j'ai *besoin* d'être heureux. Jamais, à aucun moment, dans aucune circonstance, je n'ai regretté d'avoir cherché *d'abord* à être heureux. J'ai tout sacrifié à cela : foyer, carrière, considération. J'aime le bonheur. Je l'ai toujours pris à l'instant où je pouvais le prendre. Je ne l'ai jamais remis au lendemain. C'est toujours *le reste* que j'ai remis au lendemain.

— C'est drôle, je ne vois jamais ton nom, dans le journal, qu'avec des commentaires désobligeants, dit Auligny, mi-figue, mi-raisin.

— Les hommes qui se connaissent pour peu de chose ont besoin de la considération. Mais ceux qui savent ce qu'ils valent n'ont que faire de la considération ; elle ne leur apprend rien. Quant à la notoriété ! Je hais ce côté sordide des hommes qui surveillent leur notoriété comme un titre de rente, anxieux si elle monte ou baisse, et en détachent des coupons sous forme de petits honneurs périodiques. Moi, il n'est rien de ce que j'aime qui m'ait été apporté par la notoriété : tout ce qui m'a fait plaisir dans la vie pouvait être obtenu simplement avec de la santé, de l'argent, de l'indépendance et de l'absence de préjugés. Aussi, dans la notoriété, je crois prudent de rester à mi-chemin. Je ne prends d'elle que ce qui est une aide pour certains petits détails de la vie pratique. Au-delà, elle me deviendrait une charge.

C'était bien par amour du plaisir que Guiscart avait renoncé à son ambition. Mais il taisait l'autre raison, qui était qu'il ne voulait pas plier, ni dépendre. La vanité attend tout, et la fierté rien; à elle seule elle comble la place.

— Il a dû y avoir des peintres, jadis, qui vivaient pour la gloire…, dit Auligny.

— La gloigloire! Je ne donnerais pas vingt mille francs pour que mon nom passe à la postérité.

Auligny méprisa Guiscart. Pour lui, un artiste devait sacrifier sa vie à son art. Il avait toujours entendu dire cela, et dès lors le trouvait bon.

— Si tu es célibataire, et n'aimes pas ton art, quelle est ta raison de vivre?

— Ma raison de vivre est la possession amoureuse. (Guiscart dit un mot beaucoup plus court.) «Quelle est votre raison de vivre?» Personne n'ose répondre: «Le…» On préfère dire: «La vie est sans raison», et «philosopher» avec une amertume de bon aloi.

Ils étaient entourés de crachats, de mouches, des papiers qui avaient enveloppé les morceaux de sucre, et de petits garçons espagnols. Ceux-ci stationnaient devant eux, suppliant qu'on leur laissât prendre les morceaux de sucre laissés dans le sucrier, qu'ils dési-gnaient de l'index droit. Des Juifs d'affaires, genre parisien, avec des dents de lama qui leur pointaient hors de la bouche, et tout frétillants, comme des chiens, du désir de lier conversation, dévisageaient Auligny — figure nouvelle, — se demandant s'il res-terait à Tanger, et en ce cas ce qu'on pourrait tirer de lui. Mais Auligny regardait surtout le curieux spec-tacle donné par le sergent de ville espagnol en fac-tion au petit Socco. Il ne se passait pas un quart d'heure sans qu'un gosse arabe, gros comme le poing, ne vînt à lui en glapissant pour se plaindre de ceci ou cela — un croc-en-jambe, un bonbon dérobé — avec mille fois plus d'éclat que si on venait de le violer. L'agent se courbait, l'écoutait, puis, majestueusement, se dirigeait vers le coupable, autre moutard gros comme le poing. Un rassemblement se formait, les «calèches» s'arrêtaient, les explications duraient cinq bonnes minutes. On eût dit que le seul office de ce sergent de ville européen était d'être bonne d'enfants, et d'enfants arabes.

Caccavella, qui avait deviné Auligny, dit:

— Les Espagnols ils sont beaucoup trop gentils avec les Arabes. Les Français, c'est à coups de matraque, et ça marche bien mieux.

Cet hommage rendu à son pays réconcilia le lieutenant avec Caccavella.

— Je ne sais si c'est partout comme cela au Maroc, dit-il, mais je trouve que les Arabes d'ici sont d'une impudence! Hier, au grand Socco, je voyais deux gamins espagnols, de la bourgeoisie, qui s'étaient mis au premier rang du cercle d'Arabes qui entourait des bateleurs chleuhs. Un garçon arabe, à peine leur aîné, les a poussés hors du cercle, aux rires de toute l'assistance. Aujourd'hui, même endroit, le conteur arabe a appuyé le bout de son bâton, doucement mais fermement, contre le ventre d'un gosse espagnol venu lui aussi au premier rang, et l'a repoussé ainsi derrière tout le monde. Le gosse a filé sans rien dire. Moi-même, tout à l'heure, je bouscule un peu, sans le vouloir, une petite fille arabe: elle me fait un geste de violent mépris, et comme de malédiction. Vous ne trouvez pas cela intolérable?

— Vous ne verrez cela qu'à Tanger, dit Caccavella. Les Arabes de Tanger sont beaucoup fiers, et méchants, parce qu'on leur laisse croire qu'ils sont les maîtres, et qu'ils voient les Européens se manger tous entre eux.

Guiscart se taisait. Auligny lui dit :

— Naturellement, tu es arabophile, cela ne se demande pas. Un peintre...

— Je ne vois jamais se rapprocher du paquebot les blancheurs bleues de la casbah de Tanger, ou cette grande digue de maisons du front de mer d'Alger, sans une vaste espérance, qui me fait battre le cœur contre le bastingage. Quand, chaque année, je remets le pied sur le sol d'Afrique, s'il n'y avait pas du monde, je me prosternerais et je le baiserais. Mais suis-je arabophile ou non ? Je n'en sais moi-même rien.

— On devrait te confier la rédaction des prochaines affiches du recrutement. Déjà les actuelles ne sont pas mal. As-tu remarqué la formule ? On promet aux jeunes gens «une vie plus large et plus indépendante que dans la métropole». En somme, avoue-le, c'est ce que tu viens chercher en Afrique.

— Je trouve en Afrique un ton vital plus haut et plus virulent qu'en France, et où je me sens plus à mon aise.

— Seulement, d'après ce que j'en vois depuis deux jours, c'est le matériel humain qui ne me paraît pas ici très digne d'intérêt.

— Tiens, dit Guiscart, voilà un son nouveau. Généralement, les étrangers, avec les Arabes, c'est réglé. Quand ils arrivent, ils sont arabophiles. «Quelle noblesse, ces Arabes ! Tous l'air de princes ! Les gens d'ici se conduisent avec eux comme des brutes...» Un jour, leur domestique arabe les vole. Alors : «Race maudite ! Sales, voleurs, feignants, menteurs, ingrats, vérolés, sauvages avec les femmes, sauvages avec les animaux… Ah! on n'est pas encore assez dur avec eux!» Plus tard, quand on a vécu quelques années dans le pays — et voici la huitième année que j'y reviens — on se dit: «Ils ont des défauts que n'ont pas les Européens. Et les Européens ont des défauts qu'eux n'ont pas. Tout ça, ça se vaut.» Mais la nécessité pour les hommes de lettres, c'est-à-dire pour tous les Français, de tracer un *portrait* de l'Arabe quand tout portrait se trace par des différences, les a amenés à exagérer ces différences et à créer une véritable caricature de l'Arabe, qui a aujourd'hui force de poncif. Peu importe même si les traits de cette caricature se contredisent du tout au tout. C'est ainsi qu'un cliché dit: «La justice est la seule langue que nous puissions leur parler», tandis qu'un autre cliché affirme qu'ils «ne comprennent que la force», ce qui est exactement l'opposé. En réalité, les Arabes, ou plutôt les Berbères, sont des Méditerranéens comme les autres. L'Arabo-Berbère ne diffère pas beaucoup plus du Français que l'Anglais ou l'Allemand ne diffère du Français. J'ai eu une éducation anglaise, je parle anglais couramment; par ailleurs j'ai été nourri de l'antiquité, je sais le latin et le grec… Eh bien, je ne me sens pas plus dans un autre monde, quand je suis à Fez ou à Kairouan, que je ne me sens dans un autre monde quand je débarque à Londres ou à Rome.

Auligny, qui tenait pour des boutades tout ce que disait Guiscart, ne répondit pas directement, mais hasarda:

— Il y a cependant unanimité pour leur accorder une bonne somme de défauts…

— C'est que, chaque défaut de l'un d'eux, on en

rend responsable toute la race. Si ton domestique
français te vole, tu ne dis pas: «Sales Français!» ni
«Sales Bretons!». Tu dis: «Quel vaurien!» Mais si
ton domestique arabe te vole, tu dis: «Sales Arabes!
Les voilà bien! etc.» Bien plus, si tu es employeur
européen, et qu'il te passe cinquante Arabes entre les
mains, et que de quarante-neuf tu n'aies pas à te
plaindre, tu n'y prendras pas garde; mais si le cin-
quantième se conduit mal, voilà l'antienne mise en
marche: «Sale race! Rien de bon à en attendre!»

— Alors, ils ne seraient pas plus voleurs que les
autres?

— Voici du moins mon expérience personnelle.
En huit ans, j'ai eu à mon service trois Français,
dont l'un tenta chez moi un cambriolage en règle.
Dans le même temps, j'ai eu comme cuisiniers,
convoyeurs, boys, etc., trente-sept Arabes. Un seul, à
ma connaissance, m'a volé — de trente francs. Je ne
donne pas cette proportion pour une moyenne; je
constate ce qui m'est arrivé. Tu dis: «… plus voleurs
que les autres». Ils ne sont pas, en général, «plus»
ceci ni «plus» cela que les autres. Ils sont luxurieux,
mais pas plus que nous autres; ils ont sur ce chapitre
des ignorances, des dégoûts et des pudeurs que nous
n'avons pas. Ils sont sauteurs, mais pas plus que les
Français. Ils sont cruels avec les bêtes, mais pas plus
que les autres Méditerranéens: Espagnols, Italiens,
Provençaux. Fanatiques? Si c'est être fanatique que
de croire à sa religion, et ça l'est pour nous, bien sûr,
qui ne croyons pas à la nôtre. Nous étions aussi
«fanatiques» qu'eux il y a deux cent cinquante ans;
ça nous est passé; ça leur passera peut-être. Fatalistes? Pas plus qu'aucun peuple ne le serait dans
leur cas, dominés qu'ils sont par des autocrates

depuis deux mille ans. Et d'ailleurs les simples sont partout fatalistes. Mais nous aimons bien insister sur leur «fatalisme»; en effet, s'ils sont fatalistes, ils ne souffrent pas, et, s'ils ne souffrent pas, nous pouvons leur faire endurer le pire avec la conscience tranquille. On leur a mis sur le dos tout ce qu'on a voulu, parce qu'ils n'avaient pas les moyens de se défendre devant l'opinion. Pense donc, un peuple sans presse ! C'est pain bénit de le calomnier. Et le calomnier était politique, puisqu'il s'agissait de l'évincer.

— Quel peuple ne calomnie pas le peuple avec lequel il est en guerre ?

— Les colonisateurs ont une autre raison de calomnier particulièrement les colonisés : ils se sentent dans leur tort à l'égard d'eux. C'est là une vieille loi, et sans doute une des plus viles, de la nature humaine. Quand le consul Deval le prit de haut avec le dey — d'où le coup d'éventail, — c'était déjà parce que la France se savait en faute à l'égard du dey[1]. Deval était déjà dans le ton, et le donnait pour un siècle à nos relations avec les indigènes.

Ici seize lignes supprimées.

Depuis vingt minutes qu'ils étaient là, Guiscart s'était fait apporter trois fois un nouveau verre d'eau glacée. Entre-temps, il buvait du lait chaud. Et on lui

---

1. Guiscart fait allusion aux fortifications bâties par la France dans son entrepôt commercial de La Calle (Algérie), malgré la promesse faite au dey de ne pas fortifier cette ville, et au non-paiement par la France, après trente-trois ans, des sept millions de blé fournis par le dey aux armées de la République : le dey ignorait l'usage selon lequel, en Europe, les dettes de guerre n'engagent pas l'honneur. Les causes de notre intervention en Algérie furent résumées en trois mots, à la Chambre des Pairs, par M. de Laborde : «Nous volons le dey. Il proteste. Alors on le tue.»

apportait aussi, du café maure d'en face, des verres
de thé à la menthe. Il expliqua que le même thé était
meilleur, bu dans un verre, que bu dans une tasse, et
d'autant meilleur que les parois du verre étaient
plus minces. Quant à la diversité de ces boissons, elle
signifiait que nous devons faire notre bien des objets
les plus disparates, sans nous préoccuper s'ils
«jurent» d'être ensemble. Il en était là de ces «boniments d'esthète» (ainsi les nommait Auligny), quand
soudain Auligny vit le chauffeur donner un violent
coup de coude à son patron, puis, se levant précipitamment, disparaître à l'intérieur du café. Guiscart
jeta un regard vers la rue, saisit un journal qui était
posé sur la table, le déplia avec fièvre, et, l'étalant
largement, bras tendu, dissimula derrière lui son
visage, en faisant signe à Auligny, d'un clin d'œil, de
ne pas broncher. Il avait la tête baissée, les yeux baissés, le visage serré, comme s'il attendait de recevoir
un coup. Après un instant, il glissa un regard au
dehors, et replia le journal. Il avait pâli.

— J'ai pâli, hein ? Pourtant je n'ai pas peur. Mais
il vaut mieux que nous partions d'ici. Se promener
dans ces grandes villes de la Méditerranée, c'est tout
à fait comme de naviguer parmi les éclatements
d'obus. Un type dangereux qui ne vous a pas aperçu,
c'est comme un obus qui est tombé non loin de vous
sans vous toucher. Dans la plupart de ces villes, je ne
peux plus m'asseoir sur un banc ou à une terrasse de
café : je suis toujours obligé de porter un journal
dans la main, pour être prêt à m'en servir comme tu
viens de voir. À... à... peu importe la ville... je ne
peux plus sortir qu'en auto, pour pouvoir, s'il le faut,
filer rapidement. C'est qu'il y a quantité de gens sans
aveu... (il ricana). Sans aveu ! Quand ils sont tout le

temps à avouer! Bon. Allons prévenir le père de famille.

— Le père de famille?

— Caccavella. Il a dix enfants. C'est pourquoi je l'appelle: le père de famille.

Guiscart alla parler à l'Italien, qui sortit du café par une porte donnant sur une rue transversale, et s'en fut. Guiscart et le lieutenant remontèrent vers le grand Socco. Auligny observait que le regard de Guiscart restait fixé très loin en avant, comme s'il le faisait aller en éclaireur pour reconnaître à temps l'ennemi, et ce regard, toujours mobile, balayait la rue en demi-cercle, ainsi qu'un projecteur. Il y avait des changeurs derrière leurs petites tables, et rien qu'à la façon dont ils vous regardaient, à dix pas, on sentait s'aplatir son gousset. Sur le seuil du café français, des garçons sales, avec des moustaches de suicidé, des garçons dont on voyait tout de suite qu'ils ne mettaient pas l'accent sur l'a[1], vous envoyaient au passage des brises d'aisselle. Le café français était naturellement le siège des seules «petites femmes» de la ville, ongle douteux et poitrine plate; elles chantonnaient à mi-voix pour indiquer qu'elles se donnaient — c'est le don qui fait la chanson, — et on eût dit un concert sourd de seringues et de crécelles; leur stupidité, lentement, faisait tourner les cafés-crème. Un jeune garçon français, encore à l'âge des culottes courtes, et son père, étaient attablés à la terrasse devant deux absinthes. Auligny regretta de n'avoir pas remarqué plus tôt cette maison française.

---

1. Les Espagnols écrivent *Tánger*, et les Français *Tanger*. Français et Espagnols se disputant l'influence à Tanger — sous la bouche des canons de Gibraltar, — l'accent sur l'a est tout un programme, et comme tel excite les passions.

C'est là qu'il se fût arrêté, pour faire gagner de préférence des compatriotes.

Ils traversèrent le grand Socco, où se tenait un
marché indigène. De dolents faiseurs de poussière
prenaient encore trop au sérieux leurs fonctions de
balayeurs: que ne laissaient-ils la poussière tranquille! D'obèses dignitaires du commerce, et des bri-
gands parasites, vendaient qui trois ou quatre crottes,
disposées devant lui, qui trois ou quatre poignées de
poussière, disposées devant lui, ou d'autres choses
qui n'avaient de nom dans aucune langue, et étaient à
peine des choses, et toujours en quantité infime, car
l'acheteur marocain n'achète que dans cette mesure,
afin d'avoir à revenir sans cesse, et ainsi de perdre
davantage son temps. Des gosses arabes, s'offrant
comme porteurs, suivaient Auligny et Guiscart, parfois leur mettaient la main sur le bras, leur répétant:
«Qué'que chose?» ou bien: «Dis! Dis!», comme un
oiseau qui fait son cri. Décidé depuis longtemps à
acheter, chaque Européen marchandait toujours,
avec les formules rituelles de l'Afrique du Nord: «Tu
me prends donc pour un Américain? etc.» Un Français faisait l'acquisition d'une branche de mimosa,
sortait un carnet de sa poche et marquait la dépense:
«Mimosa: 0 fr 25». Une toute petite fille arabe était
arrêtée devant un éventaire. En passant derrière elle,
Guiscart, doucement, posa l'extrémité de l'index sur
sa nuque. Elle se retourna et sourit. Alors il lui donna
une *perra gorda* (deux sous espagnols), et il expliqua à
Auligny: «Je lui ai donné deux sous pour avoir touché
sa peau.» Ensuite il fut ravi en extase par un chien
jaune qu'il découvrit, à vingt mètres de là, assis sur
son derrière devant la porte d'un café indigène. «Je te
demande pardon, mais il faut absolument que j'aille

caresser ce chien... une seconde... » Il alla caresser le chien, pendant qu'Auligny grommelait : « Cette perpétuelle affectation... »

Aux voyageurs nostalgiques, les gramophones devraient offrir des disques qui par le son, en une minute, reconstitueraient l'atmosphère de certaines villes. Pour Grenade, on entendrait les chants gitans du Monte Sagrado, martelés par le battement des mitrailleuses qui s'exercent toujours hors de la ville. Il y aurait un *Tunis le jour*, avec les courts gémissements de bête blessée du train de la Marsa, inoubliables ; un *Tunis la nuit*, plein des sonnailles des « calèches » parcourant les rues. Le disque de Venise serait pris à la fin du jour, quand le clapotis de l'eau se mêle aux accents de *Tannhäuser* que la musique emplumée de bleu joue sur la place Saint-Marc, et les claquements d'ailes de milliers de pigeons à ceux des oriflammes flottant à l'arrière des yoles où les jeunes gens reviennent de la haute mer. Le disque d'Alger serait pris à une heure, au square Bresson, quand les saute-ruisseau juifs jouent à la « pelote » (— « Un bôlide ! — Qué chicaneur ! — Oïoïoï ! — Mâlheur ! »). Le disque de Tanger aurait pu être enregistré au moment où les deux Français se trouvaient au centre du grand Socco. Les trilles des flûtes arabes luttaient avec les roulements rageurs des minuscules tambours de l'infanterie espagnole. Puis un chant allègre, fier, vif, jaillit hors de cette mélopée monotone, un son tendu, droit comme une lame : un clairon français appelant à la soupe. Là-dessus arriva une troupe de boy-scouts italiens, revenant de la campagne. Ils marchaient au pas cadencé, et les premiers sonnaient de petits bugles. Nombre d'entre eux tenaient à la main une branche d'olivier, et ces symboles de paix,

accompagnant le pas de parade et la fanfare belli-
queuse, faisaient un cocktail d'assez de saveur, très
Europe-entre-deux-guerres. Et voici qu'au-dessus de
tout cela s'éleva la voix du muezzin de la grande mosquée, une voix émouvante de vieillesse, qui s'arrêtait
quelquefois au milieu d'une phrase mélodique, parce
que l'homme reprenait son souffle. Auligny déclara
qu'il en avait les oreilles écorchées, que cela n'était
rien de plus que «des gueulements et des dégoise-
ments». Quand le vieillard se tut, aussitôt une autre
voix lui succéda dans le lointain. Comme des chiens
qui s'excitent l'un l'autre dans leurs aboiements, cette
seconde voix parut remettre la première en train;
toutes deux psalmodièrent. «Ils ne s'arrêteront donc
jamais! grogna Auligny. Pas étonnant que le soleil se
couche quand il entend ça: il est écœuré.» Il conclut
enfin: «La religion qui admet de tels braillards se fait
une singulière idée de Dieu.» Guiscart dit qu'il véri-
fiait, une fois de plus, que c'est dans leur religion surtout que les nations déplaisent aux étrangers.

Des femmes arabes, complètement pliées en deux,
le dos horizontal, des enfants les chargeaient de four-
rage, comme un âne. Une d'elles, très vieille, qui
était assise sur le rebord du trottoir pendant qu'on la
chargeait, ses efforts pour se mettre ensuite debout
avaient une telle analogie avec ceux d'un animal,
qu'on s'attendait à voir le gamin la frapper à coups
de trique. Et c'était peut-être son fils.

— Quelle honte! dit Auligny. Une civilisation qui
tolère cela est jugée.

— Bah! les femmes ont, en Europe, une situation
supérieure à celle qu'elles méritent. Ici elles en ont
une inférieure. Cela se compense.

Devant eux ils voyaient la mer, que la perspective

suspendait au-dessus de la ville ; d'un seul regard ils embrassaient l'Europe et l'Afrique, l'Atlantique et la Méditerranée, avec, les joignant, pâle dans le crépuscule, le détroit, comme un bras nu de femme. Au-dessus de la ville éteinte, il n'y avait plus de lumineux — touché par les rayons du soleil à demi disparu — qu'un grand drapeau anglais érigé sur le toit d'une banque, et qui frémissait sans qu'il y eût de vent, comme par son mouvement propre, comme par toute l'âme dont il était imbu ; et puis, dans le fond, une autre Angleterre encore : Gibraltar encapuchonné de nuages comme un faucon.

Guiscart se prépara à prendre congé.

— J'ai cru comprendre, dit Auligny, par ce que tu disais à la bonne femme espagnole, que tu as ici un chez-toi...

— Oui... euh... c'est-à-dire, je suis chez des amis, hors la ville, dit Guiscart, semblant décontenancé par cette phrase si simple. Où pourrai-je t'écrire ? demanda-t-il, avec une amabilité mécanique, et comme s'il voulait qu'Auligny comprît bien que c'était là une phrase sans conséquence.

Auligny donna son adresse. Et Guiscart, à son tour :

— Écris-moi à Alger, poste restante. Alger est ma tanière. C'est là que je reviens, entre deux vadrouilles. Les Français d'Alger étant des gens parfaitement naturels et sains, c'est-à-dire nullement excités sur les arts ni les lettres, Alger est la seule ville de l'Afrique du Nord où l'on me fiche la paix, où l'on ne m'invite pas à déjeuner, etc. Adieu.

Auligny se trouva seul, au bord du marché peuplé d'ombres. Sur le sol, entre les éventaires, de douces petites flammes s'étaient allumées, chacune d'elles entourée d'une feuille de papier qui tamisait sa lueur.

Auligny était de ces hommes qui, ne pouvant pas supporter la solitude, et jugeant qu'il est «petit garçon» de se coucher à dix heures (en quoi il se montrait, précisément, très petit garçon) s'abaissent aux pires niaiseries pour occuper une soirée. Après dîner, il musa un peu, jeta un coup d'œil sur le programme du Kursaal, s'arrêta devant une petite affiche misérable, dont il ne sentit pas la drôlerie, car elle annonçait, en français :

MADEMOISELLE CHEIKA HABIBA

a fait les plus gros efforts pour pouvoir arriver à imiter les plus célèbres artistes du monde artistique théâtral.

Mais, malgré sa réelle envie d'assister à ce qu'il appelait «une danse du ventre», malgré une phrase alléchante prononcée par un de ses voisins, Français, s'adressant à un compatriote : «L'éclairage n'est pas mal. On peut voir jusqu'au sixième rang qu'elle a un grain de beauté sur la cuisse droite», il ne se décida pas. La pensée de traîner son uniforme dans un lieu douteux, et cela sous l'œil de l'étranger, cette pensée, jointe peut-être à une certaine timidité qu'il ne s'avouait pas, l'arrêta. Il erra au hasard, et se trouva enfin sur la plage, où la première silhouette qu'il aperçut au loin fut celle de Guiscart, se promenant seul, et qui, après un instant, remonta et pénétra dans un très modeste hôtel du front de mer.

Auligny décida que Guiscart serait son entraîneur; ensemble, ils iraient voir Mlle Cheika Habiba. Il se sentait de l'hostilité pour Guiscart, surtout parce

qu'il discernait obscurément que lui, Auligny, était
venu en Afrique pour se donner, tandis que Guiscart
n'y venait que pour prendre. Mais en ce moment il
avait besoin d'un compagnon, n'importe lequel ; et
d'ailleurs, si quelque chose l'éloignait de Guiscart,
quelque chose, en même temps, l'attirait vers lui. La
patronne de l'hôtel était sur le pas de la porte, une
ménagère méridionale. Derrière elle, dans la salle à
manger, des chauffeurs d'autocars, la casquette sur
la tête, finissaient bruyamment de dîner. Un écriteau, suspendu au mur, portait l'inscription : « On est
prié de faire le plus grand silence », comme s'il
s'agissait du réfectoire de Solesmes. Mais quand
Auligny demanda M. de Guiscart, la ménagère
répondit qu'ils n'avaient pas de client de ce nom-là.

— Comment ! Je viens de le voir entrer. Un grand
monsieur, le bras en écharpe...

— M. Destouches ?

Auligny balbutia et s'éloigna. Tout d'un coup il se
rappelait le mot de Caccavella, qu'il avait oublié :
« M. Destouches jouit de la vie. » Le même mouvement, qui l'avait fait renoncer à la « danse du
ventre », l'écarta de Guiscart. Le lieutenant Auligny
n'aimait pas les choses louches. Et la croyance se
fortifiait en lui, que chez Guiscart il y avait quelque
chose de louche.

Dans sa chambre, à l'hôtel, « M. Destouches » était
occupé à détacher d'un complet neuf ces damnées
petites étiquettes de toile où les tailleurs inscrivent à
l'encre votre nom, et qui sont si propres à vous trahir
dans les circonstances délicates. D'écharpe il n'était
plus question, et il était très visible que son bras se
portait comme le Pont-Neuf. Il vit par la fenêtre Auligny s'éloigner, et devina la scène, qui le ravit, non

sans le mettre sur ses gardes, car l'acte de venir lui rendre visite sans avoir pris rendez-vous était taxé par lui d'inconvenance, quel que fût son degré d'intimité avec le coupable. «Il me paraît terriblement daim, pensait-il d'Auligny. Mais il est d'un bon modèle courant, qui doit faire de l'usage. Il en faut comme ça pour la frontière.»

II

Les Auligny sont une bonne famille bourgeoise du Mâconnais, qui a été toujours en s'anémiant depuis les dernières années de l'Ancien Régime, époque où un Auligny, robin à Mâcon, se fit cadeau du nom de sa terre, et devint M. de Bretteval par génération spontanée. Mais les autres Auligny trouvèrent qu'*Auligny* parlait d'honneur (ils voulaient dire : de vies honorables), tandis que *Bretteval* n'était rien, et battirent si froid leur bon parent qu'il rentra bien vite sa prétention. Il le fit le cœur léger, l'ayant eue plutôt par acquit de conscience, et content au fond d'avoir un prétexte pour se débarrasser d'un fantôme de rang, qui l'aurait forcé à se gêner.

Cette prétention fut la pointe la plus avancée que poussèrent jamais les Auligny, tous gens de caractère fort modeste, sans cesse occupés à renoncer à quelque chose, ce qu'ils font par pente naturelle, bien qu'ils le peinturlurent de christianisme, pour le faire passer mieux, car le monde n'aime pas ce genre-là. C'est ainsi qu'au décès d'un Auligny il est rare qu'on ne voie pas un des héritiers se dépouiller d'une part de son héritage en faveur du « bon Paul » ou de la « pauvre Léontine », et cela par pure magna-

nimité ; ou bien on donne jouissance de sa petite
maison de campagne à des cousins éloignés, qui
ensuite n'en veulent plus déguerpir ; ou bien, à frais
communs, on sert une pension à un vieux parent
pour qui les temps sont durs. Chacun se saigne, ce
qui en fin de compte appauvrit le sang de chacun. En
outre, pas mal de dignité se perd dans ces complai-
sances mutuelles. On «reçoit» des personnes
déchues, qu'il serait plus sage de ne recevoir pas ; on
offre l'hospitalité à des parents à progéniture nombreuse : la tenue se ressent de tout cela, le foyer tend
vers la chiennerie. Cette famille, qui depuis cent cinquante ans se détruit, le fait en partie par sa générosité, et notamment par son esprit de famille. La
noblesse des sentiments est un acide qui attaque les
blocs les plus solides.

Au cours du XIXᵉ siècle, les Auligny se sont alliés
cinq fois, si on peut appeler «s'allier» s'acoquiner à
des familles qui étaient *de* comme Charles Auligny
était de Bretteval, et à qui les ecclésiastiques et les
fournisseurs eux-mêmes, devant l'imposture par trop
visible, se refusaient à donner leurs pseudo-titres de
baron ou de vicomte, que seuls leurs parents vraiment nobles leur donnaient par charité.

Une des raisons qui entretiennent l'esprit de
modestie des Auligny, c'est leur manque de capacité :
jamais un Auligny n'a été quelqu'un de vraiment
intelligent. Cela passerait inaperçu, mais c'est que,
par là-dessus, ils sont tellement honnêtes ! Tout ce
qui est sans défense est une provocation ; l'honnêteté
en est une ; la société s'attaque à elle, comme la gale
s'attaque aux endroits du corps où la peau est la plus
tendre. Un jour la société le fit bien voir à Louis Auligny, père de notre lieutenant : soudain enragée

contre ce bon jeune homme, elle le marqua pour la vie, avec un casier judiciaire (1890). On peut raconter l'histoire en trois mots.

Un ecclésiastique qui lui avait donné des leçons de «philosophie» (si on peut dire), l'abbé Grippoy, s'était incrusté ensuite dans la famille Auligny, pour laquelle cela faisait partie de la religion, d'avoir quelquefois des messieurs prêtres à déjeuner. Quand Louis Auligny revint de l'armée, son volontariat accompli, l'abbé Grippoy offrit au jeune homme une situation inespérée : pour ce benêt de vingt et un ans, rien moins que d'être commissaire aux comptes, dans une société de textiles qu'on fondait. Le père objecta bien un peu : Louis était si jeune ! et la finance non plus que les textiles ne lui étaient choses très familières ! L'abbé assura qu'on ne voulait que le nom des Auligny, souhait des plus flatteurs, le Conseil d'Administration n'étant composé que de nobles. N'importe qui, devant un Conseil d'Administration composé exclusivement de nobles, eût jugé, même en 1889, que l'affaire était mort-née. Les Auligny y virent une garantie, et Louis accepta. Un an après, la société en faillite suspecte, ces messieurs du Conseil, faux cols sublimes et cheveu calamistré, furent convoqués devant le Tribunal, sans plus comprendre ce qui se passait qu'ils ne l'avaient compris depuis le début ; tous furent condamnés, hormis le seul coupable, noble de bon poil, mais qui savait nager, car tout arrive. Le crédit de l'abbé Grippoy sortit rayonnant de cette échauffourée. Laïc, M. Auligny le père l'eût mis à la porte, avec le pied quelque part ; prêtre, il le chargea de marier son fils, et seule une idylle imprévue de Louis Auligny avec Mlle Pétivier, fille du général Pétivier, empêcha

l'abbé Grippoy de toucher les trois mille francs que
M. Auligny lui avait promis, «pour ses œuvres», s'il
apportait un beau parti. Le saint homme gratta
quand même, d'un autre côté, ses trois mille francs, en
aidant cette fois à faire casser à Rome un mariage,
que d'ailleurs il avait fait.

Entre le casier judiciaire et l'idylle Pétivier
s'étaient écoulées pour Louis Auligny quatre mornes
années. Durant les deux premières, le jeune homme,
se croyant déshonoré, s'était retiré à la campagne
chez ses grands-parents. Que l'indélicatesse, ou une
vie dissipée, nous «retombent sur le nez», rien de
plus juste, pensait-il. Mais que l'innocence, non! Il
oubliait qu'il est tout à fait juste que notre bêtise
nous retombe sur le nez; mais de cela on ne convient
pas aisément. Puis, avec des amis, il mit de l'argent
dans une entreprise de fiacres, à G..., et s'occupa
de l'affaire avec une si robuste inconscience que,
de bonne qu'elle était quand il y entra, en deux
années il l'avait mise sur le flanc. Un coquin la
renfloua, mais Auligny y perdait ce que dans la
famille on appelait «la forte somme», une dizaine de
mille francs-or. C'est alors que Mlle Pétivier le vit,
l'aima, et, en vraie fille de général, le conquit tambour battant.

Que Mlle Pétivier, fille du général Pétivier (il avait
été la plus jolie moustache de sa promotion), ait
épousé un pékin, c'est-à-dire un péquenot, et tellement au-dessous d'elle par la situation et par le bien,
c'est une chose inexplicable. Mais la plupart des
mariages, vus avec un peu de recul, sont inexplica-
bles. Quoi qu'il en soit, quand la jeune Mme Auligny,
ayant repris ses sens, réalisa que son lit nuptial n'était
pas un sac de couchage, expliquons-nous, qu'elle

n'était pas l'épouse d'un militaire, elle en conçut contre Auligny une rancune et un dédain sourds qui devaient subsister pendant trente-cinq années de mariage. Cependant le premier acte d'épouse de cette femme énergique fut de procurer un emploi à son mari. Elle vit tout de suite que, incapable de diriger, il pourrait faire une carrière honorable en sous-ordre. Elle le casa dans l'administration des Finances, comme employé à la perception de L..., et, sitôt casé, intrigua pour le faire avancer.

Pendant deux ans, son espoir follement bercé ne se réalisa pas : celui d'avoir un fils, qui pût être officier. Une fille était née, qui la consola un peu : en mettant les choses au pis, Mme Auligny serait au moins belle-mère d'officier. Six années passèrent, et enfin Lucien, venant au jour dans un véritable délire de joie et d'orgueil, à croire que Mme Auligny était la première femme au monde qui eût enfanté un fils, sauva l'honneur des Pétivier. Il naquit général de brigade, on ne voulait pas moins, comme si les huit années où on l'avait attendu devaient compter pour son avancement.

Scrupuleuse comme une belette, susceptible comme une femme de ménage, avec cela une gorge de déesse, un port de tête, de l'abattage, quelque chose qui sentait la préfète, la poissarde et la tête couronnée, Mme Auligny était faite pour le règne. Sur L... toutefois elle ne régnait qu'à demi : M. Auligny était un peu pâle. La particularité de cette dame, c'était qu'elle était tout le temps en plein sublime. On ne sait si l'on peut dire que son rêve de jeune fille avait été d'être femme d'officier, ou s'il ne faut pas dire plutôt qu'il avait été d'être veuve d'officier, puisque alors, dans son imagination, elle ne se représentait

jamais son futur, un brillant officier de cavalerie, que
mourant dans une charge, la mort dans une charge
étant située à un degré d'héroïsme auquel les autres
morts seraient insolentes de prétendre, la mort d'un
officier à sa batterie, par exemple, lui étant nettement inférieure en valeur morale. Au cours d'une
vraie attaque «à la française» contre un ennemi «dix
fois supérieur en nombre» (elle n'admettait pas
moins), cet être exquis, chargeant avec pour toute
arme une cravache, était blessé. Mais il ne tombait
pas, qui eût été déchoir : il *s'étendait* pour mourir,
allumait une cigarette, tandis qu'un de ses hommes,
anarchiste dans le civil, lui faisait un rempart de son
corps, et lui disait de prendre son cheval. Plus tard,
l'homme, les larmes aux yeux, venait rendre visite à
la jeune femme («Ah! Madame, si tous les officiers
étaient comme lui!...») cependant qu'on lui faisait
servir un verre de rouge («Donnez-lui du rouge,
Marie, n'est-ce pas? Pas du blanc[1]!») à la cuisine,
comme au plombier, afin que, malgré l'attendrissement, les distances fussent gardées. Tel était le
sublime où vivait Mlle Pétivier, qu'elle n'imaginait
même pas que cette scène dût finir par un tapage.

Ces rêves ravissants occupèrent Mlle Pétivier de
1890 à 1895, et, dans la suite de sa vie, même quand
elle fut enchaînée à Auligny, ne se transposèrent que
peu. Tout ce qui était grand, difficile, héroïque, ou
simplement absurde, l'enivrait. Quand on citait
devant elle un trait de générosité, de bravoure, ou
seulement de violence, on la voyait boire les paroles,
de tout son visage tendu et palpitant, puis crisper
soudain les mains l'une à l'autre, tourner la tête de

---

1. Le vin blanc de table coûte, paraît-il, quelques sous de plus
que le rouge.

côté, avec un frisson et en haussant le cou, d'une façon telle que quelqu'un qui n'eût pas été familier avec l'idéalisme eût cru qu'elle venait de vider d'un trait une bouteille de limonade purgative; mais quelqu'un de familier avec l'idéalisme reconnaissait là une poussée trop forte de ce sentiment, lui «prenant sur les nerfs» et s'extériorisant par ces gestes.

Une femme sublime, qui est l'honneur de son mari, en est aussi la grande fatigue. Jeune homme, M. Auligny, si terne qu'il fût, n'eût souffert de personne qu'on lui damât le pion en fait de sublime : lui aussi on l'avait dressé à se monter le cou. Mais, sitôt marié, il avait été surclassé par sa femme sur ce chapitre-là, si bien que, pour garder une ombre de personnalité, il dut basculer dans l'autre sens. Sans le vouloir il était devenu d'autant plus pot-au-feu que sa femme était plus exaltée (allant même jusqu'à faire du mauvais esprit quand elle ne pouvait l'entendre), et avait fait peu à peu de sa placidité naturelle une sorte d'apathie entêtée, par réaction exaspérée contre ceux qui prennent les choses trop vivement. Néanmoins ne parlant jamais de sa femme que comme d'une personne supérieure. Mme Auligny, de son côté, n'avait aucune admiration pour les vertus de dévouement et d'entraide si frappantes chez les Auligny, vertus qui l'eussent touchée jusqu'aux larmes si elle les avait trouvées ailleurs que dans la famille de son mari. L'excellent caractère de M. Auligny se fit bientôt à tout cela, et il accepta en souriant qu'il fût entendu qu'il «ne sentait rien», et n'était pas à la hauteur.

(L'injustice de Mme Auligny à l'égard des Auligny n'épargnait pas un prêtre exemplaire, l'abbé Cournot, curé d'un village de l'Isère, et cousin de M. Auli-

gny. « C'est égal, pour être curé de village, il n'a pas
dû inventer le fil à couper le beurre, votre cousin. »
M. Auligny, lui, ne disait pas de mal de son cousin,
mais il ne parlait de lui qu'en rigolant, comme d'un
fantoche. Or, l'abbé Cournot était une manière de
saint : ni l'un ni l'autre de ces deux Auligny n'eût été
digne de dénouer les cordons de son soulier. Mais,
d'instinct, la sublime Mme Auligny et le brave
M. Auligny se sentaient du dédain pour cet homme,
parce qu'il avait pris au sérieux Jésus-Christ.)

M. Auligny passa trente ans dans l'administration,
vivant dans la crainte d'un événement inattendu qui
mettrait brutalement en évidence (il avait le mérite
de n'en pas douter) jusqu'à quel point il était inférieur à sa tâche ; toujours fidèle cependant à cette
grande honnêteté, qui lui avait joué de si méchants
tours. Mais il était l'honnête homme malgré lui.

Quand M. Auligny lisait dans le journal l'exposé
des scandales, des concussions, etc., fort abondants
durant les années qui précédèrent l'époque de ce
récit, il s'indignait et se lamentait sur la situation si
dure faite dans l'après-guerre à un homme qui n'est
pas un coquin. Toutefois, flétrissant la crapulerie, il
la flétrissait comme le renard les raisins ; avant de
flétrir, il y avait eu en lui un premier mouvement, qui
était le dépit : lui, jamais il n'eût su échafauder ces
escroqueries de grande envergure... lui, s'il s'y fût
hasardé, dès le début il se fût fait prendre... lui, il
n'avait jamais eu assez de crédit pour être seulement
de ceux à qui on offre des pots-de-vin... Alors
M. Auligny, enrageant de ne pas gagner de l'argent
par des moyens illicites, se rabattait sur cette idée
très juste, qu'il pouvait triompher dans le genre
désarmé. Quand on est incapable de s'insinuer dans

le jeu social, d'y devenir une puissance, ou seulement
de le comprendre, il ne reste plus qu'à devenir un
grand honnête homme. Rien n'est plus facile que de
jouer à l'honnête homme : les déçus de toute sorte
devraient se rappeler qu'il leur reste toujours cette
carte-là. Si le «Calomniez! calomniez!» est véridique, on peut dire aussi : «Posez à l'honnête homme.
Posez, posez sans défaillance. Il en restera toujours
quelque chose.» Quelqu'un qui répète plusieurs fois
par jour : «ma conscience», on hésite à l'accabler, on
se dit : «Au moins, il sait le mot, c'est déjà quelque
chose. Quand même, s'il avait une conscience?»

M. Auligny se rattrapait comme il pouvait de ne
savoir pas voler d'une façon digne de son rang. En
premier lieu il s'appropriait des feuilles de buvard
dans les bureaux de poste, et des plumes, à l'occasion une pelote de ficelle ou une bouteille d'encre, à
son administration. Notons que, si M. Auligny volait,
c'était pour se montrer à soi-même qu'il en était
capable, et non pour posséder ceci ou cela : il s'agissait essentiellement de se faire la preuve qu'on pouvait *rouler* quelqu'un. Aussi était-ce surtout dans les
rapports d'homme à homme, et lorsqu'un intérêt
était en jeu, qu'il se faisait un devoir d'être de mauvaise foi. Par exemple, dans ses relations avec son
fermier (il avait un petit bien, du côté de Mâcon).
C'est là qu'on le voyait en plein : naïf, à la fois, et
retors, et d'autant plus retors qu'il se sentait plus naïf
et plus incompétent, et ses rouries elles-mêmes portant la marque éclatante et comme le soleil de sa naïveté. Aussitôt que sur un point précis il était certain
d'avoir raison, il fallait voir comme il en abusait,
comme il se crêtait sur son dû, et d'autre part
comme il chipotait pour deux cents francs, tatillon et

défiant, comme il faisait traîner des mois, par son appréhension paysanne de signer, la conclusion de contrats qu'un homme un peu averti eût signés séance tenante. Sa joie enfantine quand la partie adverse lui disait avec rondeur qu'il était «dur en affaires» faisait jubiler ceux qui lui disaient cela, qui bien entendu l'avaient percé, et savaient le mener avec ces sucreries. C'est là cependant qu'on voyait comme il eût été bandit, s'il avait eu des dons, et comme c'était pitié que de telles dispositions ne pussent être exploitées, faute d'un peu d'esprit. Quand M. Auligny avait réussi à insérer dans un contrat quelques mots qui, pensait-il, lui étaient une porte ouverte pour se dérober à ses engagements, ou quand un fournisseur se trompait de dix francs à son propre désavantage, dans une facture que M. Auligny réglait au prix marqué, bien qu'il fût conscient de l'erreur, le bonhomme apportait à sa femme ces petites victoires, en riant sous sa grosse moustache, comme un caniche qui vous apporte une vieille savate avec un air fiérot. Alors Mme Auligny, arrachée au sublime : «Oh! bien, disait-elle d'une voix âpre, il nous vole assez!» Et puis, d'un grand coup d'aile, elle remontait dans le sublime. L'honnêteté est chose bien relative. Et l'on ne saurait attendre des vues rigides sur le mien et le tien, de gens qui donnent les meilleures places de leur salon aux chinoiseries «sauvées» dans le sac du palais de Pékin par le général, alors colonel, Pétivier, et à qui ces objets ne suggèrent que des idées d'honneur et de gloire, et jamais, au grand jamais (mais il faudrait être fou!...), des idées de vol.

Quand, en 1931, il apprit par le journal la proposition Hoover, qui dispensait l'Allemagne de paiements qui nous étaient dus, M. Auligny, oubliant que de notre côté nous nous refusions à faire honneur à notre signature dans nos comptes avec les États-Unis, se sentit exaspéré jusqu'à l'étouffement. Il était au restaurant, il planta là le poulet qu'il avait entamé, et, lorsqu'on lui apporta l'addition, refusa de le payer, prétendant qu'il était mauvais.

— Mais, monsieur...

— Il n'y a pas de *mais*. Je ne paierai pas cet os. Allez chercher un sergent de ville si vous voulez.

Naturellement, terreur du scandale, on lui laissa gain de cause, et il revint violet de fierté, et criant tout le long du chemin :

— Maintenant je sais comment il faut mener les gens, en 1931. Quand la canaillerie triomphe en haut, elle devient licite en bas. On verra si je me laisse faire toujours.

Mme Auligny, présente à toute la scène, d'abord stupéfaite, ensuite mécontente : elle avait toujours souhaité que son époux eût plus d'énergie, mais ceci allait trop loin, et elle craignit pour sa primauté. À la maison, M. Auligny trouva la note d'honoraires d'un médecin. Elle était de six cents francs, il en envoya quatre cents, écrivant sur le ton le plus sec que cette note lui paraissait exagérée. Quinze jours passèrent sans réponse, et M. Auligny, ricanant, satanique, répétait :

— Enfin, j'ai compris ! Mais pourquoi n'ai-je compris qu'à soixante ans ?

Le seizième jour arriva, d'un bureau d'affaires, notification que si, «fin courant», le solde n'était pas payé, on prendrait toutes mesures que de droit. M. Auligny courut à la poste, et envoya le mandat. Il profita de ce qu'il était à la poste pour régler aussi le

percepteur, qu'enhardi par le coup du poulet il s'était
résolu à faire traîner.

Tel était M. Auligny, brave homme sans conteste,
et honnête homme par nécessité.

M. Auligny, quelques années avant l'époque où
commence ce récit, avait pris sa retraite comme tré-
sorier-payeur général à N..., puis le ménage était
venu s'installer à Paris. Mme Auligny, qui pendant
un quart de siècle s'était efforcée, sans grand succès,
d'exciter l'amour-propre de son époux, ainsi que son
animadversion à l'égard de ses collègues, et sa jalousie à l'égard de ses chefs, maintenant travaillait à
allumer en lui une amertume rétrospective sur la
médiocrité de son existence, comme ces mères qui
s'efforcent d'empêcher leurs petits enfants de dormir
en les bécotant sans répit; et d'ailleurs elle restait
dans son rôle : toujours elle avait lutté pour que cet
homme ne s'endormît pas. Mais l'excellent Auligny,
quand il ne donnait pas dans ses accès de reprise
individuelle, n'était pas facile à tirer de sa placidité.
Et à présent plus que jamais il voulait pouvoir som-
noler à loisir.

La retraite avait été l'idéal de sa vie. Si Mme Auligny n'eût fait bonne garde, il l'eût prise à cinquante
ans. Il en avait trente-cinq qu'il y rêvait déjà. C'était
qu'à ce moment-là la partie serait jouée, sa femme ne
le tarabusterait plus pour le forcer à faire ceci ou
cela, à avoir de l'avancement; de ce qu'il n'était pas,
de ce qu'il ne pouvait pas, on aurait pris son parti :
on n'aurait plus les yeux fixés sur lui. Il détela avec
délices, porta des cols mous au lieu de cols droits, ou
des cravates de chasse, resta des trois jours sans se
raser, tira d'une malle un vieux pantalon où l'urine
avait brûlé et jauni la braguette; une vieille paire de

bottines qu'il n'osait plus mettre quand il rencontrait chaque jour ses collègues (elle avait une pièce à la place du petit orteil), et qu'il avait gardée depuis bientôt quinze ans, en vue de l'époque de sa retraite. Il ne faut pas dire que le fait de se négliger collaborait à son nouveau bonheur : cela ne collaborait pas à son bonheur, cela le constituait. On eût empoisonné ce bonheur si on l'avait empêché de mettre des pantoufles à la maison, ou forcé à changer de chemise tous les jours. Quand il se voyait des poignets de chemise pas très propres, cela renforçait son bien-être. Propres, ils lui eussent donné la sensation qu'il fallait se gêner.

Comme il n'avait rien à faire, le temps vola. C'est à tort que l'on croit que le temps paraît long quand on est oisif. Monotone, il fuit on ne sait comment. Et c'est quand il est plein d'événements et de grands intérêts que sa densité mime la durée ; un mois y paraît alors une année. Semblable aux enfants, sitôt qu'il ne fut plus occupé, M. Auligny se mit à faire des bêtises. Ces années 1928-1929 furent de grandes années à gogos : il n'était pas de niais qui ne fît, toujours dans des entreprises étrangères, des placements à dormir debout. M. Auligny, un peu mal à l'aise de ne plus se sentir gagner de l'argent, joua à la Bourse. C'était un vieil ami qui était son conseiller. Comme le vieil ami ne songeait qu'à toucher ses commissions, M. Auligny eût été sage de faire la part du feu, de lui abandonner tout de suite, sous un prétexte quelconque, une somme de tant, et de s'en tenir là ; il eût sauvé ainsi la somme dix fois plus forte que le vieil ami lui fit perdre par ses conseils désintéressés. Mme Auligny ne sut rien de tout cela : il prenait soin d'acheter au dehors et de lire au dehors (au parc

Monceau) son journal financier. Cela dura six mois,
après lesquels, par hasard, Mme Auligny trouva sur
la table de son mari un registre — un fort registre,
gonflé d'avenir, — qu'il avait oublié là. Elle ne l'eût
pas ouvert, mais l'ouvrit sans hésitation, jugeant son
foyer menacé, quand elle vit calligraphié sur la couverture, de la main de M. Auligny, ce titre redoutable : *Opérations financières*. Une colonne contenait
les noms des valeurs ; la seconde, pleine de chiffres,
était intitulée : *Pertes* ; la troisième, blanche quasiment, était intitulée : *Gains*. Mme Auligny interdit à
son mari de faire une seule « opération financière »
de plus, et il obtempéra sans discussion. Mais il fallait que, dans la griserie de sa liberté nouvelle, il jetât
sa gourme, épuisât ses passions, et il se découvrit des
connaissances en styles d'ameublement. La tête
pleine de *L'Art de reconnaître les styles* — en lequel
Mme Auligny ne sut pas discerner une nouvelle
menace, bien qu'elle vît son mari *bûcher* ce volume
comme un étudiant son cours à la veille de l'examen,
— il acheta des bibelots à tort et à travers et en reçut
même des félicitations, car la somme qu'il prétendait
les avoir payés était toujours le tiers environ de ce
qu'il les avait payés réellement. Ce n'était pas pour
le plaisir : il voulait les revendre, et avec cela gagner
de l'argent. La plupart d'entre eux, il ne put les
revendre ; les autres, il les revendit, avec des pertes
ridicules. Quand il eut perdu ainsi trois ou quatre
mille francs, bébé Auligny, cette fois plein de sagesse,
cessa de lui-même son négoce. Cela aussi avait
donné lieu à un registre (celui des *Opérations financières*, mais retourné, commencé à sa fin), un
registre jour et nuit, à l'image du premier, une
colonne blanche, l'autre noire. Les hommes comme

M. Auligny sont un des rouages essentiels de la société.
Ou plutôt ils sont l'huile de la machine. Grâce à eux,
tout fonctionne à souhait.

La guerre avait été pour Mme Auligny et pour sa
fille Marie-Thérèse — qui avait dix-sept ans en 1914
— une aventure merveilleuse, une chance inespérée.
Enfin elles pouvaient se dévouer en grand ! Et à qui ?
À des hommes, à ces maîtres superbes, aujourd'hui
abattus, ayant besoin d'elles, livrés à leur merci, et
tels enfin que les femmes les aiment, c'est-à-dire
pareils à des enfants malheureux. Elles passèrent
une bonne partie de la guerre dans les hôpitaux, et
s'y donnèrent, par leurs grands sentiments, un plaisir soutenu. Mme Auligny montra là de ces vertus qui
forcent le respect ; toutefois si tendue, si remuante, et
aimant si ingénument le règne, qu'on la cadenassa
dans les seconds emplois, par terreur de la souffrir
au faîte. Mais il nous faut nous contenir ! Nous en
aurions tant à dire, sur les Auligny pendant la
guerre, que cela ferait un autre roman. Elle refusa à
grand fracas la médaille de la Reconnaissance française (« C'est diminuer le devoir accompli que croire
qu'il ait besoin de récompense », etc.) dans le but de
se faire là un titre à demander plus tard prématuré-
ment la Légion d'honneur pour Lucien : il n'avait pas
quinze ans qu'elle préparait cela, ou plutôt croyait le
préparer.

En 1921, l'aimable Marie-Thérèse, fiancée à un
brillant capitaine, duquel on eût pu croire, au ton
dont Mme Auligny parlait de lui, qu'il avait sauvé
Verdun à lui tout seul, prit une méchante bronchite,
qui gagna le poumon, mais elle refusa de se soigner,
sous prétexte qu'elle « en avait vu bien d'autres »,
qu'elle avait « fait la guerre », etc. Elle en était encore

à donner de telles raisons, et à prendre l'accent poilu, qu'elle expirait horriblement, dans les bras de la nature, qui aime que l'on soit simple, et qu'elle avait agacée avec ses raisons.

Ç'avait été une robuste fille, en pleine santé pendant et depuis la guerre, et on savait dans quelle circonstance précise elle avait pris ce refroidissement. N'importe, Mme Auligny, quand elle fut à rédiger le brouillon de faire-part, eut une de ces inspirations qui font les grands chefs militaires, et qui sont essentiellement l'art de tirer parti, à l'improviste, d'une situation inattendue : après les mots « décédée le 24 août 1921, dans sa vingt-cinquième année », elle écrivit : « des suites d'une maladie contractée dans les ambulances du front ». Elle n'y songeait pas cinq minutes plus tôt ; c'est une idée qui lui vint tout d'un coup. L'imposture était double, car les « ambulances du front » avaient été un hôpital de l'arrière. « Mais qu'il se lève, se disait-elle, celui qui aura l'audace de donner un démenti à une mère en deuil ! » M. Auligny ne vit le faire-part qu'imprimé, et n'osa souffler mot. On en chuchota beaucoup, mais on disait : « Pauvre femme ! si cela peut alléger sa douleur… » Et de fil en aiguille, les uns se prêtant à cette fable par compassion, les autres arrivant à y croire par oubli et par indifférence, un jour vint où le caractère « fait de guerre » de la mort de Marie-Thérèse fut pour tous un fait acquis. Et la guerre se trouva couronnée, alors, pour Mme Auligny.

Le petit Lucien avait eu une enfance assez inconsistante, du moins aux yeux de Mme Auligny. Il avait déjà sept ans, l'âge « de raison », qu'il ne semblait pas encore réaliser que dans le plan divin il était inscrit pour général de brigade. Si on lui demandait : « Lulu,

qu'est-ce que tu veux être plus tard ? », il répondait :
« Je veux être épicier, pour vendre des bouchons », ou
quelque chose d'analogue. À neuf ans il voulait être
jockey, à dix ans inspecteur des wagons-lits : chacune de ces passions occupa bien une année. La
guerre éclatant alors, il parut à Mme Auligny que cet
événement allait fixer avec vigueur la vocation de
son fils dans le sens désiré. Mais, sous ses yeux épouvantés, tandis que l'univers était tout fumant de la
gloire des généraux de brigade, Lucien, qu'on avait
eu l'imprudence de mener pour la première fois au
théâtre, ne rêvait plus que d'être acteur : il se tuait tous
les soirs dans sa chambre, avec son coupe-papier.

Le gonfling auquel se livra alors, sur la personne
de son fils, Mme Auligny, mérite de rester comme un
modèle du genre. On voit ce mot de « gonfling » écrit
sur des baraques foraines, où le jeu consiste à gonfler
à force de bras des baudruches et c'est à celui qui, le
premier, fera éclater la sienne : il ne manque sur les
baudruches que des noms de littérateurs en vogue.
Pendant quatre ans, Mme Auligny monta la tête à
Lucien, sur tout ce qui touche à l'armée. Cette éducation fut couronnée de succès. En 1918, quand les
premiers bruits de la paix se répandirent, l'adolescent faisait matin et soir une prière à saint Martin,
patron des soldats, lui demandant que la guerre
durât encore assez de temps pour qu'il atteignît l'âge
de pouvoir s'engager.

En 1921, le jeune homme, qui avait été élevé dans
un établissement religieux tant que les Auligny avaient
été à N..., et ensuite, quand ils vinrent à Paris, dans
un petit four de la plaine Monceau, entra, ses exa-
mens passés, à la « rue des Postes » de Versailles.

Crise religieuse, crise sentimentale, crise sexuelle,

tout cela lui avait été épargné. Il avait été un bon enfant, doux, sensible, appliqué, de ceux dont on écrit, s'ils meurent, dans le bulletin de l'association d'anciens élèves : « tout de suite il commença de se faire aimer de tous ceux qui l'entouraient », ou encore : « très droit, très bon, toujours prêt à rendre un service, son équilibre moral était excellent », et autres formules magiques, qui transforment la médiocrité en un Himalaya de vertus. La rue des Postes vit sa première crise ; en apparence bien enfantine, très émouvante à nos yeux. Après trois semaines de ce régime, devant la masse de ce qu'il avait à apprendre, et la dureté de l'effort à fournir, il eut des larmes au parloir, déclara qu'il ne pouvait continuer, qu'il voulait bien devenir officier, mais par Saint-Maixent ou par le rang ; que d'ailleurs il *se refusait* à rester aux Postes, qu'il allait rentrer boulevard Malesherbes. La révolte d'Auligny, ce n'était pas seulement un accès de découragement. Il y avait là quelque chose qu'on tuait, et qui le sentait, et qui se débattait pour ne pas mourir ; ce quelque chose, c'était l'état d'enfance, c'était l'âme telle qu'elle était quand elle parlait et jouait avec Dieu ; c'était elle que l'on égorgeait, et c'étaient les prêtres du Christ qui s'employaient à cette besogne-là. En d'autres termes, il s'agissait de prendre un ange et d'en faire un spécialiste.

M. Auligny, sans en rien dire, se sentait du côté de Lucien. Paresseux comme il l'était, on devine l'effet que pouvait lui faire le programme de la rue des Postes. Mme Auligny tint bon, très inquiète de découvrir cette faille au métal de son fils : ce mouton enragé qu'elle avait vu dans le parloir de Versailles, qui était-ce, sinon M. Auligny ? Elle fit une neuvaine « aux Victoires » et Lucien retrouva bientôt le courage de dompter les x; on lui en sut gré, mais beaucoup plus encore à la Vierge des Victoires. Lucien dompta les x deux années durant, qui devaient rester dans sa mémoire comme les pires de sa vie (il est dangereux que l'énergie soit liée pour vous à de si sombres souvenirs), et enfin fut reçu à Saint-Cyr. Le rang n'était pas brillant.

Il se jeta dans les bras de sa mère. C'était à elle qu'il devait cela! M. Auligny participait à cette joie, mais il y *assistait* aussi. Tous trois savaient que, s'il n'avait tenu qu'à lui... Il fut le vaincu de cette affaire-là, comme des autres.

Auligny fut nommé sous-lieutenant au énième régiment d'infanterie et tout de suite aima son métier. Il est vrai que, sortant des Postes, n'importe quoi lui eût semblé le paradis; la vie de garnison lui donnait la même détente qu'avait goûtée son père en prenant sa retraite. Son caractère se stabilisa, et voici à peu près qui était le lieutenant Auligny, après sept ans de service et trois garnisons, aujourd'hui lieutenant à deux galons au ...e d'infanterie à Gray.

Sa culture était nulle. Sa connaissance et sa compréhension du monde, dans ce qu'il est *réellement*, étaient nulles. Son sens pratique, son esprit d'initiative, son «débrouillage» étaient moyens. Sa sensualité était moyenne. Sa religion était celle des gens de son milieu: posée sur lui, sans racines.

Ses qualités étaient d'indéniables connaissances professionnelles, le sérieux, une honnêteté autrement plus pure que celle de son père, un scrupuleux sentiment de son devoir, et — il est à peine besoin de le dire, tant cette vertu est commune sous l'uniforme — une acceptation entière des sacrifices qu'il peut exiger, y compris le sacrifice total.

Auligny n'était pas un homme intelligent. Ce n'était pas même un officier distingué. C'était un bon officier, destiné normalement à être touché par la limite d'âge comme chef de bataillon.

Il y avait cependant chez lui quelque chose de remarquable mais qu'on remarquait peu, parce qu'il n'en faisait pas étalage, et parce que la société n'accorde pas de valeur à cette disposition : c'était une délicatesse très grande de sensibilité, tant émotive que morale. Elle allait de simples phénomènes nerveux à apparence morale (fausse pitié, générosité d'imagination, etc.) jusqu'à une vision des choses, portée de sang-froid, où les droits, les torts, les mérites, les souffrances des hommes étaient discernés avec une acuité exceptionnelle, d'où naissait ensuite une mesure exacte des obligations qu'il se sentait envers eux, et un sens ombrageux et obsédant de la justice qui leur est due.

Voici quelques traits extrêmes de cette sensibilité.

Sa journée était inquiétée, gênée, si, de sa fenêtre, et cela depuis quarante-huit heures, il voyait sur l'échafaudage d'une maison en construction — abandonnée parce que les maçons s'étaient mis en grève — un chat que ces maçons avaient apporté là par plaisanterie, qui n'en pouvait descendre, et qui allait crever de faim si la grève se prolongeait. Et Auligny avait vingt-huit ans !

S'il avait quelque emplette à faire chez le chemisier, il allait chez certain chemisier pourtant plus éloigné que ses confrères, simplement parce que cet homme était si aimable ! Si une fleuriste, tandis qu'il cherchait quelles fleurs ajouter à un bouquet, lui disait : « Je peux vous mettre encore ceci ou cela, mais vous savez qu'avec ce que vous avez choisi vous avez déjà quelque chose de très bien», pendant des années il retournait chez cette fleuriste, bien qu'il y eût chez elle moins de choix que chez d'autres, pour la récompenser de n'avoir pas poussé à la dépense.

Si, dans la rue, un passant lui souriait, parce que tous deux avaient remarqué en même temps quelque chose de ridicule, ou parce que le lieutenant avait été frôlé par une automobile, cela lui était bon. Dans un théâtre, une assemblée, un compartiment de chemin de fer, un homme qui avait une figure «intéressante», un jeune ménage «sympathique», il était pris soudain d'une telle envie de faire leur connaissance que, si cela n'était pas raisonnable, il souhaitait alors que le spectacle finît, ou qu'ils descendissent du train, pour que ce fût un cas de force majeure qui l'empêchât de lier conversation avec eux. Ou bien encore, si quelque personnage qui lui écrivait d'ordinaire : «Mon cher lieutenant» lui écrivait une fois : «Mon lieutenant», le personnage avait beau lui être indifférent au possible, il en recevait une petite meurtrissure : «En quoi ai-je démérité?» Ou bien encore, à M..., dans le square de la cathédrale, où chaque soir il allait attendre sa petite amie, si, assis sur un banc, et la main posée sur le fil de laiton qui passait derrière le banc, séparant l'allée de la plate-bande, quelqu'un — homme, femme, enfant, n'importe, — à l'autre bout du square, faisait remuer ce fil, il avait une bouffée d'émotion, et il laissait sa main là, balancée par cette main inconnue.

Cette sorte de sensibilité n'a guère son emploi dans la carrière des armes; il est même naturel qu'elle y puisse devenir une gêne, et c'est ce qui était arrivé quelquefois pour Auligny. Elle avait un peu émoussé en lui le mordant nécessaire au chef. Auligny devait se forcer pour prendre le ton du commandement, que dans son for intérieur il jugeait un peu ridicule. Il se mettait toujours à la place de ses hommes, tendance dangereuse chez un chef, militaire ou civil. Aussi était-il porté à les commander sur le ton de la conversation, à leur expliquer ses ordres, à causer, voire à plaisanter avec eux. Il n'aimait pas punir. Il n'aimait pas exiger d'eux des efforts qui ne lui paraissaient pas indispensables. Il se demandait sans cesse : « Comment me jugent-ils ? » Cette bonhomie était cependant corrigée par son beau sens de la justice : il eût cru qu'il punissait les bons en étant faible à l'égard des méchants. Il reste bien probable, néanmoins, que si Auligny n'avait pas été galvanisé par sa mère, il eût choisi un autre métier que celui de soldat. Pas d'« en avant » en lui, pas de goût vraiment inné pour le risque, pas de goût pour l'autorité, pas de goût pour le prestige, qu'il traitait d'épate. Le sens le plus pur du *devoir* et de l'*honneur* militaires, mais des images un peu faibles de la *gloire* militaire, et une croyance assez peu militaire que l'acte de se faire tuer ne suffit pas...

Auligny n'était pas cocardier. Et cependant, plus nous avancerons dans ce récit, plus il nous apparaîtra que l'une de ses deux passions dominantes était le patriotisme. Est-ce à dire qu'il avait un patriotisme intelligent ? Non pas. Sa xénophobie forcenée, mais surtout son ignorance crasse de l'état du monde à notre époque, et de la situation réelle de la France dans le monde, obligeaient son patriotisme à se contenter et se mécontenter de riens : un sentiment de bonne qualité, mais sans communication aucune avec l'intelligence.

Mme Auligny parlait souvent, avec dépit, du « côté

Auligny» de son fils. Quelquefois, mais en souriant, elle parlait de son «côté petit garçon». On a toujours remarqué qu'il y a quelque chose d'enfantin dans le caractère des militaires. Chez Auligny cela perçait sensiblement. Il suffisait d'entendre le ton de son «Bonsoir, madame» quand il passait devant la concierge de sa maison, ou de le voir écrire: «Ma chère cousine» à une de ses cousines, de peu son aînée, que tout homme à sa place eût appelée par son prénom, comme elle-même elle l'appelait Lucien, pour sentir en lui une juvénilité demeurée au delà de la jeunesse (il nous paraît que la jeunesse de l'homme se termine au seuil de la vingt-huitième année). Au mess, quand un officier de son âge et de son grade, mais qui n'était pas tout à fait un compagnon habituel, arrivait en retard à table, on voyait Auligny se lever, seul de tous, comme s'il s'agissait d'un supérieur. Ses supérieurs, n'en parlons pas: devant eux, s'ils parlaient un peu sec, il perdait ses moyens. On plaisantait de tel de ses mots, comme: «Moi, député? J'en aurais été bien incapable!», où il y avait peut-être de la naïveté, mais surtout un scrupule et une exigence à l'égard de soi-même qui étaient d'une jolie nature. Et il arrivait qu'à une table de restaurant, quand ses parents allaient le voir à M..., il eût un certain élan, si sa mère proposait qu'on choisît tel plat, pour répondre: «Oh oui! j'aime tant ça!», ou certaine façon de tremper le bout du petit doigt dans le café, pour s'assurer qu'il n'était pas trop chaud, qui provoquaient chez Mme Auligny des sourires et des regards en dessous, adressés au garçon ou aux dîneurs voisins, et qui signifiaient: «Dites-moi qu'il est délicieux!» Ces sourires quémandeurs sont plutôt le fait des jeunes mères, quand leur bébé brait comme un âne, ou cagaye sur leurs genoux, exploits qui, aux yeux d'une jeune mère, doivent provoquer dans l'assistance un attendrissement et un enthousiasme dénués de la plus légère réserve.

Il faut marquer enfin qu'il n'était aucune des qualités, aucun des défauts les plus caractérisés du lieutenant Auligny qu'à maintes reprises il n'eût démenti par la qualité ou le défaut opposé. Ce tendre avait été dur pour bien des êtres, et notamment (cela va sans dire) pour ses parents. Ce passionné de justice s'était buté dans de menues mais flagrantes injustices, qu'il n'apercevait pas. Ce mol, à ses heures, avait montré de l'énergie. Ce généreux était plein de petitesses. L'homme est, d'abord, un animal inconséquent ; il ne paraît conséquent que lorsqu'il s'est « arrangé » pour la galerie. Les caractères qui se tiennent n'existent qu'au théâtre et dans les romans.

À vingt-sept ans (1931), Auligny n'était pas marié. Là encore on voit ses scrupules. Il se faisait du mariage une idée telle, que son intention était de ne pas tromper sa femme (sauf dans le cas d'une « grande passion », que d'avance il se permettait). Il voulait donc choisir à coup sûr. Et puis, de même qu'il ne se sentait pas assez malin pour être député, il ne se sentait pas assez de maturité pour être un bon père. Sa mère l'excitait au mariage ; il résistait par la force d'inertie. Il était toujours en garnison à Gray, où il avait *la bonne vie*. Un colonel charmant ! Des camarades charmants ! Une petite amie charmante !

Au début de 1931, Mme Auligny, voyant qu'il se roidissait pour rester garçon jusqu'à la trentaine, songea à mettre à profit ces trois années en le faisant envoyer au Maroc. Bien entendu ce n'était pas la première fois qu'elle y songeait, mais toujours il avait accueilli cette idée sans empressement, et cette fois encore il fit la sourde oreille : il se trouvait très bien à Gray ! Mme Auligny, exaspérée par ces apparitions du «côté Auligny» dans le caractère de son fils, entreprit une double action : des intrigues, qu'elle lui cacha, pour le faire nommer au Maroc, et un gonfling marocain analogue au gonfling militaire qui avait si bien réussi quinze ans plus tôt. Et les résultats furent les mêmes que naguère : Auligny, pris en main par sa maman, se trouva après quelques mois dans une disposition toute classique : il fut le jeune lieutenant rêvant de la vie de colonne, du *baroud*, de la croix. Il y avait d'ailleurs mis beaucoup du sien, s'était monté la tête systématiquement, pillant la bibliothèque du cercle, la bibliothèque municipale, de tout ce qu'il y avait rencontré qui eût trait à l'Afrique du Nord, prenant des notes, ne vivant que parmi les héros sahariens, et même s'efforçant de se donner une teinte de langue arabe.

Mme Auligny fit des pieds et des mains, tricota comme écureuil en cage, et, après six mois de ses manèges, Lucien reçut son ordre de route pour Casablanca.

À son âge, il n'avait jamais passé la frontière ! Il se mit en tête de rejoindre par l'Espagne et Tanger. Cela faisait d'assez sérieuses difficultés, mais la bonne mère les vainquit toutes. Auligny traversa donc l'Espagne, s'arrêtant une journée à Burgos, et deux jours à Madrid. Et, le 24 mars 1932, il débarquait à Tanger.

III

Auligny ne passa que quelques heures à Fez. Le grand éloge qu'il donna à cette ville fut que, avec ses verdures, ses peupliers, ses eaux courantes, «c'était tout à fait la France». Nous roulons deux mille kilomètres afin de retrouver les bords de la Marne, et cette fois de les aimer. À Tanger déjà, quand il voyait une physionomie d'Arabe un peu fine, il se disait : «Il doit avoir du sang chrétien», et c'étaient celles-là, seules, qui l'arrêtaient.

Auligny ne fit que traverser Casablanca et y prendre son ordre de route. Le lieutenant qu'il remplaçait à Birbatine[1] partait à telle date, et les convois de L... à Birbatine n'ayant lieu que trois fois par mois, Auligny devait rejoindre L... immédiatement.

Il y fut le lendemain au soir.

L... comptait déjà comme «Sud». C'était quelque chose comme la gare régulatrice d'où les officiers et les hommes rejoignaient leurs postes du véritable Sud. L... était composé de Juifs, dénommés Français, d'Espagnols, dénommés Français, de Berbères, dénommés Arabes, et de soldats, dénommés «hom-

1. Il ne s'agit pas du Birbatine des «Confins».

mes», tout cela comptant administrativement pour
autant d'«âmes» (trois mille environ), bien qu'en
bonne justice on ne puisse supposer d'âmes qu'aux
officiers. Bref, L… formait un vaste camp où légionnaires, tirailleurs, zouaves, aviateurs, types du génie
et des autos «spéciales» étaient réunis, réunis voulant dire séparés, du mieux qu'on avait pu, car d'une
arme à l'autre on ne pouvait se rencontrer sans se
taper dessus : gloire à l'esprit de corps, soutien des
armées ! En Afrique, les Arabes construisirent leurs
villes en ruelles étroites, afin d'y être à l'abri du
soleil. Les Français, toujours héroïques, ont percé
leurs cités africaines d'avenues plus larges que celles
de France, dévorées par le soleil, et où l'on tomberait
comme mouches, d'insolation, si le patriotisme ne
vous maintenait en vie. Selon ces principes, le point
vital de L… consistait en une vaste étendue déser-
tique, couverte d'une couche de cinquante centimètres de poussière, et tenue officiellement pour être
une «place». Une voie, qui s'appelait en style céleste
le boulevard Résident-Général-Steeg, et en style
terrestre la rue des Chameaux, menait à la place,
parcourue par des soldats de toutes armes, et des
officiers bedonnants (sieste et biberonnage), à l'occasion poussant la voiture du gosse, donnant le bras à
Gazelle du désert, *Mignonne exilée* ou *Nostalgique du
bled* : c'étaient les noms sous lesquels ces jeunes
épouses ouvraient leurs cœurs et en répandaient le
contenu dans la petite correspondance de leurs journaux de modes, toutes, en vraies coloniales, brûlantes de se donner. Cette voie était bordée d'arbres
dont certains avaient l'apparence d'un balai dans
son entier, et les autres l'apparence du manche seul
de ce balai : en effet, les propriétaires des maisons

étant tenus d'entretenir ceux des arbres qui leur faisaient vis-à-vis, tous les Juifs laissaient mourir les
arbres plantés devant chez eux, soit par dégoût de la
chose rustique, soit parce qu'ils pensaient n'avoir
aucune raison de se donner du mal pour l'embellis-
sement d'une ville de chrétiens.

La place, elle, portait à chacune de ses extrémités,
dans sa moindre largeur, un but de football, ce qui
faisait un terrain de jeu de dimensions presque
doubles des dimensions réglementaires : ces espaces
infinis m'effrayent. Le dimanche, les hommes y
jouaient, par soixante degrés au soleil. En semaine,
les gamins négroïdes s'amusaient à se disputer, à se
battre, et à donner des coups de pied dans la poussière (perdant à chaque coup de pied leur savate), à
côté d'une petite balle appelée «pelote», ou seulement d'une chéchia, tout cela constituant quelque
chose qu'on appelait du football, qui n'avait aucun
rapport avec du football, mais toutefois n'en avait
pas beaucoup moins que ce qu'appelle football une
équipe française classée en seconde division. Au
milieu du jeu, un petit ahuri aux jambes blêmes,
sales et velues ne donnait jamais un coup de pied, se
dirigeant vaguement vers la balle quand elle venait
de son côté, mais toujours renonçant vite à s'en
approcher davantage, de crainte des bourrades, ou
comme si elle était un boulet de canon. Autour de ce
Sahara en miniature se dressaient les Autels de la
Cité : une chapelle, toujours vide, sauf le dimanche à
la messe d'onze heures, où il fallait se montrer pour
être bien vu ; les bureaux ; la maison du colonel ; un
bureau de poste, dont le délabrement et la saleté
vous ramenaient en pleine préhistoire ; et deux bars,
l'un qui avait perdu toute sa clientèle, parce qu'il

n'avait pas acheté des tabourets de comptoir, l'autre qui l'avait raflée toute, parce qu'il en avait acheté. Et les aviateurs y avaient afflué, et les grues, penchées sur les phonos, dont elles buvaient avec extase la stupidité inouïe, comme si c'était la voyante qui leur parlait (c'est qu'elles apprenaient la chansonnette par cœur). Car notre belle jeunesse est facile à contenter : il lui suffit d'être juchée sur un siège à prétentions américaines, dans un café baptisé bar, pour être convaincue qu'elle participe à la grande vie.

Le soir de son arrivée à L..., Auligny dîna chez le colonel Rugot, commandant de territoire. La première fois qu'il avait demandé : « Quel genre de type est le colonel Rugot ? » on lui avait répondu : « C'est un type qui, lorsqu'il aperçoit un de ses lieutenants jouant au tennis, le fait appeler, rien que pour lui créer l'embêtement d'avoir à se mettre en tenue. » Ainsi nous pouvons, comme c'était le cas pour le colonel Rugot, mener, depuis notre vingtième année, une vie de compétence, de devoir, de haute dignité, nous sommes jugés sur un seul de nos actes, sur une seule de nos phrases, une plaisanterie peut-être, et comprise peut-être de travers, et comprise peut-être volontairement de travers. Le colonel n'était pas très aimé. On ne lui reprochait rien de moins que de faire consciencieusement son métier, ce qu'on appelait : être service. Le colonel Rugot, en effet, voulait que les choses fussent faites comme elles doivent l'être. Cette prétention dérangeait tout le monde, et avait beaucoup gêné sa carrière. Il le savait, mais il ne pouvait être autrement.

On lui reprochait aussi d'avoir pour chef d'état-major et pour bras droit le commandant Wangler (prononcez *Vangelaire*, ou vous aurez huit jours : le

commandant croit qu'on veut l'insulter quand on
prononce son nom à l'allemande), qui lui non plus
n'était pas très aimé, parce qu'il était prévoyant et
prudent, ou plutôt prenons de la hauteur : parce qu'il
était l'officier le plus intelligent parmi les officiers
résidant à L... Toutes les fois que nos troupes subis-
saient un échec, qu'un officier périssait dans une
embuscade, qu'un convoi était attaqué, on s'apercevait après coup que le commandant Wangler, en
temps voulu, dans un rapport, avait prévu la chose,
et indiqué les moyens de l'éviter. De sorte qu'on
disait en grommelant : « Il prévoit toujours le pire.
C'est un flanqueur de poisse. » Celles des femmes
d'officiers qui étaient des femmes du monde disaient
aussi : « C'est un pisse-froid », en vertu du privilège
qu'ont les vrais nobles de pouvoir être impunément
plus orduriers de parole que le vulgaire : il n'y a
qu'un vrai noble pour appeler les petites filles des
pisseuses, les bureaucrates des *chieurs d'encre*, et un
bal un *pince-cul* ; il n'y a qu'un vrai noble pour dire
d'une femme, devant la sienne propre : « Elle est très
p... mettable. » Et quand le capitaine vicomte de
Canadelles, que nous verrons plus tard, se trouvant
avec ses lieutenants, leur disait : « Vous permettez,
Noël ? Vous permettez, Girard ? » et, levant la jambe
droite comme un chien qui va pisser, lâchait un vent,
et plus loin, même manège, et plus loin, encore, il
était dans une grande tradition. C'est ainsi que ces
deux hommes, Rugot et Wangler, par une règle
d'ailleurs fort commune, étaient attaqués précisément à cause de leurs vertus : c'était sur elles qu'ils
s'enferraient ; c'était elles, et elles seules, qu'ils
avaient à se faire pardonner. Et s'il leur fût arrivé
d'agir, en telle circonstance, dans un sens tout à fait

opposé à ce qu'on connaissait pour leur caractère, on ne le leur eût pas compté, parce que le pli était pris de trouver mal tout ce qu'ils faisaient.

L'opinion publique, ayant contribué à empêcher le colonel de parvenir aux grades et aux emplois auxquels sa valeur lui donnait droit, lui reprochait à présent d'en avoir de l'amertume. On disait qu'il «était aigri», mais on le disait sur la seule foi de ce qu'on lui avait fait, et parce que cette accusation est de celles contre lesquelles il est impossible de se défendre; car jamais une plainte ne lui était échappée, même devant sa femme seule. Et sans doute, si le colonel avait mis cette nuance particulière de vivacité, et comme cette flamme, à se rapprocher du commandant Wangler, c'était parce que Wangler était un homme auquel on n'avait pas fait sa place, sans doute, quand le colonel proclamait de Wangler, sur les toits, qu'il avait été méconnu, sacrifié, c'était parce qu'en discréditant la justice du monde, telle qu'elle avait joué à l'égard de Wangler, il expliquait aussi pourquoi lui, Rugot, n'avait que des galons et non des étoiles: ainsi, tel qu'on loue d'être accueillant pour ceux qui ne sont pas heureux, s'y console soi-même, et non eux. Mais les sources de ces actes étaient à une telle profondeur qu'il est probable que le colonel lui-même ne les soupçonnait pas, qu'en tout cas son entourage était bien incapable de les discerner, et que c'était donc par calomnie pure qu'on le traitait de mécontent, et par désir qu'il le fût en effet. Et toute cette malveillance n'était peut-être si dénuée de retenue, que parce qu'on savait que le colonel n'était pas bien vu en haut lieu. On n'attaque pas un homme pour ce qu'il est, mais parce qu'on le sait attaqué déjà, et atteint.

Le colonel Rugot ne s'était pas marié avant quarante-neuf ans, et la femme qu'il avait choisie était
de deux ans son aînée. On s'était beaucoup moqué de
ce mariage, en partie parce qu'aucun des époux
n'avait de fortune. Si Rugot avait épousé une personne riche, on eût *compris*, on eût approuvé ; mais,
cela, pouah, c'était « le mariage de la misère et de la
pauvreté ». Ce qui paraissait plus ridicule encore,
c'était de se marier à ces âges. Le monde, auquel
échappe le ridicule dont il est plein, en voit par
contre dans maints états où il n'est pas, comme il
trouve de *l'infamie* dans des situations parfaitement
innocentes, alors que l'infamie quotidienne de sa vie
demeure invisible à ses yeux. Certes, le mariage de
deux êtres qui ont un siècle à eux deux est moins
ridicule que celui de deux êtres de vingt ans. Et comment non ? Il se fait à un âge où la puissance de
bêtise de la jeunesse est jugulée. Le colonel, qui
savait que, selon la formule classique, « une femme
d'officier colonial invalide de 80 % la valeur de son
mari », ne s'était marié que lorsqu'il avait nettement
pris conscience que ses ennemis lui bouchaient tout
avenir ; il s'était marié quand il s'était senti un
homme arrivé au terme de sa carrière, que le mariage
pouvait diminuer sans que cela tirât à conséquence.

Mais le mariage était loin de l'avoir diminué.
Mme Rugot, qui était Lastours, d'une petite noblesse
du Midi, sans consistance, ni relations, ni fortune, ni
rien, était une femme exquise. (À propos de Lastours,
personne n'avait su gré au colonel de ne devenir pas
Rugot de Lastours, au lieu de garder son nom ingrat
de cul-terreux. Il est vrai qu'à quarante-neuf ans il
est un peu tard pour se noblifier.) Mlle de Lastours,
élevée parmi des pauvres, qui étaient les membres de

sa famille, tous au demeurant fort bien nés, avait passé cinquante ans de célibat dans les affections de famille et dans les œuvres, guérissant sa pauvreté en assistant celle des autres, ne s'occupant jamais de l'amour, et comme ci comme ça satisfaite de son sort : une vie humiliée, lorsqu'elle n'empoisonne pas l'âme, lui donne une sorte de sérénité que le monde prend pour du bonheur. Cependant un long célibat ne va jamais sans passion ; elle avait celle de la pyrogravure, qui suffisait à pomper les autres.

Son mariage avec le colonel, qui l'avait connue à la Croix-Rouge du Maroc, changea peu son genre de vie : tous deux ne cherchaient qu'à accoter leur vieillesse. Mme Rugot, depuis cinq ans de mariage, secouait des fonctionnaires somnolents, plantait des arbres, soignait les enfants des autres, faisait du crochet en chemin de fer, prêtait l'argent qu'elle n'avait pas à des gens qui en avaient, et pyrogravait. Et dans tout cela gardant tellement les manières de la pauvreté souriante et digne, malgré l'aisance que lui apportait la solde du colonel, qu'on eût dit qu'elle s'efforçait de sauver tout ce qu'elle pouvait de cette pauvreté, dans sa nouvelle condition, comme si en l'abandonnant ce n'était pas un état mais une croyance qu'elle eût abandonnée ; et son nouveau nom, si gris, si dur — Rugot, — avait quelque chose qu'elle aimait, parce qu'il la trahissait : elle s'y mortifiait à jet continu. Il suffisait de voir Mme Rugot, avec son corps mince de vieille petite jeune fille, mal fagotée, les cheveux relevés sur le front à la mode d'avant-guerre, des mèches dans le cou, jouant du châle, les mains gantées de fil même chez elle, et avec dans tout son air un je ne sais quoi qui sentait le château, le couvent et le daguerréotype, pour deviner en elle quelqu'un d'une qualité excellente, à condition qu'on fût soi-même de cette qualité. Ses sourires, ses imperceptibles clins d'œil à son mari, quand quelqu'un commettait un impair, son amabilité avec tout le monde, mais surtout avec ses inférieurs, le nombre incroyable de choses qu'elle ne disait pas, sa divine réserve, tout en elle respirait une habitude si ancienne de la délicatesse qu'elle en était comme une étrangère parmi les femmes d'officiers de L… « Étrangère » : il faut croire que ce mot convient, puisque deux fois des lieutenants nouveaux venus avaient demandé si elle n'en était pas une. (« Une Polonaise », avait opiné l'un ; et l'autre : « Une Russe de l'armée Wrangel ».) Un Français qui est racé fait aujourd'hui une figure si dissonante aux yeux des nouvelles générations, qu'elles se refusent d'abord à le croire Français.

Le colonel plut à Auligny, qui lui trouva l'air militaire. Il avait le front genre carte au 10 000ᵉ, avec vallées, fleuves, hachis de montagnes, des sourcils en broussaille, des poils en haut des pommettes, qu'on ne saurait dire pourquoi il ne se rasait pas (« Le colonel Rugot ? Ah oui, celui qui a du poil aux yeux ! »), le cheveu rare et ramené, la moustache châtain, rasée en dessus et en dessous, et, du nez au menton, deux grandes rides profondes, les rides du commandement, et sous le menton un peu fuyant, sous les maxillaires, un système compliqué de plis du commandement, de peaux qui rappelaient le cou de la tortue, tout cela créé par l'habitude d'attraper les gens, ou simplement de parler sec. Ce modelé du bas du visage est le même chez tous les hommes qui sont obligés, par leur fonction, de donner le coup de gueule et de faire le méchant : adjudants, contrôleurs en chef des tramways, le Colleone, chefs de chantier aux colonies, etc. Cependant, vu sous un certain angle, qu'en tâtonnant, et avec quelque subtilité, on arrivait toujours à découvrir, le colonel avait presque l'air d'un penseur.

Après le dîner, au fumoir, il parla de Birbatine à Auligny, et lui précisa quel y serait son service. «Vous le voyez, dit-il en terminant, c'est un poste mort. Cela ne veut pas dire qu'il faille vous y endormir. Un djich peut surgir et vous mener la vie dure, mais enfin, c'est peu probable. Si vous voulez du baroud, et naturellement vous en voulez, vous en aurez un peu plus tard. Vous allez voir à Birbatine le lieutenant Ménage, que vous remplacez. C'est un artilleur; c'est vous dire que ce n'est pas un aigle. Mais c'est un bon garçon, et qui remplissait bien sa place. Vous n'aurez qu'à écouter ce qu'il vous dira, et à faire comme lui. Votre voisin immédiat va être le capitaine de Canadelles, homme excellent, le cœur sur la main. Il commande à Tamghist[1], dont vous devez savoir déjà que c'est à soixante kilomètres au delà de chez vous. Je suis sûr que vous vous entendrez très bien avec lui. Ni Ménage ni le capitaine de Canadelles ne sont des Affaires indigènes : je vous indique cela sans commentaires, puisque vous n'en êtes pas davantage.»

Conversation toute superficielle, mais suffisante pour donner une direction aux sentiments d'Auligny, qui allèrent nettement vers la sympathie. On l'avait prévenu contre le colonel ? Eh bien, lui, il le trouvait un très chic type. Son chef n'avait pas la cote d'amour auprès des puissants ? Eh bien, raison de

---

1. Prononcer Tamrhist.

plus pour le soutenir. Auligny était de ces jeunes officiers — l'espèce s'en est raréfiée depuis la guerre —
qui sont, quasi automatiquement, amoureux de leurs
colonels, comme certaines femmes, automatiquement,
sont amoureuses de leurs médecins. Leur vie dans
un régiment est décourronnée, si quelque raison
grave leur interdit, en conscience, d'être amoureux
du colonel ; par exemple, si le malheureux est franc-
maçon.

Auligny dut attendre deux jours, à L…, son départ
pour Birbatine, où on ne se rendait qu'en convoi, les
autos devant rester en vue l'une de l'autre, sous la
double protection d'une automitrailleuse, qui faisait
convoi avec elles, et de l'organisme dit « Sécurité ».
La « Sécurité » était composée de *mokhaznis*, cavaliers marocains à la solde de la France. Logés d'ordinaire dans les postes, les mokhaznis, durant les
périodes de convois (les convois, aller et retour,
avaient lieu environ trois fois par mois), s'égaillaient
sur les hauteurs avoisinant la piste, d'où ils sur-
veillaient celle-ci.

Auligny passa donc à L… deux journées char-
mantes. Avec des camarades officiers, il se liait très
facilement. Et la griserie de la nouveauté, de la
liberté plus grande, des devoirs et du danger de
demain mettait une crête de feu sur tout cela. Il y eut
les classiques plaisanteries, comme celle de trouver
bien en vue de sa porte, fixée à un mur de l'hôtel, une
affiche bellement calligraphiée, chantant *Birbatine*,
ses attractions variées, *ses relations sélectes*. Il y eut
cette fameuse *nuit d'orgie*, où l'on chanta jusqu'à
quatre heures du matin, rien que pour empêcher de
dormir les civelots de l'hôtel, un chant patriotique,
dont Auligny ne connut jamais que le refrain, mais il

le connut à la perfection, l'ayant gueulé (il était un peu ivre) durant cinq heures d'horloge, et le refrain étant d'ailleurs ami de la mémoire, comme on en peut juger, car le voici :

> *Troula, troula, troulala !*
> *Troula, troula, troulala !*

Le lendemain matin, dégrisé, Auligny descendit de bonne heure au café de l'hôtel. Des petits coups de clairon se répondaient à travers la ville-camp, très brefs, comme s'ils voulaient seulement faire acte de présence, pareils à ceux que disperse dans son article le publiciste désintéressé qui nous convie à relever la situation financière de l'Allemagne. Devant le zinc, Auligny aperçut un capitaine aviateur, — et soudain il ne pouvait plus détacher ses yeux de cet homme. Cet homme n'avait peut-être pas plus de trente-sept ou trente-huit ans, mais l'usure de son visage, hâlé, brûlé, couvert de minces rides, avec le front sillonné de ceux qui ont beaucoup cligné des yeux contre le grand soleil, lui en donnait plus de quarante. Glabre, maigre, fin de taille comme un jeune homme, un peu voûté : un corps débile et là-dedans, visible dans les prunelles d'un bleu clair, mais non, dans les moindres traits du visage, une telle hauteur de l'âme. Une expression lasse et triste, très exactement celle d'un tuberculeux qui se sait perdu, et en même temps tout éclairée d'énergie et de spiritualité. «Est-il possible que la qualité morale d'un être modèle à ce point son extérieur !» se disait Auligny. Et encore : «Il y a en lui de l'officier de marine... (Peut-être la tenue nouvelle des aviateurs favorisait-elle ce rapprochement.) Ce doit être un

Breton.» Le grade du capitaine, pour l'âge qu'il paraissait, était normal, sans plus ; sa barrette rouge et vert n'avait pas de palme ; aucun signe n'indiquait qu'il eût été blessé : rien, en apparence, ne le tirait du pair. Et pourtant Auligny *voyait* qu'à cet homme on pouvait demander tout, que le sacrifice de sa vie lui était aussi facile — une cigarette qu'on jette à demi fumée — qu'est facile à la plupart des gens le sacrifice de leurs ambitions de jeunesse, que rien de bas ne saurait naître en lui, qu'il était, fait chair, et buvant un café-crème, le vieil idéal image d'Épinal, la vieille rengaine usée comme une pantoufle : à la fois le héros et le saint. Tout cela, il le voyait aussi évidemment que, «en le voyant sous l'habit militaire», il avait deviné que le capitaine était soldat. Et il restait là, ravi à lui-même, comme en ce jour où, adolescent en excursion au mont des Cats, une carriole était entrée dans l'Abbaye, portant le Père Abbé, et celui-ci, au passage, avait fait au jeune garçon un sourire si suave qu'Auligny, réellement fasciné, avait franchi le seuil du monastère, où il ne connaissait personne, où personne ne l'invitait, dans le sillage de ce sourire enchanté. Et le lieutenant se disait : «Si le destin m'avait mis au Maroc à côté d'un homme comme celui-là ! Que n'aurais-je fait ! Où n'aurais-je atteint ! J'aurais donné ma vie pour lui. (À moins qu'après huit jours il ne l'eût pris en grippe.) J'aurais accepté fût-ce de vivre dans son ombre, pour respirer l'air de ses amitiés et de ses croyances…» Le capitaine sortit. Auligny, sur le seuil du café, son verre dans la main, le regarda s'éloigner. Le gargotier ne put même pas lui dire le nom du capitaine.

L'après-midi, il retrouva ses joyeux compagnons de la nuit, penchés sur des cartes, entre des dossiers et un téléphone, dans une belle atmosphère de sérieux et de travail, — de travail sur du réel, sur quelque chose qui résiste et qu'on pétrit, et qu'on forme à son idée, et qui va durer dans cette forme. Et il les interrogeait au visage, cherchant ce que chacun d'eux ajoutait à la patrie, ou ne lui ajoutait pas. Et il en recevait une excitation, une bouffée d'émulation et de désir de bien faire qui l'entraînaient joyeusement en avant.

Il y eut aussi Mlle Marcelle. Auligny l'avait aperçue dans un petit café, assise seule à une table, et une sorte de pitié lui était venue. Une femme vous émeut, assise seule à une table de café. On croit toujours que c'est vous qu'elle attend. On se souvient de celles qui sont assises devant un bock vidé, à huit heures du soir, quelque part dans Paris, peut-être boulevard de Strasbourg, et dont on devine qu'elles ne dîneront pas. («J'attends une amie», disent-elles pudiquement, si on les interroge. Ô tristesse sacrée des petites courtisanes!) Mlle Marcelle, Parisienne, était fort bonne fille, causante, confiante, vidant son sac à main, montrant des lettres de sa mère : «Si tu tousses toujours, achète des pastilles X. Prends bien garde à ta moralité.» Auligny regardait ces lettres, et il songeait que, à l'écriture près, et au papier, elles différaient peu de celles qu'il recevait de sa mère.

— Si tu crois que c'est drôle, dit Mlle Marcelle, de faire l'amour en Afrique du Nord! Vivement que je rentre en France. À Tunis, tu as la concurrence de toutes les Juives. À Alger, de tout ce qu'il y a d'honnêtes femmes, toutes les jeunes filles, toutes les femmes mariées : y a rien à faire, y a qu'à reprendre le train. Et ce que les jeunes gens peuvent y être grossiers! Ici, les officiers, ça me plaît, c'est des «gentlements». Mais alors, ce capitaine Gobey, tu parles d'une vache! Vise ça: s'il te pince dans la palmeraie, il t'envoie au dispensaire!

Mlle Marcelle, qui sans doute reprochait aux femmes arabes leur superstition, en était aussi rongée qu'elles. Quand elle prononçait les mots «progrès», «moderne», elle avait le même ton agenouillé qu'elle eût eu, il y a cent ans, pour prononcer «Notre-Seigneur Jésus-Christ». Auligny aurait bien voulu emmener Mlle Marcelle à Birbatine. Mais ces enlèvements étaient interdits avec rigueur.

Le lieutenant reçut une lettre de sa mère.

Mon chéri, j'espère que cette lettre te devancera. Je te rappelle que tu dois m'envoyer tout de suite les noms des officiers que tu as rencontrés et desquels tu crois pouvoir dépendre, ainsi que l'indication exacte de leur corps, afin que je voie si je peux toucher l'un d'eux, et te faire recommander. Etc.

Elle lui annonçait aussi l'envoi d'un voile vert, à mettre autour de son casque, qu'au prix de plusieurs goûters elle avait pu obtenir de Mme de Gonnemart, qui l'avait porté durant son voyage en Égypte. Ce voile vert fit rêver beaucoup Auligny, car les idées des mères sont insondables.

Selon l'usage de la correspondance, la lettre de Mme Auligny contenait un petit billet — une feuille pliée — de M. Auligny. Ces petits billets de M. Auligny, glissés humblement, comme il convient à quelqu'un qui est *en second*, dans les maîtresses-lettres de sa femme, ne parlaient jamais de choses importantes ou seulement sérieuses: ce rayon-là était réservé à Mme Auligny. Ils contenaient tout au plus une dizaine de lignes, occupées par de bonnes paroles toujours entremêlées de plaisanteries. À titre d'exemple, et une fois pour toutes, nous reproduisons in extenso le billet de cette fois-là :

Mon cher Lucien,

Comme je ne sais plus quel fumiste d'empereur romain, t'es-tu flanqué par terre en débarquant du paquebot en Afrique ? En tout cas, envoie-nous vite la liste d'officiers, et tâche de te faire bien voir dès ton arrivée. C'est souvent la première impression qui compte.

N'oublie pas d'offrir à manger des aiguilles à tricoter, épingles à chapeaux, etc., aux premiers chameaux que tu rencontreras. Si vraiment ils les mangent, comme on le dit, je veux pondre un laïus là-dessus pour les zigotos du cercle Saint-Joseph [1].

Je t'embrasse.

Ton vieux Papa,

L.

Depuis sept ans, au rythme de deux par semaine, les lettres de Mme Auligny rejoignaient son fils dans ses garnisons. Une fois sur trois ou quatre, un billet du « vieux papa » y était joint. Depuis sept ans, le lieutenant conservait les lettres de sa mère, classées par date, classées ensuite par année. Les déchirer lui eût donné la même sensation que s'il avait brisé pièce à pièce un crucifix. Au début, il avait jeté celles de son père. Mais bien vite sa délicatesse s'était troublée de ce traitement inégal, et il les avait gardées elles aussi, plus par convenance que par affection.

---

1. M. Auligny, qui ne savait rien, l'enseignait aux autres. Il faisait quelquefois une causerie dans un patronage ou cercle « d'études » catholique.

IV

*Depuis deux jours, combien de fois
ai-je entendu ce mot révélateur: «Il n'y
a pas à se gêner pour eux»? (les
Arabes.) Soit. Mais si on se gênait un
peu pour soi-même?*

GEORGES BOURDON.
Les Journées de Casablanca.

Voyage en convoi de L... à Birbatine.

Une page et demie supprimée.

Après une heure, les premiers mokhaznis de la
«Sécurité» apparurent sur des éminences. Aussi
immobiles que des statues, parfois drapés dans leurs
gandourahs bleues, parfois brillants de cartouchières
croisées sur leur poitrine, ils étaient très majestueux,
dans cette immensité. «Je veux bien que ce soient
des mokhaznis, se disait Auligny. Mais ce pourrait
être aussi bien des djicheurs, qui les auraient tués et
auraient pris leurs manteaux. Sans même aller si
loin, comment, à deux, trois cents mètres, distinguer

un djicheur d'un mokhazni ? Tandis que je regarde avec gratitude ce sympathique agent de police, peut-être qu'il va épauler et me tirer dessus.» Mais cette fois il ne dit rien, craignant que ses remarques ne fussent naïves.

On fit un crochet pour aller déjeuner à un camp de légionnaires. Ces grands hommes blonds taillaient une piste, en corniche, à même le roc. Le torse nu, ils avaient des barbes de quinze jours avec des corps imberbes de jeunes gens, une peau dorée et claire que verdissaient leurs tatouages bleus. Leurs chemises étaient déchirées, leurs pantalons troués par le roc, leurs mains bandées à cause des éclats de roc qu'ils avaient reçus. Auligny fut touché en voyant que c'était un petit lieutenant de la Légion, plus jeune que lui, qui menait tout cela, décidait quelle partie du roc devait sauter, etc., bref, faisait le travail d'un officier du Génie. Naturellement, il ne fallait pas parler du Génie au petit lieutenant : il voyait rouge. «Je ne serais pas capable de ce boulot-là», se disait Auligny. En quoi il se trompait. S'il s'y fût mis, il en eût été aussi capable que l'autre. On ne sait jamais tout ce qu'on peut faire et tout ce qu'on peut supporter.

À deux heures apparurent les premières vagues du sable infini, une succession en profondeur de dunes extrêmement distinguées. Lapalme annonça Birbatine. Soudain, au détour de la piste, ce fut en contrebas, à un kilomètre, Birbatine.

Un assez vaste quadrilatère de bâtiments bas (un rez-de-chaussée), sans fenêtres à l'extérieur, entourant une cour : en somme, la disposition d'un cloître. Les toits de ces bâtiments crénelés, avec deux tours d'angle, dont l'une occupée par une sentinelle. Au sommet d'un mât, mince et haut comme un mât de

T.S.F., le drapeau tricolore. Cela, c'était le bordj. À côté, collé contre le bordj, un amas d'alvéoles qu'on ne discernait que par leurs ombres : le ksar. Le bordj et le ksar de la même teinte, exactement, que la terre jaune partout étalée alentour, dont ils étaient faits. Derrière, au premier plan, une puissante, une admirable colline de sable, sa pente divisée en deux, une pente de soleil et une pente d'ombre, par une crête aiguë qui dévalait. Au second plan, les dunes, à perte de vue. À l'écart, un peu mystérieuse, la tache sombre d'une palmeraie, comme le triangle sombre sur un corps blond de femme.

Le drapeau tricolore mit en Auligny une ondée d'émotion. Depuis ce matin, il avait plus d'une fois été tenté de s'écrier : « Mais quoi, ici, c'est la pagaye ! » Devant ce drapeau il se disait : « Cahin-caha s'est faite l'Algérie. Cahin-caha se fait le Maroc. Cahin-caha sans doute s'est gagnée la guerre. Je voyais les choses comme un benêt qui sort d'une boîte, et juge d'après les principes. En fait, nous sommes ici. Nous nous y maintenons. Nous nous y étendons. Et ce drapeau que je vois là m'est confié, est à ma garde ! Ô minute sacrée ! »

Et peut-être cette émotion d'Auligny n'aurait-elle pas existé s'il n'y avait pas eu de drapeau, s'il avait été en réparation, ou si on avait cru inutile de le hisser.

Après quelques minutes, l'auto stoppa devant le bordj. Les indigènes accroupis au dehors, autour de la porte, les enfants aux visages vêtus de mouches se levèrent et firent le salut militaire. Les tirailleurs présentèrent les armes. Auligny vit s'avancer vers lui un grand lieutenant joufflu, boudiné et binoclard : le lieutenant Ménage.

Ils se congratulèrent. En entrant, Auligny avait aperçu, accroupi à terre, parmi les crottes de chameaux, un vieil indigène aveugle, d'assez grande allure, la Légion d'honneur sur son burnous rouge : le caïd. Tandis qu'il parlait avec Ménage, il vit le vieillard se lever péniblement et s'approcher d'eux, appuyé sur l'épaule d'un petit garçon, puis s'arrêter à quelque distance et attendre. Sur un fond fait de tirailleurs au port d'armes, qui pouvaient évoquer le chœur dans la tragédie antique, cet Œdipe appuyé sur un enfant remua en Auligny, avec des souvenirs classiques, quelque chose qui était plutôt sa bonne éducation que sa sensibilité. Cet homme, hier un chef, aujourd'hui dans cette attitude si humble, attendant — lui, âgé, aveugle, encore plein de prestance — que ces deux petits officiers de vingt-six ou vingt-huit ans eussent fini de causer, pour se présenter à eux, aux portes de *sa* ville : cela parut à Auligny un spectacle si peu convenable, cela blessa en lui de façon si vive son respect de la vieillesse et son respect du malheur, qu'il eut un geste qui honora davantage sa délicatesse que son sens politique : plantant là Ménage, il alla vers le caïd.

Il eût aimé le saluer en arabe, mais dès les premiers mots, craignant d'être ridicule, il lui souhaita la bienvenue en français ; et tout ce temps il lui tenait la main, avec une simplicité pleine de gentillesse et de grâce. Le fils aîné du caïd, Jilani, homme d'une quarantaine d'années, bien de sa personne, mais moins noble que son père, répondit à Auligny en un français correct et chantant. À ce moment, Ménage se mit entre eux, et, d'un mouvement de la main, écarta les deux indigènes, comme on chasse un peu de fumée de cigarette. Lapalme, qui ne voulait pas immobiliser le convoi, regagna son auto, et Auligny suivit Ménage, qui le conviait à prendre l'apéritif avant de lui faire visiter le bordj.

Le lieutenant parut tout de suite à Auligny un officier remarquable, surtout pour la noirceur de ses ongles. À peine fut-il assis dans la petite salle à manger : « Vous permettez ? dit-il. Vous savez, ici, c'est le Sahara… » Il retira son képi (les deux boucles des 8 en fil d'or avaient été évidées, pour aérer la tête), enleva sa veste, et, appelant son ordonnance, lui dit d'apporter ses sandales. Myope, sans cesse il ôtait, essuyait, remettait son binocle, geste qu'il n'interrompait que pour se ronger les ongles, comme s'il avait faim de leur saleté, et se curer les dents avec une allumette taillée en pointe.

— Ici, dit-il, ce qui est chic, c'est la solde. Je touche trois billets par mois, et comme il n'y a pas moyen de dépenser dans un pareil bled, vous voyez les économies que je fais. Trois billets par mois, et rien à fiche, mais rien ! pas une façon de parler ! Heureusement, d'ailleurs, parce que, s'il y avait quelque chose à faire, on ne pourrait pas le faire. Il y a deux ans et demi que je suis ici. Eh bien, on ne peut tenir qu'à condition de devenir pareil aux Arabes[1]. Se lever à neuf heures, un petit peu de boulot bien tranquille, la sieste, un peu de chasse, un petit coup de lubrifiant tous les huit jours (je vous présenterai tout à l'heure nos compagnes…), pour le reste, *inch'Allah !* Vous savez ce qu'on dit des chiens enragés ? Que si on les regarde, ils vous mordent, mais qu'ils passent tranquilles si on détourne la tête. Eh

---

1. Quand un Européen dit : « Devenir pareil aux Arabes », traduisez : « Devenir bien pis que les Arabes. »

bien, ici, c'est la même chose. Si vous faites du service, tout de suite il vous tombe une tuile. D'ailleurs vous allez voir tantôt l'adjudant Pouël-Pouël. Il vous dressera ; c'est un vieux Saharien.

Auligny, qui se représentait un officier de poste, au Maroc, comme une espèce de saint, fut un peu déçu par cette entrée en matière.

Ensuite ils visitèrent le bordj. Quarante tirailleurs marocains commandés par le sergent Otero (Espagnol naturalisé), occupés la plupart du temps à faire des pistes. Soixante-dix mokhaznis avec leur maréchal des logis indigène, sous les ordres de l'adjudant Poillet, dit Pouël-Pouël, Parisien, et du maréchal des logis Vincenti (Italien naturalisé). Plus un téléphoniste français. Soit un poste «français» de cent quinze hommes, mais en réalité ne comprenant que trois hommes de souche française.

Le bordj, qui avait quelque cent mètres de long sur quatre-vingt-dix de large, était, nous l'avons dit, disposé comme un cloître. Muré à l'extérieur, il ouvrait sur la cour intérieure — que des arcades bordaient sur deux côtés — les portes de ses nombreuses cellules, ce nom étant celui qui convient à la petitesse de ses locaux. Le tout formait une vraie petite ville, pouvant vivre sur elle-même.

À mesure qu'Auligny et Ménage faisaient le tour du bordj ils rencontraient : — la chambre du lieutenant, son bureau et sa salle à manger, — les trois chambres des sous-offs et leur popote, — un four où on cuisait le pain, — la prison, petite pièce fermée seulement par un cadenas, — le parc à moutons, grand comme une chambrette, où passait la nuit la «viande sur pied» destinée à la nourriture de la troupe, — les trois cellules des courtisanes arabes, c'est-à-dire trois

carrés de terre battue, comprenant chacun, pour tout
mobilier, une natte, une bougie dans un goulot de
bouteille, et un service à thé : ces trois tanières sentaient tellement le lion qu'il n'en fallait pas davantage
pour qu'on sût qu'on était bien dans le désert. Auprès
d'elles on fit une pause, et l'une des femmes (elles
n'étaient que deux) sur son seuil, offrit le thé. Auligny
n'en revenait pas de ces mœurs patriarcales. Une
hétaïre prenant le thé avec des lieutenants, pendant
qu'à quelques pas une de ses compagnes était étendue par terre, aux côtés du sergent Otero, et folâtrant
avec lui, — et cela en pleine cour du bordj !

— Après-demain Ftoum restera seule, dit Ménage.
Brika, qui rigole avec le sergent, rentre à L... par le
convoi. Et je n'ai pas demandé qu'on la remplace.

— Une femme, pour cent quinze hommes !

— Et vous verrez qu'elle chômera. Qu'est-ce que
vous voulez, il y a les gosses.

Un garçon de quatorze à quinze ans traversait le
bordj, les pieds nus dans des godillots de soldat beaucoup trop grands pour lui, qui lui faisaient une
démarche à la Charlot.

— Tenez, ça, c'est mon — votre — cuisinier, Zaoui,
mais on ne l'appelle que Zaoui-maquereau[1] ; vous
savez qu'en Afrique du Nord « maquereau », « grande
crapule », etc., sont des éloges : cela signifie un
débrouillard, un as... Je vous préviens que Zaoui-
maquereau est un personnage à Birbatine. Il est très
respecté, non seulement de ses camarades, mais même
des hommes. Et personne ne le respecte plus que son
père, qui est mokhazni. Il paraît que c'est un saint en

---

1. Le qualificatif de *maquereau* est en Afrique du Nord un terme
d'admiration et de sympathie, sans nulle nuance péjorative. Il
signifie malin, débrouillard, plus intelligent que les autres.

perspective. En ce qui me concerne, je n'ai jamais fait un menu, je ne m'occupe de rien, c'est Zaoui-maquereau qui se charge de tout. Le déjeuner a lieu entre onze heures et midi et demi, et le dîner entre six heures et sept heures et demie ; il n'y a pas d'heure fixe. Zaoui-maquereau a un sifflet, et quand le repas est prêt, il siffle. Mais quand Zaoui vous sifflera, il faut venir tout de suite. Autrement, vous vous ferez engueuler.

Ils continuèrent leur visite du bordj par les locaux où dormaient tirailleurs et mokhaznis ; — la cellule contenant les sacs d'orge pour les chevaux, badigeonnés de dessins à la chaux pour qu'on s'aperçût tout de suite si l'un d'eux avait été volé ; — la cuisine des hommes et des sous-offs ; — celle du lieutenant ; — une cellule renfermant des tonneaux d'eau potable.

Des six tonneaux qui eussent dû composer la réserve, un manquait. « C'est le phonard (le téléphoniste) qui a dû faire du bois avec », dit Ménage. De son bâton, Auligny frappa sur les tonneaux. Au son, il tressaillit.

— Mais il n'y a rien dedans !

— Ma foi, c'est vrai. Ils doivent fuir. Oh ! vous savez, ces tonneaux-là, c'est plutôt pour la frime.

Ils visitèrent ensuite une des tours de guet, passèrent devant les écuries qui étaient vides. Ménage expliqua que, la sorte d'orge qu'on leur fournissait ayant la propriété de faire péter les chevaux, ceux-ci, jadis, infestaient la cour. Aussi, maintenant, les laissait-on à l'attache, jour et nuit, devant la porte du bordj.

— Et si, la nuit, un djicheur vous en vole ?

— Pensez-vous que les djicheurs viennent ici !

— Ils y sont déjà venus, à ce qu'on m'a dit.

— Oh ! il y a un an ! Et la sentinelle, qu'est-ce que vous en faites ?

Auligny fut heureux d'entendre Ménage faire un bel éloge de ses hommes, au moins des mokhaznis : « Si vous croyez que je ne les préfère pas aux civils européens de L..., par exemple ! » Cela fut compensé par un débinage de la Légion : les légionnaires ne savaient pas se battre, ils n'étaient bons qu'à travailler aux pistes, etc.

Le soir, pendant le dîner, un mokhazni apparut sur le seuil, se soutenant aux épaules de deux compagnons. Sa tête pendait ; il haletait et gémissait. Un des mokhaznis expliqua, en arabe, que cet homme, actuellement en prison, se plaignait de la fièvre, d'oppression, etc.

Ménage prit rapidement la main de l'homme et aussitôt la rejeta.

— De la fièvre, toi ! Allez, fous-moi le camp !

— Je vous admire de distinguer si rapidement, dans la nuit noire, si un homme est un fricoteur ou s'il se plaint sérieusement, dit Auligny.

— Moi, vous savez, j'ai une règle bien simple. Quand un Marocain geint et se lamente, c'est un fricoteur. Quand il ne dit rien, c'est peut-être sérieux.

— Bon, mais admettez qu'il y ait une fois une exception, qu'il arrive une fois qu'un homme se plaigne parce qu'il souffre, ce qui après tout est assez naturel, que vous lui disiez : « Fous-moi le camp », et que le lendemain matin il soit claqué.

— Et après ? Un de moins. Si vous croyez que ça manque, les mokhaznis ! J'ai plus de demandes qu'il ne m'en faut. Allons, allons, vous êtes jeune !

— Avez-vous tout de même quelques médicaments ? demanda Auligny, après un silence.

— Oui, il doit y avoir quelques bouteilles... Mais, au début, Zaoui venait me prendre là-dedans l'huile camphrée pour y faire le poisson. Alors, j'ai arrêté les frais. Poillet vous dira ce que nous avons. Vous savez, ici, il y a un principe, c'est l'effet moral. Pourvu qu'ils emportent quelque chose dans un cornet, fût-ce de la craie pilée ou de la cendre de cigarette, ils sont guéris. D'ailleurs, quand un homme est vraiment malade, on l'évacue sur L...

— Qui, on?

— L'aide-major de Tamghist vient passer la visite une fois par mois.

— Et les vingt-neuf autres jours du mois, qui évacue, s'il y a lieu?

— Vous.

— Mais je ne suis pas médecin! Je ne connais pas le BA ba de la médecine!

— La médecine pour indigènes n'est pas de la médecine.

— Et les femmes, est-ce moi aussi qui les visite?

— Bien entendu. À propos, je vous préviens, il n'y a pas de spéculum. Moi...

Il prit sur la table une des cuillers à café, la fit jouer entre ses doigts.

— ... moi, je faisais ça avec deux cuillers à café. Celle-ci même, peut-être, qui sait?

Il se rongea un peu les ongles. De ses petits yeux marron de paysan, sournois, ricaneurs, il regardait en dessous Auligny.

— Vous savez, hein, ici, c'est le Sahara...

Auligny occupa la matinée du lendemain à faire l'inventaire, à lier connaissance avec ses sous-officiers, et à se mettre au courant du service. Il avait toujours cru que cette mise au courant allait l'empoi-

gner; mais elle se réduisait à moins que rien. Il se
confirma dans cette pensée qu'il avait eue, dès la
veille, en entendant Ménage répéter dix fois: «Ah!
pour ça, vous demanderez à Poillet», que c'était l'adjudant qui était le véritable chef de poste. Il n'en fut
pas surpris, ayant toujours rendu justice aux sous-
officiers, «les sous-offs, ce mal nécessaire», comme
disait un de ses camarades de Saint-Cyr.

Il fit aussi connaissance avec un autre personnage
important du bordj: le facteur. Le facteur, condui-
sant un bourricot minable, chargé de courrier, faisait
à pied, en quatre jours, en pleine zone d'insécurité,
à la merci des djiouch, les cent quatre-vingts kilomètres qui séparaient L... de Birbatine; à destination, se reposait deux jours; puis repartait en sens
inverse. Le facteur, pour faire ce métier, touchait dix
sous par jour; il est vrai que c'était un enfant de dix
ans, et pourquoi se fût-on privé de l'exploiter, puisqu'il ne se plaignait pas? Il ne savait pas un mot de
français, ou plutôt il en savait une phrase, une
phrase unique: «Il est bête, ce gosse-là», qu'il répétait à tout bout de champ, en éclatant de rire, quelquefois même improvisant sur ce texte une petite
chanson. En effet, avant d'être facteur, il avait servi
de boy, pour quelques fonds de gamelle, à un sous-
officier, de qui il avait retenu cette expression, entendue sans doute à satiété. Aussi le facteur n'était-il
connu que sous le nom de *C'-qu'il-est-bête-c'-gosse-là*.

L'après-midi ils visitèrent, avec Jilani, ce que
Ménage appela plusieurs fois «le ksar de toutes les
Russies». Le ksar, habité par un millier de per-
sonnes, consistait en deux rues principales, compa-
rables aux moindres des souks de Fez ou de Rabat.
Le reste du village était composé de cases de toub.

Ménage s'arrêta devant une des premières boutiques de la rue principale, et présenta à Auligny «Yahia, Tunisien de Sfax, venu ici pour pressurer les pauvres nomades, qui valent bien mieux que lui, en leur refilant des produits falsifiés». Cette présentation fit rire beaucoup le Tunisien. Il donna sa carte de visite à Auligny, qui lut:

MONSIEUR BENDALI YAHIA

ancien fonctionnaire
volontaire de la Grande Guerre
Chevalier de l'Ordre beylical du Nicham Iftikhar

Yahia était un personnage paraissant un peu moins d'une quarantaine d'années, aux traits fins, dans un visage pourtant empâté, aux mains potelées, aux grands yeux noirs couverts de lunettes, la moustache relevée comme on ne la voit plus qu'aux Orientaux. Sa chéchia, dont la longue touffe soyeuse pendait sur son dos comme une queue de cheval, à la mode tunisienne, laissait voir des cheveux extrêmement souples et onduleux. Tout, dans cette physionomie sans caractère — et, s'il n'eût été derrière son comptoir, on eût vu encore ses souliers de citadin et ses mollets gras, — indiquait un bourgeois, égaré parmi les mangeurs de sauterelles, un homme du Levant parmi les hommes du Maghreb.

— Sacré Yahia, comment n'as-tu pas encore offert au lieutenant un poème de bienvenue à ta façon, car Yahia est poète? Poème qui naturellement serait le même que celui que tu m'offris à mon arrivée, et encore, je suis sûr qu'il n'était pas de toi. Sans blague, où avais-tu copié ça?

Ce madrigal fut salué de nouveau par le rire de Yahia. «Est-ce qu'il se force par politesse, — disons plutôt : par servilité ? se demandait Auligny. Ou vraiment trouve-t-il cela irrésistible ?» Mais Ménage prit congé, et prévint toute question d'Auligny en lui glissant à l'oreille : «Je vous dirai tout à l'heure qui est ce Yahia.»

Chez le caïd, on monta sur une des terrasses, où des dattes avaient été mises à sécher, et Auligny vit avec déplaisir la chienne de Ménage commencer à croquer les dattes. Ménage lui cria bien, deux ou trois fois : «Eusébie !» mais ce dut être de pure forme, car ensuite il la laissa faire. Et lui-même se mit à ramasser et à manger des dattes, dont il jeta les noyaux sur une terrasse voisine, d'où immédiatement des petites filles (filles ou esclaves du caïd) se levèrent et descendirent.

Auligny, à la dérobée, regardait Jilani. L'éternel sourire de Jilani avait disparu. Ménage lui-même s'en aperçut et dit en riant : «Jilani n'aime pas que je monte sur sa terrasse. Il a peur que je ne voie ses femmes. Ah ! brigand, va !» Auligny crut remarquer que Jilani, malgré ses quarante ans, était toujours traité un peu en mineur, sans doute à cause du caïd : c'est ennuyeux d'avoir de vieux parents. Ensuite ils allèrent visiter la mosquée. «Que m'importe la mosquée ! se disait Auligny. Et il est certain que je contrarie ce Jilani.» Ménage, d'ailleurs, appuya bien là-dessus : «Jilani ne montre sa mosquée à personne. Il n'aime pas qu'on y entre.»

Ensuite ils montèrent prendre le thé chez Jilani. Ils s'accroupirent sur le tapis ; Ménage ôta ses *naïl*[1].

---

1. Sandales en lanières de cuir.

Auligny eût volontiers retiré ses souliers, mais il se mettait le cerveau à la torture pour se souvenir si ses chaussettes étaient reprisées ou non. Ménage jetait ses noyaux de dattes dans la pièce. Auligny se disait : «Évidemment, ce doit être l'usage.» Mais il ne *pouvait* pas faire cela. Pendant quelque temps il garda les siens dans le creux de sa main, et finit par les fourrer dans sa poche. Le lieutenant mangeait les cacahuètes par poignées, comme s'il n'avait pas déjeuné le matin, jetant toujours les cosses autour de lui. Il dit à Jilani : «Il n'est pas bon, ton thé. D'où le fais-tu venir ? etc.» Puis :

— Pauvre Jilani ! tu n'auras plus personne pour te verser en douce du cognac dans ton café, quand tu viendras prendre le café au bordj ! Quelle tête tu faisais alors ! Si tu buvais, tu étais sacrilège. Si tu ne buvais pas, tu étais mal poli. C'est le cas de le dire, ça valait le jus de voir ton air empoisonné...

Et Ménage de rire aux éclats. Et Jilani de rire aussi, d'un rire interminable, toujours rebondissant quand on le croyait terminé. Auligny croyait comprendre pourquoi Yahia et Jilani riaient tant. Quand on vous offense, et qu'on ne peut répondre, que faire, sinon prendre la chose en plaisanterie ?

Tout ce temps, un des fils de Jilani, un enfant d'une douzaine d'années, accroupi par terre, regardait au dehors par la fenêtre, sans jamais se retourner vers les assistants, sans prendre part au repas, sans jamais dire un mot, ni qu'on lui en dît un, pareil à une femme qui boude. «Terribles enfants, pas encore hypocrites, songeait Auligny. Celui-là ne fait pas l'homme du monde, et ne déguise pas ce qu'il pense de nous. Et ce qu'il pense, c'est évidemment ce qu'on pense dans sa famille, comme il arrive toujours. Me voilà renseigné sur Jilani.»

Au moment de partir, Ménage, désignant le régime de dattes, à peine entamé, qui se trouvait au milieu du tapis : «Voilà un régime qui ferait bien, suspendu au plafond de ma chambre, à L..., comme le bouquet de gui sous lequel on s'embrasse!» À l'instant Jilani le lui offrit. Auligny était écœuré, non pas du tout dans une «arabophilie» qui n'était pas sienne, mais dans sa bonne éducation froissée.

Jilani les accompagna un peu. Le vieux caïd, qui avait dû se terrer quelque part durant la visite, était sorti de son trou, et suivait à quelques pas derrière, sans que personne lui adressât la parole, comme un chien. Bientôt Ménage se tourna vers Jilani et lui dit : «Voilà, tu peux t'en retourner.» Ce «maintenant qu'on a bu ton thé, on t'a assez vu», parut à Auligny quelque chose d'incroyable. Il est vrai que Jilani, offrant son thé, était en service commandé.

Jilani souriait toujours.

Quand il fut parti : «J'aime bien le choquer quelquefois, dit Ménage en riant. Il faut ça. On peut être familier avec eux, mais il ne faut jamais cesser de leur rappeler qu'ils ne sont pas les maîtres.»

Ensuite il parla du vieux caïd Abd-es-Selam.

— Il y a une douzaine d'années, nous occupâmes Birbatine, où Abd-es-Selam nous fit bon accueil et mit sa tribu sous notre protection. Nous nous avançâmes sur Tamghist, mais là, il y eut une grosse résistance inattendue des tribus du caïd de Tamghist, qui envahirent même le territoire d'Abd-es-Selam. Le commandant Lhuillier, alors lieutenant-chef de poste ici, m'a raconté que, surpris et débordés par le nombre, lui et ses réguliers avaient dû rentrer au poste, laissant Abd-es-Selam et Jilani, qui combattaient en avant, se débrouiller.

— Et la famille ne vous en veut pas?

— Nous en vouloir? De quoi?

— Si j'ai bien compris, au cours de cette action, nous avons laissé tomber le caïd.

— Le caïd a couvert notre repli; quoi d'extraordinaire à cela? Et puis, qu'il nous en veuille ou non!

Aujourd'hui Abd-es-Selam, sourd, aveugle, était tenu à l'écart, et Jilani faisait fonction de caïd. Ménage n'avait eu qu'à se louer de lui, le menait comme il voulait. Cependant le colonel avait refusé à Jilani, récemment, l'autorisation d'aller à Rabat, preuve qu'on n'était pas si sûr que cela de lui. Jilani avait de nombreux enfants dont l'aîné, Abd-es-Selam II, avait été envoyé par lui au lycée d'une des principales villes du Maroc, afin d'y recevoir une éducation française XXe siècle. (Auligny traduisit: afin de pouvoir soutenir la conversation sur: 1° le cinéma, 2° le football et la boxe, 3° le banditisme et 4° l'automobile, ces sujets étant exclusifs de quoi que ce soit d'autre au monde.) Cet Abd-es-Selam II, à peine sorti du lycée, venait de montrer combien il avait profité de la civilisation roumi: pincé dans une affaire d'argent et de stupéfiants, il n'était rien moins qu'en prison.

— Quant à Yahia, dit Ménage, c'est le premier notable du ksar, après le caïd. C'est un natif de Sfax qui, à la suite d'histoires pas trop honnêtes, mais sur lesquelles nous avons passé l'éponge, a été obligé de quitter son bled, et est venu au Maroc. La façon dont il a échoué à Birbatine est plutôt grotesque: il a suivi une femme du douar réservé de L... qu'on avait envoyée ici et qu'il avait dans la peau. («Mais je ne trouve pas cela si grotesque», pensa Auligny.) La femme est morte, et Yahia est resté parce qu'il avait monté un commerce d'épicerie, de parfums, de bimbeloterie. Il fait venir directement de Tunisie, par caravanes, des babioles tunisiennes qu'il vend aux nomades, et gagne tout ce qu'il veut, car ici il n'y a rien, on ne fabrique rien; de plus, vous avez dû le remarquer, il n'y a pas de Juifs à Birbatine. Yahia méprise les gens d'ici, et ne manquera pas de vous parler de sa «vieille culture française» mais il est bien avec le caïd. En résumé, c'est quelqu'un qu'on peut soutenir, mais tout en le surveillant. D'ailleurs tout indigène est toujours à surveiller.

«Dites donc, pendant que j'y pense... J'ai remarqué que vous disiez *vous* à Jilani et à Yahia. Il est *indispensable* que vous preniez l'habitude de leur dire *tu*. Je vous dis cela très sérieusement.»

Le lendemain matin, par le convoi, Ménage partit, et Auligny respira. Il se répétait une phrase de Lyautey : «Au bivouac, nous sommes cinq, sans un mufle, rare aubaine, nous sentant les coudes, et c'est si exceptionnel[1]...»

---

1. Lyautey, *Lettres du Tonkin*, I, p. 318.

V

Ménage n'est pas plutôt parti, qu'Auligny pique la crise. D'abord il envoie deux notes à L... L'une réclame un thermomètre, et l'autre du sérum contre les scorpions et les vipères à cornes. Ménage lui a dit que ces bêtes abondent, ajoutant que le poste n'a pas de sérum, et trouvant cela tout naturel. « Le poste n'en a jamais eu. D'ailleurs (ricanant), les hommes ont des amulettes contre tout cela. » La « Sécurité » terminée, les mokhaznis rentrent, avec une cuisse de mouflon pour Auligny, don de joyeux avènement. Auligny examine un à un leurs chevaux et en trouve une dizaine dans un état pitoyable. De là une troisième note, demandant la visite d'un vétérinaire. Puis, petit cours à El Ayachi, maréchal des logis des mokhaznis, pour lui prouver que le pansage à la mode indigène, qui consiste à laisser le cheval se rouler dans le sable, ne vaut pas le pansage à la main, dont une démonstration est exécutée séance tenante par Mohand, ordonnance de Ménage, et à présent d'Auligny. Enfin, ordre donné que les chevaux désormais passeront la nuit dans leurs stalles, à l'intérieur du bordj. On supportera l'effluve du pet de cheval. Qu'est cela auprès de ce que doit être prêt à souffrir un soldat ?

Tous ces chevaux arborent au cou des talismans —
un sachet contenant une inscription coranique, —
même ceux des sous-officiers français, même celui
de Ménage, devenu celui d'Auligny. Ménage et les
sous-offs se sont laissé faire, comme un mécréant a
sur son automobile une médaille de saint Christophe,
et, si on lui objecte son athéisme, répond la grande
réponse de l'homme, qui est la preuve suffisante de
sa bassesse : «Tous les autres le font!» Auligny fait
enlever l'amulette de son cheval. «Quand même, je
ne vais pas porter des gris-gris.»

Le soir, à onze heures, Auligny monte en tapinois à
la tour d'angle, d'un coup de pied au derrière réveille
la sentinelle qui dormait, mais là-dessus la toiture
(palmes solidifiées par un mortier épais), indignée
d'une activité si intempestive, s'entrouvre et Auligny
y disparaît jusqu'à la cheville. D'où, le lendemain,
une révision complète du bordj, et tous les tirailleurs
sur pied pour le radouber. Ici la chienne de Ménage,
Eusébie, échue au successeur, a creusé sous le mur
extérieur, pour mettre bas, un trou si grand que
l'homme du désert pourrait s'y faufiler jusque dans
le bordj. Là, le sable, poussé par le vent, s'est peu à
peu accumulé au dehors le long des murs, créant une
pente que l'homme du désert n'a qu'à gravir, et d'un
saut il se trouve dans la place. Les barbelés eux aussi
sont ensablés. On remédie à tout cela.

Les sous-officiers laissèrent passer la crise. Ils
avaient d'ailleurs distingué tout de suite qu'Auligny
n'était pas un blanc-bec, même pour le bled. Son
examen des chevaux était de quelqu'un qui connaît
les chevaux. Ses ordres pour le radoub du bordj
étaient bien compris. Quelques dispositions qu'il prit
dans les locaux des hommes montrèrent chez lui

l'amour du soldat. Au fond, les sous-officiers savaient que la crise s'épuiserait vite : le zèle tomberait faute d'aliment, et parce que la chaleur allait venir. Ils reconnaissaient d'ailleurs qu'il n'était pas mauvais que tout cela fût fait Il n'y avait que la question du retour des chevaux dans les stalles sur laquelle ils étaient bien décidés à *avoir* le lieutenant.

La crise d'Auligny s'était abattue si brusquement sur le poste, que personne n'avait eu le temps de dire ouf. Mais, huit jours passés, elle s'apaisa, et, tandis que les sous-offs restaient dans l'expectative, « voyaient venir », les soldats indigènes commencèrent de tâter leur nouveau chef. Flanqués d'El Ayachi ou de Mohand, qui leur servaient d'interprètes, ils s'approchaient d'Auligny, les plus âgés les premiers, et lui présentaient toutes sortes de requêtes, d'ordre minime. Auligny, qui voulait débuter par de l'énergie, refusa tout. Ils tournaient les talons sans insister, ni témoigner de mécontentement, comme si leur demande n'avait été faite que pour la forme.

Puis ce furent des hommes du ksar qui vinrent lui soumettre leurs différends. Lui, d'abord, il pensait à part soi, voyant ces barbons : « Moi, leur juge ! » C'était son côté petit garçon ; on eût mieux compris ce *non sum dignus* s'il avait eu dix-huit ans, tandis qu'il en avait vingt-huit. Mais, ce qui parlait en lui, c'était sa haute idée de la justice. Et, se sentant très inexpérimenté, il s'étonnait qu'une tâche aussi sacrée que celle de la justice fût confiée à de jeunes hommes comme lui, nouvellement débarqués dans un pays dont ils ne connaissaient rien, pas même la langue.

Les premiers cas n'étaient pas graves. Un nomade, s'étant fait servir des dattes chez un marchand du ksar, avait refusé de payer : c'était la coutume des nomades, avant les Français. Celui-là, son affaire était bonne : un coup de pied au... Deux têtes manquaient à la « viande sur pied » que des bergers conduisaient de L... à Birbatine. Les bergers prétendaient que les moutons étaient morts, et montraient les oreilles de ces bêtes, pièces à conviction qui ne prouvaient rien ; Poillet jurait que le coup était classique, que les bêtes manquantes avaient été mangées ou vendues par les bergers ; Auligny se fie à El Ayachi, qui dit ces bergers honnêtes, et il ne sévit pas.

Plus tard, le lieutenant se fia moins à El Ayachi, de qui les interventions lui parurent le plus souvent contraires à la justice. El Ayachi mettait à la porte les plaignants, et Auligny était obligé d'élever la voix, d'insister à plusieurs reprises : « Qu'est-ce qu'il dit ? Mais enfin, qu'est-ce qu'il veut ? » Alors El Ayachi, en bougonnant, le regard détourné, avec le visage caractéristique de celui qui fait quelque chose de mal, expliquait n'importe quoi.

Dans la palmeraie, un homme avait déplacé à son profit le tronc de palmier qui séparait son jardin du jardin voisin. La mauvaise foi était évidente, l'homme ayant camouflé comme il pouvait le petit mur de toub sur lequel reposait le tronc, pour que le déplacement passât inaperçu, et les témoins étant formels.

Auligny, au plaignant Djelloul (par l'intermédiaire d'El Ayachi) :

— A-t-il eu le temps de te causer un préjudice ?

— Non, pas encore. J'ai découvert la fraude tout de suite.

— Veux-tu que je le mette en prison ?

— C'est toi qui juges ! Tu décides, et ce que tu décides est bien.

— Moi, je suis prêt à le mettre en prison. Mais seulement si tu le demandes, car on me dit que, jusqu'à présent, on ne s'est jamais plaint de lui.

Après traduction d'El Ayachi, longues explications de Djelloul, qu'El Ayachi traduit en une phrase : « Il dit que c'est toi qui es seul juge », car, hélas, sous toutes les latitudes, les interprètes abrègent considérablement.

Auligny, à l'accusé :

— J'allais te mettre en prison. Mais Djelloul te pardonne, et je te laisse libre.

Jugement qui porte la marque d'Auligny. Auligny cherche un biais pour ne pas sévir (c'est ce que fit Pilate, autre homme de bonne volonté). Il cherche à exciter la générosité du plaignant. Il cherche à faire croire à l'accusé que c'est grâce au plaignant qu'il ne le condamne pas, pour exciter en l'accusé des sentiments de reconnaissance. Et ce mot de pardon lui aussi porte la marque d'Auligny, ce mot si imprévu dans toute cour de justice, si imprévu parmi les Arabes. Eux, que comprennent-ils de tout cela ? Savoir.

On parle souvent du plaisir du commandement. On ne parle pas du plaisir de rendre la justice. Dès le deuxième ou troisième jour, Auligny se sentait, pour juger, un goût vif et simple qui n'était pas très différent de celui qu'on peut avoir, par exemple, pour jouer aux cartes.

Maintenant ils présentaient au lieutenant « Oulini » — ainsi l'appelaient-ils — des cas plus délicats, des conflits de famille. Et il s'étonnait de les voir lui soumettre des questions si intimes, et qui d'ailleurs, souvent, n'étaient du ressort d'aucun tribunal.

— Mais, disait-il à Poillet, pourquoi ne vont-ils pas devant Jilani ?

— Ils ont plus confiance en vous qu'en lui. Le lieutenant Ménage était très juste. Et puis, honnête! Il aurait été bien reçu, celui qui lui aurait offert un cadeau!

Auligny est content d'entendre dire cela de Ménage. C'est tout son désir: que Ménage, et les autres Ménage, ne soient pas ce qu'ils paraissent être.

Quand il jugeait ainsi, dehors, assis sur une chaise, au seuil de son bureau, il y avait toujours des hommes, oisifs, qui venaient écouter. Zaoui-maquereau s'arrêtait, quelque ustensile de cuisine en main, tenant le revers de son veston entre ses dents. Même des gosses du ksar, toujours fourrés dans les cellules des mokhaznis et des tirailleurs, comme des moineaux dans les écuries, faisaient cercle, et, comme El Ayachi ou Mohand-Saïd, avec des cris d'oiseau irrité, voulait les chasser, Auligny avait dit: «Laissez-les. Pourquoi n'écouteraient-ils pas comme les autres?»

Il arrivait qu'Auligny interpellât brusquement un des auditeurs:

— Eh bien! Dambri, qu'est-ce que tu en penses? C'est toi qui juges!

Et si «Dambri» répondait, piteux, comme s'excusant: «Mon lieutenant, je ne suis pas Dambri, je suis Lakhdar», tout le monde, voyant qu'Auligny riait de son erreur, se laissait rire, et Lakhdar, ayant ajouté une phrase qu'El Ayachi traduisait: «Il dit qu'il peut aller chercher Dambri si tu veux», on riait de plus belle, car ces gens aimaient la plaisanterie, la comprenaient très bien, et, si simples qu'ils fussent eux-mêmes, étaient impitoyables pour plus simple qu'eux. Les enfants fixaient sur Auligny leurs yeux brûlants d'intelligence, souriant d'avance de sa prochaine réplique. La chienne, qui présidait elle aussi, entre les jambes du lieutenant, levait la figure et faisait vers lui une sorte d'ululement qui semblait signifier : « Y a pas à dire, c'est rigolo comme tout. » Telle était l'atmosphère paternelle de ce tribunal saharien. Elle n'empêchait pas qu'un homme, parfois, dût aller chez soi, sous la garde d'un mokhazni, pour y chercher quelque argent que, devant Auligny, il remettait à son adversaire. Ou même qu'il prît le chemin de la petite pièce qui servait de prison. Deux insolvables furent condamnés par Auligny, toujours saignant de l'état d'abandon des chevaux, à apprendre de Mohand les secrets du pansage. Et deux jours durant, sans arrêt, ils astiquèrent la cavalerie du bordj.

Bien des fois, quand il avait jugé, les ksouriens, autour de lui, gloussaient et se gargarisaient de plaisir, « Voilà. Tu as bien jugé », et ils daubaient assez cruellement sur celui qui avait été débouté. Des adversaires, qu'il forçait à se réconcilier, se donnaient un baiser rageur, qui faisait rire l'assistance. Des hommes auxquels il avait rendu justice lui baisaient les mains et les appuyaient ensuite contre leur front et leur poitrine. Auligny, lorsqu'il voyait ces simples l'approuver, une paix lui descendait dans l'âme, et elle se lisait sur son visage.

Quand il pensait à ce qu'il faisait là, il appelait cela gravement : rendre la justice. Mais, en écrivant à sa mère (qu'il respectait pourtant à l'excès), d'instinct il le rapetissa et le rendit niais, comme pour le mettre à son échelle : « Je fais mon petit Salomon... »

L'après-midi, après la sieste, Auligny allait à la guelta, chasser le canard sauvage et la poule d'eau ; il gravissait la dune la plus élevée, haute d'une trentaine de mètres ; il emmenait Mohand et se faisait lire les traces des oiseaux et des bêtes, filigranes déli-

cats sur le sable pur. Il alla quelquefois à la palmeraie, mais il n'était pas d'un tempérament à rêver
devant quelques palmes blanches de poussière et
quelques «jardins» inexistants.

Dans tout cela il était accompagné d'Eusébie.
D'Eusébie débaptisée et devenue Zoubida. Car les
personnes familières avec l'Afrique du Nord com-
prendront pourquoi, quand on appelait à grande
voix la chienne : «Eusébie!» et son fils (qui était aussi
son époux) : «Eusèbe!», en faisant sonner comme il
faut les dernières syllabes, un vaste rire déferlait
dans le poste. Mais Auligny trouvait que ces plaisanteries, bonnes pour un Ménage, ne convenaient pas à
sa dignité. Quant au fils-époux, Eusèbe, désormais il
s'appela Citron. Car Auligny, nous le verrons plus
loin, avait un culte pour Racine.

Auligny retourna voir le caïd. Mais le vieillard
étant sourd, et parlant un arabe qu'Auligny comprenait à peine, il ne pouvait y avoir de commerce avec
lui. Il voulut se faire une opinion sur Jilani, qu'en
définitive il jugea bienveillant et loyal, mais sans
fond d'aucune sorte — ni capacité, ni énergie, — et
sans prestige. En revanche, Yahia lui parut un fantoche assez réjouissant.

Dès la première fois qu'il fit halte devant la boutique du Tunisien, Yahia, qui sans doute attendait
cette minute avec anxiété depuis le début, déposa
son chapelet d'ambre, congédia brutalement ses
clients, et envoya son commis chercher du thé. Auligny sentit bien ce qu'il y avait d'un peu gros dans ces
amabilités, mais il était trop poli lui-même pour
n'être pas toujours séduit — se gendarmât-il — par
la politesse des autres.

Comment, à vingt ans, Bendali Yahia ben Miloud,

originaire des environs de Sfax, fut nommé notaire indigène, c'est le commencement de ses malheurs. Un contrôleur de recensement, étant venu faire les vérifications d'achour sur des terres dont des parcelles appartenaient aux Bendali, trouva les notaires indigènes incapables, et demanda à Yahia, qu'il savait instruit et presque lettré, de l'accompagner deux ou trois jours, pour l'aider à expliquer la chose aux notaires. Yahia en resta sept, jusqu'à ce que les notaires eussent compris. Le contrôleur, enchanté de lui, demanda sa nomination comme notaire. Yahia, promu notaire, sentit qu'un homme en place doit quelque chose à la société : il se maria. Comme notaire, il fit à la fois l'enthousiasme et le désespoir des fonctionnaires français : leur enthousiasme en compliquant les questions administratives à un point dont même eux n'avaient aucune idée ; leur désespoir en étant si coquin qu'on craignit que quelque jour il n'en arrivât à léser des Français. Ce jour vint, et Yahia fut remercié.

Sans doute pour se désolidariser d'avec son mari, de qui la mésaventure s'était ébruitée, Mme Yahia le trompa ; il la répudia. Tout cela fit du bruit. Yahia se convainquit qu'il était nécessaire, hélas ! de laver son honneur, et résolut de faire ce que, dans sa conversation et dans ses lettres, il appelle « le devoir sacré » : s'engager. (Il était exempté du service par son certificat d'études.) S'engager, — et on était en pleine guerre ! Les supplications de sa famille ne fléchirent pas sa noble fermeté : il s'engagea, aux secrétaires d'état-major de Kairouan. C'est là qu'il accomplit le devoir sacré pendant dix-huit mois. Ce qui lui permet d'avoir aujourd'hui la carte du combattant.

Libéré, il végéta à Sfax, sans métier, mais toujours

paperassant, recueillant légendes, traditions, proverbes, poèmes locaux, jusqu'à ce que M. Combet-David, le fameux arabisant, venu à Sfax pour ses travaux, le rencontrât, causât avec lui, et jugeât tout de suite combien pouvait lui être précieux cet indigène riche en documents et si curieux de son pays, et qu'en même temps on tenait — par son scandale, — de sorte qu'il ne pourrait jamais devenir gênant. M. Combet-David enleva Yahia, l'emmena à Fez, où il résidait habituellement, et commença à le faire travailler. Ce fut une véritable idylle de philologie arabe, sous les auspices du point diacritique.

L'idylle dura six ans. M. Combet-David empêchait Yahia de crever de faim, moyennant quoi il le suça comme un vampire. Si Yahia laissait percer le désir de retourner en Tunisie, de prendre un petit commerce pour vivre plus largement, M. Combet-David le faisait chanter : lui laissant entendre à demi-mot qu'il le rendrait partout impossible en révélant ce qu'il savait de lui. Quand M. Combet-David eut bien sucé Yahia, que toute la substance de Yahia fut passée dans les ouvrages de M. Combet-David, celui-ci lui dit à peu près : «Vous avez chanté ? Eh bien, dansez maintenant !» et rejeta cette pelure vide. Yahia, entre-temps, s'était épris d'une femme de Moulay-Abdallah (quartier réservé de Fez). Elle partait chercher fortune à L…, il l'y suivit, et de là à Birbatine. À Birbatine, il prit un commerce, avec un peu d'argent que M. Combet-David eut la grandeur d'âme de lui prêter contre reçu.

Comment résister au plaisir de dire quelques mots de M. Combet-David ? L'orientaliste bien connu est en effet inconnu d'à peu près qui que ce soit au monde, mais il est une des lumières de sa spécialité.

M. Combet-David ne s'est pas marié, afin de consacrer sa vie entièrement au point diacritique. C'est un ascète du point diacritique, comme M. de Guiscart est un ascète du plaisir.

Donnons un court aperçu de ses méthodes. Il semble que lorsqu'on traduit des poèmes bédouins du désert, tout l'intérêt soit d'en conserver la naïveté et la force. M. Combet-David ne l'entendait pas ainsi : ce qu'il voulait, c'était donner des poèmes qui d'une part fussent *élégants* et d'autre part *convenables à nos mœurs*. Affaiblir l'expression, et dénaturer le sens : tel est essentiellement son apport aux traductions de Yahia. Exemples : Quand Yahia traduisait littéralement « la salive » (de l'objet aimé), M. Combet-David, choqué par « salive » (et ignorant sans nul doute que c'est bien la salive qu'on échange dans les baisers pénétrants de l'amour), biffait, et mettait « l'haleine ». Quand Yahia traduisait : « son corps pétri de sang et de chaux » (les Bédouins appliquent de la chaux sur les blessures), M. Combet-David, choqué d'abord par le mot « sang », qui lui paraissait répugnant, le remplaçait par « pourpre », qui est un mot noble, choqué ensuite par le mot « chaux », qui lui paraissait trivial, le remplaçait par « albâtre », qui est un mot poétique, et écrivait bravement : « son corps pétri de pourpre et d'albâtre ». Et ainsi de suite. Le résultat était que ces poèmes bédouins, pleins de traits vigoureux et neufs dans la traduction de Yahia, et qui eussent fait sous cette forme les délices de tout lettré, comme celles de toute âme sensible aux passions, devenaient d'une fadeur insipide, et proprement illisibles après les corrections de M. Combet-David : à quelques mots près, on eût pu les prendre pour des traductions du XVIIe siècle, d'Horace ou de Tibulle.

Dénaturer des expressions n'étant pas assez, cette montagne de cuistrerie avait voulu dénaturer aussi le sens d'une civilisation, dans ce qu'elle a de plus caractéristique : la façon dont elle entend l'amour. Dès les premiers poèmes traduits par Yahia, le professeur avait été offensé, comme d'une faute de savoir-vivre, de ce que Yahia lui soumît ces traductions sans avoir changé le sexe de l'objet aimé, qui dans l'original était... enfin nous n'osons le dire, tellement cela est épouvantable et criminel. Yahia fit observer timidement que, dans certaines régions de la Tunisie et du Maroc, la femme était surtout un intermédiaire en vue de la reproduction, toute la vie sentimentale y tournant autour des jeunes garçons. M. Combet-David déclara avec feu que jamais son nom ne couvrirait de pareilles ordures. (Tous ces poèmes étaient cependant très chastes.) Yahia, le rouge aux joues, s'inclina en demandant pardon. Les *il* furent changés en *elle* ; quand le sens du vers se refusa à cette substitution, le vers fut tranquillement supprimé du poème ; quand ce fut le poème entier qui devint par là incompréhensible, on renonça à le traduire, quelle que pût être sa beauté, et bientôt le sexe moral triompha sur toute la ligne. Peut-être, averties de cette cuisine, se fût-il trouvé dans le monde entier trois ou quatre personnes pour dire à M. Combet-David : «Vous n'êtes pas seulement un imbécile, vous êtes un malhonnête homme. Vous avez falsifié vos pièces. Vous nous annoncez des témoignages sur l'esprit d'une race, et vous nous apportez de faux témoignages. Et la vérité ?» Mais qu'est-ce que la vérité, pour un Combet-David !

M. Combet-David n'avait pas toujours agi de la sorte. Dans ses traductions antérieures à 1921, il

conservait les « obscénités » des textes ; il se contentait de les traduire en latin, et d'y ajouter, en note,
des excuses et des piaulements de pudeur. Ainsi les-
dites « obscénités », qui fussent passées inaperçues,
et peut-être incomprises, de lecteurs pressés ou peu
avertis, s'il les avait traduites avec le reste, se trouvaient soulignées, délayées, mises en italique, et il
était impossible que l'esprit ne s'y arrêtât pas longuement, intrigué, allumé, cherchant à comprendre
ce galimatias latin.

Si M. Combet-David, depuis 1921, se montre
plus intransigeant, c'est que l'année 1921 a marqué
pour lui une date. Jusqu'à 1921, où il entra dans sa
soixante et unième année, l'ascète du point diacritique s'était maintenu dans une grande idée : celle de
ne se présenter pas à l'Académie des Inscriptions et
Belles-Lettres. Il avait consacré sa vie à ce qu'il
croyait des études très importantes ; il trouvait que
cela se suffisait. Il l'avait toujours fait en homme
privé, refusant le Collège de France, ne demandant
pas la croix, qui pour lors ne lui fut pas donnée, et il
pensait que l'Institut le diminuerait, non pas tant
pour en être, que pour l'avoir souhaité, et s'y être
efforcé. M. Combet-David était un cuistre, mais un
cuistre à caractère : pourquoi non ? Il avait une
conception qui est peu répandue : il estimait qu'aller
prier un homme, qui souvent vous est très inférieur,
de daigner vous juger son égal, c'est une démarche
qui n'est pas compatible avec l'honneur, quelle que
soit l'illustration des personnages qui de tout temps
l'ont trouvé bon, et quand l'univers entier se lèverait
pour vous convaincre que vous vous trompez.

M. Combet-David tint le coup jusqu'à soixante ans,
ce qui est déjà un joli record. À la vérité ce n'était

qu'un demi-sacrifice, puisque le plaisir d'être de l'Institut ne dure que peu d'années, tandis que l'admiration qu'on se voue, pour ne chercher pas à en être, est un plaisir qui vous accompagne la vie durant. Mais en 1921 il tomba malade, se décolla brusquement, et prit bien plus que son âge. Célibataire à la merci de femmes de menage qui ne venaient pas, dans un état de faiblesse qui lui faisait une montagne de devoir se chauffer une tasse de tilleul, l'avenir l'épouvanta, il regretta amèrement d'avoir tant donné à la tenue morale de sa vie : officiel, il y aurait eu des gens qui lui auraient fait la cour, qui lui auraient trouvé des femmes de ménage, indiqué un médecin pas trop canaille ; il ne s'était jamais occupé de choses de cet ordre, perdu qu'il était dans le point diacritique, ou plutôt il s'en était occupé sans y prendre garde, parce qu'il était bien portant. Il accepta d'être tout entier un pauvre homme, convint qu'il avait présumé de sa fierté, et qu'il fallait se résigner à l'Institut s'il voulait dans ses dernières années, vieux et infirme, n'être pas abandonné à mourir comme un chien : la peur de la mort le ramena aux petits honneurs, comme elle en ramène d'autres à Dieu. Il fit savoir qu'aussitôt remis il poserait sa candidature, et comme son élection était certaine, les gens qui voulaient de cet Institut et qui négligeaient M. Combet-David, quand ils croyaient qu'il n'en serait pas, se mirent à l'aimer, voyant qu'il en serait, et pourrait les y faire entrer. Il eut donc tout de suite beaucoup d'amis, et on lui trouva une femme de ménage.

M. Combet-David, qui avait senti le froid de l'abîme, et connu qu'il ne s'agissait plus de plaisanter, fit donc les choses que l'on fait quand on s'est mis dans son cas, mais avec un excès dans la bassesse qui lui parut convenable pour se faire pardonner sa longue dignité. Il est bien triste, alors que la vieillesse devrait être plus indépendante et plus courageuse que la jeunesse, puisqu'elle a moins à perdre, de voir un homme rester homme, bravement, jusqu'à la soixantaine, et à la soixantaine lâcher tout.

Ce qui surtout fut remarquable, c'est comme M. Combet-David se mit à haïr la réalité, qui toujours choque, et ce candidat ne pouvait plus choquer ; il lui fallait plaire coûte que coûte. Il commença dans cet esprit, en partie à ses frais, des éditions refondues de ses principaux ouvrages, afin d'y supprimer tout ce qui pouvait déplaire à qui que ce fût, non sans y ajouter quelques louanges utiles, dont la mieux venue est, page 481 de l'édition refondue des *Nouvelles Leçons sur le point diacritique*, la longue note qu'il a consacrée à l'éloge des Missions françaises en Orient, note qui, calculait-on, devait lui apporter au moins cinq voix. Il écrivit quelques articles dans les journaux, où tout était *haut*, et tout *français* — la haute intelligence française, la haute spiritualité française, — et se sentit même un retour marqué vers la foi de son enfance, sans aller cependant jusqu'à la classique crise religieuse — en cinq phases, comme la crise hystérique de Charcot, — car aux Inscriptions et Belles-Lettres on n'en demande pas tant. Enfin tout ce qu'il fit fut parfait, ce fut une révélation. M. Combet-David reçut et avala, avec des grimaces de jouissance, de maint immortel, mainte couleuvre : dans les statues des anciens Grecs, l'immortalité est figurée par un serpent. Ces formalités accomplies on le reçut à l'Institut (1923). Mais maintenant le pli en est pris : il a beau être dans la place, il continue de haïr la réalité, comme du temps où il lui fallait cela pour se faire ouvrir.

Les ouvrages de M. Combet-David écrits en collaboration avec Yahia ont paru d'abord sous leurs deux noms. Dans les réimpressions, le nom de l'académicien figure seul, suivi, en caractères minuscules, de la mention: «en collaboration avec M. Yahia Bendali». Enfin, sur la couverture de leur dernier ouvrage, *Proverbes des Bédouins du C'hara* (à quoi servirait-il d'être arabisant si on n'écrivait pas *C'hara* pour Sahara, *A'haggar* pour Hoggar, *Fas* pour Fez, etc.?), le nom de Yahia a été purement et simplement supprimé. C'est la gradation usuelle par laquelle nous nous débarrassons d'un collaborateur inconnu et désarmé. À la lettre entortillée et humble où Yahia se plaignait de ce traitement, M. Combet-David a répondu par un bref billet où il expliquait ainsi la chose: «J'ai des ennemis très puissants. C'est dans votre intérêt que je n'ai pas voulu que votre nom fût associé au mien. Cela aurait pu vous nuire...» On sent bien que l'illustre érudit est dans une situation à ne plus se gêner.

Auligny écouta la vie de Yahia, arrangée comme il faut, et lubrifiée de quatre tasses de thé. Il ressentait à l'égard de Yahia un composé de dédain, parce que «un primaire indigène, c'est le comble des combles», — de pitié, parce qu'il ne doutait pas que Yahia n'eût été exploité, — et d'une sympathie réelle et pourtant sur ses gardes.

Quinze lignes supprimées.

Après un peu moins de trois semaines, Auligny perçut un vide devant lui. Il avait épuisé tout le travail possible; pour le «courant», il n'y avait qu'à s'en remettre à Poillet. Exactement, il n'avait *rien à faire*. Petite phrase banale, — et tragique.

Il n'était pas chasseur : les excursions à la guelta avaient perdu pour lui l'amusement de la nouveauté. Pousser son cheval au hasard, dans un désert monotone, lui semblait sans attrait. Les livres ? Ceux qu'il avait apportés, il les connaissait par cœur ; c'étaient ses livres de chevet, les Mémoires de Foch, les lettres de Lyautey, les romans, qui firent du bruit en leur temps, d'un lieutenant tué à la guerre. Enfin n'oublions pas un volume du *Théâtre choisi* de Racine. Car le lieutenant Auligny rendait un culte à Racine.

Ce culte de Racine avait une histoire.

Lorsqu'il avait pris sa retraite, M. Auligny avait senti que les temps étaient venus de s'enjoliver l'intellect. Le désœuvrement lui avait fait feuilleter le vieux La Fontaine dont il usait au collège, et, étant tombé sur l'épitaphe du fabuliste : *L'une à dormir, et l'autre à ne rien faire,* cet idéal de vie lui avait semblé une telle justification de la sienne qu'il avait connu que La Fontaine était fait pour lui.

Bientôt cela prit tournure de manie, il professa de vieux jugements vulgaires, qu'il avait lus partout, mais qu'il croyait, en toute bonne foi, être l'expression de sa propre pensée, et qui lui paraissaient ravissants de nouveauté et d'imprévu : « C'est à notre âge seulement que l'on comprend l'inimitable bonhomme. » Bref, il fit subir à La Fontaine la prodigieuse transfiguration que peut accomplir un nigaud sur la personne d'un auteur homme d'esprit. Il apprit des fables par cœur, émailla ses propos de citations, qu'il « amenait » avec une stratégie d'Indien, et fit de son volume un objet fort étrange. Il l'annota avec munificence, non pas, bien entendu, de réflexions qui lui fussent personnelles, mais de notes copiées dans une autre édition, notes dont il laissait

croire qu'elles étaient de lui. Il souligna aux crayons
de couleurs différentes (volés à son bureau), et à la
règle (minutie de rond-de-cuir), les vers qui l'en-
chantaient le plus, et colla avec du papier gommé,
en regard de chaque page où un nom de lieu était
cité, une carte postale représentant une vue de
cet endroit ; c'était aux curés desdits lieux qu'il écrivait pour leur demander ces cartes postales, et sur
l'enveloppe il mettait toujours : « M. le Curé Doyen »,
tant l'administration lui avait fait une seconde nature
de l'habitude de flatter. Au terme de ce grandiose
travail, le La Fontaine, gonflé comme un herbier,
était à peu près ce que serait un La Fontaine annoté
par un enfant de quatorze ans un peu avancé pour
son âge.

Ce volume, que M. Auligny montrait à tout venant,
avec une fierté rayonnante, imposait à beaucoup de
personnes parmi les relations des Auligny ; il portait
à croire que M. Auligny allait avoir « une belle
vieillesse », et comme une réplique petit-luxe de ce
qu'on appelle dans les Hautes-Sphères-Pensantes
une « vieillesse goethéenne ». (« Dites-moi que j'ai une
vieillesse goethéenne ! » supplie le vieil homme de
lettres, qui sent que la fin approche. Et nous le lui
disons volontiers, dans un bêlement révérenciel :
« Vous êtes notre Gœœethe ! » ; s'il ne faut que cela
pour lui dorer la pilule de l'agonie !) Lucien Auligny,
lui aussi, avait été frappé de respect pour cette manifestation intellectuelle de son père, si imprévue, et,
ayant flairé que la religion de Racine était un brevet
bien plus sûr encore — indiscutable ! — de distinction d'esprit, il emporta son Racine de collège dans
sa garnison, et commença de le faire voir sans en
avoir l'air. Il devint bientôt de « ceux à qui Racine

suffit» (Sainte-Beuve)[1], et automatiquement, par ce
moyen si simple, franchit l'échelon et compta dans
l'*élite*, du moins à ses propres yeux.

Bien entendu, étant ce qu'il était, il n'éprouvait nul
plaisir aux vers de Racine. On veut dire : nul plaisir
spontané. Mais, au second degré, un sentiment pour
lequel le mot de plaisir est trop trivial ; celui d'extase
seul lui conviendrait. En effet, la France est le premier pays du monde. Et Racine est le premier poète
français. Les plus beaux vers de Racine (dont la liste
a été arrêtée une fois pour toutes et se trouve dans
tous les manuels de littérature) sont donc — indiscutablement ! — la quintessence de l'esprit humain, la
pointe extrême de ce que l'esprit humain peut pro-
duire dans la beauté. Auligny sentait que lorsqu'il
prononçait : «La fille de Minos et de Pasiphaé» ou
«Dans l'Orient désert quel devint mon ennui !»,
quelque chose en lui s'agenouillait. Il eût probablement rompu une amitié de vingt ans avec quelqu'un
qui lui eût dit, par exemple, qu'il était victime d'une
autosuggestion collective, d'ailleurs passionnante à
étudier en tant que phénomène de psychologie
sociale ; mais personne, bien sûr, ne le lui eût dit : on
ne se coule pas de gaîté de cœur. Dans son volume
de Racine, Auligny avait élu deux pièces, *Bérénice*,
parce qu'elle était celle qui l'ennuyait le moins, et
Athalie, parce que c'est le chef-d'œuvre — indiscutable ! — de Racine ; et, se mouillant l'index, il avait
sali le coupant des pages correspondant à ces
œuvres, qui se détachaient ainsi en sombre au milieu
de la tranche claire, ce qui avait pour but de montrer
à quel point il était pénétré de ces deux pièces. Ainsi

---

1. Sainte-Beuve le dit avec raillerie.

faisaient ses aînés, quinze ans plus tôt, avec les pages du *Mystère de Jésus*, dans leur volume de Pascal. Mais Pascal peut résister même à l'admiration des sots. Il semble que Racine soit un peu plus vulnérable.

Tels étaient les livres apportés par Auligny au désert. Quant à la «bibliothèque» du poste, œuvre de Ménage, elle ne comprenait que des romans populaires ou policiers à vingt-cinq sous.

Quel recours lui restait-il? User, abuser du pouvoir impérial qu'a dans un poste du Sud le moindre petit gradé? Le sentiment de toute-puissance, voire d'impunité, qui dévergonde un si grand nombre d'Européens, non seulement dans le Sud, mais sitôt qu'ils mettent le pied sur le sol de la colonie, était aussi éloigné que possible d'Auligny: l'idée d'une puissance personnelle ne le touchait que dans la mesure où il se sentait représenter la France. Le projet de la monographie en collaboration avec Yahia l'arrêta un moment, mais enfin ne servit qu'à lui montrer ce dont maintenant il se rendait compte: le pays ne l'intéressait pas. Il avait pu donner l'illusion d'une certaine chaleur pour les choses indigènes, dans ces mouvements qu'il avait eus en faveur des mokhaznis et du caïd. En fait, c'était par délicatesse qu'il avait pris leur parti, plus que par sympathie. «Tout bien pesé, qu'avons-nous à prendre à l'Islam? Son thé à la menthe, la coutume d'enlever ses chaussures le plus possible, et la licence de roter en public.»

Il écrivit à sa mère: «Je suis venu au Maroc — sur votre désir — pour me battre. Si c'était pour mener une vie dont l'occupation principale est d'aller constater le progrès des travaux du potager, j'étais mieux dans une ville charmante comme N..., avec des amis, des distractions, plutôt que dans ce bled informe.»

En même temps, il avait honte de soi. «Un autre ne se plaindrait pas. Il est possible que je manque de caractère.» Et ce Ménage dont il se moquait, et qui était resté ici deux ans et demi! C'était un saint! «Il faut être juste: Ménage savait se créer des intérêts. Il a fait sortir du sable, près du point d'eau, ce jardin potager qui est un petit tour de force. Moi, je n'y connais rien aux potagers, et j'ai confié cela à Zaoui-maquereau. Bien entendu, le jardin périclitera, avec ces Arabes!»

Mais aussi, pourquoi tenter quelque chose, puisqu'on n'était pas soutenu? Les réponses à ses notes étaient réservées. Il n'y avait pas actuellement de sérum à L...: on en enverrait quand il y en aurait. Touchant l'utilité d'un vétérinaire, elle ne se faisait pas sentir. Au sujet du thermomètre on ne répondait même pas.

Le vingtième jour de la présence d'Auligny à Birbatine, la visite du colonel fut annoncée pour le surlendemain. Mais, le surlendemain, le colonel n'était pas avec le convoi. Nouvelle petite contrariété.

Ces ennuis furent accompagnés d'une éclosion de bobos, choc en retour du passage au climat saharien. Le vent de sable irrita sa gorge et fit saigner son nez, le grand air lui donna un orgelet, dessécha, fendilla ses lèvres, où germèrent ensuite des boutons pareils à ceux de la fièvre; la fièvre elle-même vint, tous les soirs, et la quinine entra en action. Tous les hommes de l'armée d'Afrique ont connu ces heures d'*acedia* saharienne. Pour se remonter, ils boivent. Mais Auligny n'était pas buveur.

Ce soir où le lieutenant cassa le verre de sa lampe, où nulle part on n'en trouva d'autre, ni dans le bordj ni dans le ksar, où Poillet opina qu'en en demandant

un à L... il faudrait un mois pour l'obtenir, et où
Auligny, devant la lueur agonisante d'une bougie, de
dégoût, à huit heures, se mit dans ses draps, ce soir-
là, pour la première fois depuis trois semaines, son
cafard se cristallisa autour d'une conclusion unique :
« J'ai vingt-huit ans, et pendant deux ans et demi —
jusqu'à la trentaine passée ! — je ne vais connaître de
femmes qu'une vieille putain arabe du dernier aca-
bit. » Il remâcha cette découverte pendant une heure.
Après quoi, enragé, non dans son corps, mais dans
son esprit, il se tira du lit, et alla appeler Ftoum.
Pour s'excuser il se disait : « Ma continence prolongée provoquerait des cancans, dans ce bordj où tout
se sait. »

Sinistre demi-heure d'« amour » ! La lueur tremblotante de cette bougie, et cette femme fanée et grossière, avec son gri-gri sur le ventre, pour rester
inféconde, et ses commentaires sur la façon dont elle
se faisait avorter, en s'accroupissant sur de la fumée
de charbon de bois... Mais en un sens tout cela fit du
bien à Auligny. « Désormais il est acquis que je ne
retournerai jamais avec cette créature. Et comme je
ne veux pas devenir fou, il faut chercher ailleurs.
Jilani me dit que Birbatine a six cents habitants, —
les femmes non comptées. Mettons qu'elles soient
quatre cents, cela fait combien de gamines ? De toute
façon, où que cela m'entraîne, il faut que cela se
fasse. » Auligny s'endormit calmé. Il n'était plus un
malheureux qui n'a *rien à faire*. Il avait un but. Il
était donc sauvé.

Le lendemain, Auligny fit le tour du ksar, furetant,
comme un chat qui va à la découverte d'une maison
nouvelle où ses maîtres viennent d'emménager.

Les indigènes, couchés ou assis, se levaient sur son

passage et faisaient le salut militaire, et Auligny, tant il était bonhomme, devait se contraindre pour ne pas leur dire : « Restez donc assis… » Des chiens, sur les toits, l'accueillaient de leurs aboiements, et leurs voix dissonantes, s'élevant de toute l'agglomération, y mettaient un vacarme de volière. Sur les toits, aussi, des poules, un bélier, un chameau tournant une noria. De vieilles négresses filaient la laine à la porte des maisons. Des petits garçons aimés des mouches, négroïdes aux mollets presque bleus, des petites filles impubères, qui se glissaient dans les cases, craintivement, à son approche, mais qu'il retrouvait un peu plus loin, car la curiosité les avait fait ressortir, et ils s'enfuyaient de nouveau en l'apercevant, comme s'ils jouaient avec lui à cache-cache. La bouche sèche, butant contre la pierraille, il se disait : « C'est mon uniforme qui me gêne. Elles ont peur. » Civil, il eût soupiré : « Ah ! si j'avais l'autorité de l'uniforme ! » Pas une jeune femme (et pourtant, au crépuscule, il avait vu leurs robes crûment coloriées, sur les terrasses jaunes). Au milieu d'un cercle, un conteur, assis sur une pierre. Plus élevé que les auditeurs accroupis, il parlait avec les yeux baissés, à croire, au premier coup d'œil, que c'était un aède aveugle ; et dans le cercle, souvent renouvelé, jamais une femme. Près du puits, seulement, il rencontra un lot de fillettes, et d'adolescentes déjà mûres pour l'amour. Mais son admirable délicatesse fut plus forte que son désir. Ailleurs, quand il croisait des petites, elles pouvaient s'enfuir. Ici, les unes embarrassées de leurs jarres pleines, les autres attendant leur tour, il fallait bien qu'elles restassent là, sous son regard. Et Auligny répugnait si fort à abuser de cette situation qu'il passa sans s'arrêter.

L'après-midi, après la sieste, il alla à cheval à la palmeraie.

Elle était dévorée par les mouches — des mouches minuscules et bleues — qui en débordaient aussi, lui faisant à l'extérieur comme un barbelé de vies dégoûtantes. Des nègres, presque nus, la corde attachée aux reins, tiraient de l'eau, avec des cris sans nom qui leur donnaient de la force. En deux heures, Auligny n'y aperçut d'autres femmes que des fillettes cambrées, aux seins menus, et des négresses arrachant des légumes. Mais en revanche des bandes de garçons, accrocheurs, d'ailleurs polis, et portant toujours à leur chéchia, qui une rose, qui un bouquet entier de petites roses (et quelquefois, le plus petit, un simple bouton de rose, comme il convenait à son âge plus tendre), tandis que les fillettes n'avaient jamais de fleurs sur elles, comme s'il n'y avait que les garçons qui cherchassent à plaire. Auligny, dès les premiers jours, n'avait pas aimé la palmeraie. Sa mauvaise humeur accrut son dégoût d'elle. En France, il avait cru naïvement que dans les oasis il y avait de l'ombre. Mais c'était là une croyance tout à fait fausse, il n'y avait pas d'ombre, ou il n'y en avait que dans les quantités réduites évoquées par l'alexandrin fameux:

Rodrigue reposait à l'ombre de sa lance.

Et s'il arrivait qu'il y en eût quelque part une petite tache à peu près dense, elle avait été repérée déjà et était si bien constellée d'excréments qu'il était impossible de s'y asseoir, ce qui montre que ce n'est pas là une particularité des coteaux de Meudon, et qu'il y a — quel repos pour l'esprit! — des lois uni-

verselles. Auligny avait cru aussi qu'une oasis devait
exhaler un parfum paradisiaque, et il lui fallait
reconnaître qu'il n'émanait de celle-ci aucune odeur.
S'il lui arrivait de regarder au visage, sans y prendre
garde, un homme ou un enfant, l'indigène croyait
qu'on demandait ses services et se précipitait. «Je ne
peux quand même pas marcher les yeux baissés,
comme une nonne!» Il se prenait la figure dans de
véritables nuages de toiles d'araignées suspendues
entre deux branches; il se piquait les doigts aux
pointes acérées des palmes; des traverses à hauteur
d'homme, barrant les chemins encaissés, arrêtaient
son cheval. Bref, il n'en revenait pas, de combien le
bois de Boulogne est un endroit plus agréable et plus
poétique qu'une oasis, et de combien le bocage normand se prête mieux à la douceur de vivre.

Auligny reçut une lettre de sa mère. Elle s'inquiétait s'il lui serait possible de *faire ses devoirs* au
moment de Pâques, et, pensant que non, lui suggérait de demander une permission pour L... à cet
effet. En style bien-pensant, «faire ses devoirs» signifie communier. Il est singulier que, pour l'acte
d'amour le plus haut du catholicisme, on emploie le
mot *devoir*; le style bien-pensant dit «faire ses
devoirs», pour communier, comme il dit «rendre ses
devoirs» à une maîtresse de maison, pour lui rendre
visite: dans l'un et l'autre cas, on dirait qu'il ne s'agit
que d'une obligation de politesse. Il y a aussi le
devoir conjugal, qui est ce que vous savez.

De la Sainte Table, Mme Auligny passait sans transition à la table de ce monde, où elle voulait que son
fils fût copieusement servi. «Au moins, t'es-tu fait
bien voir de Mme Rugot? Tu sais ce que je t'ai toujours dit, que c'est la femme du colonel qui est l'ob-

jectif principal, plus encore que le colonel. Ne peux-
tu, même de Birbatine, lui faire une politesse?
Songes-y.» Mme Auligny demandait aussi à Lucien,
sur ses états de service, une note «détaillée et précise», qu'elle recopierait, comme venant d'elle, et
qu'elle remettrait à un personnage important qui
devait le «pistonner». Cette femme virile aimait
l'argot, le style poilu. Elle écrivait à son fils, par
exemple: «J'ai le cafard» ou «Mme Z..., venue à mon
jour, s'est fait sonner dans les grands prix» ou «Cher
Lulu, sais-tu que tu es une rosse!» Elle pensait
gagner la confiance de son fils en parlant ce qu'elle
croyait sa langue (qui n'était pas plus sa langue que
n'est la langue des bébés la langue que les mères parlent aux bébés); ainsi l'Arabe, pour faire venir la
gazelle, imite son cri. Et puis le style poilu prolongeait un peu, dans la paix, cette guerre qu'elle avait
tant aimée.

Le lendemain matin, le lieutenant eut à faire, et il
ne pouvait appliquer son esprit à quoi que ce fût.
«Toute ma vie d'officier, ici, dépend de *cette chose*,
est suspendue à *cette chose*. Si je n'ai pas ce que
je veux, c'est l'obsession et je deviens fou. Cela
n'est pas beau, cela n'est pas glorieux, mais cela *est*,
terriblement, et comme tel il faut compter avec.
D'ailleurs, à la première visite du colonel, je le
lui dirai.» Après déjeuner, sans même faire la sieste,
il retourna à la palmeraie. Cette heure méridienne
était celle de sa plus grande solitude: le matin,
les indigènes se rendaient aux jardins, au crépuscule
ils en revenaient, portant des herbes, des palmes, du
bois mort, des racines, et les chemins en étaient peu-
plés. Auligny allait au pas de sa monture, parmi des
orchestres de mouches, dans les chemins de vase

pâle, et les troncs des palmiers, et les poissons dans
les seguias eux aussi étaient couleur de vase pâle.
Dans le vert poussiéreux et jaunâtre des palmes, le
vert des abricotiers étincelait de jeunesse, vivifié
encore par les fleurs capucine des grenadiers. Les
puits portaient des cornes de bœufs, les jardinets
des squelettes de thorax ou de têtes de cheval, contre
le mauvais œil. Il y avait de petits étangs patibulaires, à l'eau morte, d'un vert de poison, où parfois
un serpent nageait, la tête hors de l'eau, avec une
vitesse affreuse. Heureux chien, pensait Auligny,
tout abstrait dans son pousse-café de chien, c'est-
à-dire se léchant les parties, avec un air bon et pen-
sif, lui au moins il n'a de désirs que quatre fois
par an! Ce qui l'émouvait, c'était de voir un peu
de cendres au-dessous de trois pierres — là des êtres
humains étaient venus, et peut-être des femmes! —
mais surtout la teinte bleuâtre de l'eau dans une
aiguade : là, sans nul doute, des femmes avaient
lavé du linge... peut-être du linge teinté de leur
sang... Il fallait qu'il se rappelât bien cet endroit,
pour y revenir...

À un emplacement où, la veille, des petites filles
ramassaient des palmes et des branches, il les
retrouva. Mais cette fois il remarqua parmi elles une
silhouette qui la veille n'était pas là, et qu'il jugea
charmante. Une fille de quatorze ans environ, aux
seins nouveaux, aux épaules droites, aux pieds puissants, avec des yeux à faire flamber une botte de
paille à dix mètres. Auligny arrêta son cheval, et,
interpellant la compagne immédiate de cette belle
enfant, lui posa, en arabe, la question la plus sotte
qu'il pût lui poser, puisque les Arabes ne savent
jamais leur âge : « Quel âge as-tu ? »

La petite fit le salut militaire et répondit en
français :

— Oui, mon colonel !

Là-dessus les cueilleuses de branches se mirent à
rire, et la force de leur rire les pliait en avant, comme
le vent plie des rameaux. La grande, celle qui plaisait
à Auligny, riait elle aussi, mais sans bruit, discrète-
ment, comme une aînée sérieuse. Son rire n'était pas
joli, car en riant elle abaissait les coins de la bouche,
mais Auligny l'aima, parce que déjà il aimait tout
d'elle. Il se baissa, et esquissa le geste de toucher un
bracelet qu'elle avait au poignet. Elle recula d'un
saut et dit (sans intonation de colère) quelque chose
qu'Auligny ne comprit pas, et qui de nouveau fit rire
les petites. Le lieutenant, qui ne se sentait pas très
aguerri au flirt arabe, et en public, ne sut que dire, rit
avec elles, et poussa son cheval en avant.

« Eh bien, pensait-il, si j'avais cela, je serais un
autre homme. Et pourquoi pas ? » À Fez, à L..., on lui
avait dit : « Tout dépend des contrées et des gens.
C'est une question de chance, bien qu'en général,
dans le Sud, il soit beaucoup plus facile d'avoir une
femme arabe que dans les villes. Dans tel ksar cela
vous sera impossible : vous vous attireriez, et à nous,
les pires ennuis. Dans tel autre, au contraire, une
famille sera très fière que sa fille soit l'amie d'un officier ; elle considérera que cela *valorise* l'enfant. »

Auligny rebroussa chemin. Seule du groupe, et
cette affectation d'indifférence lui parut d'un excellent augure, elle ne se retourna pas quand il les
croisa. Sa décision fut vite prise. La petite devrait
bientôt rentrer au ksar. Or, elle ne pouvait faire
autrement que passer devant la boutique de Yahia,
située à quelques pas de la porte du ksar. Auligny,

quand il la verrait se mettre en route, la devancerait avec son cheval, l'attendrait chez Yahia et, à son passage, s'informerait auprès du Tunisien.

Ainsi fit-il. Yahia, comme l'autre fois, fit déguerpir ses clients. Après quelques minutes, la jeune Arabe passa.

— Si Yahia..., dit Auligny.

Ce jour-là, il lui donnait du *Si*, qui est le titre que là-bas on donne aux lettrés et aux sages...

VI

Le lendemain soir, Auligny sortit de chez Yahia, incapable de lutter contre la vague de mélancolie qui le submergeait. Tout était arrangé, en effet.

Tout était arrangé, si simplement, si rapidement... Et, comme quelques jours plus tôt, il se retrouvait devant un vide.

Elle s'appelait Rahma et Auligny n'aima pas ce nom, qui lui parut danse du ventre, Exposition coloniale, et dans son cœur il l'appela Ram.

> *Am stram dram*
> *Pic et pic et comégram.*

Ô souvenirs de l'enfance de sa sœur, et l'enthousiasmante bêtise des petites filles! Ram avait un grand frère, Aziz, dit Zizou, engagé au 4e spahis à Bou Denib, qui avait servi de cuisinier au bordj. Un petit frère encore gosselot. Le père était Regragui, brave homme, un peu simplet. La mère morte. Yahia, le matin même, avait vu Ram. Deux seules conditions: elle resterait vierge, et la chose se ferait dans le plus grand secret. Si son père l'apprenait, il «la taperait sensiblement». Yahia n'avait jamais eu

connaissance qu'elle eût des relations avec qui que
ce fût (Auligny n'en crut rien). « Oh ! mais c'est que
ce n'est pas du tout une petite fous-le-camp-de-là-
que-j'-te-voie-plus. » Yahia répéta plusieurs fois cette
expression, témoignage irréfutable de sa *vieille
culture française*. C'était une bonne enfant, très sage
et très discrète, très satisfaite, au fond, d'avoir été
remarquée par le chef de poste, pas fâchée, bien sûr,
de se faire un peu d'argent. « Son grand frère a dû la
dégourdir. Elle parle bien le français. Le prédécesseur du sergent Otero faisait la classe aux gosses,
mais on n'a pas continué. Ah ! mon lieutenant peut le
dire, il a une aimée bien épatante ! »

Elle passerait chez Yahia, le lendemain, à une
heure. Mais où le lieutenant pourrait-il la rencontrer ? Rien de plus simple. Yahia possédait, aux confins
du ksar, un local qui lui avait servi de resserre pour
ses dattes, du temps qu'il en faisait commerce. Ce
logement, composé d'une courelle et d'une pièce
divisée en deux par une cloison, avait deux entrées :
l'une par la courelle, donnant sur le ksar ; l'autre
donnant directement, de la pièce, sur le vaste fossé
qui, de ce côté-là, bordait le mur défensif du village.
Yahia s'offrait à le louer au lieutenant. À cette loca-
tion le prétexte était facile. Auligny, un peu fatigué
par le changement de climat, comme chacun le
savait, louait cette pièce pour pouvoir y aller lire,
faire la sieste, etc., l'après-midi, hors du bordj toujours plein du va-et-vient et du bruit des hommes,
des gosses, des courtisanes, des chevaux, voire des
chameaux et des autos-camions ; en outre, la « maison Yahia » était exposée au nord et possédait dans sa
courelle un figuier, situation autrement plus agréable, l'été venant, que la chambre du bordj ouverte

sur une cour aride à toute heure dévorée de soleil.
Bien entendu, la demeure officielle du lieutenant restait au bordj, où il se trouverait le plus souvent, et où
il avait l'obligation de passer la nuit.

La «garçonnière» visitée, ils étaient revenus chez
Yahia. Sa maison comprenait elle aussi une seule
pièce, mais une pièce très «monsieur», meublée
notamment d'un grand lit, d'une table dominée par
des rayons de livres, d'un lavabo en fer, et d'une
natte sur laquelle couchait le commis. Le principal
ornement en était, agrandie et encadrée, une photographie de Yahia, — Yahia en homme important, le
Nicham sur le cœur, tenant dans sa main gauche des
gants de peau, et dans sa main droite un chapelet
musulman. Le Nicham avait été dessiné au crayon
par Yahia, qui n'était pas encore décoré à l'époque
où la photographie avait été faite. Mais personne ne
remarquait cela, parce que le pauvre monde ne
doute pas plus des photographies qu'il ne doute des
journaux.

Auligny n'aurait pas aimé qu'on le vît là, dans la
chambre de ce Yahia, et il tremblait que le commis
ne parût. Si tout cela avait été à recommencer, il
aurait agi de même. Mais il avait honte de soi, honte
de s'être mis entre les mains de cet inconnu d'une
race différente. «Il est vrai qu'il est plus encore dans
les miennes. Non seulement à cause de son passé,
mais à cause de cette demande qu'il a faite pour être
nommé instituteur adjoint dans son pays, demande
que je peux faire échouer d'un mot.» Ces calculs
n'étaient pas d'une haute élégance. Mais l'honnête
homme qui n'en a jamais fait de semblables lui jet-
tera la première pierre.

— Mais comme je vous remercie! Comme je vous

remercie! disait-il, d'une voix atone, à Yahia qui venait de lui conseiller de donner à Ram dix francs chaque fois qu'elle viendrait, davantage risquant d'attirer l'attention. La modicité de cette somme achevait de l'abattre. S'il y avait eu, pour gagner cette enfant, des dangers à courir, des obstacles à vaincre, il se fût senti d'attaque. Mais devant une facilité si grande, il restait comme chancelant : avec la résistance qu'il escomptait, un point d'appui lui était ôté.

Quand l'affaire parut réglée, et affaire est le mot : cela s'était passé tout de même que s'il eût acheté un cheval :

— Mon lieutenant, est-ce que vous êtes partisan des poésies? demanda Yahia à brûle-pourpoint.

— Mais... oui..., répondit vaguement Auligny, interloqué, et devinant qu'il allait lui arriver quelque chose d'épouvantable.

Yahia saisit, sur un des rayons de livres, un paquet de cahiers d'écolier.

— Voici des poésies arabes que j'ai recueillies, et d'autres qui sont de ma composition. J'ai traduit chaque vers arabe, en regard, et je voudrais vous demander de revoir mon français, d'en corriger les fautes...

Auligny, l'oreille basse, ouvrit un des cahiers, et vit que partout la traduction était déjà surchargée de notes, les unes au crayon, d'autres à l'encre violette, d'autres à l'encre rouge, et quelquefois même celles à l'encre violette corrigeaient (avec points d'exclamation à la clef) celles à l'encre rouge. En effet, à chaque Français un peu cultivé qu'il rencontrait, Yahia demandait de revoir sa traduction qui, de fraîche et savoureuse qu'elle était à l'origine, sous ces apports hétéroclites était devenue un monstre sans nom. Le lieutenant s'excusa de n'emporter, *pour cette fois*, qu'un cahier. Déjà Yahia entourait de ficelle une dizaine de cahiers d'écolier...

Le soir, dans son lit, à la lueur de la bougie, peut-être parce que ce décor lui rappelait la demi-heure funèbre passée avec Ftoum, ses sentiments avaient repris de la chaleur. Quel était son visage, à cette petite? Déjà il ne s'en souvenait plus bien. Il se prêtait à l'illusion d'aimer, sachant que c'en était une : tout nouveau, tout beau, et peut-être qu'après quinze jours il en aurait assez d'elle. Et puis, que pourrait-il naître d'une source si impure, — ce proxénète, ce consentement immédiat de prostituée profession-nelle? Mais elle était douce quand même, une telle heure, sur son lit, enfin calmé dans l'espérance, ima-ginant cette découverte d'un être, cette conquête d'un être qu'il n'avait fait qu'entrevoir, qui ne connaissait rien de lui, auquel il faudrait apprendre à avoir confiance en lui et à l'aimer. C'est souvent dans cette heure où on ne le connaît pas encore qu'on apporte le plus à un être. Comme on est prêt à tout lui donner! Et sachant bien, cependant, que cette aventure a déjà eu lieu tant de fois, suivie de quelle lassitude! On se disait que les mots d'amour, vrai-ment, ce n'était plus possible. Et les voici, brillants, dans leur fraîche nouveauté...

Malgré tout, il n'y avait peut-être là qu'une flam-bée d'imagination, car, le lendemain matin, Auligny de longtemps ne pensa pas à Ram, qu'il allait rece-voir dans quelques heures. Lorsqu'il y pensa: «Le bonheur, songeait-il, devrait se prouver par quelque preuve par neuf. Si la preuve fonctionnait, au moins je pourrais me dire : "Tout ce qu'on voudra ! Je suis heureux. Il y a la preuve." Tandis qu'à présent ? Naturellement, j'ai les éléments pour être heureux. Mais rien ne me dit avec explosion : "C'est le bonheur !" Tout ce qui a été fatigué en moi par cette chasse d'une semaine, l'esprit, les nerfs, le corps soupire : "Ouf ! Nous allons pouvoir prendre un peu de repos." C'est une détente ; ce n'est pas du bonheur. »

La vérité, c'est que l'obsession avait été dans son cerveau, bien avant d'être dans sa chair, si jamais elle avait été dans sa chair. Ce qui l'irritait et l'inquiétait, c'était, plus que la continence, la sensation d'une impossibilité matérielle. Et à présent qu'il avait la certitude d'avoir, sa paix était presque égale à s'il avait eu.

Il en était là, quand sur les onze heures une automobile s'arrêta devant la porte du bordj — une automobile seule, en infraction à tous les règlements, mais Auligny savait que les officiers se faisaient un point d'honneur de les enfreindre, quand c'étaient des règlements de sécurité, — et on en vit descendre un petit capitaine à la taille de guêpe, aux jambes arquées d'homme de cheval, et au fond de culotte trop large, de sorte que, avec ses jambes en cerceau, il avait l'air de s'être oublié dedans, et de faire des efforts pour ne pas se mouiller ; en même temps ce fond de culotte lui donnait grand air : on voyait tout de suite que c'était quelqu'un de bien. Le capitaine vicomte de Canadelles, chef de poste à Tamghist, avait des oreilles de chauve-souris, très fin-de-race, des moustaches pâles, brossées de haut en bas sur la lèvre supérieure qu'elles recouvraient, une barbe de trois jours qui, avec son uniforme passé et râpé, ses galons dédorés, et l'épais matelas de cheveux lui cou-

vrant la nuque, ne faisaient pas de lui quelqu'un de
bien *neat*, mais ce qui retenait surtout, c'étaient ses
yeux, simulant à eux deux la forme d'un accent cir-
conflexe, que reproduisaient elles aussi ses moustaches, et toutes ces lignes tombantes lui donnaient
une expression malheureuse, accentuée par sa peau
fanée, et de lourdes poches bouffies sous les yeux. À
son air excédé, on aurait dit un père de cinq enfants.

Après s'être présenté, avoir fait son compliment,
tout cela qui ne prit pas plus de trois mots, il regarda
fixement Auligny, comme s'il le buvait (Auligny
furieux qui se disait «Il va s'inviter à déjeuner, et me
faire manquer mon rendez-vous avec Ram»), et lui
dit sans autre préambule:

— Ah! cela fait plaisir de vous voir! On n'a pas
besoin de vous demander comment vous allez. Parbleu! comme un homme qui va droit devant lui! Mais
vous verrez ça dans six mois. C'est cet air, n'est-ce
pas, cet air... (Il leva la tête, et, la tournant à droite et
à gauche, huma l'air, avec des narines palpitantes,
comme font les chiens.) Vous ne sentez pas déjà ce
qu'il y a d'infernal dans cette atmosphère? Vous dites
que non, mais vous le sentez, il est impossible que
vous ne le sentiez pas. Ah! ma tête! ma pauvre tête!

Il se laissa tomber sur une chaise, contre la table,
appuya les doigts sur ses paupières, et enleva son
képi. Alors Auligny vit un spectacle imprévu, mais
dont la signification ne devait lui apparaître qu'un
peu plus tard: un large bandeau ondulé, châtain
clair, retombait sur le front du capitaine, si peu militaire, et en même temps si voyant, presque si provo-
cant qu'on eût cru qu'il n'était disposé là que pour
quelque raison majeure, par exemple en vue de
cacher une cicatrice.

— Puis-je vous offrir quelque chose, mon capitaine?

— Non, je ne bois jamais, dit le capitaine, avec une vivacité telle qu'Auligny en conclut qu'il devait être un terrible licheur, mais dans son particulier. De quoi donc vous parlais-je? J'ai les idées un peu brouillées; c'est cette électricité qu'il y a dans l'air. Ah! oui, de L... (il n'avait pas été question de L...). Alors vous les avez vus, quatre-vingts officiers à L..., qui n'ont rien d'autre à faire que de jouer au tennis et d'avoir pince-fesse au cercle tous les soirs. Et moi je suis toujours dans des bleds impossibles, et jamais de permissions! J'ai quarante-quatre ans (il en paraissait quarante-huit), et je suis garçon, parce qu'on ne m'a jamais donné le temps de me marier. À Hanoï, où j'ai passé trois semaines à l'hôpital en descendant de la montagne, j'avais fait la connaissance d'une délicieuse jeune fille, mon cher, une blonde! et intelligente! aquarelliste! Quand je vous raconterai ça! Un jour, je vous dirai son nom... (Il sortit son portefeuille, et ses mains en tripotèrent le contenu, tremblantes d'impatience comme celles d'un homme qui, au poste-frontière, dans la cohue, ne retrouve plus son passeport; enfin il en tira une photographie.) Vous la trouvez délicieuse, n'est-ce pas? («Délicieuse! délicieuse!» dit Auligny. Il ne pouvait faire moins.) Eh bien, vous savez comment est la société... On m'a fait des histoires... Et pourtant, est-ce que je n'ai pas le droit d'avoir un sentiment pour une jeune fille? Après tout, je peux bien vous dire son nom; vous êtes un homme discret. C'est Mlle Hoguin. Andrée Hoguin. Un nom de rêve! Et puis vlan, on m'envoie ici. Quand il y a un trou à boucher, un poste dont personne ne veut, c'est pour

moi. Vous devez savoir qu'on m'a surnommé Bouche-Trou ?

— Mon capitaine, je peux vous affirmer que je n'ai
jamais entendu ce surnom...

— Vraiment ? On y aurait renoncé ? Eh bien, tant
mieux. Mais alors je regrette de vous l'avoir appris.
Ne le remettez pas en circulation. Vous ne le feriez
pas dans une intention méchante, mais, à force, ces
surnoms peuvent faire du tort. Et quelle raison
auriez-vous de vouloir me faire du tort ? (Un temps.)
Il est vrai que je ne vois pas comment on pourrait
m'en faire davantage qu'en me laissant tout simplement ici. (Les yeux dans le vague :) Ah ! la camaraderie dans l'armée a bien changé depuis la guerre ! Se
sentir entouré d'indifférents, savoir que vos chefs se
foutent de vous, que des deux hommes auxquels vous
êtes enchaîné dans un poste perdu, l'un vous hait, et
l'autre, médecin, s'il vous voyait les prodromes d'un
cancer, se dirait seulement : « Chouette ! Pourvu que
ce soit le beau cas... » — et qui sait même s'il ne vous
empoisonnerait pas, pour suivre l'évolution, et passer le temps ? Ce n'est pas difficile, d'empoisonner
quelqu'un, dans un bled comme celui-ci. (Un temps.)
Et claquer là, sans une parole amie...

À ces mots, et de la façon la plus nette, Auligny vit
les yeux du capitaine se mouiller. Sans être très ferré
sur la médecine, Auligny avait tout de suite reconnu
qu'il se trouvait devant un cas clinique. Et c'était
peut-être pour cela que, lui si sensible — sensible au
point d'en être ridicule, — il se sentait plus surpris
que touché par ces confidences intempestives du
capitaine, et faites à un jeune officier, son cadet et
son subalterne, qu'un quart d'heure plus tôt il ne
connaissait pas. Regrettable injustice : moins visible-

ment désemparé, et souffrant moins, le capitaine eût
touché davantage Auligny, parce qu'Auligny n'eût
pas pensé à lui accrocher l'étiquette «Neurasthénie».

Avisant des cigarettes sur la table, le capitaine dit :

— Fumez ! fumez ! Ne vous gênez pas pour moi !
Moi je ne fume pas, mais vous, avec votre santé, vous
pouvez tout vous permettre. (Il le contempla encore,
d'un regard insistant et émerveillé, comme si Auligny
était une sorte de Bébé Cadum resplendissant, ce
qu'il n'était pas ; il était comme tout le monde.)
Qu'est-ce que je disais donc ? Ah ! ma pauvre tête ! (Il
fronça les sourcils avec une expression douloureuse.)
Oui, je vous disais : savez-vous pour quoi j'étais fait ?
J'étais fait pour mener une vie d'art. Ma grande passion a toujours été l'orgue. Et la vie m'a mené au
Soudan, en Indochine, ici, et toujours dans le bled :
vous pensez si j'ai été servi, en fait d'orgues ! Eh bien,
ne pas pouvoir jouer de l'orgue, cela n'a jamais cessé
de me manquer. (Il regarda ses mains.) Ce sont des
mains d'organiste. Vous, naturellement, vous ne pouvez pas voir cela parce que vous n'êtes pas de la partie. Mais les gens du métier me l'ont toujours dit.

— Vous avez été en Indochine, mon capitaine ? dit
Auligny, trop content de pouvoir, par l'Indochine,
«amener» qu'il était petit-fils de général. Mon grand-
père, le général Pétivier...

Il prononça le nom très distinctement, et marqua
un imperceptible temps d'arrêt, pensant que le capitaine allait dire : «Ah ! vous êtes le petit-fils...» ou
«Le général Pétivier ! Un beau nom de soldat !», mais
rien ne vint, et Auligny, pendant quelques instants,
parla de son grand-père et de sa «belle page» au
Tonkin. Parla dans le vide : c'était affreux. Le capitaine fixait le sol. Mais ce n'était pas le sol qu'il fixait,

c'était la suite de ses idées. Il ne voulait parler que de
soi, que de soi et que de soi, et ce regard bas, à mesure
qu'Auligny pétiviait, devenait presque torve, devenait
presque le regard du buffle, quand il regarde en bas
et montre le blanc de l'œil, tant le capitaine était
mécontent qu'Auligny l'eût distrait de ce qui n'était
pas soi, et impatient de reprendre la parole. Sitôt
qu'Auligny se fut tu :

— Et dire qu'enfant c'était le violon qu'on voulait
m'apprendre, quand j'avais de telles dispositions pour
l'orgue ! reprit le capitaine, tout à fait comme si Auligny n'avait pas parlé. (Et dans cet entêtement, qui
allait jusqu'à l'impolitesse, un observateur eût dis-
cerné quelque chose de sombre et d'implacable, sans
rapport avec la physionomie plutôt évanescente du
capitaine.) Oui, le violon !... Songer à tout l'argent que
ma pauvre mère a dépensé pour m'apprendre le violon, quand nous étions sans fortune — car je suis sans
fortune, — et quand c'était bien visible, pourtant, que
je ne mordais pas du tout au violon ! (Un temps. Avec
force :) Combien de temps s'y est-on obstiné ?

Certes, Auligny n'aurait pu le dire, et il y eut un
silence. Brusquement, comme s'il avait le feu au derrière, le capitaine se leva, remit son képi, et sortit. En
franchissant la porte du bureau :

— Rien qu'à passer de l'intérieur au dehors, je
sens la différence de l'air... Vous ne sentez pas ?
Allons, ne me dites pas ça ! Tenez, rentrez avec moi,
et puis ressortons... Ah non, pas comme ça ! Il faut
rentrer complètement dans la pièce, sinon... Hein,
vous avez senti, cette fois ? («Oui, oui, c'est vrai», dit
Auligny comme on fait avec les fous.) Eh bien, cette
atmosphère... cette... comment dire ? Ah ! je n'ai pas
la tête claire aujourd'hui.

Il disparut comme un esprit, sans avoir dit rien de plus que ce que nous avons rapporté, sans un mot sur le service, et avec un air plutôt mécontent, un au revoir sec, comme si tout d'un coup il avait pris conscience de la folie de ses effusions, et sans transition s'était refermé, s'était bouclé à double tour, furieux de son débondage, en voulant au lieutenant, et le laissant abasourdi.

Auligny, en déjeunant, songea plus au capitaine qu'à Ram. C'était surtout ce bandeau ondulé qui le laissait rêveur, ce bandeau qui proclamait que tout lien n'était pas coupé entre le capitaine et la «vie d'art», la vie où il y a des orgues : ainsi la mèche de contremaître qui barre le front de M. Pierre Laval, président du Conseil, proclame que même au faîte du pouvoir, et assis entre les duchesses, il reste relié au monde du travail. Et puis Auligny se rappelait cette croix de guerre du capitaine, ornée de deux palmes et d'une étoile — dans l'infanterie, c'était là quelque chose, — et il en venait à avoir beaucoup de sympathie pour lui, à fonder sur lui des espoirs d'amitié. Il perdait de vue peu à peu qu'il l'avait d'abord traité de malade, et qu'en tout cas il ne faut pas accorder trop de valeur aux épanchements d'un chef de poste au Sahara qui, faute d'interlocuteurs habituels, se précipite en affamé sur tout nouveau venu, pour se décharger de ses histoires, et en apprendre d'autres. Disons-le en passant, cette voracité de conversation est quelquefois redoutable chez les médecins militaires du bled. Vous arrivez, salement mouché, avec 39°8 de fièvre, vous aspirez au silence et à la paix, mais le major veut tout savoir, et s'installe à votre chevet. Que pense-t-on à Paris de l'Anschluss ? Et de l'Exposition coloniale ? Et Miche-

let? est-ce vraiment un grand écrivain? Et les États-
Unis? n'avons-nous pas beaucoup à apprendre d'eux?
En vain vous fermez les yeux, pour marquer votre
épuisement: il feint de ne le voir pas. Et la crise du
roman? Et la jeunesse? que pensez-vous de la jeunesse? où va-t-elle? Et est-il vrai, comme il l'a lu
dans une revue, que de nos jours on ne peut pas
concevoir un poète qui ne soit partisan de la lutte de
classes? Pendant ce temps-là vous crevez.

Quand, à une heure, on se faufila dans la courelle
de la maison Yahia, par la porte laissée avec intention entrouverte, et quand Auligny la vit, disant d'une
voix sourde: «Bonjour», il la poussa dans la pièce, et
là, tombant un genou en terre, serra ses jambes
contre sa bouche. Elle ne bougeait pas, et ne disait
mot. Après un instant, il lui demanda: «Tu veux te
déshabiller un peu?» et la mena vers le lit. Il se
retourna, feignant de chercher quelque objet dans la
chambre, car il craignait de l'intimider avec son
regard; il lui disait, le dos tourné: «Tu pourrais revenir souvent?», et elle répondait: «Si vous voulez.»
Quand il la regarda de nouveau, elle était nue jusqu'à
la ceinture, toujours debout, les bras ballants, «plantée là», comme si l'acte de s'étendre sur le lit, ou seulement de s'asseoir sur son bord, n'était pas de ceux
qui pussent lui venir à l'esprit.

Il la fit asseoir. Elle ne mit les jambes sur le lit que
lorsqu'il les lui souleva lui-même, et ne s'appuya à
l'oreiller que contrainte.

Maintenant, avec un air étonné, presque ahuri, elle
regardait sa gorge, qu'il embrassait, comme si elle la
voyait pour la première fois. Sa peau était tellement

lisse et douce qu'elle paraissait plutôt un tissu végétal que de la peau humaine ; ses cheveux étaient parfumés au musc, l'odeur de son corps était forte et bonne, et dans l'aisselle imberbe elle avait aussi, à la bouche, un goût de végétal.

Elle riait quand il la baisait dans les aisselles, parce que cela la chatouillait. Il voulut passer la main entre ses cuisses, mais elle dit : « Rien, çui-là... Rien, çui-là... » Il la baisa encore un peu, sagement, par exemple sur les bras (et il sentait le cœur de cette fille battre dans la veine de son avant-bras), sur son ventre, où la peau était plus chaude, à cause de la pression de la ceinture, et puis, las de ces caresses misérables, et se sentant pressé par la nature, il lui dit : « Laisse-moi m'étendre un instant à côté de toi... sans me déshabiller, tu vois bien », ajouta-t-il, rencontrant son regard effrayé. Il se fit place contre elle, et tout de suite elle avait redressé le buste, comme quelqu'un qui a peur. Alors, tandis qu'elle détournait la tête, logeant la bouche dans son cou (elle avait du sable dans les frisons et dans les oreilles), il l'étreignit, et presque à l'instant soupira, s'affaiblit, desserra son étreinte. Après vingt-quatre jours de continence, que Ftoum avait à peine interrompue, il n'en fallait pas beaucoup au lieutenant Auligny...

Il se remit sur pied, et, lui tournant le dos, comme tout à l'heure, il lui dit : « Si tu veux te rhabiller. » Il n'aurait pas aimé qu'elle vît son visage en ce moment : elle, de sang-froid, lui, avec son masque de trouble... Devant la table de toilette, il appuya de l'eau sur sa face, comme pour l'y introduire. Il se retourna. Elle était debout, habillée, et attendait.

— Tu reviendras ?

— Si vous voulez.

— Veux-tu demain, à la même heure?

— Si vous voulez.

Si vous voulez, toujours! Il avait envie de lui donner ce nom: «Si-vous-voulez.» Il lui ouvrit la main, mit dedans, pliés en quatre, deux billets de dix francs, qu'elle ne regarda pas, la baisa dans le cou, assez tranquillement, et ouvrit la porte. Dehors, elle dit: «Bonsoir», de sa voix basse, sans se retourner.

«Enfin, se dit Auligny, voilà qui est une chose faite.» Il retira ses culottes, ses *naïl*, et, pieds nus, en caleçon, se coucha sur le lit. Ce faisant, ses yeux tombèrent sur sa montre. Machinalement, il l'avait regardée quand la petite était entrée. Il vit qu'elle n'était pas restée vingt minutes, — et c'était lui qui l'avait congédiée! Ce matin il avait prévu qu'il la garderait environ une heure et demie... «Eh bien, ma petite, tu as beau être gentille, si tu faisais l'amour comme ça en France, tu crèverais vite de faim. Pour le coup, en voilà, du *travail arabe*[1]. (Il était content d'employer cette expression récemment apprise.) Peut-on appeler ça une maîtresse? En sera-ce jamais une? C'est plutôt la feuille du figuier.» La raquette du figuier de Barbarie, molle et juteuse à l'intérieur, est appelée au Sahara *la femme des légionnaires*. Cette feuille du figuier, que Ram suggérait par son air végétal, mais surtout par son inertie, amusa beaucoup Auligny. «Demain, à une heure, vingt minutes de feuille de figuier! Encore la vraie feuille de figuier remplit-elle beaucoup plus consciencieusement son office, puisque Ram...»

1. Les Européens de l'Afrique du Nord appellent ainsi tout travail mal fait, encore que le travail des Italiens, Espagnols, etc., qui forment la main-d'œuvre de cette contrée ne soit guère supérieur à celui des Arabes.

Ses doigts, pleins d'elle, gardaient comme un enduit léger, un peu poisseux, qui sentait l'abeille, l'olive, le pain d'épice, le gingembre, une odeur forte et douceâtre qu'il avait adorée avant d'avoir joui, mais qui maintenant l'écœurait un peu, comme vous écœure celle des cacahuètes ou des cigarettes parfumées, et il se leva pour se laver les mains. C'est égal, il était bien content. Il avait une envie goulue de s'occuper des choses de son métier, de rattraper le temps perdu. Ainsi Guiscart, ressuscitant de la volupté, s'écriait : « Ô esprit ! »

De retour au bordj, il trouva par bonheur de la correspondance en retard. La volupté de la correspondance ! À gauche ce qui est à faire ! À droite ce qui est fait ! Double chance : un rapport à terminer. La volupté du rapport ! On éprouve à le rédiger le plaisir de l'artiste faisant son œuvre : comme lui, on laisse trace, on met la main sur la durée... Quelle fringale de paperasserie cette Ram lui donnait ! Finis le courrier et le rapport, il n'était pas encore rassasié. Dans un mouvement d'enthousiasme, sous les photographies de sa mère, de son père, et de sa sœur, il écrivit à Mme Auligny :

Chère Maman,

Il ne faut pas vous laisser impressionner par ma dernière lettre : elle n'était digne ni de votre fils ni de son uniforme, et je regrette bien de l'avoir écrite. J'ai beaucoup réfléchi depuis, et il me semble que j'ai pris une conscience plus nette de ce que j'appelle de ce beau nom : mon métier, conscience que je n'avais peut-être pas tout à fait jusqu'ici. Trois semaines seulement de cette solitude et de cette responsabilité m'ont déjà mûri. Il me semble que c'est depuis peu que je suis un homme. (Etc., etc.) Bref, je suis heureux comme un roi, et plein de grands projets. D'abord je fais venir de Rabat plusieurs livres sur le Maroc militaire dont la liste m'a été donnée à Fez par le commandant Trichard. Les livres de théorie composeront toute ma bibliothèque, avec le Racine : le désert, et Racine, que faut-il de plus ? Enfin je veux travailler beaucoup, et que vous et mon pays puissiez être fiers de moi.

(Auligny avait écrit «vous et mon pays puissiez», plutôt que «vous et mon pays vous puissiez», parce qu'il était absolument nécessaire que dans cette lettre il y eût une faute de français.)

Cette belle flambée morale fut la première conséquence de l'amour d'une mineure dans l'âme du lieutenant Auligny.

De la note sur ses états de service, demandée par Mme Auligny, le lieutenant ne soufflait mot, comme par une sorte de pudeur. Mais elle était là, bien là, jointe à sa lettre. Il avait mis plus d'une heure à la rédiger. «Le lieutenant Auligny, qui... qui... toujours à la satisfaction de ses chefs, etc.» Auligny ne se doutait pas que c'était Guiscart lui-même qui rédigeait les communiqués flatteurs sur ses expositions. Combien il l'en eût méprisé! Quand il eut écrit cette lettre, il nota dans un petit agenda, à la date du 25 avril 1932 : «Maman.» (Depuis son adolescence, Auligny inscrivait quotidiennement dans de petits agendas toutes les lettres envoyées et reçues, ses comptes, toujours méticuleux, et les «visites» qu'il faisait.)

À dîner, Auligny mangea et but un peu plus que de raison.

Quelques jours plus tard, par les soins de

Mme Auligny, la lettre du lieutenant commençait de
faire le tour des salons : Mme Auligny l'avait recopiée
à plusieurs exemplaires. Ce qui impressionna surtout, ce fut : « Le désert, et Racine. » Cette formule
devint inséparable du nom de Lucien Auligny.
L'amour du désert signifiait l'amour de la solitude,
de l'ascétisme, l'amour de Dieu, — toute la hauteur
d'âme ; tandis que le culte de Racine signifiait toute
la tradition française, toute la délicatesse française,
toute la haute culture française. On tomba d'accord
que l'homme qui avait trouvé ce raccourci admirable, mariant les vertus du caractère et celles de
l'esprit, était bien, comme le dit une dame — en une
formule qui, elle aussi, devint bientôt fameuse dans
cette société, — un « drapeau vivant ».

Le drapeau vivant avait été tellement occupé par
son émotion, ce jour de la première visite de Ram,
que c'est à peine s'il avait regardé la cueilleuse de
branches. Le lendemain, lorsque, sitôt arrivée, elle
s'arrêta au milieu de la chambre, et resta là, attendant un ordre, il la regarda longuement : ses cheveux
noirs et brillants comme la soie des chapeaux hauts
de forme, très soignés, parfumés à l'huile de girofle,
— son nez busqué, ciselé, dont les narines se rétré-
cissaient de l'extérieur vers l'intérieur, de la même
façon que les naseaux des ânes, — ses bras forts, si
dodus qu'ils maintenaient près de l'aisselle les bracelets qui ne tintaient pas, — ses mains pleines, — son
nombril dessiné avec force, comme si le modeleur,
sûr de la beauté de son trait, n'avait pas craint de
l'appuyer profondément, — la noblesse de ses
genoux, — la majesté de ses pieds. Comme nous

tous, Auligny avait connu des visages délicieux, sur
des corps qui, dévêtus, donnaient pitié ou dégoût ; et
des corps beaux auxquels, en les possédant, il eût
fallu couvrir le visage avec un mouchoir, comme on
fait aux cadavres ; et d'intéressantes créatures, mais
de qui les mains ou les pieds étaient d'une grossièreté répugnante, ou bien l'haleine... Avec Ram, avec
cette petite plante du désert, quelle totale *sécurité !* Si
nette, si propre, si bon-sentante, si impeccable ! Et,
devant ce corps, une sorte de respect lui venait.

Son vêtement unique était une longue pièce de
cotonnade bleu foncé, enroulée lâche autour du corps
à partir des aisselles, serrée à la taille par une corde-
lette en poils de chèvre, et retenue sur les épaules par
deux épingles anglaises : ces deux épingles enlevées,
et la ceinture dénouée, le vêtement tombait d'une
pièce, ce qui était un peu rapide au jugement d'Auligny, qui aimait les préparations. Les bras, les aisselles et la naissance de la gorge étaient donc nus,
ainsi que les mollets et les pieds. La simplicité de sa
parure était exceptionnelle. Ni khôl ni tatouages (elle
les appelait des «tatouillages», mot formé sans doute
sur «chatouilles»), ni henné sur les cheveux, vierges
également d'amulettes, ni bandeau frontal, ni collier,
ni bracelets de chevilles. Ses ornements se rédui-
saient donc à des boucles d'oreilles, aux bracelets
des poignets et des gras du bras, et à l'affreux henné
de ses doigts, qui paraissaient avoir été trempés dans
de l'iode. Ce henné et même ces bracelets désolaient
Auligny, qui trouvait que ce n'était pas racinien.
Mais, tout compte fait, il était charmé par la discrétion de sa parure, et voulait absolument que ce fût
preuve de son bon goût. Ce l'était au moins de sa
modestie, car Ram ne manquait pas de bijoux.

Il la fit s'étendre, et, s'étendant auprès d'elle, mit la tête entre ses deux seins, et resta là, chastement ; mais gloire à la vallée entre ses seins ! Il remarqua que ses seins n'étaient durs que de la fermeté naturelle du muscle, mais déjà il avait pris son parti qu'elle n'eût pas de plaisir de ses caresses, et ce sentiment nouveau de respect, qui lui était venu, reléguait pour lui la sensualité au second plan. Une fois, intrigué de connaître quelle expression elle pouvait avoir durant ces instants, il coula le regard vers son visage : elle semblait fixer une tache de soleil sur le mur. Une autre fois, il vit ses yeux aller de droite à gauche : sur le mur blanc de la chambre passait l'ombre d'un oiseau qui volait au dehors. Il dit, pour la faire parler : « Qu'est-ce que c'est ? — Un zouizoui. — Ah ! il nous a vus ! » Mais cet essai de badinage n'alla pas plus loin.

Elle était complètement passive. Elle s'immobilisait dans la position où il la mettait, comme un pantin. S'il prenait sa main et se la posait sur le corps, la main restait là jusqu'à ce qu'il la retirât. S'il lui levait le bras, pour s'enfouir le visage sous son aisselle, son bras demeurait érigé, comme la patte d'un chat qui se lèche le derrière, et il devinait que c'était à lui à l'abaisser, sans quoi elle le laisserait ainsi pendant une heure. Toutefois, il y avait un geste qu'elle savait faire spontanément : celui de détourner la tête, quand il la baisait dans le cou. Auligny jugeait qu'un visage, si on ne le désire pas, est un objet dégoûtant ; que son visage à lui devait être cela pour Ram, et il évitait de baiser le sien, malgré son envie, n'allant pas plus haut que le cou et la nuque.

Il approuvait qu'elle lui dît *vous*. Lorsqu'il lui parlait, elle ne répondait jamais que par une seule phrase, comme si elle était une mécanique qui n'était remontée que pour une dizaine de mots ; et elle dilatait un peu les narines en prononçant cette phrase. Si la parole d'Auligny pouvait à la rigueur se passer de réponse, elle ne répondait pas. Par exemple, s'il lui disait, toujours hanté par l'ennui qu'elle devait éprouver à être là : «Dans cinq minutes je te laisserai partir», elle ne répondait pas. Il ne devait jamais présumer la réponse dans une question qu'il lui posait, car alors elle répondait simplement oui ou non, sans doute au hasard, tandis qu'autrement elle eût peut-être répondu la vérité. Ainsi, s'il lui demandait : «Qui t'a acheté ces bracelets ? Ton père ?» elle répondait oui, tandis que s'il lui avait demandé, sans plus : «Qui t'a acheté ces bracelets ?», elle eût peut-être répondu ce qui était en effet, qu'elle se les était achetés elle-même.

Quand il l'interrogea : «Cela ne t'ennuie pas, que je t'embrasse ?», elle dit : «Pourquoi que ça m'ennuierait ?», et cette parole parut tellement chaleureuse à Auligny qu'il la baisa plus fort, et sa bouche descendit de sa gorge sur son ventre, puis au delà, sans qu'elle protestât. Il connut alors avec curiosité que ce qui, la veille, avait été défendu à la main, était permis aux lèvres. Mais, relevant la tête, il vit sur son visage une expression angoissée, la tête inclinée de côté, et la bouche un peu entrouverte montrant la clarté des dents. Il crut qu'elle était heureuse, et, égaré de désir, lui demanda :

— Cela te donne du goût ?

— Du goût de quoi ? fit-elle stupidement.

— Enfin, est-ce que ça te fait plaisir ?

Elle répondit d'une voix pitoyable :

— Non, vous me faites du mal.

Là-dessus, douché, il redressa le buste, et lui dit de se rhabiller.

Comme la veille, il lui mit dans la main vingt francs, qu'elle ne vérifia pas. « Je me demande ce qui se passerait si je n'y mettais que cent sous. C'est à croire qu'elle ne dirait rien. Quel contraste avec ces petites grues françaises, de qui le visage ne devient vraiment joli que dans l'instant où elles reçoivent de l'argent ! » Il la pria de venir le surlendemain, à six heures du soir. Il voulait, en effet, se déshabiller et coucher avec elle (lui ayant demandé si elle y consentait, elle avait répondu : « Si vous voulez. ») Et il voulait que cela se fît dans l'obscurité, pour que son corps nu la dégoûtât moins.

Quand elle frappa le lendemain, il crut qu'elle s'était trompée de jour, mais elle venait seulement l'avertir qu'elle ne pouvait venir le jour suivant ; le surlendemain, s'il voulait... Auligny, habitué aux *lapins* des Européennes, fut attendri par ces égards. Et la voix publique était si unanime à dénoncer le manque de ponctualité des Arabes ! L'après-midi, se trouvant en compagnie d'Otero, ils la croisèrent dans le ksar, et elle feignit de ne le connaître pas. « À défaut de la *grande volupté orientale*, j'ai du moins trouvé une jeune personne bien élevée », pensa Auligny, sentant croître pour elle son estime, *estime* différente de ce *respect* qu'il lui portait aussi, et qui était le respect de sa beauté. Cela l'amusa beaucoup de l'avoir revue en public, autrement que nue, et parlant arabe. « Mais elle est épatante, elle sait l'arabe ! » Tant il était habitué à l'entendre parler français avec lui.

Au jour convenu, déshabillée, il l'épousseta et l'essuya comme un objet, pour la débarrasser du sable. Puis elle se mit docilement sous le drap, et ne bron-

cha pas quand, nu, et ayant éteint, il se glissa à côté
d'elle, entrant dans l'atmosphère chaude de son corps
comme dans un bain tiède, — car le plus beau corps
de trente ans, ou même de vingt, n'a plus cette chaleur qu'il avait quand il en avait quatorze ou quinze.
Et le monstre biforme, la grande rose humaine, s'envola et roula dans la nuit comme un monde. Dans la
paume d'Auligny, ses seins semblaient lutter pour
s'échapper. Il jouait de la jambe sur son corps,
comme d'un archet sur un violon. Mais rien peut-être
ne lui était plus doux que de poser la plante de son
pied sur le contrefort du sien, et de sentir sa chaleur.
Il remarqua que, tandis qu'il la baisait dans le cou,
elle ne détournait pas la tête, et, enhardi par la
pénombre, lui baisa l'oreille, puis, ne percevant pas
de résistance, sécha avec ses lèvres des gouttes de
sueur posées entre son nez et sa bouche, lui baisa la
tempe, le front, les yeux, et enfin la bouche. L'obscurité n'était pas si dense qu'il ne pût lire sur son visage,
qui ne témoigna d'aucun sentiment. Cela suffisait à
Auligny, qui baisa longuement et passionnément cette
bouche qui sentait le piment et l'orange, une odeur à
la fois sucrée et un peu âpre, comme celle de son
corps. Quand il lui fit cette caresse qu'il lui avait faite
l'avant-veille, il lui demanda : « Cela te fait toujours
mal ? » Elle dit : « Oui. » À l'instant, le plaisir qu'il en
avait tomba. Elle resta plus d'une heure. Pas plus que
d'habitude, il ne fit sur elle œuvre d'homme, mais,
entre ses cuisses brûlantes, la nature le délivra du
principal de son souci.

Elle partie, il enfouit son visage dans l'oreiller, où la
tête de Ram avait imprimé un creux rond, et son
visage s'y logea tout juste, comme une pièce faite pour
une autre pièce dans un mécanisme. En dépit des pré-

cautions, elle avait laissé du sable dans les draps, ce qu'il trouva touchant au possible. Auligny se sentait heureux. Eh mais! aujourd'hui elle avait été *chaude*, — chaude comme est chaude l'eau du robinet marqué «chaud» dans une chambre de palace, c'est-à-dire qu'elle n'avait pas été tout à fait froide.

On dira que le lieutenant n'était pas difficile. Mais auprès de toutes les femmes qu'il avait connues — elles pouvaient être une quinzaine, — c'était son cœur qui avait eu besoin de se satisfaire, en se donnant, plutôt que ses sens. Il allait, cherchant de l'une à l'autre une fraîcheur de tendresse, comme la gazelle parcourt le désert à la recherche des endroits où il a plu. Même lorsqu'il rôdait dans Birbatine, comme une bête en rut, un bouton de fièvre à la bouche, c'était moins son corps que son âme qui s'angoissait de l'absence de toute vie jeune où elle pût verser cette sympathie vivante que le désir soutient et anime. Et maintenant il l'avait, ce corps charmant à tenir, à presser dans ses bras, quand il le voulait, sans difficulté, sans risque d'aucune sorte. Bien sûr, il eût préféré une étreinte complète. Mais pouvait-il y avoir une étreinte vraiment complète avec la feuille d'un figuier? Prendre Ram sensible, oui. Mais la prendre inerte, il lui était facile de s'en passer.

Le lieutenant Auligny, nous le savons, n'était pas un homme de beaucoup d'allant. Forcer, découvrir, créer, imaginer, tout cela n'était pas son fort. Un Guiscart, sage sans doute les premières fois, ensuite, avec ou sans plaisir, et balayant les conséquences, eût possédé la petite. Tel autre, la voyant si belle et si bonne fille, n'eût eu de cesse qu'il eût éveillé cette matière, fait lever en elle de l'amour, ou, à défaut, du plaisir, ou, à défaut, de la colère alors, de la révolte, n'importe quoi qui portât sa griffe, à lui, le mâle, qui fût quelque chose qui n'eût pas été là sans lui. Auligny, lui, l'acceptait telle quelle, s'en contentait, — comme il se contentait, dans le bordj, de sa chambre telle qu'il l'avait trouvée, sans y rien changer, alors que tout autre se fût ingénié à l'orner, à la rendre plus commode, à en faire un endroit un peu gentil ; ce qui faisait dire aux sous-offs que le lieutenant « ne savait pas s'arranger ». Déjà, dès cette troisième fois, Auligny ne se sentait plus le courage de tirer de Ram, une à une, des paroles insignifiantes. Il envisageait que jamais il n'en saurait plus d'elle, et que désormais le « Bonjour », le « Bonsoir » et le « Tu peux te rhabiller si tu veux » seraient leur seul dialogue d'amour. Tout ce qu'il ambitionnait, c'était de ne la perdre pas.

Auligny trouva Yahia parfait dans la circonstance. Lorsqu'ils se revirent, après la première visite de Ram, ils causèrent un quart d'heure sans que le Tunisien fît allusion à celle-ci. Auligny, assuré que Yahia ne parlerait pas d'elle sans y être convié, la loua en quelques mots brefs et discrets, auxquels Yahia répondit sur le même ton. Si bien que le lieutenant se sentit une bouffée de remords en rendant à Yahia son cahier, sur lequel il avait indiqué quelques corrections au hasard, pour faire croire qu'il l'avait lu. Cependant, sa situation un peu fausse à l'égard de Yahia, aggravée par le fait qu'il ne savait pas comment le remercier matériellement, ni même comment aborder cette question avec lui, firent qu'en définitive, pendant quelque temps, il l'évita. Attitude bien naturelle, puisqu'il avait une dette envers lui.

VII

Le colonel vint enfin, accompagné du capitaine Gobey.

Un habitant de Sirius aurait peut-être trouvé quelque servilité dans l'empressement avec lequel Auligny, faisant faire au colonel la visite du bordj, sautillait autour de lui, comme un chien autour de son maître. Mais un habitant de notre planète sait ce que c'est qu'un petit lieutenant qui cherche à plaire, et nous donne le gentil spectacle de David dansant devant l'Arche.

— Alors, il paraît que rien ne va? Et nous avez-vous assez enquiquinés avec vos réclamations! Un veto à Birbatine! Pour des chevaux qui ne sont pas à nous! Et du sérum contre les vipères! Savez-vous ce que le colonel Repusseau répondait à un général inspecteur qui lui demandait comment, pour la soigner, on distinguait une morsure de scorpion d'une morsure de vipère à cornes? «Mon général, si au bout de douze heures l'homme est vivant, c'est une morsure de scorpion; s'il est crevé, c'est une morsure de vipère.» Mais enfin vous êtes excusable: vous êtes comme M. l'Intendant: vous n'avez pas l'habitude...

(L'histoire de M. l'Intendant est une gaillardise de l'armée d'Afrique, qu'il est inutile d'expliquer ici.)

Mais soudain le colonel leva le menton, dilata les narines. Instant solennel, instant pathétique. Le colonel Rugot avait flairé le pet de cheval.

— Est-ce que les chevaux passent la nuit ici?

— Oui, mon colonel. J'ai cru qu'ils seraient plus en sécurité...

— Qu'est-ce que la sécurité vient faire là! En voilà des idées! Mettez donc les chevaux dehors pour la nuit, comme auparavant.

Auligny ne dit mot. Le dépit le paralysait. «Évidemment, il m'a dans le nez. Mais moi, à qui on n'a dit que du mal de lui, j'étais prêt à l'aimer. Pourquoi est-il ainsi?»

— Nous ferons quelque chose du lieutenant Auligny, parce qu'il a une grande qualité, dit le colonel (Auligny se sentit revivre): c'est qu'il n'est pas marié. Moi, naturellement, Mme Rugot... Mais j'ai épousé Mme Rugot quand nous commencions tous les deux à être des ancêtres. J'ai subi hier soir une crise de nerfs de Mme Nizier, dans mon bureau, parce que son mari a passé de l'autre côté[1]! L'été dernier, Mme Saugnières pleurait parce qu'il faisait trop chaud. Quand je veux envoyer Lapalme chez les Beni-Ounif, il me dit: «C'est que justement, en ce moment, j'ai mon petit dernier qui a le ver solitaire...» Mme de Penneville vient me supplier de ne pas mettre son mari à M'rizane, parce que à M'rizane il y a la femme du lieutenant Laurentié, et que tous les officiers sous mes ordres, à commencer par Gobey, ont passé sur Mme Laurentié, sauf le capi-

---

1. Ne figure pas au tableau d'avancement.

taine de Penneville, — et vous, je suppose, mais ça viendra. Si les cadres ne sont plus ce qu'ils étaient avant la guerre, surtout en Afrique, il y a à cela plusieurs raisons. L'une est qu'aujourd'hui on se marie trop tôt. Que diable ! il faut laisser un homme être un homme pendant quelque temps ! Avant, les jeunes officiers qui nous arrivaient avaient six, sept ans devant eux pendant lesquels ils seraient libres, sans soucis domestiques, tout à leur métier, prêts à tout risquer, parce qu'ils n'engageaient qu'eux. À présent, quand ils débarquent, ce sont déjà de petits pères de famille, enchaînés de toutes parts. La jeune femme d'officier est une des deux plaies de l'armée coloniale, l'autre étant l'alcool.

— Vous préférez donc, mon colonel, la liaison avec la femme indigène ? demanda Auligny, dans les sentiments qu'on devine, et avec la voix particulière qu'il prenait quand il parlait à un supérieur hiérarchique.

— Certes ! Ici, par exemple, pour nous, commandement, la femme arabe n'est jamais une gêne. L'Européenne, huit fois sur dix, en est une. Bien plus, la femme indigène, par sa soumission, sa tranquillité, son absence de complications sentimentales, son côté *nature*, est une aide pour l'officier dans sa vie rude.

— Sans compter qu'on peut toujours la semer facilement, dit Gobey. Tandis que les Européennes !...

— Souvenez-vous de cette formule, Auligny. La femme européenne est un excitant, donc une fatigue, la femme indigène est un calmant. On ne dira jamais assez l'influence pacifiante qu'ont eue les petites Ouled Naïl sur les officiers de la conquête de l'Algérie.

— Et c'est ça précisément, dit Gobey, que les femmes d'officiers ne pardonnent pas aux femmes indigènes, quand on commet la folie de les laisser

accompagner leurs maris dans le Sud. Sans parler
des papotages, des adultères, de l'avancite à l'état
aigu, de l'esprit touche-à-tout qui les fait se mêler
sans cesse de ce qui ne les regarde pas, elles montent
la tête à leurs maris contre tout ce qui est indigène,
les poussent à le mépriser, d'abord parce qu'elles
s'ennuient mortellement, ce qui est bien naturel,
mais surtout de crainte que, s'ils s'intéressent aux
indigènes, ils ne s'intéressent aussi à leurs femmes.

— Et un officier qui ne s'intéresse plus aux choses
indigènes ne travaille plus, dit le colonel. Et qu'est-ce
que c'est qu'un officier qui ne travaille plus ? Ce qu'est
un médecin, par exemple, qui ne se tient plus au courant. Un homme figé dans ses formules, une machine
à signer des rapports, comme l'autre à signer des
ordonnances de «spécialités». Bref, pas grand-chose.

«*Bref, pas grand-chose*. À la bonne heure, voilà le
chef qui reparaît», se disait Auligny. Mais soudain le
colonel tomba en arrêt devant le fourneau d'une des
cuisines.

— Vous n'êtes pas asphyxiés tous les jours, avec
un tuyau bâti comme ça ?

— Non, mon colonel, on ne s'est jamais plaint.
D'ailleurs, ce tuyau est resté tel que du temps du
lieutenant Ménage.

— Mais c'est impossible, voyons, regardez l'angle
qu'il fait ! Au moindre coup de vent ce sera insoutenable.

— Pourtant, nous avons du vent...

— Mais non ! Mais non ! Vous voulez avoir raison !
Mohammed [1], donne-moi ton tournebroche.

---

1. Tout Arabe de qui le nom est inconnu d'un Européen est baptisé par lui, d'office, Ahmed ou Mohammed.

Il prit des mains du cuisinier une sorte de tringle noire de fumée, et, la tenant avec précaution du bout de ses doigts gantés, commença de se livrer, le long du tuyau, à des opérations mystérieuses. Alors il évoqua à Auligny ces messieurs très bien, d'un certain âge, qui, pris à l'improviste d'une crise de travail manuel, et non sans l'arrière-pensée de prouver au vieux jardinier qu'un comte (ou un grand bourgeois), avec sa seule intelligence innée, peut faire aussi bien et mieux qu'un artisan blanchi sous le harnois, consacrent un dimanche (comme s'ils étaient occupés le reste de la semaine, bien que naturellement ils ne soient jamais occupés) à «bricoler» dans leur gentil-hommière, c'est-à-dire détraquent les serrures, arrê-tent les pendules, bouchent les robinets, font sauter les plombs, etc., et ne peuvent planter un clou, à quoi ils arrivent à grand-peine, sans pour cela se servir du fil à plomb, qu'ils trimbalent la journée entière, tout cela les déconsidérant totalement dans l'esprit du vieux jardinier, qui les respectait jusqu'à ce jour. Le colonel, dans ses rites de géométrie spatiale autour du tuyau de cuisine, c'était vraiment ce personnage typique : *le comte au fil à plomb.*

Le colonel conclut : «Puisque vous avez une acti-vité dévorante, faites donc mettre droit ce tuyau. Ce sera infiniment plus rationnel, et vous serez paré contre tout ennui.»

Sur la table de son bureau, Auligny, avec intention, avait laissé le *Théâtre choisi* de Racine, espérant que cela lui vaudrait un compliment du colonel. Mais, soit que ce volume eût échappé au colonel, soit qu'il s'imaginât qu'Auligny avait une culture, et qu'il serait peu prudent de s'engager avec lui dans une conver-sation sur Racine, il n'en souffla mot. D'ailleurs il

regardait son bracelet-montre, s'affairait; Gobey
courait faire mettre en marche les moteurs. Quelques minutes plus tard, le convoi s'ébranlait.

Le passage du colonel laissa à Auligny une irri-
tante insatisfaction. Ces plaisanteries de rengagé, ces
observations imbéciles sur le poêle, ces phrases
vexantes pour lui...

— Eh bien, Poillet, vous triomphez!

— Mon lieutenant?...

— Les chevaux...

— Et pourquoi donc que je triompherais, mon
lieutenant? Moi, vous savez, avoir raison ou non, je
m'en bats l'œil!

« Bon, le voilà froissé! pense Auligny. Dieu! il doit
être plus facile de parler au Pape, ou au Grand-Turc,
qu'à un homme du peuple ou de la petite bourgeoisie. Mais parler à un adjudant, aigri d'office par le
grade, sans le froisser, ça, c'est une tâche surhu-
maine. »

— Allons, allons, ne vous fâchez pas. Mais dites
donc, qu'est-ce que vous pensez du tuyau de poêle?

— Plutôt, que je dise ce que j'en pense, mon lieutenant!

— Vous savez bien ce que je pense moi-même.

— Oui, pour qu'après ça vous vous réconciliiez
avec le colonel Rugot, sur le dos de Pouël-Pouël!

Auligny rit.

— Allons, avouez!

— Avouer quoi? Que c'est idiot? Eh bien, c'est
avoué. Mais il ne faut pas lui en vouloir, à ce pauvre
vieux. Tout ce qu'on avait fait au bordj était bien. Il
ne pouvait pas dire toujours: «C'est très bien, c'est
très bien.» Fallait qu'il râle un peu. Il est patron,
hein?

Plus tard, Auligny pensa à l'expression de Poillet :
« ce pauvre vieux ». Elle le surprit ; jamais elle ne lui
fût venue à l'esprit, accolée au nom du colonel. « Cin-
quante-six ans, que diable, ce n'est pas être vieux ! Et
avec cela mince, droit... Droit ? Ma foi non, c'est
vrai, assez voûté, et ridé comme une vieille pomme.
Et lui-même, parlant de soi, s'est traité d'ancêtre. »
Du colonel Méchin (commandant le territoire voisin), on entendait toujours dire : « Vous ne le connaissez pas ? Grand, svelte, une belle figure d'officier »,
ou bien : « Grand, svelte, une vraie figure de chef »,
mais on ne disait jamais cela du colonel Rugot, qui
lui aussi, pourtant, était grand et svelte, et était un
chef. Tout cela pesa en Auligny. « Non, jamais je ne
causerai un tort à ce *pauvre vieux*, quoi qu'il fasse
contre moi. Déjà j'ai mal agi en provoquant un sous-
off à le critiquer en ma présence. » Il y avait comme
un tournant où, selon la prévision de l'adjudant,
Auligny se réconciliait avec le colonel, sur le dos de
Poillet...

Cependant, le colonel roulait vers Tamghist,
convaincu qu'il avait fait la conquête du lieutenant.
Il imaginait qu'en ce moment Auligny s'écriait :
« Comme il est simple ! bon garçon ! différent de ce
qu'on rapporte de lui ! » Rugot connaissait sa réputation de rigueur, et c'était chez lui un véritable tic,
que de se présenter sous un aspect qui contredît cette
réputation, c'est-à-dire sous un aspect enjoué. Ce
n'était pas par ambition ; son ambition, elle gisait
aux trois quarts morte au fond de lui. Mais il voulait
plaire, par faiblesse, et il voulait surprendre, par
vanité. C'était ce qu'on appelait le « côté putain de
Ruru ». (« Ruru », c'était le colonel, pour beaucoup
d'officiers.) Or, il est bien vrai qu'il avait fait la

conquête du lieutenant, mais c'était malgré les grâces qu'il avait déployées. Œuvre périlleuse, que tendre à réduire les distances. Auligny avait trouvé le colonel, dans ses plaisanteries et dans sa géométrie spatiale, au-dessous de sa dignité, et il ne l'avait aimé qu'au moment où le colonel était conforme à sa réputation, c'est-à-dire quand il disait d'un ton sec qu'un officier qui faisait ceci ou cela était une non-valeur. À ce moment, il avait éprouvé le plaisir du mélomane qui écoutait avec déception une des œuvres de vieillesse de Massenet, parce qu'il n'y retrouvait pas de «phrases à la Massenet», quand soudain apparaît une de ces phrases et il s'écrie : «Ah! c'est bien du Massenet!» Et puis, féminin ou petit garçon comme il l'était, il aimait le ton tranchant, le genre dictateur, et d'autant plus qu'il s'en sentait moins capable. On citait ce trait du colonel : comme chef de bataillon, un jour, pendant la guerre, on lui avait apporté une lettre où son nom était suivi de la mention : «*commandant le 4e bataillon du ...e R.I.T.*»; les yeux du colonel s'étaient fixés sur ce «T», avaient fulguré, «Alors, on croit que je commande des territoriaux?», et, déchirant l'enveloppe sans l'ouvrir, il l'avait jetée en morceaux sur le plancher. Mme Auligny, en lisant cette anecdote, que son fils lui contait dans une lettre, avait eu un frémissement spécial. «Ah! j'aime ça!» s'était-elle écriée, en un beau cri sexuel. Le lieutenant, quand Rugot parlait des officiers non-valeurs, aurait pu s'écrier lui aussi : «Ah! j'aime ça!» Il y a sous tous les ciels du monde une catégorie d'adolescents, de jeunes gens, et de femmes, c'est-à-dire de névrosés, mais aussi d'hommes et de vieux hommes fort sains, qui se mettent sur le dos, comme des chattes, à l'idée qu'ils vont être commandés

durement et, dans la plus trouble partie d'eux-
mêmes, se tortillent et exhalent : « Ah ! j'aime ça ! »

On trouvera bien imprudent que le colonel Rugot,
au cours de ses premières rencontres avec ce subordonné inconnu, se soit montré sciemment et presque
volontairement sous un aspect superficiel. Mais c'est
que, dans le même temps où il jugeait qu'il n'était pas
apprécié à sa valeur, le colonel était convaincu que sa
supériorité ne faisait de doute pour personne, ce qui
lui permettrait de satisfaire à la fois, en une contradiction qui semble le comble de l'absurde, mais qui
n'est pas exceptionnelle dans les fantasmagories de
l'âme, ces deux besoins l'un et l'autre aussi inhérents
à la nature humaine : la manie de la vanité et la manie
de la persécution. Sous-entendant qu'Auligny savait
très bien « qui il était », le colonel pensait pouvoir faire
impunément le plaisantin. Or, la grande valeur de
Rugot, personne — personne ! oui, cela n'est pas
beau... — ne l'avait mise en lumière aux yeux d'Auligny, et il est rare que les hommes distinguent d'eux-
mêmes la valeur d'un de leurs semblables ; il faut
qu'on la leur démontre à satiété, qu'on la leur serine
sur tous les tons. On avait concédé à Rugot quelques
vertus, on avait insisté sur ses lacunes et ses travers.
Et ainsi, Auligny donnait d'instinct estime et sympathie au colonel, parce que ces sentiments étaient dans
sa nature, et que depuis longtemps il les tenait en
réserve à l'intention de son nouveau chef de corps,
mais des mérites véritables de celui-ci il n'avait nulle
connaissance, tandis que Rugot se trahissait comme à
plaisir dans cette image triviale qu'il lui donnait de soi.

Le colonel avait été très content de ce qu'il avait vu
au bordj, et d'Auligny. Mais, parlant de source quand
il avait à blâmer, quand il était satisfait il ne disait

mot. L'éloge lui écorchait la langue, physiquement lui était pénible, au moins tant qu'il s'agissait de son métier. Car, lorsqu'il admirait le discours d'un ministre, un ouvrage d'histoire ou de souvenirs, une très jolie femme, sa langue lui revenait. S'il essayait de donner un éloge à un de ses subordonnés, éloge au plus haut point sincère, il le faisait d'une façon si embarrassée, que tout le monde, et l'intéressé, eût juré qu'il se forçait. Aussi, conscient de cette gaucherie, et flairant que ses louanges n'étaient pas crues, le colonel leur donnait-il délibérément un ton badin ; au moins, si elles n'étaient pas crues, il était plus digne que l'indication vînt de lui-même, qu'elles n'étaient pas faites pour l'être. Tel avait été le sens des « magnifique ! magnifique ! » et de cette « activité dévorante » qui avaient tant vexé Auligny.

Le colonel, qui aimait conduire sa voiture, non pas du tout parce que cela le distrayait, comme il le disait, mais parce que son tracassin lui rendait insupportable de voir faire à un autre ce qu'il pouvait faire lui-même, avait depuis longtemps laissé derrière et perdu de vue le convoi : sur cette piste il fallait qu'un des nôtres se fît tuer pour qu'on prît quelques précautions durant quinze jours, et le colonel lui-même enfreignait ses propres ordres, avec le mot qui était celui du dernier de ses soldats : « Oh ! moi, je passe toujours au travers ! » Son chauffeur indigène, petit bonhomme assez neuf dans cet emploi, lui dit à un moment, ne distinguant plus la piste, que pourtant ils n'avaient pas quittée : « Mon colonel, je crois... je crois que nous ne sommes plus sur la piste... » Ah ! la riche idée qu'il eut là ! Le colonel, outré qu'on lui dît que lui, le colonel Rugot, ne connaissait pas sa piste, la piste Rugot, se mit à emboîter le petit chauffeur, qu'il persécuta sans répit jusqu'à Tamghist. Tous les deux kilomètres, le colonel de s'exclamer : « Eh bien, Mohammed, nous sommes perdus ! Tu avais raison ! » ou : « Mohammed, rassure-moi : sommes-nous bien sur la piste ? Je ne m'y reconnais plus », ou enfin : « Grâce à Mohammed, nous voici arrivés. Sans lui, Dieu sait où nous couchions ! » Peut-être aussi Rugot ne faisait-il de l'esprit que parce que le capitaine Gobey était là derrière, Gobey qui riait très fort par courtisanerie, et entre chaque rire tirait la langue dans le dos du colonel, qu'il détestait. Le petit chauffeur était fort drôle à regarder, la figure plissée, les paupières battantes, de l'humeur qu'on se payât sa tête avec une telle insistance, et en si haut lieu, et si hors de portée. Le colonel, naturellement, n'arrêtait pas son attention sur ce qu'il faisait. Mais si quelqu'un l'y eût arrêtée, avec un rien de blâme, il se fût mis à rire : « Mohammed m'adore ! Il sait bien que j'aime le taquiner. N'est-ce pas, Mohammed ? » Et l'autre, comme de juste : « Oui, mon colonel » ; mais dans sa tête : « Que le singe fornique avec ta mère, chien de chrétien, qui m'insultes quand je ne peux pas répondre ! La prochaine fois, si on sort pour de bon de la piste, ou si je vois un djicheur te viser, tu peux compter que je te préviendrai ! »

(Quant aux sentiments de Mohammed à l'égard du capitaine Gobey, on peut les dire pour mémoire. Ils étaient du tremblement pendant le jour, où Gobey, podestat de L…, faisait la pluie et le beau temps dans la ville, dont il était à la fois le maire, le juge, le préfet de police, etc., et du mépris la nuit, où Mohammed, et tous les autres « Mohammed » de l'endroit, pouvaient voir chaque soir le capitaine, nu comme un ver, rouler ivre mort sous la table, au bobinard, sous les yeux des soldats européens et indigènes, pour lesquels il incarnerait le lendemain — avec salle de police à la clef — l'Armée, la France et la Civilisation.)

Voilà le colonel : malchanceux et maladroit. Sa capacité était certaine, son honnêteté était profonde, il travaillait comme une brute, sa seule passion était de faire méticuleusement son devoir, et que les autres fissent le leur, et tout cela aujourd'hui bien désintéressé et sans espoir. Eh bien, non seulement, comme nous l'avons dit, tant de vertu ne lui était pas comptée, mais encore elle ne portait pas ses fruits : son commandement ne marchait pas bien. Rugot déçoit Auligny, il exaspère son chauffeur, nous le verrons froisser Guiscart, tandis qu'il croit se les être tous attachés. Ce sont de menus signes d'un état général. Aucun commandant de région n'en fait plus que le colonel n'en fait, et cependant, sa région, « ce n'est pas ça ».

Est-ce là un cas exceptionnel ?

Quand on met le nez dans n'importe quelle affaire humaine, on est frappé de découvrir la somme de désordre qu'elle recèle impunément. Cette grande organisation qui va et vainc est un agrégat de petites pagayes. Tissée d'erreurs, de manques de conscience, de pertes de temps, d'à-peu-près, d'irrégularités, de gaspillages, cette entreprise triomphe des autres similaires, qu'il faut donc supposer plus mal en point qu'elle. Et le corps humain, lui aussi, persiste, plein d'organes corrompus ou détraqués, et l'âme, monstre d'inexactitude et d'incohérence, et qui avec cela parvient encore à être grande. Tout ce qui existe a la vie dure. On est troublé en pensant que les mêmes résultats obtenus par le colonel Rugot l'auraient été avec la moitié moins d'efforts, d'agitation et de soucis : une moitié de sa vie fût devenue libre, qu'il eût pu employer à beaucoup de bonnes choses. On pressent le problème, que personne n'a jamais abordé, de l'*énergie inutile*, problème dont nous nous garderons bien d'exposer les conclusions. Des vérités «toniques», voyons! Il n'en faut pas d'autres!

Ram venait deux fois, trois fois par semaine, toujours exacte. Quand elle n'était pas là, Auligny ne pensait pas à elle; mais, sitôt qu'elle entrait, une chaleur de sympathie et de désir faisait éclore de lui les gestes les plus tendres. Elle, toujours passive. Si ses seins semblaient avouer le plaisir, l'indifférence de ses yeux, le rythme calme de son cœur les démentaient: il en vint à penser que seules la jeunesse et la force dressaient par instants cette gorge, comme les chiots ont des érections quand ils jouent, comme les poulains tiennent la queue droite quand ils galopent.

Lorsqu'il la caressait avec la bouche, la voyant souvent écarter les jambes par saccades, un peu convulsivement, écarter les orteils, avec un visage angoissé, il se persuadait qu'elle avait du plaisir, mais toujours, le lui demandant, elle répondait que cela lui faisait mal, et il ne pouvait distinguer si l'anxiété de son visage était celle de la douleur dans la jouissance, ou de la douleur dans la douleur.

Parfois, rusant, lui disant, avant de lui avoir fait cette caresse, qu'elle pouvait s'en aller, comme si son intention avait été de ne la faire pas, il cherchait à lire s'il y avait une déception sur ses traits. Mais il devait bien reconnaître qu'il n'y lisait rien de semblable.

Yahia avait dit à Auligny que Ram agissait en cachette de son père, et Auligny l'avait cru. Il n'avait pas cru, sans doute, qu'elle en fût à son coup d'essai,

mais par discrétion ne l'avait pas interrogée, jusqu'au jour où sa discrétion céda, et où il le fit. Elle
répondit qu'il était le premier, et Auligny, sachant
qu'elle mentait, tourna bride. Mais il croyait toujours
que Regragui ignorait ce trafic, et s'inquiétait que ses
«générosités» n'éveillassent la méfiance du vieux.

— Qu'est-ce que tu fais de l'argent que je te donne?
— Je le cache.
— Où cela?
— Dans un trou, dans la palmeraie.

Il lui donna plus tard un petit collier. Puis, ne le
voyant jamais à son cou:
— Tu ne le mets pas?
— Non, je l'ai caché.
— Toujours dans le trou?
— Oui.

Ce trou où elle fourrait tout, comme un petit ron-
geur! Certes, ce mot de *raton*, dont les Français désignent les Arabes, était bien inventé! Éternel instinct
de l'Arabe: cacher ses richesses, cacher ses femmes,
cacher sa vie, parce que, dans ce pays, on est toujours sous la menace d'être dépouillé. Le trou de
Ram, c'est le silo des petites filles.

Et puis, à mesure que la somme qu'elle avait reçue
de lui s'arrondissait, il lui devint impossible de croire
à la candeur de Regragui, et il s'étonna d'y avoir cru
jamais.

— Avoue que ton père sait tout. Ton histoire de
trou, c'est une menterie.
— Eh! vous m'interrogez!

Ce qui voulait dire: «Soyez aussi discret avec moi
que je le suis avec vous, et je n'aurai pas à mentir. Est-
ce que je vous interroge, moi?» Le lieutenant se le tint
pour dit. Il ignora, et bientôt même s'y complut.

Cela durait maintenant depuis trois semaines. Se fiant aux effusions du capitaine de Canadelles, Auligny avait espéré nouer avec lui un commerce. Les «mon cher», les «Quand je vous raconterai tout ça!» laissaient prévoir ce commerce. Mais il n'en fut rien. Le capitaine ne revint plus à Birbatine, et dans ses coups de téléphone s'en tint aux questions de service: l'homme qui parlait au bout du fil n'était pas le même homme qui s'était assis à la table du lieutenant. Plus averti, Auligny n'eût attendu aucune suite dans les états de sensibilité de cet hypernerveux. Rejeté à sa solitude, il conçut l'idée d'écrire à Guiscart pour lui raconter son étrange *idylle*. Mais surtout il éprouvait le désir de faire des plaisanteries sur la feuille de figuier, qui décidément l'amusait sans mesure. Peut-être tout ce qui arriva par la suite, entre lui et Guiscart, n'eut-il sa source que dans ceci: il avait eu envie de blaguer.

Il écrivit donc, avec assez de détails, et reçut de Guiscart une longue lettre, où il trouva ceci:

Vive donc la feuille de figuier! Elle t'a appris ce qu'il m'a fallu traverser l'eau, moi aussi, pour apprendre: que l'idéal de l'amour n'est pas l'amour partagé, mais d'aimer sans qu'on vous le rende. Nous n'avons que faire de l'amour des femmes, que dis-je, il nous assomme. Il nous envahit, nous englue, et nous idiotifie. Nous demandons à une femme d'être, en dehors de l'étreinte, une camarade complaisante, dévouée, de bonne humeur, se tenant à sa place, qui nous laisse notre liberté d'esprit et notre liberté de mouvement, bref, qui nous fiche la paix; et qui, dans l'étreinte, nous donne du plaisir, et en ait (c'est seulement en n'en ayant pas que ta Ram est fautive). De la sensualité, et

une tranquille amitié, juxtaposées, et jamais ne tour-
nant à l'amour (j'allais dire : à l'aigre) : voilà la recette.

Auligny se rebella un peu. « Il n'est pas sérieux ! »
Malgré tout, que Guiscart, même s'il y mettait un
grain de paradoxe, justifiât son genre de liaison,
quand tant d'autres l'en eussent plaint, il en était
flatté. Tandis qu'il lui écrivait, il avait soupçonné que
Guiscart se moquerait de lui, le dédaignerait, et il
n'avait pu s'empêcher de finir sur un mot un peu
pointu : « Je suppose qu'un homme ayant une vie
aussi "intense" que la tienne n'aura pas le temps ou
l'envie de répondre à l'infime puceron que je suis. »
Sur la lettre de Guiscart, longue et promptement
parvenue, cet émotif se monta la tête. Si grand était
son besoin de chaleur humaine ! Il répondit en mettant noblement Ram à la disposition de Guiscart,
comme maîtresse et comme modèle, si jamais le goût
venait à celui-ci de pousser jusqu'à Birbatine, et de
s'y faire une idée de ce qu'est la vie dans un poste du
Sud. (Paysages et hommes, quelle matière pour un
peintre !) Cette offre était venue de primesaut sous sa
plume. En fait, il eût été enchanté que Guiscart la
prît au sérieux. Il le logerait à la maison Yahia.
Quelle distraction dans sa vie d'ici ! Mais il n'y pouvait croire. Guiscart avait d'autres chats à fouetter
que Ram, et une villégiature à Birbatine devait
paraître bien peu tentante...

Un jour, tandis qu'Auligny, sans bouger, tenait
Ram dans ses bras, il lui parut qu'elle avait les yeux
vagues. « Tu as sommeil ? — Non », dit-elle d'un ton
ferme, sans réplique. Deux minutes ne s'étaient pas
écoulées qu'elle dormait. Quelle découverte que celle

de son sommeil! Il l'adora. Éveillée, il était toujours obsédé par cette idée qu'elle s'ennuyait, que d'un instant à l'autre elle allait dire: «Ça y est?» ou «Mon père m'attend», ou bien, comme elle avait fait une fois, avec une redoutable politesse: «Je vais vous mettre en retard», qu'elle était étrangère et hostile, pleine de répugnance pour tout ce qu'il lui faisait, le jugeant et le méprisant. Endormie, tout cela cessait. Il pouvait même penser que pour succomber à ce sommeil elle avait dû avoir confiance en lui, qu'en y succombant elle avait eu une sensation heureuse, aimé cet étroit nid de ses bras.

D'abord il n'osa pas bouger, de crainte qu'elle ne s'éveillât. Mais il y avait tant de grâce dans le geste avec lequel, ses avant-bras ramenés sur sa poitrine, elle laissait retomber ses petites mains pleines et pures (parfois un chien, couché sur le dos, laisse retomber ainsi ses pattes de devant) qu'il ne put y tenir et les baisa. Sitôt qu'il l'eut ainsi touchée, il vit son visage se crisper douloureusement, comme il arrive aux êtres qu'on dérange durant leur sommeil. Toujours endormie, elle lui dit: «*Sir*[1]» (Ah! ce premier tutoiement, du fond de son sommeil!), avec une voix comme embrouillée de larmes, la voix chialeuse de Germaine, à l'école, quand Marcelle lui a pris son équerre et ne veut pas la rendre; et encore, en arabe, des mots qu'il ne comprit pas (et qui étaient: «Qu'est-ce que tu fais près de moi, toi?»). Toujours endormie, soudain pleine de force (il sentit qu'elle était aussi forte que lui), et le surprenant, elle le poussa à demi hors du lit, tout son buste sorti du lit, et, dans cette posture ridicule, il fut obligé pour ne

1. Va-t'en.

pas choir de prendre appui, de sa main sur le sol. Alors, sombre, il descendit du lit, et remonta le drap sur elle jusqu'au menton, comme si elle était morte.

Il la regarda longtemps. Cette femme avec laquelle il couchait, il ne la regardait presque pas : il avait honte du visage qu'il aurait en la regardant, honte qu'elle y lût, elle, si froide, sa tendresse et son désir. Il coupa avec des ciseaux une petite peau qu'elle avait près d'un de ses ongles, que tout à l'heure elle mordillait, et qu'elle n'avait pas voulu qu'il coupât, faisant toutes sortes de simagrées, comme s'il allait lui sectionner la main. Il écarta le drap, toucha sa jambe, et elle ne remua pas, comme si cette partie de son corps, plus grossière que la poitrine et les mains, était insensible. Il caressa longuement sa jambe, s'étendit contre elle, la mit entre les siennes et la serra, comme le chien vous serre le mollet entre ses pattes, la dorlota comme un être, comme si elle était une personne particulière, et s'il ne couchait pas avec une femme mais avec une jambe. Et voyant Ram ainsi, de ses pieds où il était, elle semblait une chose qui reposait au fond de la mer, ou bien, sombre et pâle, une montagne la nuit. Il alla chercher une couverture pour l'ajouter, afin que cette jambe fût plus brûlante et même fût moite, car ainsi cela serait meilleur. Et soudain, dans son sommeil, elle prend conscience, retire vivement la jambe, avec gaucherie tente de se soulever, de maintenir sa jambe écartée de lui, mais lui, qui sentait venir la jouissance, brutalement il lui frappe sur les poignets, pour lui faire perdre son point d'appui, comme fait un lutteur avec un adversaire à terre. Enfin sur l'oreiller elle ouvre les yeux, le voit et lui sourit.

Cette demi-heure du sommeil de Ram resta dans son souvenir quelque chose d'extraordinaire, une grande aventure. Une telle lutte dans l'obscurité du sommeil, et puis ce sourire final, comme l'aube qui point, après l'angoisse nocturne… Auligny avait eu une petite amie qui, désagréable de caractère, dans l'inconscience du sommeil enfin s'abandonnait. Ram, au contraire, docile dans la veille, dans le sommeil résistait, se débattait. Ses sentiments véritables s'y révélaient sans doute, qui étaient le dégoût et la haine ; sitôt éveillée, la pauvre petite, elle reprenait sa bonne volonté. Ou bien encore, n'avait-elle pas feint le sommeil pour lui découvrir, sans qu'il pût lui en vouloir, son animosité profonde ? Il se disait que, s'il l'avait eue toute une nuit avec lui, elle fût devenue vraiment inconsciente dans la seconde partie de la nuit, comme il l'avait remarqué chez d'autres femmes, qu'enfin le sommeil écrasait, vers trois heures du matin. Mais cette nuit de Ram était chose impossible. D'ailleurs, la désirait-il beaucoup ? C'est bien long, une nuit…

Désormais, il chercha à provoquer son sommeil. Il eût voulu qu'elle passât la nuit dans des fêtes de famille, que sais-je, pour lui arriver le lendemain pleine de fatigue et aspirant aux songes. Quand il la tenait serrée contre lui, éveillée, il adaptait à celle de Ram sa respiration, comme un promeneur se met au pas de son compagnon, puis graduellement donnait à sa respiration le rythme ample et régulier du sommeil, pour que ce rythme entraînât chez elle le sommeil. Il arriva qu'une fois encore elle s'endormit, et cette fois, peut-être ayant veillé la nuit précédente, ou pour quelque autre raison, elle fut un corps mort dans ses bras.

Il la tenait comme un sculpteur tient l'argile humide, mouillée qu'elle était de sueur (il paraît qu'on ne sue pas au Sahara!), et il se demandait : « Que vais-je faire d'elle ? Quels gestes vais-je tenter ? », promenant ses mains sur elle, avec une inquiétude analogue à celle de la création. Il donna à ce corps inconscient une pose qu'il n'eût jamais osé lui demander de prendre : lui allongé sur le dos, il la fit venir tout entière — soudain si grande ! — au-dessus de lui, posée sur lui comme la brique sur la brique dans le mur, son visage à elle posé sur son visage à lui, comme la brique sur la brique dans le mur, et il colla sa bouche sur la sienne, comme dans une respiration d'orangers. De ses mains qui l'étreignaient, il lui montait des caresses lentes et légères depuis les reins jusqu'aux omoplates, et qu'enfin il finissait sur ses bras : on eût dit un massage thérapeutique. Alors, ses mains arrivées sur les siennes, d'un des bras de Ram il s'entoura le cou, et il ramena l'autre de façon que la paume fût posée sur sa bouche, où cette paume se mit tantôt à se crisper, tantôt à se détendre, selon les mouvements mystérieux de la nuit. Ce qui peut-être lui donna l'idée de ce geste, ce fut que, la première fois que dans son sommeil elle l'avait repoussé, elle lui avait mis la main sur la bouche, et il avait senti alors combien peu il eût fallu pour que ce geste d'hostilité devînt un geste de douceur. Ces caresses artificielles le remplirent d'une mélancolie puissante, mais qui ne l'empêchait pas de les trouver bonnes. Il tremblait qu'elle ne s'éveillât. Avec quel sursaut électrique, alors, elle se dégagerait de cette position ! Comme elle le mépriserait d'avoir abusé de son sommeil, pour cette lamentable mimique d'une tendresse qu'elle ne lui

donnait pas! Et il y avait quelque chose d'étrange et
de saisissant dans cette scène où, le haïssant peut-
être, l'apparence était qu'elle l'étreignît et lui parlât,
tandis que de sa main elle lui pressait la bouche, et
que parfois elle murmurait contre ses lèvres des mots
incompréhensibles, comme si elle les avait appris
chez les morts.

Plusieurs fois encore elle s'approfondit dans ce
sommeil enveloppé. Tantôt le sommeil lui enlevait
toute conscience. Tantôt elle y faisait des défenses,
comme un cheval, mettait ses mains devant son
visage, interposait les coudes, avec des gémissements, ou bien s'entortillait dans le drap du dessus,
afin d'être isolée du corps d'Auligny. Réveillée, elle
redevenait toute docile. Son premier geste, après le
réveil, était de regarder son sexe, pour voir si Auligny n'avait pas abusé d'elle. Elle l'examinait longuement, minutieusement, comme les singes examinent
le leur. Quand elle était bien rassurée, Auligny songeait: «Sa confiance n'en sera-t-elle pas augmen-
tée?» Un jour, quand elle s'éveilla, il lui dit, simple
parole en l'air: «Tu as rêvé?» Mais elle répondit:
«Oui. — À quoi? — À ma mère.» Est-ce parce qu'il la
caressait qu'elle avait rêvé à des caresses de sa mère
morte? Cela était bien touchant.

Seuls connaissent un homme ceux qui l'ont vu sur
l'estrade d'amour. Dans l'acte même, sur le visage
cette férocité, ou cette combinaison de férocité et de
faiblesse (de faiblesse dans l'acte «viril», pourtant!).
Avant ou après, alternant avec l'énergie, ce délace-
ment, ce dévalement. L'homme cesse de se
contraindre; cesse d'être soucieux et tendu. Ses
traits s'affaissent, ses yeux se noient, sa bouche est
ouverte. Quelle façon de se livrer, non seulement à

un être, mais à quiconque le surprendrait en cet instant! Les bêtes se livrent ainsi. Sur l'estrade d'Auligny, tout cela se concluait en une extrême fatigue
finale. Ces longues séances de tendresse, où Auligny
donnait tout, et elle rien, fatiguaient le lieutenant
plus que ne l'eût fait une nuit de caresses partagées.
Ram partie, il restait allongé une heure encore, sur
ce lit. Mais peut-être la seule tendresse peut-elle causer cette usure nerveuse.

Quelle que fût la mélancolie de ces étreintes fac-
tices dont il lui faisait prendre la pose, elle eut,
réveillée, un mot qu'il jugea plus mélancolique
encore. Comme il la tenait étroitement dans ses bras,
elle lui dit : «Vous me tenez comme si j'étais prisonnière.» «Oui, pensait-il, prisonnière de mon grade,
prisonnière de mon argent, une captive dans le lit du
vainqueur.» Cette parole resta toujours en lui.

On voit au désert de petites masses de sable, pétri-
fiées en des formes qui rappellent des pétales de
fleur. Les enfants les offrent aux touristes, pour quelques sous ; elles sont exposées en Europe, dans les
agences de voyages, sous le nom de *roses du désert* ou
roses de sable. Auligny appela Ram sa «rose de
sable». Ce n'était pas seulement parce qu'elle semblait vraiment une fleur des sables (avec toujours ce
sable dans ses oreilles, dans ses cheveux, entre ses
orteils, et qu'elle fourrait partout chez lui). C'était
surtout parce que, à l'image des roses de sable, elle
était en surface toute grâce florale, et en réalité
froide et inerte comme ces pierres.

Et cependant, tout ingrate qu'elle fût, l'acte de la
tenir dans ses bras, acceptante sinon heureuse,
buvait en quelque sorte la sève du lieutenant, que cet
acte fût accompli ou ne fût qu'imaginé. Quelle mer-

veille (mais aussi quel péril!) qu'un tel acte ait tant d'empire que ce puisse être pour un homme un absolu, de seulement se le représenter! Auligny s'étendait sur son lit, fermait les yeux, faisait la nuit en eux en les couvrant de son avant-bras, et imaginait Ram reposant sur sa poitrine. «C'est elle. C'est elle qui est là, et qui n'a pas envie de partir. Si elle pouvait comprendre à quel point je l'aime! Mais elle ne peut pas le comprendre.»

D'abord ces rêveries n'occupèrent que l'heure de la sieste, et ainsi passaient inaperçues. Ensuite, la chaleur augmentant avec la saison, et amollissant Auligny, il s'étendait sur son lit à d'autres heures, et, pour l'expliquer aux yeux de ses hommes, il prétendait ne se sentir pas bien, et plaçait des produits pharmaceutiques à portée de sa main. C'était un terrible attrait que celui de s'étendre ainsi, tout pareil à celui de la seringue pour le drogué, de la bouteille pour l'alcoolique. À soixante ans il se fût dit: «Un peu plus ou un peu moins d'agitation, qu'importe. J'en ai fait assez. Et au nom de quoi, en somme, devrais-je m'interdire avec douleur ce qui me donne le plus de plaisir ici-bas?» Mais à son âge, dans son emploi, et avec l'éducation qu'il avait reçue, il avait des remords. Il perdait sa jeunesse. Il ne faisait rien pour son avancement. Il trompait la confiance de sa mère... Et que dirait de lui le monde? à quel point ne serait-il pas dédaigné? Ah! si, à défaut d'avancement, il avait seulement potassé l'ornithologie saharienne! Mais l'abîme s'ouvrait, il y tombait.

Néanmoins, pour se justifier, il lui venait parfois cette raison: que ses submersions ne se faisaient pas dans la sensualité mais dans la tendresse. Alors il relevait la tête. *Tous* les autres étaient dans l'erreur, *toute l'humanité* était dans l'erreur. Erreur l'ambition, la vanité, le vouloir-servir, le vouloir-fonder une famille, le vouloir-faire une œuvre. La seule légitimation de l'activité humaine, c'était de gagner tout juste ce qu'il fallait d'argent pour n'avoir plus à penser à l'argent, et, le reste de son temps, de le consacrer à la submersion dans l'amour. Cette vue était effrayante, parce qu'elle changeait du tout le sens et le but de la vie, autant que sont changés le sens et le but de la vie pour un homme qui se met soudain à croire à sa religion, et à vouloir accorder sa conduite avec sa religion crue. Les mystiques se submergent dans l'union avec Dieu, et appellent cela la contemplation. Et la contemplation suffit à donner un sens à leur vie : tout le reste n'est plus qu'œuvre vaine. Auligny se submerge dans l'union avec la créature (union toujours concrète puisque, s'il l'imagine, et s'y attarde à le faire, il sait qu'à volonté il l'aura ensuite dans la réalité). Et sa vie n'a plus besoin d'un autre objet que celui-là.

Mais enfin, il est homme. C'est dire que tout chez lui n'a qu'un temps.

VIII

Je n'ai d'extraordinaire que de trouver facile ce qui l'est réellement.

CASANOVA

M. Pierre de Guiscart, arrivant en vue de l'immeuble où il avait son appartement, rue Michelet, à Alger (il louait toujours en plein centre des villes pour n'avoir qu'un pas à faire quand il voulait se trouver au cœur de l'aventure), promena de loin un coup d'œil circulaire, cherchant s'il n'apercevrait pas quelque poulet posté aux abords de la maison. Il était également persécuté par un certain nombre de dames, toujours collées à sa porte, comme les mouches aux yeux des bœufs, épiant s'il y avait de la lumière derrière ses volets, interviewant la concierge («Mais enfin, s'il n'est pas là, vous lui renvoyez bien ses lettres quelque part, vous avez donc son adresse... Oh! ce n'est pas pour moi! C'est une commission qu'on m'a demandé de faire...»); mais à cette heure — trois heures du matin — elles étaient exorcisées.

Il y avait trois jours et deux nuits qu'il n'avait pas cessé de battre Alger et sa banlieue, à la recherche de quelqu'un, sans rentrer chez lui, sans se déshabiller, se lavant seulement le visage et les mains dans les lavabos des cafés, et chez le coiffeur où il se faisait raser. Sa fatigue était telle que chaque marche de l'escalier lui arrachait une sorte de plainte. Mais il se disait : « Quoi qu'il arrive dans l'avenir, rien ne me retirera d'avoir vécu si intensément. Tout est justifié — le pire — par cette simple phrase : « Quels souvenirs je me crée ! » Quand il approcha de son palier, ses yeux de nouveau se portèrent loin en avant, de ce regard qu'Auligny lui avait déjà vu dans la rue de Tanger. Si la police avait perquisitionné ? S'il allait trouver les scellés mis ? Ou bien une insulte tracée à la craie sur la porte ? Pourtant, tandis qu'il faisait ces suppositions, quelqu'un qui l'eût observé n'eût remarqué nulle inquiétude dans ses yeux. Il ne vit d'ailleurs rien d'anormal. Il ouvrit la porte, ramassa des lettres que la concierge avait glissées par-dessous, et se dirigea vers sa chambre à coucher.

Le désordre y était indescriptible. On n'en donnera qu'un exemple : les lettres avec lesquelles Guiscart aurait pu faire chanter des gens, elles étaient toujours égarées ! Guiscart avait en ce moment à son service Caccavella, deux boys arabes, et sa maîtresse arabe, El Akri. Mais comme il ne pouvait souffrir auprès de lui une présence un peu continue, il donnait congé aux uns et aux autres, à tout bout de champ, au plus fort de leur travail ; et comme par ailleurs il lui arrivait de disparaître trois, quatre jours sans prévenir, ils avaient pris l'habitude de disparaître semblablement, quand le caprice leur en venait. Guiscart ne leur disait jamais rien. Sa rage d'être libre lui eût rendu insupportable que des êtres vivant sous son toit ne le fussent pas eux aussi. Et puis un intérieur vide,

ou quelconque, favorise le rêve et l'exaspération de
l'ailleurs; beau, il risquerait de vous enchaîner,
comme c'est aussi l'ennui d'une maîtresse trop réus-
sie. Quant à consacrer quelques instants à mettre lui-
même un peu d'ordre, il n'y fallait pas songer. Dans
les périodes où son démon s'emparait de lui, M. de
Guiscart était incapable de s'arracher, pour si peu de
temps que ce fût, à ses «quêtes de joie».

Tout, dans cette chambre, disait la hâte infernale
du départ. Le lit, les tables étaient couverts de vêtements, de linge, entassés en un désordre affreux. À
terre, des dessins, des crayons, une dizaine de souliers en pagaye, un fond de vieux chocolat tourné
dans une casserole, où Guiscart l'avait bu à même, ne
retrouvant pas les tasses, peut-être ne sachant pas
même où elles étaient. Dans la corbeille, de luxueuses
revues d'art, jetées sans que la bande en eût été reti-
rée. Sur le lit, non fait depuis quatre jours, Guiscart,
n'arrivant plus à se reconnaître dans ce fouillis, avait
juché chaises et fauteuils pour faire de la place.

Sur la cheminée il aperçut une petite paire de
chaussettes, trouées, et sourit. Elle les avait oubliées,
la folle! En effet, durant les heures qui avaient précédé son départ, la chambre avait été le siège de
toute une chiennerie de petites filles arabes, couchées par terre, s'y roulant à la mode chatte, tantôt
d'un côté, tantôt de l'autre, faufilant leurs pieds entre
les cuisses les unes des autres, jusqu'à les appuyer —
ces pieds mobiles — contre le sexe de la compagne,
ce qui les faisait rire. Et la pièce alors était pleine de
leurs babouches, de leurs claquettes, enfin de leurs
chaussettes, qu'elles faisaient glisser de leurs pieds à
force de se masser un pied avec l'autre, aux moments
où elles avaient leurs nerfs, un peu avant la volupté.

La table, inexprimable, était surmontée des derniers courriers, couronnés eux-mêmes par les boîtes et brosses à cirage : lettres non ouvertes, qui attendaient là depuis quatre, cinq jours, et que Guiscart considéra d'un œil épouvanté. Sa seule réaction, en effet, devant une lettre qui lui parvenait, était : pourvu qu'il n'y ait pas à répondre ! Une lettre qui lui eût appris un cataclysme, mais n'eût pas demandé de réponse, eût été tenue par lui pour une *bonne lettre*. Néanmoins, il faut tout dire : bien que des formules familières à M. de Guiscart fussent : « J'ai toujours mille fois plus d'argent qu'il ne m'en faut », ou encore : « Je n'ai qu'à frapper du pied pour faire sortir l'argent de terre, comme Pompée se vantait d'en faire sortir une armée », Guiscart, à la manière du classique tourlourou qui flaire les lettres pour deviner celle qui contient un mandat, flaira les siennes, espérant quelque gracieux petit chèque. Une des enveloppes, portant l'entête d'Halphen, le marchand de tableaux, lui parut avoir bon air. Il l'ouvrit, glissa un œil à l'intérieur. Puis, avec une moue, la rejeta sans sortir seulement la missive. M. de Guiscart n'aimait pas l'argent, et n'en avait pas besoin. Et cependant, les seules lettres qui lui étaient agréables étaient celles qui lui apportaient de petits chèques. On juge, d'après cela, quel peut être l'état d'esprit des cupides.

Un instant il considéra sa chambre. « Eh bien, j'y rentre quand même encore une fois ! » Car il ne quittait jamais son appartement, partant en chasse, sans lui jeter le regard que jette sur son intérieur un homme qu'on emporte dans une clinique, regard qui dit : « Le reverrai-je jamais ? » Il pensait que c'était peut-être cette fois-ci qu'il serait coffré, ou blessé et conduit à l'hôpital, ou assassiné.

Néanmoins, tandis qu'il se déshabillait lourdement, M. de Guiscart décacheta ses lettres, dont il éparpilla les enveloppes autour de lui : tout ce qu'il jetait, il le jetait à même le plancher, par besoin de s'ébrouer, comme un chien fait voler de la terre avec ses pattes. Il les décacheta toutes, à l'exception de deux qui portaient les en-têtes d'un avocat et d'un avoué. Guiscart ne poursuivait jamais personne en justice, estimant qu'il faut tout subir à condition qu'on vous fiche la paix. Un acte ! Qu'est-ce qu'un acte ! Des arrestations, des prisons, des paperasses, de la déconsidération, parce qu'on a fait un acte, — quand un acte, dans une vie comme dans le monde, est tellement peu de chose ! Mais tout le monde le poursuivait, à propos de bottes, pensant avec raison qu'il serait à coup sûr condamné, quand le Tribunal saurait qu'en matière d'argent il n'avait qu'à frapper du pied, comme Pompée... Guiscart n'ouvrit les lettres ni de l'avocat ni de l'avoué, assuré qu'à leur charabia il ne comprendrait rien, et que d'ailleurs il devait s'agir, comme d'habitude, de convocations pour des dates qui étaient passées depuis six semaines. Avec convocations et sommations il agissait toujours ainsi, depuis de longues années, et il n'en résultait jamais rien de grave, sinon qu'il apprenait de temps en temps qu'il était condamné à payer de fortes sommes à des aigrefins avérés. Il se consolait alors par une de ses maximes favorites, empruntée à un dictateur mexicain (Pancho Villa) : « Le plaisir et le bonheur se payent cher, même quand on ne les achète pas en espèces. » À aucun prix il ne voulait de poids morts dans sa vie, et pour cela il payait, allait de l'avant, toujours prêt à passer à profits et pertes, sacrifiant mille et mille choses, simplement pour n'avoir pas à leur accorder de son attention.

Parmi les lettres qu'il parcourut des yeux se trouvait celle d'Auligny. Il haussa les épaules. «Il m'offre sa petite Bédouine! Sans blague! Comme si je n'étais pas sursaturé de filles arabes! Quel daim!»

Épuisé comme il l'était, pourtant l'obligation qu'il entrevit, de devoir dormir, le mit en fureur. La nécessité de *succomber* — ce mot! — quotidiennement au sommeil causait à M. de Guiscart une humiliation à laquelle il ne parvenait pas à se faire. Les quelques nuits qu'il passait dehors, par semaine, sans fermer l'œil, fût-ce une heure, lui paraissaient une victoire sur la vie. Les autres soirs, carré dans son fauteuil, les sourcils froncés, il provoquait le sommeil comme à un combat singulier. La pensée qu'en dormant il devenait la proie de n'importe qui, qu'il donnait sur lui, par son sommeil, à n'importe qui, des pouvoirs illimités, cette pensée-là lui était insoutenable. Aussi ne dormait-il jamais auprès d'une femme. Les plaisirs terminés, elle passait dans quelque autre pièce, et il s'enfermait à clef, ou bien la congédiait. Et si le sommeil, à l'improviste, saisissait Guiscart dans ses bras, c'était chose qu'il lui faisait payer au réveil. À deux femmes seulement il avait donné cette preuve suprême de confiance, de dormir devant elles. D'ailleurs lorsqu'il dormait au côté d'une femme, il avait toujours des cauchemars — alors que, dormant seul, il était très rare qu'il rêvât, — comme si la nature l'avertissait mystérieusement qu'il faisait là quelque chose qui ne lui était pas conforme.

... Enfin, M. de Guiscart *succomba*, dans son fauteuil. Ce qui était, à un moindre degré dans le sublime, la prouesse de ses nobles aïeux, quand ils mouraient debout.

Nous avons lu je ne sais où qu'un certain officier donna sa démission, pour se consacrer à la chasse M. de Guiscart, lui aussi, avait démissionné de tout ce qui est «carrière» pour se consacrer à la chasse, mais à la chasse aux dames.

Bien que les bureaux de poste réglementent les «heures des levées», il levait à toute heure. Pierre de Guiscart vivait uniquement pour «aimer». Œuvre, culture, relations, devoirs de famille, carrière, tout était sacrifié à cela. Mais quoi, «aimer» peut-il occuper quinze heures par jour? Oui, si l'on songe que Guiscart avait besoin d'un renouvellement continu de *personnes*. Étant plus jeune, il avait été vraiment amoureux, amoureux jusqu'à la dernière déraison, jusqu'aux larmes, jusqu'à la maladie, — mais, dans cet état même, sa recherche d'autres femmes ne cessait pas. Quoi qu'il fût en train de faire, l'inquiétude était en lui, l'obsession plutôt, de tout ce qui, pendant ce temps, consentait, attendait, demandait, répétait en silence: «Je cherche ce que tu cherches.» Dans sa chambre ou dans son atelier, il était rare qu'une heure entière s'écoulât sans qu'une impulsion violente le soulevât, le fît aller à sa fenêtre, et là, regardant passer la première venue, se dire rageusement: «Celle-là aussi est une parcelle du bonheur, et elle *me manque*.» À tel point que, même dans cette confusion d'amour qui possède un homme entre le moment où une femme accepte, et celui où elle cède, même durant ces quelques jours quand la certitude du don se mêle à l'incertitude de la façon de se donner, et toute la force de l'amour neuf à l'ignorance de ce qu'on aime, même alors sa raison soutenait si bien le *principe* de la multiplicité des femmes, que, l'esprit plein de la femme promise, il se jetait encore à la rue, comme par une sorte d'obligation, pour en happer une autre, — n'importe quelle autre.

À vrai dire, cette passion tournait presque à la manie. Ce n'était pas son corps qui réclamait; toujours gavé, comment l'eût-il pu? C'était son esprit; c'était son esprit qui, empoignant ce corps ensommeillé, lui montrait le *chemin du devoir* et lui disait: «Encore celle-là. Oui, je sais, c'est la barbe... Mais tu ne peux pas laisser passer ça!» À l'origine, sa passion était une passion de connaître. Comme un sourcier, pressentir mystérieusement, parmi toutes les jeunes filles, celle-là qui se donne! «J'en ai tant vu que je savais qui étaient folles de leurs corps, et qu'en public on aurait juré des saintes nitouche, que chacune d'elles aujourd'hui m'est un doute et une espérance. Je suis fou de savoir si elle a un secret. De savoir si elle consentirait. Et avec un passant. Et, si oui, qu'est-ce qui la pousse? Attrait d'un roman? Espoir du mariage? Pur goût de la volupté (le plus rare)? Envie de "rigoler"? Envie de tromper les siens? Simple désir de petits cadeaux? Ou, au contraire, besoin d'aimer, acculé à prendre cette forme? Et je suis fou de savoir aussi comment elle cède, — comment elle est quand elle cède, — comment elle fait ça. Cet être qu'il y a vingt minutes je ne connaissais pas, n'avais jamais vu, qui était non seulement l'inconnu mais la menace du scandale, des pires histoires, — à présent nus tous deux, nus un peu du secret de nos âmes, et l'entier secret de nos corps, et cela en vingt minutes, montre en main. Que dites-vous? Que c'est un pauvre secret, si un être cède ou non? Soit. Mais cette clef-là est encore la plus sûre pour ouvrir un être à fond, — sans compter qu'on n'a vraiment envie de connaître que quelqu'un qu'on désire. Et, au moyen de celui-là, d'autres êtres. Sa sphère de mouvance. Toute une petite cellule d'humanité que par sa connaissance j'annexe.» Telles auraient pu être, à l'origine, les raisons données par Guiscart à qui lui aurait dit : «Pourquoi ?» Mais peu à peu, avec l'accumulation des êtres, l'émoussement des sensations, pour tout déclencher il n'était plus besoin que d'une simple phrase : «Celle-là n'est pas à moi.» La phrase classique du collectionneur qui voit une pièce qui lui manque, et de qui la vie sera bouleversée tant que cette pièce ne lui appartiendra pas, fût-elle de peu de valeur : la grossière excitation du joueur qui marque un point. Car Guiscart — c'était inévitable ! — tenait une liste de ses prises, avec numéros d'ordre. Passer d'un numéro à l'autre, n'était-ce pas cela, en somme, le plus solide de son plaisir ? Cela était idiot, mais pas plus idiot que l'état d'esprit de tout recordman. Parfois il prenait quelque chose de très moche, seulement à cause du prénom. «Il faut absolument qu'il y ait une Christine sur ma liste.»

Entre vingt et vingt-cinq ans, Guiscart avait servi son art en premier. À vingt-cinq ans, c'était sa vie qui était devenue l'objet presque unique de sa préoccupation : l'art se débrouillait comme il pouvait, en trouble-fête. Guiscart était tout le temps à l'envoyer promener. Cependant, tandis que la plupart des hommes ne sont pas inspirés par des passions satisfaites, lui, ses passions satisfaites l'inspiraient. Dans le même avatar, le désir de gloire qui avait empanaché sa jeunesse s'était transformé, tout d'un coup, en ce désir de capture des êtres. Il n'en voulait plus à l'esprit des êtres (à leur estime), il en voulait à leur corps ; mais c'était toujours cette même manie de conquête, qui en fin de compte est une des tares de l'homme, et tellement vulgaire. Car il faut bien marquer que Guiscart, parce que chasseur, ne convoitait jamais que des personnes de qui le consentement était douteux, si bien qu'une femme qui s'offrait la première, son affaire était réglée : il s'acharnait à la refuser, comme pour se venger sur elle de toute la faiblesse où il succombait avec les autres. Et ainsi cet homme de désir à trente et un ans n'avait jamais mis les pieds dans une maison close, d'ailleurs n'aimant pas la débauche, répugnant à tout ce qui est lieux de plaisir, sociétés de transports en commun, etc. ; et que dire des stupéfiants, par exemple ? il ne savait pas même en quoi ils consistaient.

Ce désir des corps avait conservé, chez lui, les mêmes caractères que lorsqu'il était désir de gloire. Jadis, poursuivant la gloire, il la dédaignait, ivre de dégoût pour ceux qui la donnent. Aujourd'hui, poursuivant les corps, les corps l'ennuyaient ; ne vivant que pour les femmes, jamais il n'avait rien pris au sérieux, de ce qui naissait d'un esprit ou d'un cœur de femme. Et ainsi ce singulier Don Juan n'avait aucune connaissance psychologique de la femme. « Mais, dira-t-on, cela ne le desservait-il pas dans ses aventures ? » Si, mais que lui importait ? Une de perdue, dix de retrouvées. Et comme il ne cherchait jamais, dans une liaison, à savoir ce que pensait la femme, ni si elle l'aimait, ni à la retenir, comme il n'était jamais jaloux (si elle le trompait avec quelqu'un de bien, il en était plutôt content ; si avec quelqu'un d'ignoble, son goût pour elle s'éteignait et il la laissait tomber), il n'avait nul besoin de stratégie avec elles. Si quelque ami lui faisait remarquer qu'il «ne comprenait rien aux femmes», il répondait qu'il n'y avait rien à y comprendre, et que si, par hasard, il y avait quelque chose à y comprendre, cela ne valait pas d'être compris. Et l'homme qui pensait cela était un homme à qui les femmes étaient aussi nécessaires que l'air qu'il respirait.

Ce n'était pas seulement que dénigrer ce qu'il poursuivait était un de ses tics constitutifs. C'était aussi que, toujours gorgé, embouteillé de femmes, le plaisir qu'il recevait d'elles en était atténué; et il avait beau jeu à dénigrer des sensations qui n'étaient médiocres que par l'abus qu'il en faisait. Toute la vie amoureuse de M. de Guiscart était sur fond de lassitude. Il nous arrive à tous, lisant un roman plein d'intérêt et qui nous passionne, de jeter malgré tout un coup d'œil sur la tranche, pour voir au volume des pages si nous en aurons bientôt fini. Guiscart, avec les êtres qu'il aimait le plus, avait ce coup d'œil. Il est d'évidence qu'un peu d'abstention l'eût rallumé; mais il rageait à la pensée de s'abstenir, fût-ce pour se rallumer; et puis cette lassitude, en lui montrant l'abondance de ses biens, ne lui était pas désagréable. Il convoitait tout, obtenait tout, et tout de suite ne savait plus qu'en faire, son geste naturel étant alors de rejeter, comme le merle picore et rejette derrière lui ce qu'il a picoré, — qui est n'importe quoi. Il n'avait pas encore obtenu des êtres pour la première fois, qu'il avait pris déjà les mesures pour se débarrasser d'eux après la seconde. «Quoi, lui disait-on, faisant allusion à sa vie errante, vous prenez des femmes, quand vous êtes toujours sur le point de partir! — C'est justement pour cela», répondait-il. (En outre, la mélancolie de quitter une ville, et l'être exquis qui l'habitait, était presque tou-

jours compensée par l'agrément d'échapper aux
gens dangereux qu'il s'était créés dans cette ville.)

Dans cet état, prendre et se dépouiller étaient pour
lui gestes également agréables : prendre parce que
jamais il n'en avait assez, se dépouiller parce qu'il en
avait toujours trop. Et puis, tous deux *remuaient
la vie*, comme il disait ; et c'était bien, en effet, le
but essentiel de tout ce qu'il faisait : remuer la vie.
M. de Guiscart se prenant le front dans les mains,
s'écriant : « Dieu ! quand serons-nous débarrassés du
sexe ! », et jetant au feu le soutien-gorge d'une de ses
amies, comme si, par ce geste symbolique, la partie
tenant lieu du tout, il rôtissait le féminin en entier,
c'est brusquement un personnage de vaudeville, ou
tout au moins le frère de ces mondains qui vont faire
du camping, pour se donner le plaisir de coucher
une nuit sur la dure. Mais M. de Guiscart y allait en
toute bonne foi, parlait d'or quand on le mettait sur
la vie cénobitique, et, pourvu qu'on le prît à ses
heures, eût été capable de dégoûter à jamais de la
chair un tendron qui l'eût entendu, quitte à dévorer
en fin de compte le tendron, pour lui montrer par un
exemple ce que c'est que de n'avoir plus faim. Il est
vrai qu'avec tout cela il se dépouillait réellement
sans difficulté, parce qu'il était homme de désir et de
prise, et le contraire d'un homme de possession, et
parce que gaspiller faisait partie pour lui du style
noble, qui était (en principe) son style de vie.

De même que, jeune, ayant désiré la célébrité, tout
ce qu'il avait pu acquérir en ce sens, il l'avait jeté par
la fenêtre quand, à vingt-cinq ans, il avait commencé
sa vie nomade, perdant les positions acquises, rui-
nant à plaisir tout ce qui est « situation » pour un
homme qui fait profession des beaux-arts ; de même,

achetant des objets d'art, il ne les avait pas sortis de leurs caisses depuis dix ans ; ayant à Paris un grand appartement, conçu pour recevoir, il le laissait tel exactement que l'avaient laissé les déménageurs, c'est-à-dire en disposition de garde-meuble, et devait donner ses rendez-vous au restaurant ou chez son marchand de tableaux, faute d'une pièce aménagée ; faisant dépense, risquant son état, son honneur et quelquefois sa vie pour obtenir des dames, il les abandonnait aussitôt obtenues. Ces façons de se dépouiller à demi, qui ravivaient en lui la sensation, le cha-touillaient aussi dans cette partie peu saine de l'âme, où vit le monstre insatiable qu'on nomme fatuité, vanité, amour-propre, sentiment de l'honneur, dignité, fierté, orgueil, selon les circonstances. Gaspiller les possibilités, gaspiller les femmes, gaspiller l'argent, mais par-dessus tout gaspiller ses dons, c'était une des jouissances de sa vie. Laisser perdre quelque chose, que tous les autres eussent ramassé, rester immobile où tous les autres se fussent précipités, lui causait une satisfaction bien supérieure à celle qu'il aurait eue en prenant. Et lorsque, dans un pays pittoresque, voyant une belle scène, il s'abstenait de la «croquer», par dédain de profiter, il goûtait le même sentiment déli-cat que lorsque, ayant dans son lit une femme qui eût coupé la respiration à la plupart des hommes, de désir, lui, il avait d'elle plein le dos. Enfin, parmi les raisons qu'avait M. de Guiscart de renoncer, il faut compter que chaque vide qu'il se créait levait en lui la perspective du plaisir qu'il aurait à le remplir, et qu'ainsi, par le plus sournois retour, en se privant il servait encore son avidité : la plume de flamant dont usaient les Romains après manger, pour se faire vomir, afin de retrouver l'appétit.

On comprend combien cette passion de la chasse, qui déjà eût été ruineuse pour une santé moins solide que la sienne, était ruineuse en fait pour tout ce qu'il y a d'organisé dans une vie. Quand le *besoin de la rue* se levait en lui, rien n'existait plus. Rompus, les engagements les plus fermes; laissées en plan, les affaires les plus importantes. Il en venait à ne plus prendre de rendez-vous, pour pouvoir être libre de se mettre aux trousses, sans arrière-pensée, de quiconque le séduirait dans la rue; et la devise que, pendant quelque temps, il avait fait graver sur son papier à lettres : « *Seulement ce que j'aime* », aurait pu devenir, plus brutalement encore : « *Tout planter là !* » Sa seule façon de freiner était, quelquefois, de ne pas se raser le matin, pour que la honte l'empêchât de prétendre, s'il croisait l'aventure, comme Démosthène se rasait le crâne pour s'obliger à rester travailler chez soi. Bien entendu, il suffisait que Guiscart ne fût pas rasé pour qu'il rencontrât sur le trottoir des anges du ciel, dont jamais il n'avait vu les pareils aux jours où il était pimpant.

Toutes les qualités qu'il ne se donnait pas la peine d'employer dans sa vie courante étaient mises en œuvre lorsqu'il s'agissait de sa vie sensuelle : la prudence, la ruse, la mauvaise foi, l'application, la patience, la ténacité. (« Ce n'est pas à force de malice, ni de désir ni d'argent que j'obtiendrai, mais parce que, au quart d'heure des Japonais, c'est toujours moi qui l'emporte. ») Par contre, une déception, la mort d'un être cher, une pique d'amour-propre, l'annonce d'un procès perdu et de la forte somme à payer, survenant durant ces périodes-là, il n'en ressentait pas la plus légère égratignure : anesthésie pour tout ce qui n'était pas sa chasse. Journées de folie, comme celles d'une bête en rut, errant jour et nuit, capable alors de tout, et où enfin, ayant mangé un sandwich en vingt-quatre heures, tant il lui coûtait d'interrompre sa poursuite, fût-ce une demiheure, il échouait dans des restaurants à six francs, dans des quartiers impossibles, à quatre heures de l'après-midi, ruchant l'os de la côte de porc en la prenant avec ses doigts, répandant vin et café sur la nappe, comme si cela même prolongeait la sensation de sa liberté et de sa puissance, méprisé par le patron jouant tout seul au zanzi sur le comptoir, comme un chat joue avec sa queue, et qui se disait : «Qu'est-ce que c'est que celui-là?» Ô rage divine !

Son impatience alors était celle des démons ; le feu lui sortait des narines (ou presque). Arrivé dans une ville nouvelle, une femme découverte le matin dormait le soir dans ses meubles ; trouver, louer, meubler l'appartement : cela s'était fait en une journée. Tout cédait devant sa passion, ailée de son argent. Car, comme tous les hommes passionnés, un nombre considérable de choses lui étaient indifférentes, sur lesquelles, de bourse, il se montrait plutôt serré ; mais pour ce qu'il aimait il jetait sans compter, d'ailleurs ne sachant jamais ce qu'il gagnait, ni ce qu'il dépensait. On le volait ouvertement ; ouvertement il invitait les gens à le faire : «Il me faut cela tout de suite. Le prix m'est égal», aimant d'ailleurs de se sentir volé, autant par vanité héréditaire, que pour les plus gentilles raisons : «J'use des gens. Il est bien naturel qu'ils se payent un peu, et d'autant plus que cela ne me gêne pas.» Il s'engageait à servir des rentes à des inconnues, entretenait des rabatteurs incapables, donnait des pourboires d'homme saoul. Mais par-dessus tout, de même qu'il collec-

tionnait les êtres, il collectionnait les domiciles de
rechange.

Sublimes pages d'annonces des journaux (la seule
partie qu'il lût du journal)! Il montait d'elles une
vibration, la vibration de la vie, pareille à la vibration
continue, immobile, vraiment éperdue de la mer.
Parmi les êtres qui se proposaient, dans la rubrique
«offres», combien étaient prêts à tout! Mais les
locaux libres étaient peut-être plus bouleversants
encore. Chaque fois que, dans la rue, il voyait un
panneau: «Studio à louer», Guiscart devait soutenir
une lutte pour résister à la tentation d'en devenir
acquéreur; et c'est tout juste si l'écriteau «cave à
louer» ne lui donnait pas un élancement. À N..., il
avait trois domiciles; à Paris, quatre. Ici une petite
maison, là un appartement, là un atelier, chacun
d'eux sous un nom d'emprunt, ou un prête-nom, bien
entendu. Aux moments où il se trouvait n'avoir qu'un
seul domicile, il avait la sensation physique, accompagnée d'angoisse, qu'a un homme qui a oublié son
revolver. Ces logis n'étaient pas qu'en vue de
l'amour. Il passait de l'un à l'autre pour dépister les
gens (surtout des femmes) à ses trousses, ou simplement parce que c'était là son moyen d'«évasion»,
sans quitter la ville. Domiciles autant que possible
sans concierge, loués seulement après que Guiscart
se fut assuré qu'ils possédaient un angle mort, où il
serait à l'abri si on tirait du dehors à travers la porte;
domiciles dont les objets essentiels restaient toujours
enfermés dans une valise, qu'on pût boucler en un
tournemain, et qui toujours avaient à proximité
quelque mur bas, facile à escalader, — bref, aména-
gés pour la fuite, comme ces palais de corsaires bar-
baresques, toujours élevés sur le bord de la mer,

pour que leurs maîtres pussent embarquer précipitamment.

Un mot de ces noms d'emprunt. C'est un des avantages nombreux et incomparables que l'on a à être
noble français, en l'an 1930, que celui d'avoir deux
noms légaux : son nom de terre, qui est le nom d'usage
courant, et son patronyme, connu seulement de
quelques familles parentes. On peut vivre ainsi inco-
gnito sous son patronyme, si le cœur vous en dit,
sans être pour cela sous un «faux nom» — toujours
suspect, — puisque votre patronyme est votre nom,
figurant sur toutes vos pièces légales. M. de Guiscart
s'appelait Hauchet de Guiscart, et les trois quarts de
l'année était pour tous M. Hauchet. Ce qui ne l'empêchait pas de troquer ce nom, d'aventure, contre tel
ou tel nom d'une ancienne seigneurie de sa famille :
disparaissant, il reparaissait ici et là sous un nom
différent, comme un oued saharien. Mais celui de
Destouches, sous lequel, nous l'avons vu, il était descendu dans la gargote de Tanger ? Eh bien, comme le
but unique de sa vie était de faire des *touches* [1], un de
ses amis, un jour, l'avait interpellé : «Voilà le chevalier des Touches !» Le surnom l'avait amusé, et lui
était resté, parmi quelques amis. Et il lui arrivait,
dans telle ville de passage, de se faire appeler
M. Destouches, ou même M. Chevalier-Destouches.

Avec tout cela, cet aventurier (si on peut donner ce
nom à un homme qui ne cherchait jamais à gagner
de l'argent, mais au contraire en laissait partout)
était un très honnête homme. Surtout depuis le jour

1. Tous nos lecteurs ne savent peut-être pas qu'on appelle une
touche, en argot, une aventure amoureuse : «J'ai fait une touche
hier soir…» Quelquefois, le mot *touche* est même employé pour
désigner la personne : «J'ai rendez-vous avec ma touche.»

où il avait découvert que vulgarité et malhonnêteté coïncident. Cela n'est peut-être pas tout à fait vrai, mais de bonne foi il le voyait ainsi, et c'est là une illusion trop heureuse pour qu'on l'y veuille contredire. Et il est certain qu'en un temps où le talent, l'énergie, le savoir-faire, etc., sont si répandus, alors que l'honnêteté est si rare, un personnage aussi amateur du singulier que l'était M. de Guiscart ne pouvait que se ranger du côté de la vertu. Si M. Auligny était honnête par nécessité, et le lieutenant par mouvement profond, M. de Guiscart l'était par bon goût.

Qu'avec une telle vie son corps continuât de fonctionner bien, qu'il pût, comme si de rien n'était, aimer, nager, ramer, courir, tirer, se fier à ses réflexes, le chevalier disait que c'était là une des *merveilles de la nature*. Mais la douloureuse, dans l'avenir, lui paraissait probable : il faudrait payer tout cela. À quand le premier crachement de sang ? le ramollissement cérébral ? la glorieuse P.G. ? ou bien ne deviendrait-il pas fou ? Mais à demain les pensées ennuyeuses ! Ne prévoir pas est un des plaisirs de la vie. Et M. de Guiscart, toutes voiles dehors, cinglait allégrement vers le gâtisme, dans lequel il mettait sa suprême espérance d'artiste. « Quand j'aurai atteint cet âge où les nuits d'amour sont des performances plutôt que des plaisirs, alors, incapable des délices, Je pourrai enfin sans remords me consacrer tout entier à mon œuvre, et me faire donner quelques-uns de ces honneurs qui sont une gêne et un ridicule pour un homme dans la force de l'âge, mais adoucissent une vieillesse où, toutes autres passions éteintes, il n'y a plus de vivant en nous que la vanité. »

C'est le dire sous forme de boutade, comme Guiscart le disait souvent. Mais, au fond de soi-même, il faisait confiance à l'avenir, et ne renonçait à rien. Le passé ne l'avait jamais trahi. L'avenir le trahirait-il ? Il y a une certaine grandeur dans ce pari par lequel un artiste, lucidement, rejette à l'époque où ses sens lui manqueront la culture de son intelligence, de son âme et de son pouvoir créateur ; il faut se sentir bien en sécurité avec sa nature pour croire qu'elle vous rendra intactes les facultés qu'on y aura laissé dormir si longtemps. Mais son expérience montrait à Guiscart que toujours, jusqu'alors, si loin qu'il eût poussé le jeu de se perdre, il s'était retrouvé à volonté ; cette fois il élargit le jeu, et se donne rendez-vous à soi-même dans un quart de siècle. En somme, Guiscart mise sur les deux tableaux : aux sens, qui ne valent que dans la jeunesse, il livre sa jeunesse, en totalité ; à l'intelligence et à l'âme, que les années bonifient, il réserve la fin de son âge mûr et sa vieillesse. Imprudence ? Certes ! Mais toute sa vie est imprudence. Et s'il gagne, s'il vit assez vieux, et retrouve ses trésors enfouis, c'est une belle réussite. Le monde dira de ce coup de dés qu'il a été la sagesse.

En attendant, il était heureux. Sa vie était la vie même qu'il aurait rêvée, s'il ne l'avait pas eue. Il n'imaginait rien — rien — de désirable à ses yeux, qu'il n'eût, ou ne pût avoir à volonté. Ce qui faisait la texture de son bonheur, c'était de céder systématiquement à ses impulsions, et de s'épargner systématiquement toute contrainte, c'était cet affranchissement absolu du moindre souci moral, social, politique, professionnel, pécuniaire, en bref, du moindre souci, — cette vie désintéressée, dénuée de tout désir de jouer un rôle, à une époque où le dernier des ilotes, et le dernier des esclaves de cet ilote, ont pour ambition *l'importance*, devenue à ce jeu signe quasi certain d'ilotisme ou de servilité. Il lui arrivait bien à l'occasion, quand il lisait dans un antique les mots : « vie inimitable », ou *vita chia* (vie digne de Chio), de se demander : « Connurent-ils plus que moi ? » Mais la réponse jaillissait on eût dit de sa chair : « Quelle vie que la mienne ! Comme elle me plaît ! J'ai fait d'elle un été perpétuel... » Presque stupéfait parfois de voir comme les choses lui arrivaient heureusement, et, après des détours où elles lui avaient fait côtoyer l'abîme, en définitive tournaient toujours à son bien : « Est-ce pure veine ? ou si j'ai enchaîné la fortune par mon savoir-faire et ma tournure d'esprit ? Suis-je le favori du hasard, ou ne recueillé-je que ce que j'ai semé ? » Mais à cette question, qu'il se posait souvent, il lui fallait bien répondre, après avoir analysé les éléments de sa vie, que son bonheur était un bonheur conquis. Il avait dû passer au travers de bien des choses, liquider bien des choses, pour parvenir à ce bonheur. Ce n'était pas un bonheur volé. Il était son œuvre.

Rien n'était plus intéressant à observer que l'effort du monde pour persuader M. de Guiscart qu'il n'était pas heureux, ou pour empoisonner en lui, par la honte, la conscience de son bonheur. Tantôt : « Votre vie est grossière, indigne de vous, etc. », tantôt (avec quels airs profonds !) : « Vous vous *croyez* heureux. Vous le proclamez par bravade. Mais vous n'*êtes* pas heureux. Je le sais ! — Eh bien... Eh bien... », disait le chevalier, avec beaucoup de complaisance, c'est-à-dire d'insolence, laissant entendre que peut-être bien, en effet... afin de consoler ces pauvres gens, de la souffrance qu'ils ressentaient en le voyant heureux. Les gens veulent qu'on souffre, pour qu'on soit

comme eux; ils célèbrent la souffrance, pour en atténuer l'aiguillon en tirant d'elle vanité; ils proclament
que leur prison est un palais, et feignent de plaindre
celui qui est en liberté, pour le dégoûter de son sort.
La grande joie des médiocres est d'atteindre au ton
dédaigneux quand ils parlent à quelqu'un qu'ils
envient. Retourner contre lui l'arme qui les blesse,
quelle victoire! Si Guiscart avait dit: «Ma seule
occupation est bien la recherche de mon bonheur,
mais écoutez mon "message": la recherche du bonheur est une œuvre dure, héroïque, une tragédie,
etc.», les gens lui eussent rendu leur sympathie, 1°
parce que le style charlatan les eût éblouis, 2° parce
que, sachant maintenant qu'il souffrait, ils auraient
cessé de le sentir privilégié. Mais Guiscart, bien que
dans son indolence il mît à l'occasion beaucoup
d'énergie, ne faisait pas d'elle une tragédie. Et ainsi,
derrière son univers, comme la sourdine de l'Océan
derrière les bruits du port, il entendait la rumeur
confuse de tous ceux qui espéraient pour lui une
chute retentissante — la méchante histoire, — parce
qu'ils le haïssaient d'être heureux malgré eux.

IX

La méchante histoire !

Un puissant fumet d'impunité sortait de la personne de Guiscart. Pourtant il envisageait quelquefois que sa *lebensgaloppade* [1] ne pourrait finir que par la culbute. La perspective de ce que le monde appelle une catastrophe sociale le remplissait d'une satisfaction si intime qu'en l'imaginant il baissait les yeux : alors au moins, officiellement brûlé, il pourrait se déployer à fond, et on verrait ce qu'on verrait. «Si moi je ne suis pas beau joueur, qui le sera?» Il avait, en y pensant, une brusque exultation de la vie. Pourtant, sa croyance plus profonde était qu'il était *verni*, destiné à passer au travers de tout sans encombre. «Les gens ne se doutent pas jusqu'à quel point ils pourraient oser sans péril. S'ils le savaient, ils deviendraient fous, du regret de n'avoir pas osé davantage.»

Pour lui, ce qui le préservait, c'était, pensait-il, la

---

1. «La galopade de la vie.» Mot que s'appliquait à soi-même, au XVIIIe siècle, le duc Charles-Eugène de Wurtemberg. «Je fus un démon déchaîné. À cela quoi d'étonnant? Tout le monde s'agenouillait devant moi», etc. Cf. Robert d'Harcourt, *La Jeunesse de Schiller*.

féerie. Sa vie n'était qu'une longue imprudence, sans cesse nourrie et ranimée. Imprudence dans ce qui compromettait sa «carrière», imprudence dans ce qui compromettait sa réputation, imprudence dans ce qui compromettait sa fortune, imprudence dans ce qui compromettait sa vie : ah ! il ne mettait rien en sécurité. Oui, sa vie elle-même, il avait besoin de la risquer une fois au moins par quinzaine, s'il voulait se maintenir en condition : cela faisait partie de son hygiène, et on peut se créer sa jungle partout. Il avait l'habitude de dire : «Celui qui, dans une journée, a risqué, même si ce risque ne lui a rapporté que de la peur, celui-là a mangé et bu.» Et il est vrai que sa chasse, toute chasse aux oiselles qu'elle fût en principe, était malgré tout chasse à la grosse bête ; une fois sur dix, il recevait un coup de boutoir. Mais pour lui tout se passait sur le plan de la féerie. Cela donnait à son audace une simplicité et un naturel qui le faisaient passer intact à travers les périls, comme un homme ivre traverse en zigzag une chaussée encombrée d'autos, et rien ne lui arrive. Il ne se jugeait pas du tout au-dessus des lois, s'appliquant toujours à les respecter quand elles ne le contrariaient pas. Mais la féerie expliquait tout, justifiait tout, et il lui semblait impossible qu'on ne lût pas dans son âme la légèreté et l'aisance souveraine de son comportement, et sa parfaite bonne conscience.

Si un délicieux commissaire de police lui avait dit, avec un air triste et paternel : «Mais enfin, monsieur de Guiscart, vous avez fait un enfant à cette petite !» — ou encore : «Mais enfin, monsieur de Guiscart, était-ce pour une séance de pose que Mme L... se trouvait chez vous à trois heures du matin ?» — ou encore : «Mais enfin, monsieur de Guiscart, vous allez de Porto aux Canaries, vous restez un jour aux Canaries et revenez à Porto, vous restez un jour à Porto et retournez aux Canaries, vous restez un jour aux Canaries et revenez à Porto; les autorités espagnoles trouvent cela bizarre, et nous demandent des éclaircissements, que nous vous demandons, et vous nous répondez seulement que "c'étaient des idées qui vous venaient"!» — ou encore: «Mais enfin, monsieur de Guiscart, comment expliquez-vous qu'on vous trouve à Madrid avec une jeune fille de dix-sept ans, française, et qui n'a pas de passeport? Vous nous dites: "Elle a passé la frontière sans s'en douter, en faisant une excursion de montagne." Ce n'est quand même pas une réponse sérieuse!» — ou encore: «Mais enfin, monsieur de Guiscart, on vous cambriole, vous ne portez pas plainte, et, lorsqu'on s'en montre surpris, vous ne trouvez à dire que: "Je n'avais pas la tête à ce genre de choses en ce moment-là."»; si un délicieux commissaire de police, jeune, bien de sa personne, avait dit tout cela à M. de Guiscart, et bien d'autres choses encore, avec un air triste et paternel, et cependant la sévérité qui convenait à son état (ne fût-ce que dans la crainte que M. de Guiscart ne lui offrît une cigarette), M. de Guiscart aurait répondu:

— Monsieur le Commissaire, je ne puis pas vous faire comprendre une poussière d'actes. Ce qu'il faudrait que je pusse vous faire comprendre, c'est un esprit. Tous ces actes se passent avec la facilité et le naturel des actes qui se passent dans les rêves et dans les ballets. Maintenant que vous attirez mon attention sur eux, je vois bien qu'en effet ils ont une apparence singulière, mais sans vous je ne m'en serais pas avisé. En outre, je fais souvent des choses,

pour voir. Elles ne me font aucune envie, que celle
de savoir ce qui découlera d'elles. Ce qui est! Ces
trois syllabes! La vie est certainement quelque chose
d'extraordinaire. Plus extraordinaire que le génie.
Elle a toujours en réserve de quoi nous décontenan-
cer. Il est bien rare, quand on l'interroge, qu'elle
donne la réponse qu'on attendait. Poser ces sortes de
questions, cela m'obsède. Dans ma contrée, il y a un
proverbe qui dit: « La vieille ne voulait pas mourir,
parce qu'elle en apprenait tous les jours. » Moi aussi,
comme la vieille, j'en apprends tous les jours. Il y a
des après-midi où je suis tranquille au travail dans
mon atelier. Et à brûle-pourpoint je me dis: « Dans la
rue, la vie passe. Il faut que je lui pose une question.
La journée ne peut pas finir sans que je lui aie posé
une question. » Ah! cela ne m'amuse pas toujours.
Pour une fois, j'étais bien en train avec ma palette, et
voilà qu'il faut m'habiller, me raser, etc. Et je sors, et
je fais quelque chose singulière, bien digne, certainement, d'attirer l'attention de ces messieurs vos...,
enfin de ces messieurs. Et quand je rentre, je me dis,
en retrouvant mes « œuvres d'art » sur le chevalet:
« Eh bien, c'est ce que je viens de faire qui est important, et non ces conneries. »

Là-dessus (dans l'imagination de Guiscart), le délicieux commissaire de police lui disait, avec un air
triste et paternel:

— Monsieur de Guiscart, je tiens compte de ce
que vous me dites là. Je comprends bien que les
artistes ne peuvent pas avoir une vie comme celle de
tout le monde, et que nous devons leur passer
quelques petites choses, du moins quand ce sont de
véritables artistes, c'est-à-dire des artistes connus.
Car, s'ils ne sont pas connus, comment saurions-

nous que ce sont de véritables artistes ? Mais vous pourriez tomber sur un commissaire qui ne sentirait pas les Beaux-Arts, et vous auriez alors des ennuis.

Et là-dessus Guiscart imaginait qu'après avoir remercié avec émotion ce délicieux commissaire de police, il ne pouvait s'empêcher de lui dire :

— Monsieur le Commissaire, vous ne pouvez pas me causer d'ennuis. Vous le pouvez en me faisant souffrir dans mon corps, en me tordant les doigts avec des pinces, etc. Mais autrement ? Si vous me mettez en prison, j'en serai enchanté : non seulement cela me permettra de faire mon œuvre, ce que je ne peux pas faire quand je suis libre, à cause de cet appel de la rue dont je vous ai parlé, mais cela me permettra de me reprendre, ce dont j'ai grand besoin, la vie enfournant en moi toujours de plus en plus de choses, et me tirant de-ci de-là. Si vous aboutissez à je ne sais quoi qui soit censé ternir mon honneur, vous ne me touchez pas, car je suis le seul juge de mon honneur ; je ne brave pas l'opinion du monde, plus que je ne la flatte : je n'en tiens nul compte ; on ne me déshonore pas comme ça ! Si vous m'infligez une amende, je ne me représente pas, dans l'ordre des amendes que la Justice puisse infliger, une amende qui soit capable de me gêner réellement. Si vous m'interdisez le séjour dans telle contrée, je vous répondrai avec le grand Ancien, qui à coup sûr vous est familier : «Jette-moi à droite, à gauche. Partout je posséderai mon Génie secourable» ; et j'ajouterai : «Mon amour pour cette contrée s'éteignait, parce que j'y allais trop souvent. En me l'interdisant vous rallumez cet amour. Vous créez le bonheur fou que j'aurai, le jour où l'interdiction sera levée, bonheur que je n'aurais pas eu sans vous.» Si

vous tentez de m'atteindre dans les miens, c'est-à-
dire — puisque je n'ai plus mes parents — dans mes
femmes ou dans mes enfants, je vous dirai : « Ma vie
était encombrée de vivants. Je ne pouvais plus m'y
mouvoir. En m'en arrachant un, vous créez un vide
que je vais chercher à remplir, et je vais me plaire
dans cette recherche, car j'aime la nouveauté. Chaque
fois que quelqu'un sort de ma vie, je bénis la Fortune, qui déclenche l'aventure par quoi j'y vais faire
entrer quelqu'un d'autre. » Car il faut vous en faire
l'aveu, monsieur le Commissaire : mon désintéressement est atroce. Vous pouvez me retirer qui que ce
soit ou quoi que ce soit, je ne ferai pas un geste pour
le retenir. Tout le monde me calomnie, et je ne réta-
blis jamais la vérité. Tout le monde me vole : je le
sais, et laisse faire. Tout le monde met devant moi
des barrages, et quand je les rencontre je rebrousse
chemin allégrement, car je ne tiens pas à ce qu'il y a
derrière le barrage.

« Vous voyez donc, monsieur le Commissaire,
achevait Guiscart (toujours en rêve), que vos pouvoirs de me nuire se réduisent à celui de me mettre
la plante des pieds sur un brasero, ce que vous ne
ferez pas, vous êtes un homme trop poli. Quoi que
vous fassiez d'autre pour me nuire, vous me servirez.
En effet, provoquer soi-même la vie ne vaudra jamais
d'être provoqué par elle, qu'elle vous saute dessus. Je
vivrai donc ! Je sentirai, moi qui me plains toujours
de ne pas sentir assez encore ! Il me semble que j'ai
un sursaut du sang, un renouveau de jeunesse, à seulement y penser. Sans compter que vous me donnerez l'occasion de défendre publiquement et le front
haut mon genre de vie, avec des raisons qu'il eût été
trop long de dérouler ici. Ce qui pourra nous mener

loin, et peut-être se retourner contre cette société dont vous vous êtes fait le défenseur : ces pouvoirs que vous n'avez pas, moi je les ai peut-être. Et ainsi, en m'arrêtant, d'une part vous ne m'aurez pas puni, puisque vous m'aurez été agréable ; et d'autre part vous n'aurez pas servi la société, puisque je ne lui nuisais pas quand je menais mes entreprises en silence, mais lui nuirai du jour où votre acte indiscret m'aura forcé à les commenter. »

Ainsi rêvait le chevalier des Touches. Et puis il se remettait à la féerie.

Neuf mois de féerie, de jouissance et d'aventure méditerranéennes ; trois mois à Paris, dont un mois de « niaiserie » (famille, relations, reprise en main de ses affaires), et un mois de ce qu'il appelait ses *peinturluneries* : telle était, pour une année, la transhumance habituelle de M. de Guiscart. Quand il avait travaillé un mois aux peinturluneries, Guiscart, délivré, poussait un soupir : « Mon année est faite. »

M. de Guiscart était un homme de foyer : présentement il en avait quatre. L'un à Marseille, avec une *puta* marseillaise, de qui il se connaissait un garçon, âgé de quinze mois. Un autre à Palerme, avec la fille d'un marchand de cordages, qui ne lui avait pas donné d'enfant, les jeunes personnes siciliennes pratiquant un moyen radical de n'en avoir pas. Un autre à Jerez de la Frontera, avec la fille d'un coiffeur, de qui il avait eu une fille, délivrée de notre vallée de larmes après un faux départ de quelques semaines. Un autre enfin à Alger, avec une petite Kabyle, bonniche de son état, d'où était née une autre fille, âgée aujourd'hui de deux ans. Naturellement, M. de Guis-

cart avait dispersé beaucoup d'autres enfants; il y
avait eu une période de sa vie où il nageait parmi ses
bâtards comme Tibère parmi ses *pisciculi*. Mais il les
avait heureusement perdus de vue.

Des quatre foyers de M. de Guiscart, celui de Marseille était la perfection même: discrétion, désintéressement, jamais un ennui. Celui d'Alger, lui aussi,
était parfait, fors une légère pointe d'âpreté chez les
parents de la petite. Le foyer andalou s'éteignait lentement, Guiscart se désaffectionnant de la *Jerezana*
et projetant de retourner au printemps prochain en
Andalousie, pour y fonder quelque part un nouveau
foyer, car il détestait la pensée de n'avoir plus un
pied en Espagne: c'était sa coquetterie, de tenir les
quatre coins de la Méditerranée. Seul le foyer sicilien
était, lui, un Vésuve, d'où coulait sans arrêt la lave
du chantage: ironique résultat d'avoir respecté la
pucelle. Depuis deux ans, tous les enfants de Maria
Gorgoglione, légitimes (elle s'était mariée) ou illégi-
times, étaient imputés à M. de Guiscart, et comme
cette famille au nom d'ogre remplissait par endosmose la Tunisie, une *famiglia* abominable y persécu-
tait le gentilhomme, jusqu'à lui rendre le séjour à
Tunis impossible. *Beware of Italy!*

M. de Guiscart faisait chaque année sa tournée
maritale et paternelle, passant plus ou moins de
temps, selon l'inspiration du moment, dans la même
ville que chacune de ses femmes. Il restait ainsi les
trois quarts de l'année hors de France, accompagné
du *père de famille*, et n'emportant avec lui que deux
valises, et son automobile. Le chevalier méprisait
profondément l'automobile, symbole pour lui de la
vulgarité, de la prétention et de l'excitation de
l'époque. Quelqu'un qui désirait une automobile était

classé dans son esprit ; et c'était déjà mauvais genre que d'avoir la moindre notion du fonctionnement de ces mécaniques. À la vérité, il avait bien essayé d'apprendre ce fonctionnement, mais s'en était montré incapable, s'étant vu refuser deux fois le permis de conduire. Son opinion sur l'engin nouveau était d'ailleurs partagée par les personnes de sa famille qui, presque toutes en mesure d'avoir une ou même plusieurs automobiles, n'en avaient pas, jugeant comme lui que c'est là quelque chose qu'il faut laisser aux classes inférieures. Mais Guiscart y ajoutait cette idée, que le goût de l'automobile témoigne du vide de l'esprit, et que pour un homme qui a quelque chose dans la tête, l'automobile, comme la T.S.F., le phonographe, etc., n'est qu'un dérangement : ce sont des plaisirs de brute. Un dérangement, voilà le mot ! Tel était le genre de vie de Guiscart, que sa voiture lui était une gêne. N'ayant pas d'« affaires », et très rarement quelque chose qui le requît à heure fixe, abhorrant la campagne, divisant sa vie en deux parts, l'une pour le travail, qui se fait au logis, et l'autre pour la vadrouille, qui se fait à pied, son automobile ne lui servait à rien. Quant au plaisir de la vitesse — « prostituée sans grâce que la foule possède », comme Renée Vivien l'a dit de la douleur, — c'était un plaisir si imbécile qu'il n'était bon que pour les jeunes gens et les grues, et Caccavella entendait quelque chose quand, sur la route, il s'oubliait à faire un dépassement : la vanité de dépasser une voiture, parce qu'on a une voiture plus forte, est un des sentiments les plus stupides que la nature humaine ait jamais conçus, pensait le chevalier. Si, avec tout cela, il possédait une automobile, c'était qu'il avait cru qu'elle lui faciliterait ses aventures, ce qui déjà était douteux, car elle le décelait partout, soit par sa seule présence, soit par un numéro minéralogique. Et puis, les services qu'elle avait pu lui rendre à ce point de vue étaient annulés par les embêtements matériels qu'elle lui créait, et surtout par le malaise moral que lui causait cette concession incompatible avec ses principes de vie. Et lorsqu'enfin il s'en défit, son existence acquit du jour au lendemain un surcroît très sensible de liberté et d'agrément ; du jour au lendemain il rajeunit, comme un homme qui vient de divorcer.

Le père de famille, lui, n'était pas inutile, fichtre. Qu'il suffise d'imaginer le classique Maître Jacques de la Comédie, on ne sera pas loin de la réalité. Certains traits, certaines situations, certains personnages semblent n'être que de vénérables clichés littéraires ; et un jour, avec une surprise enthousiaste, on les trouve dans la vie, identiques à l'image qu'on avait d'eux, simplement parce que, malgré l'apparence, ils ne sont pas des créations artificielles : ils sont de la vie et c'est de la vie qu'ils sont passés dans les livres. Si nous disions que, dans un des appartements de Guiscart, il y avait, auprès de la fenêtre, sous un fauteuil, une bonne corde à nœuds toute neuve, destinée à lui permettre de descendre sur une terrasse voisine, en cas d'alerte grave, quel lecteur ne hausserait les épaules en murmurant : « En fait d'insanités à la Fantômas, l'auteur pourrait au moins en trouver d'un peu plus neuves » ? Et cependant cela était, mais l'auteur ose à peine le dire ; il ne l'avait pas osé tout à l'heure, quand il décrivait l'appartement du chevalier. De même, chauffeur, homme de paille, secrétaire, rabatteur, espion, garde du corps, domestique, à l'occasion devenant — s'il s'agissait,

par exemple, d'avoir un témoin pour un duel, dans
une ville de passage — un vieil ami de M. de Guiscart, Caccavella semblait être un personnage d'un
romanesque tout conventionnel; et il l'était, mais de
ceux qui ne sont conventionnels qu'à force d'avoir
été naturels. Les mêmes raisons qui avaient fait pul-
luler les Caccavella, au cours du passé, en terre
méditerranéenne — d'où ils étaient sautés sur le
théâtre et dans les romans d'aventures, — l'avaient
fait se trouver un jour auprès de Guiscart et s'y déve-
lopper selon les lois connues: un produit spontané
des circonstances et du milieu. À Tunis vivait la mai-
sonnée du père de famille. Quand Guiscart traversait
Tunis (avant l'affaire Gorgoglione), il ne manquait
pas d'aller cajoler les bambini, tout content de rencontrer enfin des petits garçons italiens dont on ne
lui disait pas qu'ils étaient de lui. Les petits Caccavella étaient cinq et demi: cinq garçons et une fille.
M. de Guiscart disait dix, quand il parlait du père de
famille, par générosité d'esprit.

Cet après-midi, qui était celui du jour où Guiscart,
rentré à l'aube, et décachetant l'enveloppe d'Auligny,
s'était écrié: «Il m'offre sa Bédouine! Comme si je
n'étais pas sursaturé de filles arabes! Quel daim!», le
peintre faisait ses valises, partant le soir pour Birbatine. Plus exactement, étendu sur son lit, il regardait
sa maîtresse, El Akri, faire ses valises, car l'axiome,
juste en Europe, qu'il est infernal d'avoir pour maîtresse son employée ou sa servante, devient inexact
en pays musulman, et même Guiscart disait d'El
Akri: «Elle est aussi ma servante, et *c'est pourquoi* je
la considère véritablement comme ma femme.» Et le
chevalier, voyant sa maîtresse, avec des soins charmants, disposer dans la valise les pyjamas qui lui

serviraient avec Ram, trouvait que la vie est bien faite, et remerciait sa Fortune. Son départ pour Birbatine, Guiscart l'avait trouvé décidé en lui, ce matin à son réveil. La personne qu'il recherchait depuis trois jours, dans Alger, et tout le reste, il envoyait tout promener. Ce qu'il voulait, en dernière heure, c'était posséder Ram, et presto. Comme un projecteur qui se déplace, toute sa vie, brusquement, était centrée sur cette inconnue, et le reste plongé dans l'ombre. Et il cédait à son impulsion, la conscience délivrée et légère, dans le sentiment joyeux du devoir inaccompli.

La petite fille qu'il avait d'El Akri — elle s'appelait Roumita[1] : Guiscart laissait ses femmes donner les noms qu'elles voulaient à leurs enfants, comme on s'en remet de ce soin à la cuisinière en ce qui concerne les petits chats — vagabondait par l'appartement, traînant derrière elle un chameau en peluche, torturant le chat, se cramponnant à la grille du balcon, et saluant d'un «Toto! toto!» chaque véhicule qui passait, cérémonie qui se terminait invariablement par la chute du chameau, tombant du balcon dans la rue Michelet, où El Akri, se voilant le visage, descendait quatre à quatre le chercher. Roumita, debout sur une table surmontée d'une glace, se regardait dans la glace en s'y appuyant des deux mains, et elle y laissait la marque de ses menottes sales, comme si un petit ours s'était dressé là contre. «Si j'étais un père modèle, se disait Guiscart, j'irais sans doute, furtivement, baiser ces empreintes drôlettes. Mais il faut être franc avec soi-même : cet acte attendrissant ne me fait pas envie.»

1. Mot forgé sur *roumi* — «chrétien», et, par extension, «Européen» — par les Marocains du Maroc espagnol. *Roumito, roumita* : petit chrétien, petite chrétienne.

La façon dont il avait connu El Akri était fort simple. Il déjeunait à la terrasse d'un restaurant d'Alger lorsqu'il avait vu cette fillette à un balcon, et remarqué qu'elle le regardait. À son tour, il l'avait fixée un peu. Alors elle s'était mise à baiser le poupon qu'elle tenait dans ses bras (le poupon de ses patrons ; elle était bonniche). Deux ou trois fois, la regardant, à l'instant elle avait couvert de baisers le poupon. Ce gracieux manège avait plutôt indisposé Guiscart, qui trouva qu'elle s'offrait trop, et il avait voulu donner sa chance au hasard, en décidant qu'il ne la prendrait que si, revenant deux fois déjeuner à ce restaurant, il la voyait au balcon l'une des deux fois. Jouée ainsi à pile ou face, El Akri gagna : la seconde fois il la revit. Le chevalier se dit alors que c'était écrit dans le Ciel, et qu'il ne fallait pas provoquer le destin. Il la prit, et en fut satisfait : elle était d'un usage facile, avec une jouissance excellente. Il la nomma El Akri, qui signifie *le rose foncé*, parce que le jour du balcon elle avait des culottes de cette couleur. L'année suivante naissait Roumita, un des parachutes s'étant déchiré.

El Akri était maintenant une petite personne de dix-sept ans, plutôt maigrichonne, pas bien jolie, mais d'une vivacité de bête, ne tenant pas en place, et, pour tout dire, résumant dans son vibrionnage perpétuel rien de moins que trois hystéries : l'hystérie féminine, l'hystérie de l'adolescence, et l'hystérie arabe. Quand elle gardait, dans le square Bresson, les enfants de ses patrons juifs (il eût été plus exact de dire qu'elle était confiée à la garde des enfants), ses courses déhanchées à droite et à gauche, son effronterie à se mêler aux jeux des garçons, ses colères de singe, ses cris d'ara, sa maladresse de

chiot provoquaient les ronchonnements des retraités, assis sur les chaises dont ils se refusaient à payer
le prix, parce que le chaisier était un Arabe, et qu'un
Arabe, même fonctionnaire, reste sans pouvoir sur
un Français. Mais El Akri, turbulente, n'était pas
acariâtre. D'ailleurs, chez Guiscart, on ne savait pas
ce que c'était qu'une *scène*, — la Scène, rouage
essentiel de la bourgeoisie française. Si El Akri
entrait en dissidence, Guiscart la prenait doucement
par la nuque (serrant un peu si elle résistait) et la
mettait dehors. Deux heures plus tard, sortant, il la
trouvait assise sur une marche de l'escalier, les
jambes écartées comme un garçon, et jouant avec ses
nattes. El Akri n'était pas seulement ce qu'on appelle
« une bonne petite fille », elle était *bonne*. Guiscart le
savait, et il l'aimait beaucoup.

Il l'aimait beaucoup. Et pourtant, l'an prochain,
vieille déjà pour une fiancée — dix-huit ans ! l'au-
tomne d'une femme... — elle se marierait. Guiscart
verrait passer par les rues l'autocar chargé des invités de la noce, dans le tremblotement des flûtes
jouées par les musiciens juchés sur l'impériale. Songeant à cela, il pensait : « Une mélancolie... » Ensuite
il devait bien se dire qu'il n'aurait pas de mélancolie,
non, rien qu'un radieux « en avant ! » sonnant l'ouverture de la chasse, de la chasse en vue de remplacer El Akri. Mais Roumita ? Eh bien, Roumita, on
verrait... Lorsqu'on se connaît mobile, à quoi bon
prévoir ? Guiscart ne se décidait qu'acculé, et s'en
était toujours trouvé bien.

À vrai dire, Guiscart ne tenait guère à sa fille. El
Akri enceinte, il avait eu le mot qu'ont prononcé, des
lèvres ou en esprit, tous les pères latins, depuis qu'il
y a une Méditerranée : « Si c'est un garçon, je l'aime-

rai bien. Si c'est une fille, je la foutrai en l'air. » Pourtant il l'avait laissée vivre : telle est la force de la coutume. Mais, de fureur et de honte, il avait fait une
éruption de boutons. Et puis, il y avait chez lui une
impossibilité quasi physique de tendresse pour les
très jeunes enfants : ils le dégoûtaient. Il était obligé
de prendre sur lui pour baiser Roumita. « Vraiment,
il ne faut pas être fait comme tout le monde pour
avoir envie de baiser un bébé. »

Pourtant l'avenir restait ouvert. Plus que la curiosité de savoir ce que seraient ses enfants, il avait celle
de savoir ce qu'il serait à l'égard d'eux. Les aimerait-
il ? Et jusqu'à quel point ? Et de quel amour ? Par
exemple, son fils, Barbouillou, bonhomme de quinze
mois, qu'il allait voir chaque année au Rouet[1], il était
assez fier de lui. Quand Mme Muguette prenait son
fils dans ses bras, et, soulevant sa petite jupe, faisait
« faire risette » au minuscule organe de l'enfant, et
ensuite se baisait les doigts (une vieille superstition
méditerranéenne, connue déjà dans l'antiquité), quand
elle lui disait, avec un amour déjà plein de respect :
« Petit chiqueur, va[2] » ou bien lui apprenait les *rudi-
ments du langage* : « Allez, dis-moi : "le c... de ta
mère !" », Guiscart, devant ce bébé au front bas, aux
sourcils froncés, portant déjà comme une mauvaise
espérance toute la séduction et toute la férocité de sa
race, avait un amusement content qui eût pu passer,
à la rigueur, pour les délices de l'amour paternel. Il
l'imaginait, plus tard, gamin *morito*, en chandail de
teintes féeriques... Et, plus tard... Il se souvenait
alors d'un de ses premiers regards, quand on lui avait

1. Faubourg de Marseille.
2. « Chiqueur » : souteneur.

présenté le bébé frais éclos. Il avait regardé la main droite de l'avorton, en se disant : « Peut-être qu'elle me tuera. On devrait la lui couper pendant que c'est encore tendre… » C'était chez lui, depuis longtemps, une idée constante, qu'il mourrait de la main d'une de ses femmes ou d'un de ses enfants. « Et je ne l'aurai pas volé », ajoutait-il. Par contre, s'il ne mourait pas de mort violente, son égalité d'âme, et l'heureuse disposition avec laquelle il prenait les événements, devaient, pensait-il, lui garantir une longue vieillesse.

Quand la valise fut prête, il y eut une scène classique : El Akri, en avant, d'une main traînant sur les marches la valise, de l'autre portant Roumita. Guiscart derrière, portant le chat dans ses bras, qu'il allait confier à la concierge (il louait des chats ou des chiens, pour un, deux mois, comme on loue une villa ; celui-ci était un fameux chat : toutes les fois qu'on le déplaçait de deux étages, il en profitait pour se marier). À la concierge, Guiscart dit qu'il partait pour la Tunisie : toujours il prenait soin de brouiller ses traces.

Sur le quai de la gare, il y eut la troisième scène classique : Guiscart, très désinvolte, faisant celui qui ne comprenait pas qu'El Akri attendait qu'il la baisât. Le train parti, le chevalier eut un petit plaisir. Comme, dérogeant à sa coutume, qui était d'avoir de la tenue, il chaussait des babouches pour la nuit, il se rappela soudain la présence de cinq billets de mille sous la semelle intérieure d'un de ses souliers. Se déchaussant dans un taxi, il les avait glissés là, la nuit dernière, quand il avait senti que l'aventure allait le conduire dans la kasbah, et qu'il était prudent d'avoir un portefeuille à peu près vierge, qu'on pût abandonner sans mal en cas de coup dur.

Passé Oran, le chevalier eut un second petit plaisir. Il avait fort soif. Un monsieur, en face de lui (ils étaient seuls dans le compartiment), buvait de temps en temps à une bouteille de vin, qu'il replaçait ensuite dans le filet. Quand ce monsieur se leva et sortit, Guiscart, s'étant assuré que le voyageur avait à faire dans les cabinets, saisit la bouteille, et but tout son saoul. Puis, le cœur tranquille, enfin s'endormit.

X

Vers cette époque, boulevard de Courcelles, Mme Auligny était atteinte d'une foudroyante crise d'avancite. Ce n'était pas qu'un jeune parent de l'âge de Lucien eût obtenu une distinction quelconque, et qu'il fallût au plus vite *égaliser*, pas davantage que Mme Auligny eût un ennui de cœur, d'argent ou de situation qu'il fallût panser en prenant ailleurs un avantage. La cause de cette crise était à la fois plus simple et plus étrange. Mme Auligny venait de lire un roman où était dépeinte l'ambition forcenée d'un jeune homme, et cette lecture l'avait mise dans un tel état qu'il était nécessaire qu'elle passât à l'acte : elle ne pouvait plus manger, d'oppression.

Ce roman n'était pas l'histoire de Rastignac ni celle de Julien : seules les œuvres médiocres lui causaient une impression forte. Ce roman était un roman de femme, et la description que cette femme faisait de l'ambition chez un jeune homme était fausse à hurler. Mais Mme Auligny, comme huit lecteurs sur dix, ne voyait jamais dans un roman ce qui était absurde et faux à hurler : son esprit n'avait pas plus besoin de vérité, dans un roman (ou au théâtre, ou au cinéma), que sa conscience n'avait besoin de vérité dans la vie. Le jeune homme ambitieux, elle l'avait sous les yeux, à dix exemplaires, dans son neveu, dans les amis de son fils ; mais la caricature enfantine qu'en traçait ce roman lui paraissait très ressemblante ; elle disait que c'était criant. Et si criant que, toute en feu d'émulation, elle sortit de sa lecture avec la décision que Lucien devait immédiatement *gagner du terrain* ; ce fut l'expression dont elle usa, et qui sent son militaire.

Dans les cahiers de jeunesse de Maurice Barrès, publiés depuis sa mort, on trouve, tracée de sa main, une liste des membres de l'Académie, telle qu'elle était composée au moment où il rédigeait ce journal. Et le nom de chaque académicien y est suivi de la date de sa naissance. L'explication de cette liste est facile à donner : le jeune Barrès voulait avoir toujours « sous la main » l'âge des académiciens, afin de ne s'user pas à courtiser ceux qui avaient trop de chances d'être morts à l'époque où lui-même il se présenterait à l'Académie. Mme Auligny, elle aussi, avait sa liste, avec les noms des camarades de promotion de Lucien, leurs dates de naissance, et les millésimes des années où ils avaient reçu leur premier, leur second galon, voire la croix. Ainsi voyait-elle toujours précisément la place qu'il occupait dans le peloton. Elle se plongea dans cette liste, afin d'exciter sa fièvre. C'étaient surtout les succès de ses jeunes parents qui l'étouffaient. Il y avait cinq ans que Lucien était officier, et pas un brin de ruban ; plus de trois mois qu'il était au Maroc, et aucune apparence que quoi que ce fût vînt lui faire des états de service. Lorsqu'elle se représentait son fils sans une — sans une seule ! — décoration, elle s'imaginait que tout le monde, en l'apercevant, devait changer de visage, comme cela vous arrive si vous croisez un homme qu'on emmène au poste : dans cette poitrine, affreusement kaki de bout en bout, il y avait quelque chose de sinistre, qui évoquait un militaire dégradé, et la question devait se poser tout de suite : « Qu'est-ce qu'il a pu faire ? » Ce qu'il avait fait, son Lucien, elle le savait : il n'était pas de ceux qui arrivent par les bureaux (comme V..., W..., X...), il n'était pas de ceux qui arrivent par les femmes (comme Y..., Z...), il avait horreur qu'on parlât de lui. Tantôt elle disait qu'elle savait bien pourquoi on l'avait exilé dans un poste mort : parce qu'il ne se gênait pas pour dire tout haut ce qu'il pensait des trahisons de Briand. Un autre jour, à la même personne, ayant oublié ses menteries, qui n'étaient que ses songes, elle disait que c'était lui-même qui avait demandé ce poste, par esprit d'abnégation. Ou bien le poste n'était plus mort, et Lucien ne passait pas un mois sans avoir une affaire, ce qui était proclamé aussi triomphalement, et d'aussi bonne foi que lorsqu'elle s'écriait jadis : « Marie-Thérèse ne sait plus où donner de la tête ! Tous les soirs un bal, quelquefois deux et trois ! », traduisez : un bal par semaine. Mais les exploits fabuleux de Lucien étaient étouffés, parce qu'à Paris on ne devait pas savoir que le Maroc coûtait du sang. L'héroïsme des officiers du Maroc était caché comme une chose honteuse. Ils mouraient deux fois : sous les balles des djicheurs, et sous l'éteignoir du gouvernement.

Mme Auligny ne pouvait voir quelqu'un sans tenter d'en *tirer quelque chose*. C'était chez elle un réflexe automatique, comme celui du vieux monsieur qui, sur la plate-forme du tram, même s'il n'a pas du tout la tête à cela en ce moment, ne peut se retenir de toucher en douce le sein de l'honnête ouvrière (et c'est justement cette fois-là, quand il n'a agi que par acquit de conscience, qu'il se fait gifler). Sur la table de Mme Auligny, on vit éclore de mystérieux petits papiers, tel celui où l'on pouvait lire :

St-D[1] *(Barbier, Thomas).*
Champetier de R.
Henry Paté (Clémence).

C'étaient les noms des personnes qu'il fallait toucher, et ceux des intermédiaires possibles. Ces intermédiaires n'avaient jamais de crédit que dans l'imagination de Mme Auligny, car les relations des Auligny étaient médiocres. Mais Mme Auligny faisait flèche de tout bois, qui savait que ses flèches ne portaient pas souvent, cajolant une dame de compagnie comme elle eût cajolé une ambassadrice, et si quelque inconnue, rencontrée en visite, laissait échapper qu'elle connaissait un homme en place, lui adressant un envoi de fleurs sans lui donner le temps de souffler ; car, dans sa tactique puérile, une démonstration insolite d'amabilité précédait régulièrement de quinze jours tout service demandé, de sorte qu'on peut dire, à sa louange, qu'elle ne prenait jamais ses victimes au dépourvu : on avait quinze jours pour se garer. La merveille est que tant de manège ait abouti à si peu, mais c'est qu'on n'attendait rien des Auligny ; il eût fallu être abandonné de Dieu et des hommes, pour penser qu'on pouvait avoir besoin d'eux. Et même cela faisait enrager Mme Auligny que personne ne lui demandât jamais un service, sur lequel elle se fût arc-boutée pour en demander trois ou quatre en échange (non, jamais

1. Rue Saint-Dominique. (Le ministère de la Guerre.)

un pneumatique sollicitant un rendez-vous urgent!).
Toutefois, nous nous trompons en disant que tout
son manège avait abouti à peu. Ce n'était pas peu,
d'avoir donné à M. Auligny un fantôme d'importance
(qu'il dégonflait à mesure, d'instinct se faisant petit,
pour avoir la paix). S'il n'y avait pas eu quelqu'un
pour le maintenir par la peau du cou à la surface, il
eût fini sa vie, ou peu s'en faut, en traînant des voi-
tures à bras dans les rues.

Mme Auligny écrivit des lettres étonnantes à des
officiers supérieurs qu'elle n'avait vus de sa vie. «Fille
du général Pétivier, dont le glorieux souvenir... Ma
fille, morte des suites de ses fatigues comme infir-
mière... Le général Raimondat, qui a un vrai culte
pour mon fils... Malgré son désir et son impatience
de prendre part à la lutte gigantesque, auprès de ses
héroïques aînés, et, s'il le fallait, de mourir comme
eux, mon fils était trop jeune pour s'engager au cours
de la guerre. Tout son désir, aujourd'hui, est de rattraper, etc.» Elle fit plus, elle écrivit au ministre,
«comme fille du général Pétivier». Le ministre fit
répondre quatre lignes, pas une de plus, par un
secrétaire, qui assura qu'on prenait bonne note, mais
orthographia *Aulagny*, d'où bile.

Alors la bonne mère résolut d'«user ses dernières
cartouches» (toujours le style militaire); elle voulait
dire de relire attentivement son carnet d'adresses.
D'un nom jaillirait peut-être la lumière: eh! cette
personne-là avait des relations, que diable, et on pouvait sans inconvenance lui demander de vous être
utile. «Demandez, demandez, il en sortira toujours
quelque chose», aurait pu être une maxime de
Mme Auligny. Il n'y avait pas que pour ses œuvres
qu'elle quêtait à domicile.

Ce carnet d'adresses, elle l'avait commencé à l'âge de douze ans, se contentant depuis d'y ajouter des feuilles : petit trait qui montre bien — au même titre que les niaises babioles d'étagère et que les objets de cotillon, tout cela vieux de trente ans, qui ornaient aujourd'hui encore la chambre de Mme Auligny — le côté petite fille, ruban rose, «dansons la capucine», l'indécrassable part de puérilité demeurée en cette femme qui était malgré tout une sorte de femme de tête. Chaque liste de noms groupée sous une lettre de l'alphabet dans ce carnet étalait comme un résumé de la vie de Mme Auligny. Elle trouvait d'abord ses amies de pension (de son écriture de petite fille), puis, au-dessous, d'une grande écriture poseuse, et à l'encre bleue, le gratin de préfecture où, jeune fille, elle allait «dans le monde», puis, au-dessous, une vague de nouveaux noms, qui étaient les parents et les relations de son mari (à l'encre noire, et d'une écriture assagie, déjà mère de famille), puis des noms de nourrices, de médecins, de professeurs pour les enfants, des adresses d'hôpitaux et des secteurs postaux qui annonçaient la guerre, puis la belle-famille de Marie-Thérèse, et les garnisons de Lucien. Lecture amère pour cette orgueilleuse, car, ce carnet d'adresses, c'était un champ de bataille où elle voyait ses troupes couchées à terre, en la personne de ces hommes et de ces femmes avec qui elle avait été en relation autrefois, et qu'elle avait perdus de vue. Ce carnet était un tableau parlant, où on lisait à livre ouvert la décadence du ménage Auligny, et la tragique endosmose en vertu de quoi M. Auligny, par son contact avec les Pétivier, dissolvait cette famille qui depuis deux siècles se tenait bien. Du point de vue utilitaire qui était celui de Mme Auligny en ce moment, la moitié des noms du carnet eussent été à biffer : à tous ces gens elle eût fait l'effet d'une revenante, et donné froid dans le dos, non comme fantôme mais parce qu'on sait que les revenants ne reviennent que pour solliciter.

En fait, il n'y avait de biffés, dans le carnet, que les noms des personnes mortes, à l'exception d'un de ses flirts de jadis, qu'elle avait biffé pour signifier qu'il était mort dans son cœur. Mme Auligny effaçait les morts d'un trait à l'encre rouge (encre rouge volée par M. Auligny à son bureau), et les marquait d'un « D », qui voulait dire : défunt. Et tel était son plaisir à marquer ce D qu'elle n'attendait pas que le triste événement fût officiel : la « pauvre Antoinette » ou le « pauvre Émile » n'étaient pas encore entrés en agonie que déjà Mme Auligny les avait effacés et « D »…ifiés dans son carnet (et c'est vraiment une déification, en effet, que les Européens font subir à leurs morts). Ce plaisir n'était pas seulement celui de la personne qui en voit mourir d'autres, et se sent bien en vie. À mesure que le nombre des traits rouges augmentait dans son carnet, il semblait à Mme Auligny que toutes ces ombres lui faisaient comme une cour. Quand elle voyait une page bien rouge, elle avait une bouffée d'orgueil ; et c'est au point qu'il lui était arrivé d'inscrire, le jour de leur mort, des gens qu'elle connaissait à peine, pour pouvoir faire une barre rouge de plus. C'est dans ce même esprit que, pendant la guerre, sa famille ne lui fournissant pas le mort duquel elle pût tirer vanité, elle avait déniché un cousin qu'elle ne voyait qu'au jour de l'an, dont elle se moquait comme de colin-tampon, mais qui venait d'être tué, et elle avait mis sa photo dans son salon, embellie d'un cadre et d'un nœud de rubans excessivement «ouvrage de dame», fait qu'il était d'un ruban tricolore, d'un ruban de croix de guerre, et d'un crêpe, noués ensemble avec une intention artiste.

Ce ne sont là que quelques traits de ce qu'il faut appeler le génie funèbre de Mme Auligny, qui consistait à croire et à vouloir faire croire que personne autant qu'elle n'avait été éprouvé par la mort. Cette prétention ne tenait pas debout. Certes, la mort de sa fille avait été prématurée. Mais ses parents, eux, étaient morts dans un âge avancé. Puis elle avait perdu quelques relations, comme il arrive à tout le monde. N'importe, depuis la mort du général Pétivier, il y avait de cela quinze ans, elle ne portait que du gris, usait d'un papier à lettres bordé de noir, et les anniversaires de la mort de son père, de sa mère et de Marie-Thérèse étaient chaque année l'occasion d'un cérémonial qui occupait une grande place dans sa vie. Des amies, des parents venaient lui tenir compagnie ces jours-là, comme si son deuil était de la veille, et, autour de tasses de thé (un thé exécrable), on levait les yeux au ciel en cadence. Les parents pauvres lui faisaient calligraphier par leurs mômes, à coups de gifles, de ces lettres de condoléances où il ne s'agit pas d'écrire quoi que ce soit qui ait un sens, mais simplement d'en mettre un certain nombre de lignes. Quelques personnes particulièrement douées pour le funèbre lui envoyaient des cartes où étaient tracées, sans plus, deux dates: «*13 janvier 1915-13 janvier 1930*», qui étaient censées atteindre, dans leur brièveté, le comble du pathétique, tout cela renforcé de points d'exclamation à l'allemande, destinés eux aussi à exprimer l'inexprimable. Mme Auligny se sentait dans tout cela comme un poisson dans l'eau, et pour un peu eût exposé ces lettres dans le cadre de sa glace de cheminée, comme font les daims du monde avec leurs invitations au bal.

Le carnet bien pressuré, il n'en était sorti que trois noms. Ils étaient de personnes à qui Mme Auligny demandait des services depuis vingt ans. Mais, quand nous pressurons nos carnets, nous retombons toujours sur ces personnes-là : « ce sont toujours les mêmes qui se font tuer », dit-on, ou « qui a bu boira ». Malgré tout, Mme Auligny eut honte de frapper une fois encore à ces portes. Et, de guerre lasse — si une telle expression peut lui convenir, car elle n'en était jamais lasse, — elle se résolut à parler au général Massoul, président d'une œuvre de bienfaisance dont elle faisait partie, démarche qu'elle avait repoussée jusqu'alors, le général, toute femme forte qu'elle fût, lui faisant une peur atroce.

Toutes les fois qu'il sortait de la riante, de la vieillotte, de la française Algérie, et entrait au Maroc, Guiscart avait la sensation d'entrer dans une vie plus fière et plus forte, comme si déjà l'*arrogancia* espagnole se faisait sentir ici. Le trajet d'Alger à L..., qui dura trois jours, fut pourtant pénible. Une chaleur assez forte surprit le voyageur dès Taza. D'ordinaire, Guiscart aimait une chaleur brûlante pour deux raisons : parce qu'il prenait plaisir à voir les gens en souffrir, et parce que cela l'infatuait, que soi-même il n'en souffrît pas. Pourtant cette fois il en souffrit. S'il avait été à Birbatine pour y traiter une affaire de terrains, ou pour y voir quelqu'un qui pouvait lui être utile, bref, pour ce qu'il appelait *la niaiserie*, c'est-à-dire tout ce qui ne touchait pas au plaisir ou à l'amour, Guiscart aurait peut-être été victime d'un malaise, d'un coup de chaleur, car vraiment il se sentit saisi. Mais le plaisir vers lequel il allait lui était ce point précis que fixe l'équilibriste marchant sur la corde, et qui lui permet de ne pas tomber : littéralement, Ram le maintenait debout. C'est de même que M. de Guiscart, qui connaissait ses limites, et les adorait, faisait souvent des combinaisons impossibles, se sachant enclin au mal de mer, afin d'emmener avec lui sur le paquebot quelque créature délicieuse, qu'il savait pouvoir «prendre», mais n'avait pas encore prise, et ne prendrait qu'au débarqué (pour la réexpédier ensuite par un des prochains bateaux). Quand le chevalier sentait les prodromes de l'affreux mal, il rivait les yeux à cet adorable visage, et, les mains crispées aux montants du fauteuil, se répétait : «Demain à cinq heures, tout cela à moi... Demain à cinq heures, tout cela à moi...», et cette perspective l'occupait — au sens le plus physique du mot — à un point tel, qu'il n'y avait plus de place en lui pour la pensée du mal de mer. Il est vrai que, chaque fois qu'il se livra à cette gymnastique, la mer se trouva être un lac, de sorte que l'efficacité de la méthode n'est pas, exactement parlant, démontrée.

Le chevalier, qui était parti le nez en l'air pour Birbatine, la trouva mauvaise quand on lui dit, à L..., qu'on n'allait pas comme cela séjourner dans un poste saharien, et qu'il devait au plus tôt se présenter au colonel. La façon dont cela lui fut intimé, par un adjudant que nul homme raisonnable n'eût voulu rencontrer au coin d'un bois, le persuada que son arrivée était signalée, et que son affaire était claire : le colonel allait le foutre dedans. Pour quel motif ? Évidemment il n'y avait aucun motif, mais que serait un colonel, dans un territoire du Sud, s'il n'avait pouvoir discrétionnaire? «Rugot? Avec un nom comme ça, ça ne peut être qu'un colonel républicain. Rugot: ça sent la fiche d'État-major. Dreyfus. *"J'accuse."* Sergots. Raison des deux côtés.» La nécessité de voir des têtes nouvelles fut odieuse à M. de Guiscart. Il allait falloir faire le gracieux, c'est-à-dire se contraindre. Et puis il n'aimait pas que trop de gens le connussent de vue: ils l'accrochaient ensuite dans la rue, toujours aux moments où il était en train de suivre une femme; ils le «remettaient», le suivaient longuement des yeux, toujours quand il était avec des gens impossibles. Il en était venu à ne plus donner sa photographie aux journaux: ainsi, même dans ces petits détails, sa notoriété lui était un ennui. Mais surtout, dans l'actuelle circonstance, son appréhension fut si grande, qu'on ne trouvât un prétexte quelconque pour le faire passer au Conseil de Guerre, qu'il en fût resté là de son voyage, et eût repris le premier train, s'il n'avait été soutenu par l'espérance de la volupté.

Le colonel ne put recevoir Guiscart, étant occupé à organiser un magnifique circuit saharien pour une fausse comtesse, redoutable pique-assiette de caïds et de popotes, mais qui s'était donné la réputation de faire avancer les officiers. Sous le titre *Le Calvaire de nos Sœurs musulmanes*, la fausse comtesse devait écrire un livre sur les mystères de la femme arabe. Pour ce qui est d'écrire, elle savait à peine rédiger une lettre, la grandeur de son écriture laissant d'ailleurs peu de place pour les idées (en Afrique, elle n'oubliait jamais de les terminer par *Inch' Allah!* pour montrer qu'elle n'était pas une profane). Mais cela ne tirait pas à conséquence, son livre étant

rédigé en entier par un «vieux saharien», le capitaine R... En effet, lorsqu'on dit que notre armée
d'Afrique est sacrifiée, on oublie toujours une des
formes les plus touchantes de ce sacrifice, à savoir
que nos officiers sont tenus d'écrire les livres sur le
Maroc que les journalistes signeront ensuite, après y
avoir ajouté ce qu'ils appellent leur *marque*, ou
encore *le je ne sais quoi*. «Chiqué» était le nom de la
clef qui ouvrait toutes les portes devant la fausse
comtesse. Magnifiquement insolvable, avec l'insolence et les exigences particulières aux insolvables,
jouant comme pas une de l'instance de divorce, grue
au surplus, comme de juste, c'est-à-dire sacrée en
France, ce qui toutefois ne simplifiait pas les «parties» qu'on organisait pour elle, car partout elle
emportait et imposait son affreux cabot ; on sait
qu'une femme fait montre d'un chien pour indiquer
qu'elle est à vendre, contrairement à la croyance
connue, que chien et chat ne s'entendent pas. Elle
était aussi — plus naturellement encore — influente
auprès de nombreux ministres, et tout le monde avait
trouvé tout naturel qu'elle fût envoyée en mission
aux États-Unis, pour y faire une série de conférences
sur *Le Génie français*, génie dont probablement elle
était censée être l'incarnation. Ses conférences
avaient été écrites par un des secrétaires d'un ancien
homme politique, jeune homme qui écrivait déjà les
livres d'histoire de son patron. Enfin, comme elle
tenait la chronique «frivolités» d'une feuille féminine, la fausse comtesse passait dans le monde militaire pour une femme de lettres très considérable, et
recevait sans même y prendre garde les commodités,
les égards et les passe-droits qui sans nul doute
n'eussent été obtenus qu'avec beaucoup de peine par

un grand écrivain indépendant. Et cette aventurière parasite, traitée quasiment en reine quand elle n'avait même pas, comme une actrice, quelque vague talent pour excuse, mais était du rien, et pis que du rien, hébergée gratis, nourrie gratis, transportée gratis, distraite et instruite gratis, quand des milliers de malheureuses de son pays se tuaient de travail, de soucis et d'enfants, cette canaille de femme, si quelqu'un lui disait que, malgré tout, c'était gentil aux officiers de la recevoir, de la piloter, etc., répondait: «Eh bien quoi! ils sont là pour ça!» Ce qui d'ailleurs n'était pas bien éloigné d'être la pensée des journalistes quand, ayant gagné cent mille francs avec un livre qu'ils n'avaient pas écrit, ils se disaient qu'il fallait *flanquer un tapis* de trois cents francs au «nègre» bénévole. Eux aussi, «Eh bien quoi! il est là pour ça!» grommelaient-ils.

Cependant le colonel Rugot n'arrivait pas à se calmer au sujet de M. de Guiscart. «Enfin, répétait-il, on se fait annoncer! Et puis, est-ce qu'il prend les bordjs pour des hôtels? Nous ne sommes pas les larbins des civils.» Mais sitôt qu'il apprit que M. de Guiscart était le cousin du lieutenant de Sambré, tout se trouva soudain mis à sa place, et M. de Guiscart, illico, fut invité à dîner.

Les invitations à dîner étaient la source de malentendus notables dans la vie de M. de Guiscart, parce que M. de Guiscart pensait qu'il faisait aux gens un grand honneur en mangeant chez eux, non à cause de ce qu'il se croyait, mais à cause de ce que cela lui coûtait (moralement), qui était énorme. Et tandis qu'en acceptant une invitation à dîner chez quelqu'un (les invitations à déjeuner étant beaucoup moins douloureuses), il jugeait que cette personne devenait son obligée, par le sacrifice qu'il lui avait fait, la personne jugeait au contraire qu'ayant gavé M. de Guiscart d'un perdreau dans un état ravissant de pourriture, de fruits rafraîchis, de crus fameux, et on sait ce que tout cela coûte, M. de Guiscart contractait envers elle une obligation, selon cette loi que tout ce qu'on vous offre doit se payer : d'où, dans le doit et avoir social du chevalier, les désordres qu'on devine. Ce malentendu, précisément, s'établissait entre lui et le colonel. Tandis que le chevalier pensait : « Il va falloir que je tienne la jambe pendant une soirée à cette baderne. Ah ! que la volupté exige d'épreuves ! », le colonel disait très sérieusement qu'il *outrepassait ses droits* en invitant à sa table quelqu'un qu'il ne connaissait pas, et qui lui arrivait sans s'être fait annoncer. Car, de même que le taureau, dans l'arène, revient sans cesse vers un cadavre de cheval, pour y donner un nouveau coup de corne, Guiscart et le colonel revenaient chacun rageusement à son idée fixe, qui était, pour le colonel : « C'est d'un sans-gêne incroyable que de venir ici sans se faire annoncer », et pour Guiscart : « Quand même, on ne s'appelle pas Rugot. »

Le dîner chez le colonel. Deux pages supprimées.

On trouvera peut-être que Guiscart était bien sévère pour les officiers. Mais c'est un fait, que les familles de condition passent leur vie à débiner ce qui les constitue essentiellement. Chez les Guiscart, pas une génération qui n'eût ses officiers — voire des généraux, — et ses prêtres — voire des évêques. Mais on peut dire qu'un Pierre de Guiscart avait été bercé parmi des expressions de ce genre : une culotte de

peau... un père la plume (un général)... une dégaine
de femme d'officier... faire le zouave (faire le rodo-
mont)... le temps où Waterloo n'était pas encore une
gloire nationale... ce polichinelle de Richard (le car-
dinal Richard)... un farceur de nonce... un petit
lèche-plats de Saint-Sulpice... haine de prêtre, c'est
tout dire... bête comme une femme du monde... une
dinde du monde, etc. Le grand-père de Guiscart touchait ostensiblement du fer quand il apercevait une
soutane, et, de loin, avertissait son petit-fils — un
enfant — par des «Acré! Acré!» M. et Mme de Guiscart s'étaient fait un véritable devoir, du temps où
Pierre était élève dans un collège religieux, de contre-
battre l'influence de ses maîtres ecclésiastiques en
les ridiculisant de toute façon devant lui. Sa grand-
mère, vers 1903, quand un grand quotidien organisa
une «marche de l'armée», se trouvant prise dans la
foule, avait fait scandale par ses réflexions: «Ils ne
marcheraient pas comme ça s'il s'agissait de marcher sur Berlin!» Mme de Guiscart, certain 1er mai
qu'un lieutenant de hussards la frôlait sur son cheval, avait donné des coups de pointe d'ombrelle dans
la cuisse du cheval, avec une virulence de volaille
irritée, parce que «Qu'est-ce qu'il se croyait, celui-
là? J'aurais donné dix sous pour le voir flanqué par
terre». Seulement tous ces gens-là, au moment des
inventaires, brisèrent leur carrière comme un seul
homme. Seulement tous ces gens-là, en 1914, couru-
rent dare-dare se faire tuer, se sentant en faute si
quelqu'un de leurs parents avait eu l'effronterie de se
faire tuer avant eux. C'est que, ce chinage, cette
fronde gentilhomme, ils se les permettaient parce
que, avec ce qu'ils chinaient, ils étaient entre soi; et
le mauvais esprit n'est jamais plus âpre que contre

cela dont on est proche. Aussi, tel qui n'était pas de
leur bord eût été bien saisi, s'il avait hasardé en écho
d'eux quelque persiflage contre le clergé, la noblesse
ou l'armée, de se voir remisé proprement. Et il est
probable que si Pierre de Guiscart avait surpris de
ces regards d'envie malveillante que les civils jettent
quelquefois sur les militaires, il eût d'une volte
rapide fait front avec les militaires, et dit aux autres :
« Permettez ! Moi, je suis de la boutique. Mais on ne
joue pas avec vous. »

Une observation qu'on peut faire, en passant, a
trait au colonel, de qui l'on entendait dire assez souvent : « Vous verrez, il est très homme du monde. »
Cela était faux et archi-faux, et à peu près du même
tonneau que lorsqu'on dit d'une femme du monde :
« Vous verrez, c'est une femme très intelligente. »
Mais le singulier, qui d'ailleurs est le normal, c'est
que ce colonel, pour qui on était si injuste, de qui les
vertus étaient passées sous silence, quand on ne les
retournait pas contre lui, la seule qualité qu'on lui
reconnût quelquefois était de celles dont il manquait
du tout.

Dans ce milieu, M. de Guiscart, dès le premier
coup d'œil, avait reconnu en Mme Rugot un individu
d'une espèce différente. Il ignorait son nom de jeune
fille, et brûlait de vérifier qu'elle était bien ce qu'il
pensait. Au fumoir, s'adressant à un commandant —
car une seule journée de L... avait suffi pour lui faire
juger que, bien que les règlements ne prescrivent pas
d'une manière absolue la hiérarchie des intelli-
gences, un homme qui a quatre galons en sait davantage qu'un homme qui en a trois — il lui demanda :
« Mme Rugot, c'est une demoiselle quoi ? » Mais le
commandant, qui n'était pas familier avec les façons

de dire du monde, ne comprit pas et le pria de répéter, ce qu'il fit avec cette variante : «Oui, enfin,
Mme Rugot, qui est-ce ?» Le commandant comprit
encore moins, et, croyant sentir dans ce «qui est-
ce ?» quelque chose d'insolent, tourna le dos au chevalier, comme si un des invités l'interpellait.

Mais le chevalier n'y pouvait plus tenir, et, engageant la conversation avec Mme Rugot, lui demanda,
disant ce nom au hasard : «Je ne me trompe pas, on
m'a bien dit que vous étiez Mlle de Martimprey ? —
Mais non, monsieur, dit-elle, avec sa vivacité de
puce, je suis Lastours, Marie de Lastours, et ma mère
était Pignerol, les Pignerol de Périgueux.» Une larme
intérieure inonda M. de Guiscart : «*Viens, mon sang!
Viens, ma fille!*» Tout le reste de la soirée, il cultiva
Marie de Lastours, avec l'attendrissement d'un émi-
gré, arrivant dans une petite ville d'Angleterre, et
reconnaissant dans la couturière du coin une aristo-
crate française. «Je ne me trompais pas, se disait-il.
À son front un peu bombé, à son visage vierge d'artifice, aux mèches folles sur sa nuque, à sa façon de
s'habiller comme une chaisière, j'avais reconnu quelqu'un de nos familles. Et d'ailleurs, si j'avais pu en
douter, cette ombre légère de crasse sur son cou
m'eût tiré du doute.» Ô bals blancs de 1919, quand
petits singes et petites singesses du monde se mon-
taient rythmiquement sur les pieds, aux sons d'une
tapeuse à jeun, quand le chevalier voyait se pencher
sur son épaule ce qu'il y a de mieux dans Paris, et
distinguait sur la nuque juvénile une fine luisance
grisâtre, un peu graisseuse, qui lui eût permis d'y
inscrire, avec son doigt mouillé, des sentences telles
que «Merci pour celui qui le lira», «Vive Daudet!»
ou telles autres encore! Ô souvenirs simplement

affolants! Les mœurs dissolues de l'après-guerre ont forcé la naissance à se laver. Mais il y a encore un vieil état-major de la noblesse où, quand on loue un appartement, on y fait installer, la mort dans l'âme, une salle de bains, parce qu'il faut *avoir l'air* aux yeux du gérant et de la concierge; mais la baignoire ne servira jamais que de resserre pour le bois de chauffage.

Guiscart prit congé aussitôt qu'il le put décemment. Chez les officiers, quand il fut parti, il n'y eut qu'une voix sur son compte : tout le monde l'avait trouvé idiot.

Les trois jours qui suivirent, Guiscart attendit le convoi. Il les passa à l'hôtel, enfermé dans sa chambre, à lire, de Malebranche, la *Recherche de la Vérité*, dans une de ces petites éditions à vingt sous, où, si le texte cite le nom de Napoléon, une note explique : «Napoléon, Empereur des Français, né à Ajaccio, etc.», ces petites éditions étant probablement à l'usage des Maoris. N'est-ce pas une singulière idée, de venir à L..., pour s'y boucler dans sa chambre? Mais Guiscart se faisait une idée sublime de l'armée, que la dernière guerre n'avait pas atteinte, et comme il tenait à la garder, en prévision de la prochaine, il jugeait préférable, l'impression de la veille étant douteuse, de mettre un mur entre l'armée et lui.

Guiscart en convoi de L... à Birbatine.
Une page supprimée.

L'accueil d'Auligny fut on ne peut plus amical. Sa joie et sa fierté, en recevant le télégramme de Guiscart, avaient été grandes. Il avait annoncé la bonne nouvelle à Ram : un «Français de France», son meilleur ami, allait venir à Birbatine, et il espérait bien qu'elle le traiterait aussi doucement que lui ; c'était un puissant seigneur, les poches pleines de douros. À son étonnement, la réponse de Ram fut évasive : elle ne savait si elle pourrait venir, son père allait avoir besoin d'elle, et autres bêtises. Enfin, Auligny s'alarmant, elle avait fini par jurer, sur la tête de son père, qu'elle viendrait le lendemain du jour de convoi, à neuf heures du matin. Auligny mena Guiscart à la maison Yahia, et proposa, le chaud du jour étant tombé, qu'ils allassent se promener dans la palmeraie, pour y voir le coucher du soleil.

Guiscart déclina cette offre avec énergie. Ce n'était pas qu'il eût positivement en horreur les beautés de la nature, mais une fois suffisait, et il avait passé déjà une semaine dans les oasis, il y avait de cela sept ans. Cette semaine, c'était six jours de trop. Il avait rapporté des oasis des toiles qui avaient émerveillé, mais, tout ce qu'il avait mis en elles, il l'avait senti, deviné, capté dans le premier contact ; l'apport des six jours qui avaient suivi le premier jour était insignifiant ; et, fût-il resté un an dans les oasis, cet apport n'eût jamais dépassé ce qu'il était au soir du premier jour. Cela n'empêchait pas le public de croire que Guiscart passait sa vie dans les oasis et dans le désert, le désert surtout paraissant indispensable, alors que Guiscart passait sa vie dans les villes, seuls viviers humains où il pût faire des pêches fructueuses. Mais pour le vulgaire, qui croit que le sublime s'obtient par un décor, il est entendu que l'amour du désert est un certificat de hauteur d'âme. Pensez donc, dans le désert on *trouve Dieu* ! (Alors

que, ce qu'on trouve dans le désert, ce n'est pas Dieu,
c'est soi. C'est-à-dire, le plus souvent, rien.)

En revanche, avant le dîner, Auligny et Guiscart
allèrent faire quelques pas dans Birbatine. Cette
heure aurait été charmante pour Guiscart — Birbatine étant précisément de ces «lieux d'une heure»,
c'est-à-dire qu'on a épuisés en une heure, et qui,
«pittoresques» pendant cette heure, deviennent redoutables dès qu'on y reste une heure et quart — si elle
ne lui avait été empoisonnée par l'enthousiasme typi-
quement bourgeois, mais qu'Auligny croyait très raf-
finé, du susdit pour les beautés de la nature. «Ces
verts! Ces mauves! Ah! ces amarantes! Et ceci, c'est
couleur hyacinthe, n'est-ce pas? À propos, toi qui es
peintre, qu'est-ce que c'est que le bleu *céruléen*?»
Auligny s'impatienta quand Guiscart répondit: «Ma
foi, je n'en sais rien, je barbouille mes couleurs, je ne
sais pas comment elles s'appellent...» «Toujours
poser!» se disait le lieutenant, et encore: «Il ne *comprend* pas!», comme s'il y avait quelque chose à *comprendre* dans un coucher de soleil ou dans le nom
d'une couleur. Auligny n'avait jamais regardé les
couchers de soleil, et bien entendu n'en éprouvait
nul plaisir, mais en ce moment il jouissait réellement
d'eux, parce que cela avivait pour lui l'infériorité
d'un Guiscart qui n'en jouit pas.

Étant rentrés au bordj, Guiscart, par politesse, dut
accepter l'apéritif.

Minute sacrée. Arrêtons-nous un instant. Il y a
quelque chose de tellement national dans l'usage de
l'apéritif, qu'on est étonné que les verres servant à ce
rite n'aient pas à leur base un petit mécanisme qui
joue *La Marseillaise*, comme les dessous-de-plat
musicaux de nos grand-mères. Dans les bals du

14 juillet, les girandoles tricolores, payées par les empoisonneurs, entrelacent toujours au «Vive la France» le nom d'une marque d'alcool. La Compagnie Transsaharienne, voulant symboliser sur ses affiches, en trois photographies, la vie de nos officiers sahariens, en a consacré une à «l'heure de l'apéritif».

Pendant que nos amis se livraient à la «dégustation» (j'allais dire : à la dégoûtation) de l'amer-patrie, Mohand, au milieu de la cour, faisait la prière du couchant, s'agenouillant, se relevant, etc. Cela n'en finissait plus.

— Je ne l'ai jamais vu faire ça, dit Auligny, étonné. C'est pour toi qu'il le fait. Il te croit un touriste. et veut que tu repartes avec un sentiment de respect pour l'Islam.

À table, ils en vinrent au sujet attendu par le lieutenant. Guiscart dit :

— En devenant rapidement décrépites, les femmes arabes nous rappellent qu'une maîtresse doit être remplacée plus vite qu'une auto. Autre chose. Arabes, juives, espagnoles, gitanes, italiennes, maltaises, elles se ressemblent si fort, au moral, qu'on passe de l'une à l'autre quasiment sans s'en apercevoir ; le physique, lui non plus, ne vous avertit pas toujours que vous avez changé. Et la classe sociale, enfin, différencie bien peu ces femmes. Ce qu'il y a dans l'âme et l'esprit, s'il n'est pas téméraire d'employer ces mots, d'une jeune bourgeoise inscrite à l'Université de (ici une grande ville de la Méditerranée) est à très peu près ce qu'il y a dans l'âme et l'esprit d'une cigarière de la même ville, de même que ce qu'il y a dans l'âme et l'esprit d'un jeune lycéen méditerranéen 1932 est à très peu près ce qu'il y a dans l'âme et l'es-

prit d'un petit cireur à chéchia. Il en résulte une
vaste matière humaine, délicieuse certes, mais où
tout est interchangeable, où l'on peut pêcher au
hasard, perdre sans douleur excessive un objet qui a
son double des milliers de fois répété, et où, quand
on a été l'amant d'une femme, on connaît par cœur
la plupart des autres. J'exagère à peine ma pensée.

Ils parlèrent ensuite de la *feuille de figuier*.

— Je connais beaucoup d'hommes, dit Guiscart,
qui n'aiment pas qu'une femme les aime d'amour. Ils
craignent l'envahissement et la colle de pâte. Moi, je
vais plus loin. Une femme qui seulement me désire
m'ennuie. À El Akri, qui allait très fort au début —
elle me débordait, comme on dit en style de boxe, —
je disais toujours : «Allons, ma chère ! quand même,
un peu de tenue !» Je n'aime pas qu'une femme
prenne l'initiative comme ça. Et, pour un homme qui
se respecte, il y a quelque chose de si humiliant à
être regardé avec un œil noyé : on ne sait plus où se
fourrer. Tu m'as dit que tu n'aimes jamais tant Ram
que lorsqu'elle dort, parce qu'alors tu ne la sens plus
hostile. Moi aussi, j'aime une femme qui dort, mais
pour la raison opposée : au moins, pendant ce temps-
là, elle ne vous embêtera pas avec ses caresses.
J'aime l'absence de son âme. Il me semble que je
dors avec la matière, et cela m'agrandit. (Auligny
rit.) Imagines-tu Europe, quand Jupiter la prend,
Rhea, quand Saturne la prend, autrement que dans
la majesté de l'indifférence, avec l'œil atone du
divin ? Quand je tiens dans mes bras une femme
endormie et inerte, il me semble que j'étreins ce qu'il
y a dans la matière de divin...

XI

À ce moment, un jeune Arabe en salopette usagée
parut sur le seuil de la pièce. C'était Boualem, le
commis de Yahia, Yahia l'envoyait demander si la
«maison Yahia» se comportait bien, si le verrou
fonctionnait, etc.

— Tu es de Birbatine, toi? lui demanda Guiscart
avec un air de doute, quand Boualem fut pour partir.

— Moâ? De Birbatine? Moâ? De Birbatine?

Il disait cela comme dirait: «Moi, Patagon?» un
Parisien qu'on aurait pris pour un Patagon, mettant
la main sur sa poitrine pour s'indiquer soi-même,
avec un sourire gouape et gentil qui transfigurait son
visage de singe.

— Je suis Algérien d'Alger. De Belcourt, si vous
connaissez[1]...

— De Belcourt! s'écria Guiscart, soudain fort
excité.

Il aimait plaisanter avec les indigènes, ce qui est
plus facile en Algérie qu'au Maroc, parce qu'en Algérie ils sont plus proches de nous. Il préférait enfin les

I. Faubourg d'Alger, populaire.

indigènes des grandes villes, parce qu'ils ne sont pas religieux, ou le sont moins que les autres.

— Comment, tu es d'Alger? demandait Auligny, surpris.

Boualem n'était pas de ces petits traînassous qu'on voyait toujours fourrés avec les soldats. Trop occupé chez Yahia, il ne fréquentait pas au bordj, ce qui d'ailleurs eût créé des drames, car le jeune saint, tout-puissant au bordj, le détestait. Auligny ne lui avait jamais adressé la parole qu'en passant, et personne ne lui avait parlé de Boualem.

— Chenika Boualem, fils de Chenika Saïd, répondit Boualem à la question du lieutenant. Tenez, vous voulez voir mes pâpiers? (Il sortit d'un portefeuille, taillé dans une culotte de troupe kaki, des paperasses en lambeaux.) Voualà mon certificat de naissance. Voualà mon certificat de bonne vie et mœurs, signé par M. le Maire d'Alger. Voualà mon casier judiciaire néant. Voualà mon certificat de résidence, signé par M. le Commissaire divisionnaire du Champ de Manœuvres.

— Quel yaouled bien en règle! dit Guiscart, riant. Et dire qu'avec tout ça tu dois être une franche crapule!

Le sourire du garçon reparut. Il pencha un peu la tête sur l'épaule.

— Moâ, vous dites je suis une franche crapule? Alors, quoi, vous croyez qu'on est tous des voleurs, les Arabes? Vous nous prenez pour des femmes? Ah non! monsieur, moi je suis bien gentil. Tout le monde il me connaît, et tout le monde il m'estime. Et puis, intelligent! Y en a pas deux comme moi! Même mon père il est pas si intelligent comme moi.

— Et comment diable as-tu abouti dans ce bled-ci?

— À Alger, d'abord, j'ai fait la fréquentation sco-
laire. Ensuite, je criais les journaux devant l'Opéra.
«Résultats de la bôxe!» Y avait pas de bôxe, mais ça
fait rien. «*L'Algérie*[1]! Terrible drame épouvantable!
Demandez la catastrôphe de *L'Algérie*!»

— Mais moi je me demandais plutôt qu'est-ce que
ça pouvait bien être que la catastrophe de l'Algérie.
Je me disais que c'était peut-être le Centenaire.

Guiscart fit une parenthèse, pour dire qu'il avait
entendu crier, sur la place la plus passante d'Alger,
le jour le plus passant, à l'heure la plus passante —
le dimanche, à onze heures, place du Gouvernement
— des journaux intitulés *Le Pet*, *Le Cochon* et *Le
Journal des Cornards*. Autour du vendeur béaient les
enfants arabes, la bouche ouverte comme des poissons morts, buvant le message des Hautes Civilisations. Toutefois, il n'y avait que les Français qui
achetaient.

— Après ça, j'ai travaillé chez Vidal et Manégat.
Après, chez Me Stefani, le notaire.

— Eh bien! mais c'est très bien. Voilà de bonnes
références. Tu es resté longtemps chez Vidal et
Manégat?

— Huit jours. On s'est disputé.

— Hem… Et chez le notaire?

— Même pas trois. Je suis parti. Une idée qui m'est
venue. Comme ça! Après, j'ai été assureur-conseil.

— Tu as été assureur-conseil?

— Oui. Je portais des papiers. Y avait un monsieur
et une dame qui faisaient le camelot. Ils vendaient
des cravates pour des cols, sur une petite table, place
du Gouvernement. C'est moi que je leur portais la

1. Journal d'Alger.

table et les valises, et que j'empêchais qu'on fauche les cravates.

— Voyons, je croyais que tu étais chez l'assureur...

— Oh! j'étais parti! Alors ils m'ont dit: «Tu as l'air bien brave. Tu veux? on t'emporte à Fez, tu nous donneras la main. On te donne quatre-vingts francs par mois, logé, nourri.» Voualà, je suis parti avec eux. Comme ça! À Fez, pendant une semaine, ils me donnaient six francs par jour pour que je mange et que je couche au bain maure. Un matin, je vais à l'hôtel pour me prendre la tâble et les valises: ils étaient partis. Alors j'ai connu M. Yahia. Il m'a dit: «Je t'emporte dans le Sud, où je m'en vais faire épicier. Tu me voleras moins qu'un Marocain. C'est les plus grands bandits du monde.» Je l'ai suivi, n'est-ce pas, c'était rester dans le commerce.

Boualem, debout, avait incliné sa tête, qu'il tenait appuyée contre le montant de la porte, comme par une grande lassitude. Une jambe pliée, la plante d'un de ses pieds nus reposait sur le contrefort de l'autre pied. Sur son front étroit, les rides bougeaient à chaque parole qu'il prononçait: souvent les enfants et les adolescents arabes ont le front sillonné de rides profondes, comme si continûment ils tenaient levés les sourcils. Un sourire, quelquefois, transfigurait son médiocre visage, comme un rayon de soleil intermittent.

— Et tes parents, dans tout ça?

— Mon père il est en France. Il travaille dans une usine. Contremaître, hé! Chenika Saïd, rue Mustapha, XXᵉ siècle[1], Paris. Ma mère, y en a plus. J'avais un grand frère, Lounès, qu'il a été tué à la guerre, 5ᵉ

---

1. Rue Mouffetard, *Hôtel du XXᵉ siècle*.

tirailleurs. Moi, y a rien à faire, faut que je parte pour France, faut que je voie mon père. À Alger, y avait un monsieur qui voulait m'emporter en France, un monsieur très riche, miyonnaire ; il travaillait professeur au Lycée ; je lui faisais ses commissions. Il a fait faire tous les papiers, l'autorisation de la Préfecture, tout. Eh bien, le commissaire il a même pas voulu les regarder. Vous entendez ? Pas un il a regardé. Il m'a dit : « Toâ ! que je te laisse partir pour France ! Jâmais !… » Je lui ai dit : « Monsieur le Commissaire, y a deux ans que j'ai pas vu mon père. Ça me dégoûte. » Il m'a dit : « Il est bien content d'être débarrassé de toi, ton père, va. Il rigole là-bas. » Pourquoi il m'a dit ça ? Je suis un honnête homme, moi. J'ai tous mes papiers en règle, même l'autorisation de la Préfecture. Pourquoi il m'insulte, le commissaire ? Je lui ai dit : « Monsieur le Commissaire, y a pas à dire, il faut que je voie mon père. Plutôt que je brûle le babor, plutôt que je monte là-haut[1], il faut que je voie mon père. » Alors il m'a dit : « Allez, ouste, sors d'ici, ou moi je te fais sortir avec mon pied au c…! » Voualà. Non, ils sont pas gentils, les Français. Qu'on soit un vaurien ou qu'on soit un honnête homme, avec eux, si on est un bicot, on est toujours traité comme un chien. Les bicots, allez, à la balayure !

Guiscart alla vers le garçon, et ébaucha le geste de le prendre par l'épaule : il voulait le faire venir près de la lampe, pour voir son visage, qu'il voyait mal, parce que Boualem était dans l'ombre, — une idée à lui. Mais l'Arabe recula d'un pas, et, comme ferait un

---

1. « Brûler » : s'embarquer clandestinement. « Babor » : paquebot, de l'espagnol *vapor*. « Monter là-haut » : aller en prison. La prison d'Alger est en haut de la ville.

enfant, vivement mit son avant-bras sur sa figure. En voyant Guiscart hausser la main, il avait cru qu'il allait le frapper pour avoir mal parlé des Français.

— Qu'est-ce que tu fais!... dit Guiscart. Tu n'es pas fou? Je voulais te faire venir sous la lampe, pour voir quelle sorte de tête tu as.

Il le regarda, un instant, qui baissait la tête, fixait le sol, gêné. Mais Guiscart, de si près, avait vu ces deux rides déjà profondes, sur ce visage de seize ans, profondes comme si on les avait tracées avec un poinçon, qui descendaient du nez aux lèvres, ourlaient les coins de la bouche; et trois rides, pareilles, sur le front; et les yeux enfoncés dans des cavités d'ombre, lourdement cernés d'un violet foncé; et l'amincissement trop rapide de l'ovale, depuis les pommettes jusqu'au menton; et les bras, qu'il semblait qu'on eût cassés comme des branches mortes, tant ils étaient secs et maigres, et dont l'un portait, par une ironie pénible, le «poignet de force» en cuir des hercules forains.

— Un peu fatigué, hein?

— Oui, un peu, dit le garçon, relevant la tête, avec un regard doux.

Guiscart sortit son portefeuille, et lui tendit vingt francs. L'autre refusait, les mains grandes ouvertes devant la poitrine, les paumes en avant, sillonnées de rides noires. Enfin il les prit.

— Qu'est-ce que tu vas en faire? demanda Auligny.

Boualem sourit de nouveau, comme pour s'excuser de l'absurdité de sa réponse

— Quand M. Yahia il ira à L..., il m'achètera un pantalon charleston, au *Chic Saharien*...

(*Au Chic Saharien*, que dirige M. Hachkach, est le grand magasin de confections de L...)

— Pauvre race vaincue! dit Guiscart, quand le garçon fut parti. Ces rides, ces cernes violacés comme si la chair y était pourrie, cette maigreur… Ça ne mange pas, ça rêve de pantalons charleston, ça grelotte sans comprendre qu'il faut se couvrir et se chauffer, ça n'a et n'aura jamais un sou devant soi. Et ça b… trois fois par jour. Le résultat, c'est que c'est rongé de tuberculose, et que ce sera claqué avant trois ans, dans le pourrissoir de Mustapha[1]. Mais le terrain ne valait rien. Comme il sentait la ville, ce garçon! Belcourt, d'ailleurs, faubourg d'usines… As-tu remarqué ses mains? Des mains trop petites pour son corps, toutes sèches, vieillottes, des mains dégoûtantes; j'ai eu une sensation désagréable en lui touchant la main. Et ses pieds? Trop minces, tout desséchés eux aussi, tout ridés, des pieds affreux de civilisé, avec l'orteil dévié de ceux qui mettent des souliers. Tout en lui le dit de mauvaise race: ses ongles ras, ses oreilles grossièrement modelées, sa peau grumeleuse…

— Tu en vois, des choses!

— Je ne suis pas peintre pour rien. — Et, avec tout cela, maître Boualem a quelque chose de charmant, qui est son sourire, et surtout la signification de son sourire. Il sourit chaque fois qu'il nous ment, c'est-à-dire quasi à chacune de ses phrases, de l'amusement qu'il a à nous tromper.

Auligny protesta: Guiscart exagérait! Alors Guiscart, reprenant le récit de Boualem, le montra, par des objections précises, plein d'invraisemblances, notamment dans l'enlèvement du yaouled par les

---

1. L'hôpital Mustapha, appelé par tous les Algérois, tant Européens qu'Arabes, «le pourrissoir».

camelots, et dans le prétendu accueil du commissaire de police. Quant à l'affirmation que son père
était contremaître, elle faisait partie d'un rite. Aucun
Arabe venu travailler en France n'était, au dire de
ses coreligionnaires, moins que contremaître.

— En tout cas, dit le lieutenant, je saurai par
Yahia s'il lui a raconté son histoire de la même
manière qu'à nous. Et s'il nous a menti, gare à lui!

— Pourquoi, «gare à lui»? Le mensonge est la
seule arme d'une race vaincue. Il se défend comme il
peut.

— Se défendre contre quoi? Nous ne voulons pas
le manger.

Guiscart ne répondit pas. Zoubida endormie
gémissait dans ses rêves. Guiscart lui amena la tête
sur ses genoux, la baisa entre les yeux, à la façon
dont les Arabes baisent les femmes.

Auligny proposa de faire quelques pas hors du
bordj; le cheval de frise, qui n'était pas encore placé,
serait laissé entrouvert jusqu'à leur retour. Le lieutenant n'avait pas refermé la porte de la «salle à manger», que la chienne grattait, pour sortir avec eux.

— On dit que le chien arabe est méchant, dit
Guiscart, et moi je l'ai toujours trouvé plus doux que
le chien d'Europe. Le mouton arabe est plus cares-
sant que le mouton de chez nous, et de là vient sans
doute que souvent il est le chéri de son propriétaire.
Le cheval arabe, le fait est bien connu, est d'un naturel particulièrement affectueux. Et tu as dû remarquer comme les oiseaux d'ici sont confiants et
familiers. Cependant je rapproche cela d'une phrase
que j'ai lue dans un livre, et autour de laquelle je suis
sans cesse à tourner: «Il n'y a pas beaucoup d'amour
dans l'Islam.»

— Il n'y a pas beaucoup d'amour dans l'Islam...,
répéta Auligny, qui songeait à Ram.

Ils sortirent, et tout de suite Guiscart s'arrêta avec
saisissement : du désert calciné montait une puissante odeur d'herbe, montait l'odeur d'une vaste
prairie. Le ciel, sans lune, était plein d'étoiles. Elles
couvraient la Voie lactée, comme des corolles surna-
geant à la surface d'une rivière. Les chevaux des
mokhaznis — une cinquantaine, — attachés à leurs
piquets, la tête pendante, avaient l'immobilité de chevaux empaillés. Contre le mur du bordj, des formes
humaines étaient accroupies, chacune d'elles composée d'un cube d'étoffe — le burnous tiré horizontalement du menton aux genoux, puis verticalement
des genoux aux orteils, qui le maintenaient tendu, —
d'où seule la tête émergeait, comme ces statues égyptiennes formées d'un cube de pierre sur lequel est
posée une tête.

— Les bougres ne dorment pas, dit Auligny. On
voit leurs yeux ouverts. À quoi diable peuvent-ils
penser ?

— À rien, voyons. « Quels mystiques ! » s'exclament
les badauds en voyant l'immobilité de l'Islam. Mais
c'est un peu comme ceux qui, voyant un littérateur
de soixante-quinze ans au visage affreusement ravagé,
disent avec respect : « Cinquante ans de pensée ! »,
quand c'est « Cinquante de combine ! » qu'il faudrait
dire, car c'est la combine qui marque les visages.

Dans le ksar on voyait encore une lumière. Guiscart dit qu'elle lui rappelait ces petites crèches de
lumière que faisaient, la nuit, à Alger, dans les maisons en construction, les feux autour desquels les
maçons arabes étaient accroupis.

— Quand les phonographes éraillés se sont tus,

quand les derniers roulements des autos et des trams se sont éteints après la fermeture des cinémas, quelquefois, dans le silence absolu de la nuit, on entend la modulation d'une flûte jouée par un de ces maçons rêveurs. Et comme Alger est bâtie en grande partie sur des pentes, que la moitié de la ville se déploie au pied de l'autre, et qu'on construit beaucoup sur les hauteurs, souvent la vibration de la flûte, venue de ces hauteurs, s'étend et plane sur la ville endormie, comme si elle la recouvrait toute. On dirait que l'Islam, piétiné durant le jour, reprend possession de la ville, ne pouvant plus s'exprimer que la nuit, comme ces prisonniers qui attendent que tout repose pour correspondre entre eux en frappant sur la muraille. Et je sais bien que, dans aucun de ses sens, le mot de pureté ne saurait convenir au monde musulman. Et pourtant c'est une haleine pure que celle de cette flûte nocturne après le vacarme du jour. Il semble qu'avec elle quelque chose de spirituel renaisse enfin sur le monde, nous lave de ces dix-huit heures de vulgarité et de barbarie. On a l'impression que tout n'est pas perdu.

— Fichtre ! dit le lieutenant, la crise d'arabophilie des nouveaux débarqués, je vois qu'après huit ans tu n'en es pas encore guéri !

— Arabophilie ? N'exagérons rien. Les Arabes, oui, je les trouve gentils. Un ânier va me croiser, précédé de son âne. Je fais « cha... » à l'âne, qui s'arrête. L'ânier se met à rire. Il n'est pas un ânier espagnol, basque, français, qui ne m'aurait regardé d'un mauvais œil. Une petite fille, qui a aux pieds des claquettes, afin de se préserver de la boue, les enlève pour traverser la chaussée boueuse, et les remet sur le trottoir sec. À Tunis, je suis assis à une terrasse de café, devant mon verre vide; un petit garçon s'approche, saisit la carafe d'eau sur ma table, remplit d'eau mon verre, la boit, me dit merci, et s'en va: c'est un usage courant (et sans aucune idée de retape). Sur le quai d'Alger, un docker kabyle — véritable brute, «terreur» effrayante à voir — cause de choses maritimes avec un monsieur très bien, vraisemblablement employé supérieur dans une Compagnie de Navigation. Quand le monsieur est pour partir, la terreur lui offre un brin de mimosa qu'elle tenait dans la main (c'était Ramadan). Le monsieur prend la petite branche, remonte en ville, sa serviette sous le bras, entre dans un taxi, toujours avec la petite branche. Je ne sais si, depuis qu'il y a en Europe un monde du travail, il est jamais arrivé une seule fois qu'un ouvrier européen fît cadeau d'une petite fleur à un patron, ou quasi tel, de façon aussi spontanée. Sur le même quai, où on embarque des chèvres, un yaouled, en catimini, tombe à genoux et se met à téter une des chèvres. À Alger, un notable arabe rencontre dans la rue un de ses amis; il pose le doigt sur le front du petit garçon de son ami, puis se baise le doigt; peut-on imaginer un geste plus beau? Un mendiant, amputé des deux jambes, n'interpelle pas les passants: «Ayez pitié d'un pauvre malheureux, etc.», il leur fait un sourire et leur dit: «Bonjour, monsieur. Bon amusement!» Un gosse, dans une rue, arrêté devant la glace d'un magasin, se contemple longuement; tout d'un coup il baise la glace, baise sa bouche reflétée dans la glace, et s'en va; et je vois la marque de ses lèvres restée sur la glace. Ton stupide ordonnance lui-même, qui apporte les plats en passant par la fenêtre, quand la porte est ouverte à côté... Je te cite ces menus faits parce que j'en ai été témoin ces jours derniers, et qu'ils me sont présents à l'esprit ; je pourrais t'en citer à foison. Oh ! bien sûr, ce n'est pas important : ce n'est pas du registre de Pascal. Mais c'est ou drôle, ou gracieux, ou imprévu, et en fin de compte cela rend la vie plus facile et plus aimable, et j'ai donc tort de dire que ce n'est pas important. Combien de Français d'Algérie, retraités en France, et atteints de *nostalgérie*, vous avouent : « Savez-vous ce qui me manque ? Eh bien ! ce sont les chéchias... »

— Tout cela est charmant, en effet, et je comprends qu'un dilettante comme toi en soit séduit. Mais enfin tu as raison de dire que ce sont là de petits traits bien superficiels, et vraiment ils ne peuvent entrer en ligne de compte dans une étude de la question indigène. Or, sur cette question, tu as l'air d'avoir des opinions de gauche, puisque, ce qui te frappe chez ces hommes, c'est qu'ils sont *vaincus* tandis que, nous, nous trouvons surtout qu'ils sont *protégés* et *élevés*. Et ta phrase sur Boualem, qui aurait besoin de « se défendre », est très significative...

Il y eut un silence. Ils étaient maintenant sur la piste. D'une teinte glauque, le jour, au milieu du sable, à cette heure elle était plus pâle que lui, comme une sorte de Voie lactée de la terre. Guiscart reprit :

— En 1925, la première fois que j'abordai en Afrique, par Tanger moi aussi, j'allais peindre dans la campagne, et j'emmenais avec moi un petit Rifain, de treize ans environ, pour porter ma boîte, mon chevalet et mon pliant. Avec sa tête ronde, ses yeux noisette, plissés, sa figure plate et comme grignotée, on l'aurait presque pris pour un petit paysan normand. C'est dire qu'il n'était pas beau, mais il était très malin et très gentil, et plein de douceur. Notre conversation se faisait en espagnol. Il avait une façon de prononcer l'espagnol que je n'oublierai jamais. Imagine : il supprimait complètement tout accent tonique. Dans cette langue qui ne vit que par l'accent tonique ! Et voilà que ce parler rauque et éclatant devenait quelque chose de très doux, qu'il murmurait d'ailleurs plutôt qu'il ne le prononçait, et qu'il atténuait, minimisait encore, si je puis dire, par un léger zézaiement qu'il avait : par exemple, il disait *Zo* au lieu de *Yo.* Il était très sage, et, tandis qu'il n'achetait jamais de cacahuètes sans m'en offrir, dans le creux de sa main, il refusait tout ce que je lui proposais, limonade, cigarettes. Il me disait avec beaucoup de sérieux : « J'ai vu que ce n'était pas utile de fumer. » Naturellement, il me tutoyait, et je me rappelle quelle impression étrange cela me faisait, car, comme je te l'ai dit, je débutais en Afrique et tout m'était nouveau.

Guiscart s'arrêta. Auligny attendait que l'histoire se corsât un peu. Mais le peintre :

— Je ne sais plus du tout à propos de quoi je te parle de ce garçon... Ah ! oui, tout cela est pour en venir à un petit mot qu'il me dit un jour. Nous étions dans la campagne. Je vois devant nous, assez loin, un tas grisâtre posé par terre, d'allure bizarre, et je dis à Abd-es-Selam : « Qu'est cela ? » Il va en avant, regarde, revient, et me dit : *« Es un pobre Moro.* » « C'est un pauvre Marocain. » Et voilà, c'est toute mon histoire.

Il se tut, et Auligny ne dit rien. Mais, se tournant un peu, pour chercher la chienne, le lieutenant vit les yeux clairs, clairs, de Guiscart fixés sur l'horizon mouillé d'étoiles. L'air était si limpide qu'elles sem-

blaient toutes proches, extraordinairement humaines, dans un ciel bas, pressant, plein du désir de s'exprimer, de se faire comprendre, comme les yeux des
chiens. Un vent chaud, par bouffées, remuait ce long
silence, et on entendit alors la palmeraie lointaine
qui faisait le bruit de la mer.

— «*Es un pobre Moro.*» Cela est absurde, mais ce
mot se planta dans mon cœur, et y resta pendant des
années. Pendant deux, trois ans, vivant en Afrique du
Nord, je ne pouvais m'empêcher d'associer le monde
musulman au sentiment de la pitié. Et cela pour les
faits les plus minces de la vie quotidienne, qui s'of-
fraient à moi sans que je les cherchasse, car je n'ai
jamais étudié la question indigène, je ne la connais
pas; ce n'est pas mon métier. Les Marocains qui, sur
la route, demandaient à monter dans l'autocar, et
que le chauffeur dépassait sans même leur faire un
«non» de la tête, — les femmes arabes de Tanger
employées à ce qu'il y a de plus vil: à l'enlèvement
municipal des ordures, — les mendiants arabes,
infirmes, auxquels personne ne donnait, alors que le
chanteur européen, valide, de quelque stupide
romance, raflait quarante francs à la terrasse d'un
seul café, — les bergers qui saluaient de la main, sur
le bord de la route, les passagers de l'autocar, et auxquels personne ne rendait leur salut... Il est impossible, n'est-ce pas, de regarder davantage une
situation par le petit bout de la lorgnette? Mais je te
répète que je ne connais que des faits de surface,
parce que je suis peintre et ne m'occupe que des sur-
faces. Et puis, il y a surface et surface. Il y a ce qui
est posé sur la surface, et qui est peu important, et il
y a ce qui y affleure, et a son corps dans les profondeurs, et les petits faits que je te dis sont de cette

espèce-là. Plus tard, arrivant à Alger, je ne remar-
quais que des traits de cet ordre. Personne de bonne
foi ne peut nier que, jusqu'à ces temps derniers, le
spectacle qui s'offrait à qui descendait de paquebot à
Alger était celui des sergents de ville cinglant à coups
de cravache les indigènes qui se proposaient comme
porteurs, les giflant (des indigènes hommes; je ne
parle pas des yaouleds), réveillant les dormeurs avec
le pied au derrière. Quitter la France sur l'affiche
idyllique du Centenaire, où un colon enlace par
l'épaule un vieil indigène, et que le *premier* geste
français à l'égard de l'indigène, qu'on aperçoive en
débarquant, soit celui du Français giflant l'indigène,
parce que celui-ci ne lui fait pas place assez vite, cela
vous stoppe. Ensuite, dans la ville, je voyais de ces
traits partout. Le vieil Arabe à cheveux blancs, qui
manque le tramway en marche et galope, entraîné,
contre le marchepied, au risque d'être écrasé en une
seconde, tandis que de la voiture on le regarde tranquillement sans que personne lui tende la main...
Dans un train, l'indigène, assis, auquel un Français,
qui monte, dit sans plus: «Alors?...»; l'indigène
se lève, et le Français prend sa place... Pendant
trois semaines, voilà ce qui me frappa dans Alger.
Ensuite, c'est curieux, je n'y ai plus vu de pareils
traits. Il faut croire que je ne les voyais plus parce
que j'y étais habitué. Mais c'est une question, de
savoir si c'était un bien que j'y fusse habitué.

— Mon cher, c'est une question aussi, de savoir si
l'acte de se faire donner sa place, dans un train, par
un Arabe, compte beaucoup en regard de tout ce
que nous avons fait pour les indigènes, sans y être
forcés, dans l'ordre de l'instruction, de l'hygiène, de
l'assistance sociale, du relèvement moral. Tu ferais

sourire même un membre de la Ligue des Droits de l'Homme avec les petits faits que tu m'as cités comme preuves de la dureté française en Afrique du Nord. Non, pour reprendre ton expression de tout à l'heure, «personne de bonne foi ne peut nier» qu'aucun peuple colonisateur n'aurait traité les Arabes avec autant d'humanité que nous, et autant de cordialité vraie, et *toute naturelle*, car nous sommes naturellement cordiaux, et nous ne le sommes que trop. Compare le sort de nos musulmans à celui des musulmans anglais et russes.

— Je suis tout à fait de ton avis. Aucun peuple n'aurait agi plus doucement que nous. Mais il y a un vieux proverbe musulman, qui pourrait être tout simplement un vieux proverbe humain, qui dit : «Un maître musulman, même s'il m'opprime, et non un infidèle, même s'il me traite bien[1].» Et puis...

— Et puis quoi ?

— Et puis rien. Ou, si tu veux, un autre proverbe, un admirable proverbe marocain, que je te cite en capitales, si je puis dire : «*Ni un mensonge ne vaut d'être fait, ni la vérité d'être dite.*»

— Mais si, la vérité doit être dite ! dit vivement Auligny.

— Même quand elle dérange l'ordre établi ?

— Il faut toujours dire la vérité, répéta Auligny.

Guiscart eut un petit rire, qui remua aussi dans ses yeux pleins de rêve, d'indifférence, de dédain et de sommeil.

---

1. Nombre de littérateurs européens intitulant «proverbe oriental» des proverbes de leur invention, mais qui font bien, nous donnerons la référence des quelques proverbes arabes qu'on trouvera dans cet ouvrage, tous recueillis d'auteurs dignes de foi. Celui-ci est cité par Stoddard, *Le Nouveau Monde de l'Islam;* le suivant par Budgett Meakin, *Things seen in Morocco.*

— Chut! dit le chevalier. Ne réveillons pas l'ordre social qui dort...

Auligny raccompagna Guiscart jusqu'à la maison Yahia, à travers le ksar endormi, dans l'ombre où les chats mettaient leurs grands yeux innocents. Le lieutenant n'était pas content de soi. D'abord, il avait été très insuffisant dans ce qu'il avait répondu à Guiscart. Il allait falloir qu'il eût tout prêts quelques arguments irréfutables, pour n'être pas pris au dépourvu si on critiquait de nouveau devant lui certaines attitudes françaises en Afrique du Nord. En même temps il était troublé, parce que les traits cités par Guiscart ne trouvaient que trop bien le chemin de son cœur. N'avait-il pas plusieurs fois, depuis qu'il était à Birbatine, pris le parti des indigènes? Son premier geste, en arrivant, n'avait-il pas été de se détourner de Ménage et d'aller vers le vieux caïd humilié? «Oui, mais moi, quand je vois ici un petit fait où il me semble qu'un Français a tort, je garde cela pour moi. Tandis que Guiscart doit aller clabauder partout... Il vient s'amuser les trois quarts de l'année en Afrique du Nord, et profiter, grâce à la police française, de ce pays acheté par du sang français. Et ensuite il dénigre l'action de la France, sans laquelle il ne serait pas là. Le jour où les indigènes matraqueront les Français à Alger, que fera-t-il? Il courra se mettre sous la protection des baïonnettes françaises, qu'il débinait quand il était en sécurité. Tout cela n'est pas beau.»

En revenant de la maison Yahia vers le bordj: «C'est égal, une seule soirée qu'il passe avec moi, et me voici remué, inquiet. Et il est ici pour huit jours. Ai-je bien fait de le faire venir? — Mais quelle phrase idiote! On dirait que je ne suis pas assez solide pour pouvoir affronter l'influence de quelqu'un qui n'est pas dans nos idées... — C'est drôle, je ne lui savais pas le cœur si sensible. Quelque chose de pathétique. «*Es un pobre Moro*»... Certainement, la France a fait beaucoup. Mais il y a des Ménage partout (et c'est encore dans l'armée et dans le clergé qu'il y en a le moins : qui niera cela ?). Il faudrait qu'on n'envoyât aux colonies que ce qu'il y a de mieux, puisqu'il s'agit de faire aimer la France à des hommes qui ne la connaissent pas. Mais, tout au contraire, les colonies sont le dépotoir de la France.»

Cependant Guiscart faisait sa toilette de nuit, sous la garde de deux mokhaznis armés, postés devant la maison Yahia. Ils lui rappelaient ses premiers temps au Maroc, quand il vagabondait parmi les Chleuhs noirs et doux, et que l'indigène qui lui donnait l'hospitalité veillait toute la nuit sur son sommeil, assis à sa porte, son fusil entre les jambes. «Pauvre petit lieutenant... *Ni un mensonge ne vaut d'être fait, ni la vérité d'être dite*. Je suis infiniment content d'un monde où rien ne vaut qu'on s'y prenne. C'est comme cela qu'il me plaît. *Ni un mensonge...* Après tout, est-ce que cela est admirable ? Est-ce là le fin mot de tout ? Bah ! jouissons. Quand je jouis, je suis sûr que cela m'est agréable. Tandis que, quand je crois apercevoir la vérité, cela ne m'est pas agréable. Au contraire, c'est triste, on se sent seul, on se fait insulter. "Ô mon Dieu, donnez-moi une vie de sensations plutôt qu'une vie de pensée !" C'est un vers de Keats. Tiens, il faut que je l'écrive en épigraphe au *Tableau de Chasse*.»

Il posa les doigts sur ses paupières, toujours douloureuses, d'homme qui ne dort pas assez. Puis il ouvrit son portefeuille, et en tira ce qu'il appelait son

Tableau de Chasse, plusieurs feuillets de calepin, joints ensemble par du papier gommé. Dans ce geste, la photo de Barbouillou sortit un peu du portefeuille; il la prit, la regarda avec sympathie. «Quand même, à un an, ce qu'il a l'œil cochon!» Il la rentra. «Bonne nuit, gosse. Fais de beaux rêves. Ton papa va être heureux demain matin.» Le Tableau de Chasse, c'était sa liste, sa fameuse liste, non des *mille e tre* mais, modestement, des cent quatre-vingt-neuf femmes qu'il avait eues (aucune d'elles n'étant une professionnelle). Guiscart portait toujours sur lui le Tableau de Chasse dans son portefeuille. Sitôt que l'envie lui en venait il pouvait ainsi s'en repaître. Il le relisait avec la satisfaction de l'auteur relisant la liste de ses Œuvres complètes, et c'était bien, exactement, cette satisfaction-là, puisque, ses œuvres, c'était sa vie. Il l'étudiait, en tirait des leçons. Il le consultait chaque soir avant de se coucher.

Guiscart saisit le Tableau de Chasse, le baisa, le parcourut des yeux, avec un sourire épanoui. Pourtant, quand il lut le nom de la femme qu'il avait obtenue il y avait un an jour pour jour, son sourire s'éteignit, il eut comme une défaillance dans les genoux. «Déjà un an!» Au haut de la première page il écrivit le vers de Keats. Chaque femme était inscrite sur une ligne, d'abord par un numéro d'ordre, puis par ses initiales, ou son prénom, ou un ou deux mots qui permissent de la reconnaître (certains de ces noms, toutefois, n'évoquaient plus aucun visage au chevalier). Suivaient l'âge, la nationalité, l'indication de la manière dont la touche avait été accrochée — regard, attouchement, conversation, entremetteur, etc. — l'heure à laquelle le consentement avait été acquis, et le temps qu'il faisait à ce moment, le lieu et la date de la première, et parfois unique possession, enfin quelques signes cabalistiques rappelant les caractères remarquables de la jouissance de cette personne, et un chiffre qui était la note que Guiscart lui donnait, sur 20, selon le degré de plaisir qu'elle lui avait procuré. Dans les blancs du carnet on voyait, tracées au crayon, afin de pouvoir être effacées et tenues à jour, des statistiques : statistique par nationalités, statistique par années, statistique par modes d'accrochage, statistique par «heure», statistique par «temps qu'il faisait». Là éclatait le rôle joué par la superstition dans la chasse du chevalier, car d'après ces statistiques, dont il se pénétrait, le chevalier se livrait à tout un calcul des probabilités sur lequel de fois à autre il basait sa stratégie, bien que ses calculs s'avérassent faux sans jamais d'exception. Le chef-d'œuvre de bureaucratie érotique que constituait ce Tableau de Chasse de M. de Guiscart avait quelque chose de légèrement sénile dans sa beauté minutieuse, comme si l'ombre de la glorieuse P. G. s'étendait sur lui.

La dernière femme portait le numéro 189. Dans de pareils cas, Guiscart d'ordinaire se hâtait de prendre n'importe quoi, pour faire un chiffre rond, de sorte que les demoiselles qui dans sa liste portaient un numéro d'ordre terminé par un zéro étaient généralement des sortes de figurantes, des bouche-trous : c'est le cas de le dire, elles comptaient pour zéro. Sur la ligne suivante du carnet, Guiscart écrivit avec volupté le chiffre 190, qui allait faire cette fois une exception si notable. Néanmoins, toujours prudent, il ne le fit pas suivre du nom de Ram, car il ne faut pas vendre la peau même d'une petite oursonne. À ce moment, devant lui, dans la porte ouverte, une étoile filante raya le ciel, comme entraînée par une cascade invisible. « Zut, j'ai oublié de faire un vœu. Mais quel vœu ? Eh bien, d'être toujours aussi heureux que je le suis, et de le savoir sur le moment. » Puis il baisa de nouveau le petit carnet, le rangea dans le portefeuille, à côté de la photo de son fils, de son passeport, et de deux lettres fort aimables à lui adressées, qu'il gardait en cas d'alerte, pour le délicieux commissaire de police, l'une de Léon Blum, et l'autre de Foch (les délicieux commissaires de police n'ont pas tous les mêmes préjugés politiques). Ensuite M. de Guiscart se coucha, bénissant sa Fortune, et après quelques minutes s'endormit, en homme qui a la conscience tranquille. Bientôt un sourire enfantin se dessina sur ses lèvres : le fantôme de sa mère y eût reconnu une expression de sa douzième année. C'est que, non content d'y occuper ses journées, M. de Guiscart chassait en rêve, et il venait de réussir en rêve un levage difficile, avec une audace, une sûreté, une rapidité, une discrétion, une économie des moyens (quoi encore ?), bref, dans un style tellement éblouissant...

XII

Le lendemain matin, Auligny et Guiscart, dans la maison Yahia, attendaient Ram. À neuf heures et demie, elle n'était pas venue.

— De quoi t'étonnes-tu ? disait Guiscart. Tu sais comme elle est réservée. Tu as senti toi-même, tu me l'as raconté, qu'il était mieux d'éteindre la lampe quand tu te déshabillais, pour qu'elle ne te vît pas nu. Je pense qu'en ne venant pas elle veut te faire comprendre qu'elle n'est pas à la disposition de n'importe qui, sur un simple mot de toi, et encore moins de quelqu'un qu'elle n'a jamais vu. Et qui sait si elle n'a pas craint une partouze, dont l'idée doit la révolter ?

— Mais enfin, sapristi, c'est quand même une prostituée ! Si je voulais, je saurais les noms de tous les officiers avec qui elle a été. C'est une prostituée, et sous l'œil bienveillant de son papa !

— Prostituée, mais dans de certaines conditions de l'amour arabe, qui sont la réserve et la discrétion, bref, la pudeur. Je pense que tu en as déjà assez vu pour savoir que nos fantaisies sexuelles sont inconnues des Arabes, que spontanément elles révoltent, et qui n'y prennent goût que quand nous les leur appre-

nons. La volupté et la tuberculose sont les deux premiers dons faits par notre chère patrie aux musulmans d'Afrique. Il faudrait peut-être excepter les
Kabyles, qui sont, pour employer un terme de pen-
sionnat, «vicieux», parce qu'ils sont plus intelligents
que les autres.

— Et pourtant, je t'avais annoncé comme un
homme généreux!

— L'argent! Partout tu vois des Arabes qui pourraient gagner plus qu'ils n'en gagnent, et ne le cherchent pas, parce que le surcroît de peine que cela
leur coûterait ne serait pas compensé à leurs yeux par
le surcroît de gain. La moitié des Arabes employés
perdent leur place, chaque année, simplement parce
qu'ils veulent retourner chez eux pour y passer les
jours de l'Aïd[1]. À Paris, jadis, j'entendais dire de
l'Afrique : «Là-bas, tout s'achète.» Quand j'ai eu vécu
quelque temps ici, je me suis dit : «C'est à Paris que
tout s'achète.» Un indigène fera peut-être n'importe
quoi pour de l'argent s'il a un besoin immédiat d'argent, mais il s'y refusera avec fermeté s'il ne doit
avoir besoin d'argent que le lendemain, tandis que
l'Européen se vendra toujours, parce qu'il songe au
lendemain, auquel l'Arabe ne songe pas. Le diable
emporte les gens désintéressés! Ils ne sont bons qu'à
brouiller le jeu. Coquins d'Arabes, ils m'ont souvent
mis en colère, avec leur stupide entêtement à refuser
ce que je leur offrais! Tout cela parce qu'ils n'ont pas
l'imagination du lendemain! Il est vrai que je me
consolais en pensant que je n'aurais qu'à me trouver
là le lendemain...

Auligny n'y tint plus et sortit. Peut-être la rencon-

1. Une des fêtes musulmanes.

trerait-il dans le voisinage. Sinon, eh bien, il saute-
rait le pas et l'enverrait chercher par Boualem, sous
prétexte qu'elle devait servir de modèle à Guiscart. Il
n'avait pas fait cinquante pas qu'il l'aperçut, un
paquet de chandelles sous le bras, semblant rentrer
chez elle.

— Eh bien?

— Bonjour, dit-elle, de sa voix tranquille, nullement décontenancée.

— Alors, tu ne viens pas?

— Je peux pas.

Auligny, pressant, fit valoir tous les arguments
qu'on devine, le voyage de Guiscart, sa dépense, l'argent qu'il lui donnerait, qu'il était jeune et bien...

— Vous, je vous connais. Deux, comme ça, c'est
pas du travail.

— Mais enfin, tu as juré, sur la tête de ton père!

— J'ai dit que je *pouvais* jurer, si vous le vouliez,
sur la tête de mon père. Mais vous ne m'avez pas
demandé de le faire.

— Ça, c'est du jésuitisme!

— Oui, dit-elle.

Mais Auligny était si agacé que cela même ne le fit
pas rire.

Des indigènes, en passant, les regardaient. La
situation devenait intenable.

— Eh bien, on te donnera cinquante francs. Et
mon camarade, tu entends, *ne te touchera pas*. D'ailleurs je resterai là. Mais il est peintre, il fera ton portrait. Allez, va en avant. Je te suis.

Elle se mit en marche vers la maison Yahia. Avec
quelle lenteur! À cinq, six reprises elle s'arrêta, interpellant l'un ou l'autre, stationnant devant des éventaires de marchands. Pour la première fois, Auligny

se sentait en droit de se plaindre d'elle. «Elle le fait exprès!» Elle était à trente mètres de la maison qu'elle s'arrêtait encore, en extase devant un vendeur de légumes. Auligny, furieux, s'était enfoncé dans une ruelle. Et soudain… soudain il la vit qui, tranquillement, revenait sur ses pas, s'en retournait vers chez elle. Cette fois la colère lui enleva toute prudence. Il marcha sur elle, la prit par le bras :

— Je rentre chez moi et laisse la porte ouverte. Si dans cinq minutes tu n'es pas là, jamais plus tu ne reviendras chez moi, jamais plus, tu entends!

Il rentra, laissa la porte de la courelle entrouverte, se colla derrière, écoutant. Guiscart, de la pièce, le regardait avec des yeux rieurs, sans mot dire, en homme habitué à ces complications. Une minute passa. Puis il la sentit, de l'autre côté de la porte. Il ouvrit et elle se faufila.

Auligny dit à voix basse à Guiscart :

— Il y a eu un peu de résistance. Fais d'abord un dessin d'elle, parle-lui, apprivoise-la, mais sans la toucher. Je vais rester avec vous, je le lui ai promis. Ensuite nous verrons, et cela s'arrangera.

Guiscart fut tout de suite frappé par l'expression d'honnêteté et de paix qui émanait du visage de Ram; il vit tout de suite qu'elle était digne d'être aimée. Il dit qu'elle était comme une pleine lune sur une mer étale. Ce qui l'amusait aussi, c'était sa voix lente, posée, sourde et comme sombre, comparée à la voix aigre, désagréable — au service de l'argot français et des expressions les plus mal embouchées — d'El Akri et des «Mauresques» d'Alger.

Maintenant elle était là, portant ses seins devant elle, enveloppée de l'air seul pour tout vêtement. Guiscart la jugea admirable. «Enfin, des seins!» Cela

semblait incroyable, qu'elle fût du même sexe que
ces Parisiennes qui venaient se présenter chez lui
comme modèles, et de qui les dos déjetés et blêmes
évoquaient un planisphère céleste où les étoiles
seraient des boutons, et les planètes des marques de
ventouses ; tout cela, à peine dévêtu, attirant les
mouches comme de la viande avariée. (Par une ironie qui en dit long sur le défaut du sens esthétique
chez les artistes et dans le public, c'étaient *toujours*
les corps des modèles professionnels qui étaient les
plus affreux ; et les malheureuses cependant vivaient
de cette horreur !) Dans l'Europe civilisée, la femme
avait été comme livrée au vandalisme dans les éléments les plus certains de sa beauté : le pied et les
seins déformés par l'arbitraire de la mode ; les
épaules, par le manque de vie physique. Et comment
pouvoir désirer — c'est-à-dire, *ensuite*, chérir avec
tendresse — une femme qui n'avait pas de belles
épaules ? Comment l'amour pouvait-il survivre à ce
massacre des seins innocents ?

Mais pour Guiscart, qui se rappelait les pieds ché-
tifs, racornis, maltraités, marqués en rose par la
pression du soulier, des « modèles femmes » de Paris,
et les pieds grossiers, couverts de mals divers, toujours sales et malodorants, des « modèles hommes »,
c'étaient surtout les pieds de Ram qui le retenaient :
il les jugeait une absolue magnificence. Guiscart
disait souvent que, de même que les neuf dixièmes
des gens ne remarquent pas l'intelligence sur un
visage — des milliers de gens croisent un prince de
l'esprit sans rien distinguer sur ses traits qui le
rejette à part des autres passants, — de même le sens
de la beauté du pied est complètement perdu dans le
monde moderne ; le mot *pied* y fait rire, et c'est tout.

Les pieds de Ram étaient ceux des êtres qui vont pieds
nus : grands, larges, pleins, solides, tout sombres,
mais la plante éclairée, comme si elle recevait le
reflet du feu ; le talon n'en était pas même fendillé,
comme il l'est souvent chez les indigènes ; elle avait
toujours marché pieds nus, et il semblait qu'elle
n'eût jamais marché sur eux ; ils étaient brûlants
quand Guiscart les toucha (car, tout de suite, il avait
commencé d'eux une étude). Et ces pieds semblaient
avoir leur sensibilité et leur intelligence propres.
Maintenant qu'elle était étendue, sans cesse leurs
orteils bougeaient avec indépendance ; tout à l'heure,
prenants, ils épousaient le sol : les orteils, quand elle
descendait une marche, s'abaissaient, contournaient
le rebord de la marche. Les pieds de Ram étaient des
personnes, qui se suffisaient à elles-mêmes ; on en
aurait été amoureux comme de personnes. Il semblait impossible que la créature à laquelle ils appartenaient pût être vile. Mais pour Guiscart, qui aimait
le naturel, et détestait le mensonge, il y avait dans
ces pieds émouvants un mensonge, le henné qui en
teignait les ongles ; et la laideur et le ridicule de ce
barbouillage ne cessaient de l'offenser, comme du
rouge sur les lèvres d'une Européenne.

Guiscart dessinait. Il n'avait apporté qu'une planche, deux estompes, une gomme et un crayon mine
de plomb. En ce temps-là, il ne cherchait plus à faire
que des lignes, dédaignant la couleur, qu'il disait vulgaire : du moins c'était sa disposition du moment.
Désinvolte, la planche sur les genoux, la main posée
avec nonchalance sur la table, il dessinait Ram, sif-
flant à tue-tête, comme un peintre en bâtiments sur
son échelle. Auligny le trouva très *jeune* et le lui dit.
Guiscart dit : « Je reste jeune parce que je ne suis pas

hypocrite. » Auligny rit, avec l'air de supériorité des petits jeunes gens, quand ils ne comprennent pas quelque chose. Guiscart pensa qu'il fallait commenter un peu : « La meilleure recette pour conserver la jeunesse, c'est 1º de faire tout ce qui vous tente à l'instant où cela vous tente ; 2º de ne pas se contraindre pour faire des choses qui vous sont désagréables, non plus que pour paraître ce qu'on n'est pas. Et enfin, mais cela va de soi, d'être sans ambition. » Auligny trouva cela « trop simple », et rit de nouveau.

Maintenant Guiscart s'animait, et, cette harmonie corporelle qu'était Ram insufflant en lui ce qu'insuffle en un chef d'orchestre l'harmonie musicale, il avait les mêmes mouvements de tête qu'a le maestro, les mêmes rejets du buste en arrière. Parfois il s'arrêtait tout à coup, devant quelque problème incompréhensible pour un autre que lui. Ce qu'il voulait, c'était une ligne pure et, avant de la tracer, il avait de l'inquiétude, hésitait un instant, n'osait se lancer, la bouche entrouverte, comme un équilibriste qui se dispose à exécuter un exercice périlleux. « Je souffre », dit-il, à voix haute. Sa nervosité était visible à son tic de passer la main sur le papier pour essuyer les raclures de la gomme, même s'il n'y en avait pas. Cramponné maintenant à la planche, comme à son volant le conducteur d'une auto de course, l'angoisse sur les traits, il créait la ligne, et aussitôt son visage se détendait, ou bien au contraire il y venait cette expression excédée du matador qui, pour la énième fois, a manqué son coup : rapide succession de soleil et d'ombre, comme le ciel se couvre et se découvre, d'instant en instant, sur certains points névralgiques de la terre.

D'abord Ram, devant cette mimique, avait eu un

grand sourire. «Pourquoi souris-tu? demanda Guiscart. — Parce que vous me regardez.» Et Auligny admira la délicatesse de cette réponse, alors qu'elle souriait à cause des grimaces du peintre. Mais bientôt elle se mit à trembler, fatiguée de garder si longtemps la pose. Ne sachant pas que la fatigue musculaire fait trembler, une expression de peur vint sur ses traits. Dans un mouvement qui émut Auligny, elle se tourna vers lui, comme pour le prendre à témoin qu'on abusait d'elle, et lui demander aide. Guiscart suspendit la pose, fatigué, lui aussi, de la fatigue nerveuse de sa création. Sur son dessin il voyait un coup de crayon dominateur, quand tout cela avait été fait dans une telle anxiété.

Ram et Auligny regardèrent l'œuvre. Et, tout de suite, Auligny entra dans le sublime bête.

Dans le sublime bête de l'admiration incompétente, et de l'amour niais qui s'abîme dans son objet: tout au moins est-ce ainsi que Guiscart vit cela. Le plaisir d'Auligny parut à Guiscart de la même qualité vulgaire que celui de la femme qui veut que le rendez-vous que vous lui donnez soit dans un endroit *poétique*: à Bagatelle, par exemple, ou bien dans une «boîte» russe. «Magnifique! s'écria le lieutenant. Magnifique!» Auligny n'était pas assez avancé dans la Haute-Culture pour pouvoir dire, comme disent les gens *qui savent*, «un faire formidable», ou «la spiritualité du modelé». Guiscart pardonna tout, sachant que c'est une tragédie sociale, que devoir exprimer, en termes intelligents, ou apparemment tels, des sentiments d'admiration pour une œuvre d'art qui ne vous donne *aucun* sentiment, comme c'est le cas pour la plupart des œuvres d'art, ou même pour une œuvre qu'on admire; et il le savait

par expérience, étant incapable de formuler quoi que
ce soit sur l'œuvre d'un peintre, sinon: «Ça tient le
coup», ou «Ça n'existe pas», et la terminologie de
l'extase critique, avec le faire formidable, et la spiritualité du modelé, ne lui revenant que lorsqu'il s'agissait de ses propres œuvres, quand il écrivait sur elles
des articles que signait, à titre de revanche, un ami
sûr, — jamais si sûr cependant que Guiscart ne lui
envoyât l'article que tapé à la machine, afin de pouvoir en désavouer la paternité.

Le portrait de Ram, en effet, avait été une découverte pour Auligny: la découverte que le chevalier
avait du talent. Car, comme il est logique, cette disposition si profonde en Guiscart, de *ne vouloir pas
paraître*, s'était tournée contre lui. Comme Guiscart
faisait dévier la conversation quand l'officier lui parlait de ses œuvres, Auligny avait cessé, sans y penser,
d'associer l'idée de peinture, et même celle de notoriété, à la personne de Guiscart, et, s'il se souvenait
qu'il était peintre, c'était pour passer légèrement là-
dessus, en se disant seulement que Guiscart avait
bien de la veine, de gagner beaucoup d'argent sans
rien fiche. Du dédain, Auligny sauta au respect, avec
la même ingénuité que ces petits gars d'Alger que
Guiscart faisait poser chez lui et qui, regardant
d'abord son attirail avec défiance, ensuite, devant
leur image, s'avouaient vaincus: «Y a pas à dire,
c'est *capable*» et, d'enthousiasme, envoyaient toute
leur parenté, qui sonnait chez le peintre, à des
heures impossibles: «Je suis le cousin d'Edgar. C'est
lui qui m'envoie. À savoir si vous ne voudriez pas me
faire la carrure.»

Guiscart avait commencé un autre dessin de Ram.
Mais était-ce Ram qu'il dessinait? D'abord il avait

bien reproduit ses traits ; et puis, en chemin, une inspiration était venue, et la forme qui peu à peu apparaissait sur le papier ne rappelait quasiment en rien
celle de Ram, bien qu'il continuât d'instant en instant à lever les yeux pour se référer à son visage, tandis que sa main traçait ce visage imaginaire, — né de
quelles régions obscures ? Puis il enleva un croquis
d'elle, dans une autre pose, où il lui fit une tête de
serpent. Tout ce temps, Guiscart sentait les yeux
d'Auligny fixés sur lui, ces yeux pleins d'une admiration que jamais il n'y avait vue, et ce regard l'indis-
posait. Il avait toujours su gré à Auligny d'ignorer
son œuvre, et en conséquence de ne la louer pas. Ce
que Guiscart avait dit tout à l'heure de l'amour : —
« Une femme qui m'aime m'ennuie », — il aurait pu le
dire aussi d'un grand nombre de ses admirateurs.
Leur admiration l'agaçait parce qu'il savait combien
il aurait pu faire mieux s'il avait donné plus de
temps, d'application et de goût à son œuvre ; parce
que, comme l'amour donné vous crée une sorte
d'obligation d'y répondre, l'admiration de quelqu'un
qu'on estime vous crée une sorte d'obligation de la
mériter davantage (et quel devoir plus amer pour un
Guiscart, de qui toutes les règles de vie tournent
autour de l'absence de contraintes ?) ; mais surtout
parce qu'il savait sur quel malentendu l'admiration,
comme le blâme (qui pour lui étaient tout un), est
fondée, et qu'il n'est pas d'artiste digne de ce nom,
s'il pouvait lire exactement dans l'âme de la personne qui l'admire, qui ne préférât être ignoré d'elle,
et parfois même subir son mépris.

Tandis que Guiscart dessinait ces formes étranges,
nées de Ram, mais échappées d'elle, le regard ému
d'Auligny polarisait chez le peintre toutes les raisons,

toujours présentes, toujours pressantes, qu'il se donnait de mésestimer son œuvre et de lui dénier de l'importance. Il savait que le portrait qu'il avait fait de Ram en premier lieu, une demi-douzaine d'hommes, en France seulement, auraient pu le faire ; mais que, ces dessins d'à présent, lui seul était capable de les créer. Ce caractère unique de son talent, il le reconnaissait, la critique, le public le reconnaissaient, et cependant, dessinant cela, il n'en avait pas de joie. Il se disait : « Probablement est-ce de la qualité la plus haute. Probablement cela *restera*-t-il en partie. Et, en même temps, je sais que cela n'est pas grand-chose. » Mais, s'il se jetait ainsi à l'abîme, sans peine non plus que sans plaisir, c'était qu'il y engouffrait avec lui tout l'art et toute la pensée depuis que le monde existe, toutes les œuvres des philosophes, des poètes, des musiciens, des artistes, tout cela, notable sans doute, et jouant son rôle dans l'humanité, mais qui en même temps *n'était pas grand-chose*. Cela, il l'avait dit un jour, dans une interview : « Nous sommes tous surfaits, moi le premier. » Mais on avait cru à une boutade, à du déplaisant *fishing*.

Une fois de plus, une fois encore, là, dessinant ces dessins qui allaient être vendus très cher, entrer dans des collections, finir dans des musées, ne disons pas qu'il maudit, ce mot semblerait de ceux dont il faut rabattre, mais il regretta ce don qu'il avait reçu. Être né avec un talent, et n'être pas né avec l'amour de la gloire, oui, cela, c'était une sorte de tragédie. À quoi lui avait-il servi, ce talent ? Les sociétés où vos semblables vous acclament, il les fuyait. Les femmes qu'attirent les hommes célèbres, il les rabrouait durement : les neuf dixièmes des femmes qu'il avait eues ne l'avaient connu que sous un faux nom. Les petits honneurs? Il avait pensé d'abord qu'ils auraient pour lui une utilité pratique (la seule qui l'intéressât en eux), qu'ils faciliteraient ses aventures, mais bientôt il avait dû reconnaître qu'ils ne lui étaient d'aucune utilité. L'argent? Il en avait à l'excès. La postérité? Il s'en moquait. Alors, en définitive, son art, quand il regardait en arrière, qu'est-ce que ç'avait été dans sa vie? Eh bien, il lui fallait répondre la réponse éternelle, celle qu'il avait déjà faite à Auligny, dans le café de Tanger: son art, c'était quelque chose qui lui avait *pris du temps*. Pris du temps, réduit sa part de vivre, réduit sa vie, comme l'eût fait de la maladie, ou de la prison, ou une occupation de bureau. «Eh! dira-t-on, il n'a qu'à poser ses pinceaux, ce beau monsieur, puisqu'ils l'embêtent tant!» Bien des fois il y avait songé. Lui qui n'avait pas d'espérance, parce qu'il n'imaginait rien qu'il ne possédât, il s'était créé de l'espérance avec la phrase: «Quand je ne peindrai plus...» Mais, par faiblesse, par lâcheté, à cause du «talent enfoui», parce que «ce serait quand même bête...», il avait continué jusqu'alors. Seulement, il *circonscrivait le mal* en ne consacrant à son art que les heures où il ne se sentait bon à rien d'autre.

Quand la séance de pose fut finie, Guiscart eut un mouvement qui lui sera compté au ciel. Il oublia tout ce qui l'avait agacé dans l'admiration d'Auligny, et lui fit cadeau du premier portrait de Ram (non sans en estimer à part soi la valeur marchande). Auligny remercia avec effusion: il n'avait cessé de préparer des phrases tout le temps que Guiscart composait ses derniers croquis.

Le lieutenant entraîna Ram dans la courelle. «Il ne te déplaît pas, mon camarade? Et puis, tu sais, il

aime les Arabes, etc. Tu veux bien, n'est-ce pas?»
Elle se débattait toujours un peu: «Il faut que je
rentre. Demain», ou «Alors, qui c'est qu'est le patron?
Vous? Lui?» Enfin elle accepta: «Juste la même
chose comme avec vous.» Auligny la ramena dans la
chambre, la confiant à Guiscart, non sans un coup
d'œil complice, donna rendez-vous à son ami pour le
déjeuner, et sortit de la maison, avec cette âme charmante, pleine d'altruisme vrai, et presque maternel,
qui fleurit en vous quand vous faites l'entremetteur.
Plus d'un homme, qui jamais n'avait senti en soi une
bouffée de sympathie humaine, a soudain découvert
quelle chose agréable c'est, que rendre heureux, en
refermant la porte de la chambre où deux êtres se
rencontraient grâce à lui.

Seul avec Ram, Guiscart lui dit de reprendre la
pose quelques instants encore. En vérité, c'était qu'il
n'était pas bien sûr de ce qu'il voulait d'elle. Si Auligny lui avait dit: «Elle s'y refuse catégoriquement»,
il en eût été satisfait.

— Cela ne t'ennuiera pas, que je te caresse un peu
tout à l'heure?

— Quoi, «caresse»?

«Ah! pensa-t-il avec fatigue, s'il faut maintenant
lui expliquer ça!»

— Kif-kif le lieutenant, voyons, tu comprends
bien...

Elle eut son lent sourire.

— Pourquoi que ça m'ennuierait?

— Ah! ça, c'est gentil...

Mais il continua de dessiner. Ou plutôt il ne dessinait pas. Il faisait des ronds, des traits, écrivait
machinalement des phrases venues on ne sait d'où.

Tantôt, quand ils l'attendaient, il s'était efforcé de

se maintenir dans un état où le désir qu'il avait d'elle fût équilibré par le désir qu'elle ne vînt pas, de façon que, vînt-elle ou non, il fût également content. À présent, le non-désir d'elle l'emportait. Il avait fait le nécessaire pour avoir Ram. Elle était là, consentante. L'essentiel était acquis. Les actes ? Bah ! les actes, il en était sursaturé. Il avait connu des dizaines de filles aussi jolies que Ram ; il n'avait qu'à le vouloir pour en connaître d'autres dizaines. Que lui importaient quelques «quoi, caresse ? » de plus ou de moins ? Évidemment, il était absurde d'être venu d'Alger pour cela. Mais les absurdités étaient la gloire de sa vie.

Il y eut une seconde vague de réflexions, d'un ordre différent : «Auligny, s'il n'est pas amoureux de cette fille, le sera demain. Il suffisait de voir ses yeux quand il regardait son portrait. Un jour, il regrettera de me l'avoir donnée. Il m'en voudra de sa propre imprudence ; à elle, de ce consentement imploré. Faire largesse à un tiers d'une amie, je l'ai fait, quand j'étais plus jeune : je m'en suis toujours repenti, et ne le ferai plus. Nos compagnons de plaisir ont toujours des armes contre nous, dont généralement ils finissent par se servir, fût-ce sans penser à mal, car l'indiscrétion, étant le plus vulgaire des défauts, est par là même le plus répandu. Et puis, qui dit que cette fille n'aura pas, dans mes bras, un élan des sens qu'elle n'a pas eu avec Auligny ? Si elle se mettait à m'aimer ? Il faudrait partir, me déchirer... (C'était une des règles les plus rigoureuses du code d'honneur personnel à Guiscart, que celle de ne pas tromper un ami.) Laissons donc tout cela. Aller plus avant serait risquer, pour un plaisir qui ne le vaut pas. »

Telles étaient les pensées claires de Guiscart. Mais

il y avait au-dessous d'elles un mouvement profond
de sa nature, inexprimé : celui de la *mesure pour rien.*

L'étranger imaginait le peintre *fléchant*[1] sa proie
du regard, puis s'abattant sur elle comme la foudre.
Rien n'était plus contraire à la réalité. La réalité était
que son mouvement le plus profond était de prendre
toujours un temps. Dans les folles sociétés d'après
l'armistice (car c'était plus tard que Guiscart s'était
mis à chasser seul), les *mesures pour rien* du chevalier avaient été célèbres. On appelait ainsi sa discrétion, son silence, son air absent, au cours des
«parties» où les autres prenaient leurs avantages,
tandis qu'il était toujours à jeter les femmes dans les
bras des tiers, toujours à partir à l'instant pathétique,
étonnant tout le monde par son manque de mordant
et sa continuelle dérobade, et tel qu'il semblait destiné à ne dépasser jamais le rôle de confident. Puis,
un beau matin, la femme désirée par le groupe tombait dans les bras du chevalier, enflammée de
vaincre sa réserve, et Guiscart prenait à coup sûr, les
faux pas ayant été faits par les autres, et parfois les
risques courus par eux. Il y fallait seulement beaucoup de patience, mais Guiscart en avait à revendre,
car, son corps étant toujours comblé, son désir n'habitait que son cerveau, ce qui lui permettait cette
maîtrise de soi.

Ses aventures méditerranéennes plus récentes
l'avaient forcé à modifier cette stratégie : plus chaude,
mais aussi plus fantasque, plus fière, plus désintéressée que la Française, et en définitive moins facile,
une femme de ces pays, qui hier au soir était une

1. *Flechar* : en espagnol, lancer un regard comme un coup de
flèche.

occasion à saisir, ce matin se défendra au couteau.
Mais ici même, le naturel demeurant, le chevalier
cédait plus qu'il n'eût dû à cette disposition, de laisser échapper d'abord, tel le chat laisse échapper la
souris, assuré qu'il la rattrapera ; d'où plus d'une
touche *cassée* (comme on dit en Algérie), car il ne
faut jamais jouer avec l'occasion. Le rôle de Caccavella auprès de Guiscart était essentiellement de lui
permettre de laisser échapper d'abord, sans mal.
L'objet étant désigné par Guiscart, Caccavella engageait la conversation, se mettait en frais, inspirait
confiance, liait connaissance avec les parents, son
entregent napolitain faisant ici merveille, sondait
enfin les possibilités de la jeune personne ainsi que le
degré de nocivité de la famille. (En France, où la
famille compte si peu, il est difficile de réaliser à quel
point, dans une aventure méditerranéenne, on est
obligé d'être en garde contre la famille, innombrable,
solidaire, féconde en points d'honneur extravagants,
et souvent prête à tout.) Le chevalier assistait à une
partie du travail, en comparse, terne et indifférent à
souhait, avec une politesse qui toutefois n'excluait pas
tout bâillement, lisant le journal, toujours prompt à
prendre congé. Enfin, quand le taureau féminin était
bien mis en place, bien *cadré* par le capeador Caccavella, Caccavella s'effaçait, et le matador Guiscart
entrait en scène, avec pour épée ce qu'on devine, et
pour muleta les arguments sonnants.

Guiscart, devant Ram, n'avait qu'à prendre. Mais
ce premier mouvement, de réserve, était si fort en
lui, qu'il fallut qu'il donnât sa *mesure pour rien*.
Comme son attitude doit sembler inexplicable, nous
croyons devoir exposer (en note, à cause du profond
ennui qui en naîtra pour la plupart des lecteurs) les

éléments qui composaient habituellement cette *mesure pour rien*, et dont quelques-uns entrèrent en jeu dans ce rencontre[1].

Tels étaient les dessous qui fonctionnaient tandis que Guiscart, après quelques coups de crayon, disait à Ram qu'il se sentait un peu souffrant, que ce serait pour un autre jour... Instants pénibles. Pendant qu'elle se rhabillait, Guiscart lui tenait de bons propos (il fallait toujours être gentille avec le lieutenant, etc.), puis il la baisa sur les cheveux, à la papa. Ce faisant, comme elle était tout contre lui, il se trouva soudain dans l'état d'une divinité des bois. Mais le plaisir de ne la prendre pas, ayant fait deux mille kilomètres pour la prendre, était tellement plus délicat que l'autre!

Quand elle fut partie, les yeux de Guiscart tombèrent sur le portrait d'elle qu'il avait donné à Auligny, et il le jugea décidément *une bonne chose*. Tout le

---

1. 1º Haine raisonnée du travail, que les hommes disent sacré, faisant de nécessité vertu, mais qui est le grand malheur. Désir du moindre effort, désir de voir les autres travailler à son profit. (Toujours il avait préféré n'obtenir pas quelque chose, à l'obtenir en se donnant du mal.) Expérience que l'effort ne rapporte pas plus que le moindre effort; et, quand il le ferait, il faudrait le déduire du résultat, défalquer cette peine qu'il vous a causée, qui vous a usé d'une usure qui *se retrouvera* toujours. Et puis la vulgarité de l'intervention, de l'action.

2º Détachement réel. «Si ma mesure pour rien me fait perdre l'objet; eh! après tout, que m'importe! Tout, interchangeable. En tout cas, je ne veux pas avoir l'air de me précipiter. Je convoite, mais je marque mon indifférence en donnant à l'objet une possibilité de m'échapper.» (C'était cette même «possibilité de lui échapper» qu'il donnait à sa renommée, en ne se préoccupant pas d'elle.)

3º Prudence. Rechercher le danger, quand rien ne vous y force. Mais s'armer le plus possible contre lui.

4º Ne pas se presser. La vitesse, idéal pour nouveaux riches et faiseurs.

5º Le caractère quinteux de Guiscart. Le chien qui pleurait après sa pâtée, mais n'en a plus envie quand on la lui donne.

sublime bête (dans l'admiration) que ce portrait déclencherait en Auligny se présenta de nouveau à lui, et le dégoûta au delà de toute expression. Une idée lui vint, qui l'amusa beaucoup. Ram, telle qu'il l'avait dessinée, montrait ses belles dents pures. Il prit son crayon, et, appuyant de toutes ses forces, de façon que les caractères fussent ineffaçables, même si la gomme devait les atténuer, il traça sur le front de la figure — un peu comme des tatouages — cette inscription : *Ram à dents.* «Avec cela, cher daim, se dit-il, plus moyen d'être béat dans l'admiration. En te mettant dans une colère légitime, je te sauve de ta propre bêtise. Et puis, me voici délivré de ta gratitude.»

Ayant ainsi dégonflé le sublime, et gâché une œuvre de sa main — double agrément, — Guiscart sortit tout guilleret. Il fut rejoint par Auligny qui, impatient, rôdait alentour.

— Au premier regard, j'ai vu combien elle était digne d'être aimée, dit Guiscart. On lit parfois chez un journaliste ou un auteur dramatique, enfin quelqu'un de *parisien*, que l'estime est un des sentiments dont dispose un homme pour une femme, quand il n'en a aucun. Eh bien ! j'ai plus de respect pour l'estime que pour l'amour. La confiance en quelqu'un que l'on désire est peut-être le sentiment le plus doux au monde, ajouta-t-il, du ton d'un homme qui a connu cette confiance, mais qui ne l'a pas connue toujours.

— Je suis content que tu penses cela, dit Auligny, avec un élan de gratitude. Et... cela s'est bien passé ?

— Il ne s'est rien passé.

— Comment ! Elle a refusé ?

— Pas du tout. C'est moi...

Guiscart était fort embarrassé pour expliquer sa

dérobade. Loin d'exhiber ses bizarreries, il les dissi-
mulait, n'aimant rien tant que passer inaperçu. C'est
l'homme commun qui cherche à se faire remarquer;
un homme vraiment original le cache autant qu'il
peut. Guiscart répugnait donc à démonter un mécanisme de toute façon incompréhensible pour Auligny. Une pudeur analogue, mais de qualité plus fine
encore, lui interdisait de dire à Auligny: «Je l'ai fait
en partie par délicatesse à ton égard. J'ai flairé que,
si j'agissais autrement, il n'en naîtrait pas de bien
pour toi.» Il eut recours à la *catharsis*, phénomène
indéniable, bien qu'exagéré par certains, et il développa un peu ce thème vulgaire: «Les dessins que je
venais de faire d'elle m'avaient délivré d'elle.»

— C'est singulier, disait Auligny, il faut avouer
que c'est singulier...

«Il ment, pensait-il. À qui fera-t-il croire qu'il est
venu d'Alger ici, que Ram s'est offerte, et que...? Et,
pour soutenir son mensonge, il faut qu'il lui ait
enjoint à elle aussi de mentir, à elle qui ne m'a
jamais menti. Les voici tous deux complices contre
moi, et c'est moi qui ai fait cela!»

Guiscart vit clair en Auligny, et jugea qu'on ne
pouvait plus échapper aux grands mots. Il s'arrêta, le
prit par le bras.

— Écoute, Auligny, je te jure que je n'ai pas touché à cette petite. Et il résuma rapidement les raisons de sa réserve, lui demandant d'excuser les
artistes, toujours un peu dingos, etc.

— Je vois qu'elle ne t'a pas plu, dit Auligny. Il
croyait maintenant Guiscart quand Guiscart niait le
fait, mais il ne le croyait pas dans ses raisons.

Le chevalier dit tout ce qu'il pensait de la beauté
et de la gentillesse de Ram. Mais il était trop tard.

«Pardi, songeait Auligny, il la trouve laide ; comment ne m'en suis-je pas douté dès son couplet sur l'estime ? »

Guiscart parlait toujours, et Auligny, incapable de dissimuler sur son visage sa contrariété, s'enfonçait dans le dépit. Qu'il regrettait ses lettres, d'avoir été expansif, d'avoir combiné toute cette aventure ! « Il se moque de moi et me méprise. Il se dit : "Avoir fait deux mille kilomètres pour cela !" Je lui fais l'effet d'un pauvre type, emballé sur la première grue arabe qu'il rencontre. C'est certain, Ram n'a pas le visage expressif, elle manque de vivacité... Il a eu des centaines de femmes plus belles ! » Qu'il eût voulu connaître une de ces femmes pour pouvoir dire à Guiscart : «Tu aimes ça ? Enfin, chacun son goût... Elle a les cheveux poisseux, on n'a pas l'impression qu'elle soit très propre... » Qu'il eût voulu pouvoir prendre sa revanche !

«Eh bien, se disait-il, admettons même qu'elle lui ait plu, et qu'il l'ait refusée par singularité. Qu'ai-je de commun avec un fou ? » Il éprouvait cette exaspération, parfois voisine de la haine, que nous inspire un être qui ne sent pas ou n'agit pas de la même façon que nous. Notre certitude que nous sommes les seuls à avoir raison est si grande, qu'on voit des gens, au restaurant, pris d'une véritable colère, parce qu'un des dîneurs coupe d'eau son vin, alors qu'eux ils ne coupent pas le leur.

«Mais non, continuait Auligny, je ne peux pas le croire. Qui dit qu'il n'a pas rendu vains ce voyage, cette dépense, uniquement pour m'éblouir ? Qui dit (son visage s'assombrit encore) qu'il n'a pas fait tout cela dans le seul but de m'humilier ? M. de Guiscart... un homme célèbre... voyageant en pacha...

Un saligaud, oui. De toute façon son acte est odieux.
Il aura dépensé dans ce voyage trois mille francs
peut-être. (Auligny imaginait que Guiscart n'avait pu
voyager qu'en première, en couchette, etc., alors que
Guiscart avait voyagé en seconde, et dormi dans son
wagon, par indifférence au confort; pour tout ce qui
ne regardait pas la volupté, le peintre était un ascète;
ayant tout, il lui était facile de se contenter de peu.)
Songer qu'avec ces trois mille francs on aurait pu
soulager des misères, venir en aide à des veuves d'officiers pauvres!» S'étant étayé, par ce mouvement
tournant, sur les choses saintes, sur tout le sublime,
Auligny ne fut plus un petit amant dépité, parce qu'il
croit qu'on a trouvé moche son amie. Il se sentit
grand comme une montagne, devant un Guiscart
tout petit, tout petit malgré, ou plutôt à cause de ses
splendeurs terrestres. Il se sentit le Bien en face du
Mal, ou peu s'en faut.

Guiscart voyait les mouvements qui se faisaient
dans l'âme d'Auligny, aussi clairement qu'un prépa-
rateur voit les corps chimiques réagir l'un sur l'autre
dans l'éprouvette. «Encore un ennemi que je me suis
fait. Dieu sait pourtant que ce n'était pas dans mes
intentions! Heureusement que je m'en contrefous.»
Si on avait voulu faire une figure allégorique de
M. de Guiscart, on aurait pu le représenter, d'une
main énergique prenant possession de quelque bien
de ce monde, et l'autre, grande ouverte, laissant
échapper ce bien. De même qu'il était accouru vers
Ram d'un fol élan, puis, l'ayant, l'avait dédaignée, de
même sa sympathie pour Auligny ne tenait pas,
devant son indifférence à ce que ce garçon tombât de
sa vie. Son âme était comme les bateaux de Carrier:
il y avait une trappe au fond, et les êtres se trouvaient

tout d'un coup engloutis, sans laisser plus de trace
dans sa sensibilité qu'un noyé n'en laisse sur l'eau.
Qu'Auligny eût pour lui de l'amitié, ou non, cela lui
était égal. Qu'Auligny eût pour lui de l'estime, ou
non, cela lui était égal. Qu'Auligny se fît une idée
fausse de lui, à son détriment, cela lui était égal.
«Car enfin je n'aurais qu'à lui dire, les yeux dans les
yeux: "Les raisons que je t'ai données sont vraies.
Mais il y en a une autre. Je n'ai pas pris Ram parce
qu'un jour cela se serait retourné contre toi — qui
l'aimes, ou vas l'aimer, — contre toi, que je n'ai pas
vu depuis dix ans, et de qui je n'ai jamais été l'ami",
et, tel que je le connais, l'émotion affluerait à son
visage, il me demanderait pardon, en un instant je
me l'attacherais pour la vie. Mais qu'est-ce que j'en
ferais, quand il me serait attaché? Les gens qui me
sont dévoués m'ennuient: ils me créent des obligations envers eux. Et en quoi cela gêne-t-il quoi que ce
soit dans ma vie, qu'Auligny me prenne pour un *sale
type* alors que dans une certaine mesure — mais
enfin une mesure certaine — je me suis sacrifié à
cause de lui?» Et, au fond de lui-même, bien qu'il
vomît le christianisme, Guiscart retrouvait peut-être
ce goût sournois du sacrifice qui avait enchanté ses
aïeux chrétiens, et ce subtil agrément de paraître
moins ou pire qu'on n'est, qui amène parfois un sourire énigmatique sur les lèvres des personnes de
condition.

«Ne parlons plus de cela», dit Auligny, quand ils se
mirent à table. Ils furent très hommes du monde, et
débagoulèrent à merveille de choses et d'autres.
Mais le lieutenant n'y put tenir et se laissa aller, au
café, à la sortie la plus aigre sur ceux «qui ne savent
rien de la vie, parce qu'ils n'ont jamais su ce que

c'est que gagner son pain» (Auligny savait-il ce que
c'était que gagner le sien?), sur «les égoïstes qui se
refusent à toute charge, se dérobent à la paternité»
(Guiscart avait à sa charge deux enfants, quatre
femmes, et servait des pensions à trois femmes ou
familles). Durant cinq minutes, le fiel coula de cet
homme, petit par les vues, mais grand par le cœur,
droit, sensible, généreux, et qui, de même que Guiscart, mais en s'engageant autrement à fond que lui,
n'eût pu voir une possibilité de sacrifice sans la
réclamer pour soi comme un honneur. Mais, noble
ou vil, tout homme est le même quand il est humilié,
ou se croit tel : il devient capable de tout.

On n'humiliait pas Guiscart : il se sentait hors de
portée. Le chevalier lisait toujours dans l'âme d'Auligny. Il trouvait que les sentiments d'Auligny étaient
parfaitement *dans l'ordre*, et il distinguait aussi, pour
avoir bien connu cette amertume, de quelle ferveur
déçue était fait tout cela. «Punir quelqu'un de s'être
emballé sur lui n'est sans doute pas un mouvement
très équitable, mais on le trouve chez tant de gens
parfaits à tous égards qu'on peut dire qu'il est entré
dans les usages, comme l'est, au sein de *nos familles*,
l'acte de ramener en fraude des cigares de Belgique,
ou celui de passer des pièces fausses aux quêtes des
mariages», pensait le chevalier, qui pensait ainsi en
connaissance de cause, ayant puni lui aussi pas mal
de gens, des engouements qu'il avait eus d'eux. C'est
là l'avantage d'avoir affaire à des hommes qui, d'une
part, ont un grand registre humain, ont expérimenté
à peu près tous les sentiments, et jusqu'à ceux qui
selon la logique sont le plus opposés à leur nature, et
qui, d'autre part, ont une lucidité et une agilité assez
vives pour faire réapparaître en eux ces sentiments

lorsqu'ils les rencontrent d'aventure chez les autres. Ces personnes-là excusent toujours, si elles ne vont pas toujours jusqu'à pardonner, car il y a «donner» dans «pardonner», et on ne se donne pas comme cela.

Quand Guiscart, à la fin du repas, dit son désir de prendre le convoi qui, l'après-midi, repassait par Birbatine, sur son trajet de retour à L..., désir qu'il enguirlanda de toutes les honnêtetés possibles, Auligny ne le retint pas. Et même, prétextant une affaire de service, il sortit. «Il n'est pas imposant», se disait-il, voyant que Guiscart avait des chaussettes de laine par trente degrés.

«C'est entendu, pensait-il encore, je suis *moyen*. Saurait-il l'être?» Quelqu'un qu'on croit qui vous dédaigne, parvenir à lui faire croire qu'on le dédaigne; quelqu'un qu'on envie, parvenir à lui faire croire qu'on le plaint; mettre enfin son orgueil dans son infirmité, c'est le mouvement de la plupart des hommes. Le talent de Guiscart, son indépendance, son bonheur, sa fortune, et jusqu'à sa naissance, tout cela se jetait amèrement en Auligny, mais ne s'y jetait que pour y être moqué, foulé aux pieds, et pour qu'Auligny, monté sur ces débris, s'écriât: «Il a tout cela. Eh bien! moralement, et même en réussite, ma vie est supérieure à la sienne.» Ces sentiments étaient si vifs que, lorsque la politesse le força de revenir tenir compagnie à Guiscart, une heure avant le passage du convoi, Guiscart les perçut au seul ton d'une réponse du lieutenant. «Tu es toujours catholique? lui avait-il demandé. — Oui, catholique, catholique croyant et pratiquant», répondit Auligny avec défi, scandant les mots, le regardant dans les yeux.

Le catholicisme *croyant et pratiquant* d'Auligny était celui de quatre-vingt-dix pour cent des catholiques *croyants et pratiquants* : il consistait à faire ses Pâques, à aller à la messe d'onze heures le dimanche, quand cela ne dérangeait pas sa journée, et à passer par l'église pour la naissance, le mariage et la mort ; moyennant cela, les vertus d'Auligny, souvent si chrétiennes, n'étaient jamais en fonction du christianisme, sa piété était nulle, et, pour tout dire en un mot, Jésus-Christ était inexistant dans sa vie. Mais en cet instant, proclamant sa qualité de catholique avec une sorte de fanatisme momentané, qui ne correspondait en lui à rien de réel, il voulait dire : « Tu crois que je suis simplement un médiocre. Eh bien, moi aussi j'ai ma règle de vie dont je suis fier, comme toi tu es fier de ton épicurisme, de ton bohémianisme, etc. Moi aussi j'ai mes certitudes qui me rendent fort et heureux. » Et en vérité, dans cette minute, Auligny était de bonne foi : il croyait que le catholicisme était quelque chose qui lui tenait à cœur. Que ne trouverait-on pas sous ces proclamations de foi religieuse, faites d'une voix vibrante, avec un joli mouvement de menton, par des êtres d'ordinaire assez jeunes ! Pour le savoir il faut y avoir passé soi-même, et en être sorti. Combien de pauvres adolescents se sont promenés à la face des Gentils, le cierge à la main, dans une procession du Saint-Sacrement, sans piété, sans foi sérieuse, sans amour même de l'Église, mais seulement parce qu'il était *chic* de vaincre son respect humain, et délicieux à la vanité de ces faux humbles de se dire : « J'ai ce courage, dût-on me traiter de niais. » Charmant courage, si l'on veut, mais qui ne les empêchait pas d'être, en effet, des niais.

On en a presque honte pour nos deux messieurs de Birbatine : si bien partis, ils furent quasiment au bord de s'empoigner sur l'existence de Dieu. Les «preuves» de l'existence de Dieu, qui sont une des opérations les plus tristes qu'ait jamais produites l'esprit humain, étant pourtant bien au delà de leur registre, ils eussent sombré dans une stupidité sans nom, si Guiscart, se ressaisissant (et songeant que c'était bien son tour d'être un peu impoli, à quoi il s'entendait fort bien, quand le goût lui en venait), n'avait ouvert une revue et ne s'était mis à lire, non sans bâillements, dont il ne s'excusa même pas sur son estomac.

L'arrivée du convoi les sauva. Chacun d'eux, dans cinq minutes, serait débarrassé de l'autre ; cela leur permettait de se supporter. C'était merveille de les entendre faire des vœux pour que le hasard bientôt les réunît à nouveau. L'auto où l'on avait fait place à Guiscart renâclant à être mise en marche, il leur fallut trouver dans les profondeurs de leur belle éducation un impromptu de ressources ; ils faisaient songer à un tailleur luttant de courtoisie avec son noble client : «Vous vous souvenez, n'est-ce pas, que j'ai la cuisse un peu creuse. Mais un homme comme vous, monsieur Amédée, remédier à cela, c'est là qu'il triomphe. — Que dit monsieur le Baron, qu'il a la cuisse creuse ! Monsieur le Baron, au contraire, a la jambe faite au moule !» Seulement, la poignée de main de Guiscart fut une petite catastrophe qui trahit tout. Il tendit deux doigts, sans y penser. Il est vrai que si on lui eût dit : «Deux sur cinq : est-ce la proportion de ce que vous donnez à *votre ami* ?», il eût sursauté : «Comment ! Deux sur cinq !», et il n'eût plus tendu que l'ongle du petit doigt.

Il faut pardonner beaucoup à Tibère, pour un mot
sage et courageux qu'il prononça. Sollicité par le
Sénat de jurer, selon une formule qui était la coutume, «sur ses actes à venir», il s'y refusa, disant
qu'il ne savait pas ce que seraient ses actes, et l'avenir ne montra que trop qu'il avait vu juste, les actes
de sa vieillesse étant comme incompatibles avec ceux
de sa jeunesse et de son âge mûr. Chacun de nous est
un monstre d'incohérence, et le mal serait diminué
si, comme Tibère, nous nous refusions à engager nos
actions et nos sentiments futurs. Mais non, nous
nions notre incohérence, nous nous fâchons si on
met en doute notre unité. À peine l'auto qui emportait Guiscart commença-t-elle de s'éloigner, Auligny
sentit que Guiscart allait lui manquer durement.
Entre ces deux maux, un Guiscart hostile, et cette
solitude, le second lui parut le pire.

Guiscart, lui, dans l'auto, se prétendait enchanté.
«Jamais je ne m'amuserai à aller chercher un cœur
humain, pour voir ce qu'il y a dedans. Mais quand
l'occasion s'en présente, cela m'intéresse, et ce
bougre m'a fait voir dans un cœur humain. Et puis,
venir pour cette belle petite, et ne pas la prendre, et
me sacrifier pour un daim dont je me fiche comme
de colin-tampon, tout cela est bien dans mon style de
vie.» Or, lui aussi, comme Auligny, tourna du tout.
À L..., il se disait: «Quand même, qui on arrive à
fréquenter, par lâcheté, par désœuvrement! C'est
une des condamnations du voyage. Et cela vous
retombe toujours sur le nez, d'avoir fréquenté un
imbécile, sous quelque prétexte qu'on l'ait fait. Il n'y
a qu'*une* sorte de "liaison dangereuse": celle avec un
imbécile.»

C'était, sous une forme tranchante, exprimer cette

vérité, qu'il n'y a pas intérêt à ce que des êtres d'espèces différentes se rencontrent autrement que sur le plan le plus superficiel ; et Auligny et Guiscart étaient sans contredit d'espèces différentes. Guiscart se sentait honteux de lui-même, comme un homme qui a levé une grue à la nuit tombée, l'a caressée jusqu'au matin dans le noir, et à l'aube découvre qu'elle est affreuse. Comme cet homme, il se trouvait diminué. Il avait la sensation qu'on lui avait pris quelque chose.

Quelques heures après le départ de Guiscart, Birbatine reçut un message de L... Ce matin, à dix heures, un convoi civil se dirigeant de Sidi Aziz sur Bou Aioud avait été enlevé en partie par un djich de trente fusils, à quinze kilomètres de Sidi Aziz. Le djich avait pris la direction de l'est. Trente Sahariens sur camions avaient déjà quitté Sidi Aziz pour tenter de lui couper la route. Ordre à Auligny de partir à l'aube, avec trente mokhaznis et huit jours de vivres, et d'occuper les points d'eau d'Iguiz, où les avions le tiendraient au courant.

Guiscart, Ram, en une seconde tout est balayé. Le casse-pipe ! Une citation ! Qui sait, la croix peut-être !

XIII

Les mokhaznis galopaient, suivis par leur poussière. De djich, aucune trace. Non pas un ciel ceinture d'Immaculée-Conception, tel qu'on se représente souvent le ciel du désert, mais un ciel voilé, laiteux, opaque, comme de verre dépoli. Une chaleur puissante, sans être accablante. Le bled, vert jaune et noir, ici parsemé de plantes toutes pareilles à de la rocaille verdie par la mousse, là, de pierres plates, noires et bleuâtres comme le bitume, et qui de loin, tant elles luisaient, semblaient des flaques d'eau : on eût dit un terrain après un orage violent. À l'Orient, des montagnes fuyantes, convulsives, léonines, dont les teintes, en se dégradant, disaient les plans successifs. Les mokhaznis corsetés de buffleteries étincelantes, sous leurs turbans délicatement teintés de vert très pâle. Les petits chevaux excités par l'espace, fiers de leurs queues, aux croupes de lumière. Et, en avant, Auligny, plein d'une excitation un peu facile, mais bien sympathique, Auligny tout dénué d'orgueil personnel, mais qui retrouve l'orgueil par celui de l'uniforme, — formule qu'on pourrait appliquer à la plupart des officiers.

Du moins, ç'avaient été là ses sentiments pendant

la première partie de la journée. Plus tard, un peu de déception était venue. Pas de djich, et Otero (Poillet était resté à Birbatine, pour commander le poste) disait que, en cinq ou six reconnaissances, jamais ils n'en avaient accroché un seul.

Maintenant on bivouaquait pour la nuit. On s'était installé au sommet d'un promontoire qui, de loin, tout à l'heure, donnait l'illusion d'un hangar de dirigeable érigé dans l'étendue plate. Par devant il se dressait à pic ; par derrière il mourait en pente assez raide. Par devant, le bled à perte de vue. Par derrière, quatre tentes plates de nomades. Et dans tout ce camp de nomades, il n'y avait de mouvement que celui de la queue d'un chien jaune, qu'on voyait remuer, à quelque deux cents mètres.

Auligny se fit amener quelques-uns des nomades, desquels il ne put tirer rien d'intéressant. Puis, ayant dîné, et allumé une cigarette, il descendit le long du contrefort. Son but était d'aller voir le coucher de soleil, et pour cela de contourner un piton rocheux qui masquait l'occident. Depuis sept semaines qu'il était dans le Sud, jamais l'idée ne lui était venue de regarder le coucher du soleil, autrement que d'un regard distrait, et lorsqu'il trouvait ce phénomène sous ses yeux. Mais, ici, il était dans l'état d'esprit du Parisien qui ne verra même pas le ciel, s'il s'agit du ciel de Paris, et s'extasiera à son endroit, s'il passe une journée à la campagne.

C'était aussi sa première nuit sur la dure, en plein désert, et il voulait écrire là-dessus à Mme Auligny une lettre littéraire, avec *descriptions* à la clef. En effet, l'imagination saharienne (mirages, couchers de soleil, oasis enchantées, réminiscences bibliques, etc.) n'est pas seulement le lyrisme des gens qui ne sont pas poètes. Elle a une arrière-pensée patriotique qui au début avait échappé à Auligny. L'imagination saharienne (ou marocaine) peut être synthétisée tout entière dans la comparaison que fit le général Drude à ses troupes se rembarquant. En bas, leur dit-il à peu près, vous voyez la mer bleue ; au-dessus, Casablanca la blanche ; et au-dessus encore le ciel rouge du couchant : c'est l'image de notre drapeau que vous avez déployé sur le Maroc. Depuis lors, toute description du Maroc ou du Sahara en revient toujours à figurer peu ou prou, comme dans l'allocution du brave général, le drapeau tricolore. L'imagination saharienne travaille à augmenter la valeur morale de la terre que nous conquérons, et à faire passer ainsi plus aisément les sacrifices de tout genre que nous coûte cette conquête. L'imagination saharienne joue donc sa partie dans une politique, et c'est de cela qu'Auligny avait fini par prendre conscience. Hier, par exemple, quand Guiscart avait dit que, dans les oasis, les aiguades sont pleines de reptiles, Auligny avait jugé qu'il parlait en mauvais Français. « C'est ça qui donne envie d'y aller ! » avait-il grommelé, et cette réaction, qui est d'abord celle d'un directeur d'agence de tourisme, est aussi celle du patriote : dire qu'il y a des reptiles dans les oasis du Sahara français, c'est à la fois diminuer l'excellence de nos possessions, et, en dégoûtant peut-être quelque touriste possible, faire du tort à l'industrie nationale, dont le tourisme saharien est une branche. Et le délit est bien plus grave, on le devine, si vous dites cela devant un Anglais ou un Américain : cela devient proprement une trahison.

Aussi Auligny voulait-il faire du Sahara une description qu'il fût impossible de lire sans prononcer le

mot : «ravissant». Autant, en effet, ses premières
lettres avaient été naturelles et spontanées, autant,
depuis «Racine et le désert», dont le retentissement
lui était revenu, il y mettait un certain apprêt. Son
désir, c'était qu'elles *fissent du bien* et il y créait de
toutes pièces, en plein sublime, une image extraordinairement fausse de l'officier du Maroc, destinée à
faire une sorte de propagande en faveur de l'armée
parmi les relations des Auligny. Pouvait-il ignorer en
outre que, s'il était tué, ses lettres seraient publiées
dans le Bulletin des Anciens Élèves de la rue des
Postes ? que même, sans doute, sa mère les réunirait
en plaquette ? Et s'il souhaitait sincèrement le succès
de son apostolat, encore n'oubliait-il pas qu'il en tirerait profit pour sa réputation. Servir, c'est aussi se
servir.

Il faut tout dire : les lettres d'Auligny *en remettaient*
un peu. Si la vie, à Birbatine, avait été héroïque, ou
seulement difficile, il eût à dessein, dans sa correspondance, atténué la réalité, par délicatesse. Les circonstances étant plates, il la grossissait. «Me voici
seul, perdu dans le désert... Le ravitaillement n'est
pas toujours très régulier... Des djiouch sont sans
cesse signalés aux environs...» Tout cela n'était pas
absolument faux, mais enfin n'était pas tout à fait
exact. Il allait jusqu'à la cruauté inconsciente des
enfants : «C'est ici qu'a été assassiné il y a quatre
ans, par les dissidents, le lieutenant Pluvier» (cela
était exact). La pensée que sa mère tremblait pour lui
caressait en retrait ce garçon si honnête. Et en effet
Mme Auligny tremblait, s'enflammait, et en remettait
à son tour. «Lucien est isolé de tout ravitaillement,
au cœur du désert, environné par les djiouch... Et,
au milieu de tout cela, toujours gai comme un pin-

son!» Les lettres d'Auligny n'avaient rien de particulièrement gai, mais il était entendu une fois pour
toutes, dans l'esprit de la bonne mère, que Lucien
était toujours gai; de même, bébé, il était entendu
qu'il «ne pleurait jamais», bien que, comme tous les
bébés européens, il beuglât pour se rendre intéressant; de même, enfant, bien que souvent indisposé, il
«n'était jamais malade». Et récemment encore, bien
qu'il eût écrit que, en traversant le détroit de Gibraltar, «tout le monde avait payé son tribut au mal de
mer», Mme Auligny avait publié que «seul, avec le
capitaine, il n'avait pas eu le mal de mer». Mme Auligny eût arraché les yeux à qui lui eût dit qu'elle mentait. Elle mentait de bonne foi.

À six heures il.faisait plus chaud qu'à cinq, le ciel,
demeuré voilé tout le jour, s'étant dévoilé vers cinq
heures et demie; et ce soleil, qui ne naissait que pour
mourir, densifiait cependant la chaleur. Le camp des
nomades s'animait avec le soir. Un enfant porteur de
feu circulait d'une tente à l'autre. Une petite fille
habillée de grenat s'éloignait du campement. De
grands feux de palmes rougeoyaient, et des fumées
bleues s'en élevaient, minces et hautes, comme des
fils jetés entre la terre et le ciel. Le lieutenant, ayant
contourné le piton de rochers, perdit de vue les
tentes, et s'assit sur une des pierres bleuâtres, parmi
les peaux de vipères, tombées à la mue et desséchées,
qui couvraient les pierres, semblables à des lambeaux de gaze délicate; mais Auligny, déjà «vieux
Saharien», se sentait en disposition à dompter les
vipères, comme le Parisien à la campagne dompte le
vertige, la marée, l'insolation, se baigne après déjeuner, etc. Et il s'absorba dans le coucher du soleil,
dont il distingua tout de suite qu'il était bleu et rose:

une bande bleue en dessous, puis, sans transition, une bande rose au-dessus, puis, sans transition, une bande mauve au-dessus, puis le grand bleu éteint du ciel. Après quelque temps, il distingua aussi que ces quatre teintes étaient, exactement, des teintes de pastel. Là-dessus, sentant qu'il tenait sa *description*, il allait se lever, quand son attention fut arrêtée par une bergeronnette qui se promenait autour de lui.

Se promenait est le mot : pas une fois il ne la vit voler. Elle sautillait d'une pierre à l'autre, parfois faisant une pause sur une d'elles, à quatre mètres environ du lieutenant. Cet oiseau toujours à terre, comme s'il ne savait pas voler, son manège de se rapprocher du lieutenant, et de rester près de lui, comme s'il avait quelque chose à lui dire, qu'il n'osait pas dire, touchaient Auligny (et l'eussent touché bien davantage s'il avait lu les poètes persans, pour qui les oiseaux sont toujours des confidents et des messagers). Tout à coup il entendit marcher derrière lui, se dressa d'un saut, la main sur le revolver, et se trouva devant la petite fille en grenat.

Elle paraissait douze à treize ans, et elle était laide : noirâtre, luisante, lippue, tatouée. Elle écarquilla les yeux, hocha la tête, avec une mimique tout européenne destinée à exprimer la frayeur et elle dit en français :

— Toi pas peur ! (Elle étendit sa petite main sèche vers le sud.) Là-bas, plein des Moros. S'ils te prennent (elle se passa le tranchant de la main sur la gorge), ils te coupent la tête.

— À moins que ce ne soit moi qui la leur coupe !

Après cette fière réplique, Auligny s'abandonna à l'étonnement d'entendre cette petite Bédouine parler si bien le français. Ce mot de *Moro* lui rappelait la

phrase émouvante citée par Guiscart. Et la façon
qu'avait cette enfant barbare de le mettre en garde
contre l'ennemi, de prendre en quelque sorte parti
pour lui, contre les siens, lui parut gentille. Dans son
esprit, il la rapprocha de la bergeronnette : toutes
deux si familières.

— Comment sais-tu si bien le français ?
— Toujours, j'ai été à L..., toujours, avec ma mère.
Et toi, qu'est-ce que tu fais ici ?

Quelle effronterie ! Elle s'était rapprochée d'Auligny, l'empestant d'un de ces violents parfums dont
s'enduisent les femmes bédouines. Comme il s'était
rassis sur sa pierre, elle se trouvait entre ses jambes,
contre lui, tripotant ses écussons, en prononçant le
chiffre, peut-être pour montrer qu'elle savait aussi
lire. Auligny était très gêné en pensant que quelqu'un
pouvait apparaître. Et en même temps, cette souillon
de douze ans, laide, sale, déguenillée, dont il sentait
le corps chaud entre ses cuisses, cela lui était bon.
D'une voix troublée, il lui disait n'importe quoi, pour
motiver qu'elle restât là.

— Quel âge as-tu ?
— Comme toi.
— Mais non, voyons ! Alors, tu ne sais pas ton âge ?
— Ma mère le sait.
— Tu as des frères ? des sœurs ?

Elle prit la main de l'officier, l'installa bien dans la
sienne, en referma un des doigts dans la paume. « Il
y a un petit frère. » Un autre doigt. « Il y a une petite
sœur », et ainsi des cinq doigts. Puis elle lui passa la
main sur le menton : « C'est bien, dit-elle, d'un air
entendu. Les Arabes, beaucoup de la barbe : pas
bien. — Va-t'en », lui dit-il, se levant, cherchant de la
menue monnaie.

Elle le prit à bras-le-corps, collée contre lui, se tenant des mains, par derrière, aux basques de sa tunique, et levant son visage vers le sien.

— Tu sais, moi, je suis permise. J'avais ma carte, à L... Permise avec les civils et les officiers. Pas avec les soldats ni avec les Arabes. Allez, viens faire coucouche. Tiens, juste à côté, il y a un trou dans le rocher. Et tu sais, je suis saine.

Ce langage de maison close, dans la bouche d'une fillette, et d'une fillette de nomades, au cœur du désert, c'était presque effrayant. Ah! ils ne le trompaient pas, ceux qui lui disaient que les gamines du bled étaient souvent plus intelligentes que celles des villes! L'esprit d'Auligny repoussait de toutes ses forces cette petite ordure, et en même temps, *parce qu'*elle lui paraissait un monstre, *parce qu'*elle était laide, *parce qu'*elle sentait fort, *parce qu'*elle avait un misérable corps de grenouille, que la puberté n'effleurait pas encore, Auligny, homme normal, de la sexualité la plus claire, sentait en lui un désir tel qu'il n'en avait pas senti, même le jour où, à genoux, il baisait les jambes de Ram venant chez lui pour la première fois. Il marcha vers le creux dans le rocher, que léchaient des plantes féroces, aiguës comme les flammes de l'alcool. Il l'avait à peine touchée que déjà elle faisait «rha... rha...», une comédie de basse putain, si visible et si vulgaire qu'il lui cria: «Mais tais-toi donc!» Il la posséda, non pas rapidement, en homme qui avale une potion amère, mais lentement, longuement, avec une jouissance très forte, lui cachant le visage de sa main gauche, pour ne pas voir sa laideur. Il avait beau savoir qu'on pouvait les surprendre, il n'en allait pas plus vite, comme le chacal a beau flairer l'homme, quand l'homme lui amène en appât un chevreau, il vient, tant le chevreau lui fait envie. Seulement, à peine se fut-il délivré, il l'eut en horreur. Il lui aurait craché dessus ; relevé, il lui aurait mis le pied dessus, comme sur un reptile. Il lui donna un billet de cinq francs. «Allez, fous le camp maintenant!»

Elle inclina la tête de côté et le regarda, avec tristesse, et comme si elle le jugeait.

— Tu as joui, et maintenant tu me dis : «Fous le camp!»

— Tiens, dit Auligny, lui donnant un autre billet de cinq francs. Mais fous le camp tout de suite, tu entends!

La terreur que quelqu'un des tentes, ou bien un des mokhaznis, n'apparût à l'improviste — le bivouac était si proche qu'il entendait les chantonnements des hommes, rythmés de coups donnés sur un fond de gamelle, — était telle maintenant qu'elle le rendait comme fou. Il lui planta les yeux — ses yeux égarés — dans les yeux, la menaça du doigt avec violence.

— Et si tu as le malheur de dire un mot à quiconque, tu entends, je fais foutre le feu à vos tentes.

Puis il étendit le bras, d'un geste sans réplique, dans la direction du camp des nomades :

— Par là-bas, tout de suite!...

Il dit, fit volte-face, et d'un pas rapide marcha vers le bivouac. Il n'avait pas fait cinquante mètres qu'il entendait un claquement de troussequins, puis deux cavaliers se profilèrent sur le ciel déjà presque nocturne : Mohand et un autre mokhazni, qu'Otero, un peu inquiet, envoyait à sa rencontre.

Il revint avec eux. Lorsqu'ils furent aux abords du bivouac, alors seulement une sorte de sens l'avertit que, marchant au pas, derrière et entre ces deux indigènes à cheval, il présentait aux yeux des hommes l'image d'un officier français ramené prisonnier par des Marocains, les poignets attachés à leurs étriers, et il leur donna l'ordre d'aller en avant. Mais son âme était bien celle d'un prisonnier: pleine de honte et de défaite.

Roulé dans son burnous, incapable de dormir, cette sensation qu'il pouvait tout, impunément, parce que Français et parce qu'officier, cette sensation, qui en avait débridé tant d'autres, lui faisait horreur. «Je la traitais de monstre. Et moi donc, que suis-je? J'ai b... une petite malheureuse de douze ans, et rien ne peut empêcher que je n'en aie eu du plaisir. Et, ce plaisir pris, je l'ai menacée de faire mettre le feu à son foyer. Pour la première fois depuis que je suis au Maroc, j'ai fait la grosse voix, j'ai montré les dents. Et contre qui? Contre une enfant, et contre une enfant de qui je venais de tirer une jouissance infâme. Et pourquoi? D'abord parce que j'étais dans mon tort; ensuite parce que j'avais peur. Et je suis un chef, et j'ai été élevé dans un milieu, dans des idées, parmi des êtres qui sont moralement ce qu'il y a de mieux. Que sera-ce alors des autres! Comment pourrai-je maintenant accuser qui que ce soit? Si Otero avait fait ce que j'ai fait, et si je l'avais su, je l'aurais jugé pour la vie: une brute. Et cette brute, c'est moi. Et cependant je ne suis ni mauvais ni bas.»

Il revoyait toujours son regard, quand elle penchait la tête de côté — «Tu as joui, et maintenant tu me dis: Fous le camp!», — et ce regard ressemblait au regard que lui avait jeté, il y avait des années de cela, dans un château de Bretagne, une fière jeune fille peu heureuse, lorsqu'il lui avait dit qu'il ne l'épouserait pas, qu'il n'y avait jamais songé. Une jeune châtelaine, et une petite roulure bédouine, et, à travers un tel monde de différences et d'incommensurable, ce même, ce *même* regard qui le jugeait...

Le lendemain, peu après l'aube, sous une lune encore visible, transparente, nacrée comme une « semelle du pape », Auligny, pour se dégourdir les jambes, était descendu à pied vers le point d'eau, le long de la file indienne des chevaux que les mokhaznis menaient s'abreuver. Auprès du point d'eau, les chevaux attendaient leur tour, blancs pour la plupart, rayés de sang séché dans le rayon des étriers, rose carmin sur le dos, où la selle avait déteint, d'un noir bleuâtre et lustré aux genoux. Pour une attente d'une minute ou deux, la plupart des hommes s'accroupissaient sur les talons. « Combien cette race aime n'être pas debout ! On voit des indigènes qui piochent leur jardinet, et ils piochent *assis* ; des coiffeurs arabes qui coupent les cheveux à un client, et ce faisant ils sont *assis* ; des chiens arabes qui aboient à se décrocher la gueule, et ils aboient *assis* ; à l'appel du matin, les jours de Sécurité, il y avait des mokhaznis qui, pour répondre "présent", restaient *assis*. » Soudain Auligny vit la petite en grenat, auprès du puits. Il chercha dans son portefeuille un billet de vingt francs à lui glisser, mais n'y trouva que des billets de cent francs. Elle l'aperçut ; il la rejoignit avec naturel, comme eût pu le faire tout officier s'amusant à faire babiller une petite indigène pas sauvage, mais ce naturel exigeait de lui beaucoup de contrainte. Et il lui dit en souriant :

— Alors, tu vois que je n'ai pas mis le feu à tes tentes ! Tu avais bien compris que je plaisantais, hein ?

— Pourquoi que tu m'as dit : « Fous le camp » ?

Quand tu m'as renvoyée, j'ai pleuré pendant une demi-heure.

— Diable ! fit-il, riant franchement de ce tour *classique* qu'avait toujours sa petite comédie de courtisane. Elle devait répéter comme un perroquet toutes les phrases qu'elle avait entendues dans la tanière sacrée de sa maman, sans nul doute prostituée à L...

Soudain il vit qu'elle pleurait. Les larmes coulaient sur ses joues (inaperçues des mokhaznis, auxquels elle tournait le dos). Pas un instant Auligny ne pensa que ce fussent des larmes de chagrin. De même que la veille, quand elle avait commencé à parler, il fut abasourdi, et rien de plus, abasourdi comme devant un petit monstre de précocité perverse et de roublardise. Car enfin, ces larmes, il les voyait ! Elle avait donc un truc pour se faire venir des larmes à volonté, comme les actrices ? Il y avait là quelque chose d'infernal.

— Rapproche-toi du bivouac, lui dit-il. Je vais te donner vingt francs. Mais je ne les ai pas sur moi et il faut que je les demande.

Toujours avec une aisance affectée, il remonta vers le bivouac. À ce moment, des ronflements d'avion lui firent lever la tête. L'avion de signalisation !

On déploya les panneaux. L'avion disait de continuer dans la même direction jusqu'à minuit, et, si on ne trouvait nulle trace, de reprendre le lendemain, à la première heure, le chemin du retour.

Tout le temps que dura cette manœuvre, Auligny ne s'occupa plus de la petite. Quand l'avion s'éloigna, il la revit, parmi des gamins qui stationnaient autour du camp.

Déjà Mohand lui amenait son cheval, qui dansait comme une jeune gazelle, du plaisir d'avoir été lavé.

Un mokhazni jetait de l'eau sur les cendres, pour que l'inconnu, qui pouvait venir, ne les trouvât pas chaudes. Les petites herbes foulées la nuit par les bêtes et les hommes commençaient à se redresser. Comment demander à Otero ou à El Ayachi un billet de vingt francs, et le donner à cette petite, devant cette troupe aux yeux fixés sur lui, devant ces gamins trop éveillés? Il cherchait le prétexte, et ne le trouvait pas, et le temps passait. Il eût pourtant été simple d'imaginer, par exemple, qu'hier, dans sa promenade au crépuscule, Auligny avait voulu boire du lait chez les nomades, et n'avait pu payer, faute de monnaie, — cela ou autre chose. Mais ce geste de donner publiquement de l'argent à une petite fille, qu'Auligny eût fait sans y penser, s'il avait eu la conscience tranquille, la mauvaise conscience le lui présentait comme une montagne de difficultés. Le courage qu'il avait disponible pour ce genre de choses (courage qui n'était pas très grand), il l'avait épuisé en causant avec la petite, au point d'eau, sans souci des mokhaznis. Souvent on mène à bien un acte qui vous coûte, et puis, s'il faut le recommencer, alors que le succès de la première épreuve devrait vous rendre aisée la seconde, cette seconde épreuve, on y échoue, lamentablement on se dégonfle: on avait donné toute son énergie en une fois.

Les hommes étaient en selle; on n'attendait plus qu'Auligny. Il sauta à cheval. Pas une fois il ne retourna les yeux vers l'endroit où il savait la rencontrer, elle et son regard qui dirait: «Hier, la menace de mettre le feu. Aujourd'hui, la promesse non tenue.» Il éperonna sa bête, et la troupe se mit en marche.

À mesure qu'ils allaient, de son tumulte douloureux une idée nette se dégageait. Dire à Otero:

«Sapristi, j'ai dû laisser (n'importe quoi) à l'emplacement du bivouac. Continuez, je pars au galop le
chercher»; revenir, donner à la petite un des billets
de cent francs qui se trouvaient dans son portefeuille. Cette idée folle, rien n'était plus facile que de
l'exécuter, — et cependant, mètre par mètre, ils
s'éloignaient toujours davantage, et il ne se décidait
pas à le faire, non parce que cela eût été fou, mais
simplement par manque d'audace; une timidité pas-
sionnée le paralysait. Ce que fut sa lutte, faut-il le
dire? Lorsqu'il sut bien qu'il était trop tard, alors
seulement il se retourna; et la lutte cessa, et il n'y eut
plus qu'un remords sans mesure. L'emplacement du
bivouac avait disparu. Les vautours qui l'encer-
claient depuis l'aube avaient dû s'y poser, le dernier
homme parti, car dans le ciel blanc on ne les voyait
plus. De vingt, de trente kilomètres peut-être, on
entendait encore le bourdonnement de l'avion,
conduit par cet air vierge. Aussi loin que le regard
pouvait s'étendre, ce n'était que flamboiement, per-
manence, et solitude.

— Qu'est-ce que c'est?
— Mon lieutenant, un des hommes a été piqué. El
Ayachi n'a pas osé vous réveiller lui-même…
Auligny se leva sur un coude et reconnut vaguement, dans la nuit obscure, Otero et El Ayachi. Le
chech (écharpe arabe) glissa de sa bouche, où entra
un air qui lui parut froid. Il frissonna. Ses yeux
ensommeillés le brûlaient. Et toujours ces réveils
brusques lui faisaient battre le cœur. Celui-ci, entre
tous, à cause de sa grande fatigue, lui était pénible
comme un cauchemar.

— Qu'est-ce qu'il y a? redemanda-t-il, mal éveillé.

— Mon lieutenant, un des mokhaznis vient d'être piqué.

— Et qu'est-ce que vous voulez que j'y fasse? Il fallait battre le terrain.

— On ne sait pas si c'est une vipère à cornes ou un scorpion.

— Vous saurez ça demain. Si le type est crevé, c'est une vipère. S'il est vivant, c'est un scorpion.

— Alors, mon lieutenant… rien à faire?

— Vous le savez bien, qu'il n'y a rien à faire.

Otero salua, et Auligny sombra dans le sommeil.

Il eut un rêve. Il était en train de jouer au hockey. Ram, dans le camp adverse, faisait une «descente» à ses côtés. (La première fois qu'il rêvait d'elle!) Et, lui, il mettait sa crosse contre la sienne, essayait de l'empêcher de jouer, non pas selon les règles du jeu, mais vilainement. Alors elle s'arrêtait et elle se mettait à pleurer. Puis, dans ses larmes, elle lui demandait: «Pourquoi que tu m'as dit: "Fous le camp"?»

Du moins, il se souvenait de cela, car il était réveillé, maintenant, au centre du bivouac, les yeux tournés vers le ciel sans étoiles, dans l'odeur de cuir des cavaliers. Des chevaux, avec des hennissements aigus, pareils à des rires de femmes, se battaient, frappaient du sabot, cherchaient à se défaire de leurs entraves. Un homme se leva et alla consoler les entraves; enfin ils s'apaisèrent. Auligny se tourna sur le côté. Le feu semblait éteint sous ses cendres, mais parfois une flamme sautait, éclairant un instant le visage d'une sentinelle dans son chech resté obscur, et allongeant sur le sol son ombre. Les chevaux ronflaient maintenant, sauf un, tout proche d'Auligny, qui mastiquait interminablement quelque immondice qu'il avait découverte ; et parfois on entendait le bruit court — comme si la bête, à la façon d'un cambrioleur nocturne, s'était immobilisée dès qu'elle s'était entendue — d'un fennec ou d'un chacal qui faisait la chasse aux gerboises. Et Auligny voyait Ram, Ram quand elle voulait dire non en abaissant les coins de la bouche, — et la petite en grenat, — et Boualem, la tête inclinée sur l'épaule (comme elle !), les yeux baissés, appuyé contre le chambranle de la porte, qui disait : « Non, les Français ne sont pas gentils… », — et Jilani, pendant que Ménage jetait des noyaux de dattes sur la terrasse, en faisait fuir les petites filles, — et le vieux caïd aveugle, attendant pour se présenter que les lieutenants eussent fini de causer entre eux, — et Guiscart, le regard au loin, disant : « Pauvre race vaincue… ». Brusquement, il se rappela le mokhazni piqué.

Il se leva, et se trouva debout au milieu des hommes étendus. Ils dormaient, le visage caché, ou seulement le chech sur la bouche, dans des poses enfantines, les uns si recouverts et si recroquevillés qu'on n'eût pas dit des personnes humaines, les autres, au contraire, naïvement étalés et livrés. Quelques avant-bras étaient dressés, verticaux ; aux doigts de ces hommes rudes brillait parfois une bague très fine, et les jointures de leurs doigts luisaient. Comme il les voyait pareils à des cadavres, une association d'images rappela à Auligny ce fait notoire : dans leurs rencontres entre eux, de tribu à tribu, il leur arrivait d'enterrer de leurs blessés, qui respiraient encore, pour que l'ennemi ne les mutilât pas. « Sont-ce là des hommes ? se dit-il. Suis-je dans *ce qui est juste* en me dérangeant pour l'un d'eux ? » Il soupira et alla réveiller El Ayachi. Ils se dirigèrent vers le blessé.

Tantôt, Auligny rendormi, El Ayachi avait scarifié le pied du blessé avec son couteau poisseux, et l'avait trempé dans de l'eau bouillie sur le feu. Puis il avait fait une ligature au-dessus de la cheville.

Quand ils virent l'homme, jaune, immobile, la bouche ouverte, Auligny eut une certitude électrique : il était mort. El Ayachi lui pinça le nez pour le réveiller. Il étouffa et ouvrit les yeux. Ils regardèrent le pied, enflé et ridé tout ensemble, à la manière de certains visages de poupons. L'entaille rouge ne saignait plus. L'homme la fixait avec cet air étonné qu'ont les gens qui viennent de recevoir une balle dans la peau, et qui contemplent leur sang comme s'ils ne l'avaient jamais vu. Tout d'un coup il parut comprendre, et, saisissant une pierre qui se trouvait à sa portée, se mit à frapper sauvagement son pied avec cette pierre, pour en chasser les génies qui le tourmentaient, tandis qu'il écartait le buste autant qu'il pouvait, de crainte de se trouver sur le chemin des génies quand ils sortiraient. Enfin il retomba en gémissant.

Auligny se coucha de nouveau et s'endormit.

Quand il s'éveilla, l'aube se répandait au fond du ciel lointain, qui bientôt devint rose, d'un rose glacé de serpent. Les corbeaux survolaient le bivouac, se posaient sur ses confins, vous poussaient dehors pour faire la relève. Les chevaux hennissaient, ayant senti l'orge fraîche. Le mokhazni blessé se leva en geignant. Sa voix larmoyante évoquait celle des mendiants professionnels. Venant en suppliant à Auligny, il lui expliqua on ne sait quoi, voulut lui baiser la main et, comme Auligny retirait la main, baisa ses propres doigts, avec des tremblotements. Au départ, on le hissa sur son cheval ; son pied était énorme. Cette morsure, cependant, n'eut aucune suite.

Plus tard, El Ayachi devait laisser entendre à Auligny que des hommes avaient vu le scorpion avant qu'il ne mordît le blessé. «Alors, pourquoi ne l'ont-ils pas tué?» El Ayachi dit avoir posé la question: les hommes lui avaient répondu que les scorpions ne leur avaient jamais fait de mal. La vérité était qu'ils révéraient les scorpions, parce qu'ils avaient peur d'eux. Plutôt laisser mordre le camarade, qu'irriter la bête vaguement divine.

Le soir, on était de retour au bordj.

Le lendemain. Une heure. Dans la palmeraie, Ram rassemblait des palmes, en compagnie de sa petite cousine, Zorah; elle, toujours en guinée, l'autre vêtue d'une robe capucine dont la teinte répondait à celle des fleurs d'un grenadier proche. Zorah, s'étant blessée au mollet, y avait enroulé une feuille de palme en manière de bandage: asepsie! asepsie! Ram entendit le pas d'un cheval et, au-dessus des murs bas, vit le visage d'Auligny. Elle laissa passer un instant, puis, donnant sa charge à Zorah, lui dit de rentrer au ksar, qu'elle allait la suivre. La petite fille s'en alla. Encore un instant, et Auligny poussa son cheval auprès de Ram. Mais avant tout il la gronda. Dans l'un des petits trous qu'elle avait au lobe des oreilles, elle s'était passé en guise de boucle d'oreille une épingle anglaise! Sur les instances d'Auligny, elle l'enleva.

— Tu pourras venir, tout à l'heure?
— Si vous voulez.
— Mais quand? Tout de suite?
— Si vous voulez.

Sa reconnaissance éclata, déborda, en paroles qu'il

n'aurait pu retenir. Toujours «si vous voulez»!
Comme les choses avec elle étaient faciles! Comme
elle simplifiait et adoucissait la vie! Elle souriait,
gentiment. Elle était toute dans l'ombre, mais le
soleil avait les pattes sur ses épaules.

— Pourquoi ne voulais-tu pas, d'abord, avec mon
camarade?

— Vous, je vous connais.

— C'est la première fois que je t'ai vue méchante...

Le souvenir de cette «méchanceté», de cette
«résistance», l'emplissait d'amour. Après tout, ne
devait-il pas en être fier? Elle le préférait à Guiscart.
Pour la détacher davantage encore de l'autre, il lui
dit: «Je crois que tu n'as pas plu à mon camarade»
(et, en effet, il le croyait). Il prolongeait cette minute,
sans crainte. Dans une oasis vous vous sentez toujours plus ou moins surveillé. On entendait, assez
loin, le grincement de poulie d'un puits, indiquant
une présence. Et peut-être y avait-il qui les épiait, là-
haut, dans le feuillage d'un dattier, quelque enfant
immobile, émouvant comme la corolle humaine de
cette grande fleur ébouriffée. Mais la terreur qu'avait
Auligny, l'autre jour, qu'on le surprît avec la petite
en grenat, venait de sa honte. En ce moment-ci, son
sentiment pour Ram était tel que, quoi qui fût
advenu, il eût tenu la tête haute. Tout cela, et dans ce
décor, l'aimable sujet de chromo!

— Si je n'étais pas venu te chercher ici, comment
nous serions-nous retrouvés?

— Oh! je savais bien que vous viendriez.

(Cela très simplement, sans la moindre intonation
de triomphe. Ah! non, certes, ce n'était pas une
Européenne!)

Auligny ne se lassait pas de la regarder, en se répé-

tant : «Dans une demi-heure elle sera dans mes bras.
Ô sécurité!» Un souffle chaud venait du côté du
désert. Les palmes se balançaient lentement, molle-
ment, comme des femmes pleines de langueur. Il y
avait des gazouillis d'oiseaux, des crécelles de grenouilles, parfois l'ébrouement d'un âne invisible, ou
le bruit globuleux de quelque petite vie qui sautait
dans l'eau. Et les arbres, là-haut, se faisaient leurs
murmures, comme s'il y avait au cœur de chacun
d'eux une bête qui crissait.

À l'instant de partir, la tentation fut trop forte. Si
on les voyait, eh bien, tant pis! Il fit faire un pas à
son cheval et, se baissant, saisit cette bonne tête et la
serra contre sa cuisse.

Puis il se dirigea vers le ksar. Combien de fois se
retourna-t-il pour voir si elle apparaissait, à l'orée de
l'oasis? Enfin elle déboucha, les bras pleins de
palmes, tenant un pan de son voile entre ses dents, ce
qui était un de ses grands plaisirs, et elle marchait
avec les pas menus, pressés, de ceux qui vont pieds
nus, — ces pas que rappellent ceux des mules. Le
cœur d'Auligny bondissait de bonheur. Jamais il
n'avait eu pour elle un pareil gonflement d'amour.

Un amant qui voit son objet dédaigné par une
tierce personne s'éloigne de lui ou s'en rapproche : il
ne demeure pas immobile. Auligny n'eût pas été Auligny si le prétendu dédain de Guiscart, à l'endroit de
Ram, ne l'avait jeté vers elle. Il lui sembla qu'ils se
pelotonnaient l'un contre l'autre, tous deux à l'écart,
rejetés par la société dans leur bled aride. Quelques
instants plus tard, tenant entre ses mains cette tête si
ronde, il la ramenait vers lui, la bouche dans ses

cheveux ou entre ses yeux, et il parvenait à un point exquis de tendresse, il allait si loin dans la tendresse qu'il en arrivait comme à l'extrémité d'un môle, quand le frais Océan vous cerne de toutes parts, — si loin, si seul avec elle, la tenant dans ce geste paternel, et presque maternel, étonné et comme effrayé de tendresse. L'ombre clareteuse de ses bras, ce potelé et ce fondant de ses mains, ce velouté de son visage, comme celui d'une fleur, mais d'une fleur qui serait chaude, ce qu'elle avait de tellement petit enfant... On l'eût tué plutôt qu'il ne lui causât un tort. Et il restait sans bouger, sans besoin de caresses, les yeux grands ouverts sur cette minute, et se répétant : « Je n'ai jamais rien eu, et il ne peut rien y avoir, qui me soit plus doux en ce monde. »

D'habitude, quand il la baisait sur la bouche, elle le laissait faire sans répondre. Il fut surpris que cette fois-ci, sans répondre davantage, elle entrouvrît la bouche ; de sorte qu'il se trouva la baiser à l'intérieur de sa bouche, presque sur ses dents. Chaque fois qu'il recommença, il sentit les lèvres de Ram céder sous les siennes comme pour l'inviter à entrer plus avant. Elle se serrait contre lui, et il pensa qu'elle avait froid (elle était nue), quoique cela fût très invraisemblable. Mais l'hypothèse que c'était là un élan d'affection était bien plus invraisemblable encore. Cependant, il se passa soudain une chose singulière. Contre sa bouche, Auligny sentit un mouvement que d'abord il ne comprit pas très bien, accompagné d'un bruit étrange, d'une espèce de « cloc » pataud et un peu bébête. Peu après, il reconnut ces baisers bruyants que donnent les enfants. (« Allez, fais une bise à Tata. ») Pour la première fois, Ram lui donnait des baisers.

Il ne dit pas un mot, et tout ce qui suivit se passa

dans un silence absolu. Il était si stupéfait qu'il la laissait faire, sans même lui rendre ses baisers. Mais voici que, son corps toujours serré contre celui d'Auligny, elle écarta un peu le buste — elle qui, depuis le début, ne se permettait jamais de modifier une position qu'il lui avait donnée, — et, opposant son visage au sien, se mit à le regarder.

Quelquefois un petit enfant (de cinq ans, mettons), que nous ne connaissons presque pas, après nous avoir escaladé, car nous sommes assis, nous regarde avec persistance, ses beaux yeux grands ouverts, son visage tout près du nôtre, et ensuite, le premier, se met à nous embrasser, comme si c'était la contemplation de notre visage qui lui avait donné l'envie de ces baisers incompréhensibles, comme s'il avait interrogé notre visage, et que sa réponse lui avait plu. Et nous, tout en le baisant (non sans réserve), nous lui disons : «Holà ! Holà ! moutchachou, *qué pasa?*», car nous ne comprenons pas ce qui a pu lui suggérer ce désir si soudain et si vif de nous embrasser, nous craignons qu'il ne se soit trompé, et que ses baisers ne lui procurent pas ce qu'il en attendait d'agrément, à moins qu'il ne nous ait confondu avec quelque cousin, ou animal de la sorte, et que brusquement, se désabusant enfin, il ne nous repousse, ne nous glisse des genoux, et ne s'enfuie à toutes jambes, comme si nous nous étions changé en diable. Auligny voyait Ram, l'ayant longuement regardé, sa face à quelques centimètres de la sienne, maintenant la faire aller à droite et à gauche, et ses narines palpiter petitement et rapidement, comme celles d'une gazelle, tandis qu'elle lui humait ainsi le visage. Et soudain elle piqua, tomba de la bouche sur sa bouche, d'abord y resta sans remuer du tout, puis la baisa à petits coups

précipités, comme si elle picorait, et cela dura un bon
moment, tant qu'enfin elle se dégageât, en poussant
un profond soupir. Puis elle s'étendit à son côté,
comme pour se reposer, tandis qu'il demeurait
inerte, brisé de bonheur. Bientôt elle vint au-dessus
de lui, lui détacha contre les joues et dans le creux du
cou des baisers appuyés, réfléchis, qui s'irradiaient
sur sa peau en frissons froids, suspendit son visage
au-dessus du sien, en le faisant aller de-ci de-là, et le
laissa tomber droit sur sa bouche, comme un rapace
qui tournoyait avec lenteur au-dessus de sa proie, et
tout d'un coup s'abat. Et enfin, poussant encore un
profond soupir, retourna s'allonger à son côté.

Auligny restait toujours étendu, la bouche entrouverte, sans un geste, sans un mot. Comme notre
regard, quelquefois, quand il a fixé une étoile, croit
voir à côté d'elle un reflet d'étoile, il voyait sur sa
poitrine nue, à côté de ses mamelons, deux marques
de mamelons, moins distinctes, comme les reflets
des siens, là où les seins de Ram s'étaient enfoncés.
Puis il leva les yeux, et, les tenant fixés sur l'angle du
mur avec le plafond, il eut diverses pensées. Il pensa :
«Je *compense*, avec ce que je lui donne, tout ce qu'on
ne donne pas de douceur aux autres de sa race.» Il
pensa : «Je me fous de son corps. Des millions de
corps sont aussi beaux que le sien. Je veux le don de
son âme, et je l'ai.» Comme il avait besoin, obscurément, de la rattacher au système de pitié auquel
appartenaient la petite en grenat, le vieux caïd,
Boualem, etc., il songea, non sans exagérer (les
femmes, à Birbatine, étaient traitées avec respect ;
les fillettes mêmes y étaient appelées Lalla[1]) : «Si

1. Madame.

exquise, et réduite à quoi! Ne sachant ni lire, ni écrire, ni seulement coudre... Demain, mariée sans son consentement, et Dieu sait avec qui! Après-demain, cassée en deux sous les fardeaux, rouée de coups, une bête de somme...» Tant qu'elle l'avait caressé, les nerfs du plaisir étaient restés en lui assez calmes: la jouissance de son cœur était trop forte pour n'anémier pas l'autre. Mais la pitié se porta au centre même de sa virilité. Il prit la tête de Ram, avec passion la pressa dans son cou, où elle s'emplit de baisers, puis elle se détacha, quand elle en fut saoule, comme se détache la sangsue pleine de sang, et il reposa cette tête saoule sur le matelas à côté de lui.

Il n'avait jamais vu Ram autrement qu'appuyée contre ces couvertures pliées, et recouvertes de deux serviettes de toilette, qui tenaient lieu d'oreiller au lit de la maison Yahia. Cette tête si basse, à même le matelas, le bouleversa, comme si elle était le symbole de «la chute», et bien que ce fût lui qui l'eût placée là, conduit par le génie de la volupté. «Je me fous de son corps», et c'était vrai que l'instant précédent il s'en foutait; mais cet instant-ci n'était pas l'instant précédent. Il se redressa, l'encadra avec sang-froid, minutie, même. La gorge de Ram se gonflait et se creusait comme une mer démontée, ses prunelles volaient à droite et à gauche, comme des oiseaux du ciel, soudain mis en cage, se jettent à droite et à gauche de la cage. Il lui renversa la tête en arrière et, les lèvres collées à ses narines, il la posséda complètement.

Quand ils se séparèrent, le visage de Ram avait repris tout son calme. Il la laissa seule un instant, puis voulut rentrer dans la pièce, mais elle cria:

« N'entrez pas ! » ; cette pudibonderie, alliée au don
de soi, parut à Auligny chose très européenne. Il lui
dit la phrase rituelle : « Si tu veux te rhabiller… » car
jamais elle n'aurait eu l'audace d'esquisser le geste
de partir, sans qu'il l'y eût invitée. Elle eut un signe
de tête qui semblait vouloir dire : « Nous causerons
de cela tout à l'heure », et elle s'étendit à nouveau,
nue, sur le lit. Et alors son visage qui, depuis qu'ils
s'étaient relevés, avait paru indifférent, prit une
expression de bonheur.

Il s'était assis au pied du lit, un pied de Ram, cris-
sant de sable, dans sa main, et elle en faisait bouger
les orteils, soit parce qu'il la chatouillait, soit en
manière de petit jeu. « Que dirait ton père, s'il apprenait ?… » Elle répondit en français : « Je ne sais pas.
Je ne suis pas dans son cœur. » Où avait-elle appris
une pareille phrase ? Avec quel prédécesseur d'Auligny ? Dans quelles confidences de Zizou ? Ce mot de
cœur, si inattendu dans sa bouche, y prit un écho
extraordinaire. « Elle sait donc ce que c'est qu'un
cœur ! » se disait Auligny, plein de songe. Alors il se
laissa glisser à genoux, contre le lit, le front appuyé
sur le matelas, d'une main tenant une main de Ram,
l'autre posée sur l'un de ses genoux. Bientôt, comme
si ces contacts avaient été encore trop, maintenant
que le « Je me fous de son corps » avait pu reprendre
toute sa puissance, il les fit cesser tous deux, l'un
après l'autre, et resta le front dans le drap, sous
lequel il avait glissé ses mains, — « comme dans une
nappe de communion », pensa-t-il. Cette image passa
auprès de celles qui l'occupaient sans les toucher,
sans éveiller en lui aucune résonance, comme un
train croise un train dans la nuit. Il demeura ainsi, à
quelques centimètres d'elle, pourtant aussi détaché

d'elle que si elle se fût trouvée à des lieues de là. Il avait la conscience confuse qu'un jour il était resté longtemps dans cette même attitude, mais à quelle occasion, il n'eût pu le dire. Soudain il se rappela : c'était contre le lit où reposait le cadavre de sa sœur. Ce souvenir lui aussi passa à côté de son âme sans la toucher ; il n'en sentit pas même le souffle.

Quand elle fut à se rhabiller, l'amour d'Auligny buvait, soutirait tellement sa force — comme avec une pompe, — qu'il s'adossa contre le mur, comme s'il était prêt à tomber de langueur. À l'instant du départ, il la baisa sur les yeux, et il lui dit un terrible mot de faible, la première parole de sa félicité, et c'était une parole de crainte : « Ne fais jamais rien contre moi. »

XIV

Ce soir-là, à huit heures et demie, le lieutenant est assis dans sa chambre, à sa table couverte de sable qu'il n'a pas épousseté, la porte ouverte sur la cour du bordj. Ce n'est pas un amant ordinaire, avec seulement son amour qui a éclaté et qui lui fait dans le cœur son grand murmure. Derrière ce qu'il aime, il a atteint un monde qui à son contact s'est mis à bouger. Tous ces mouvements de sympathie qu'il a eus pour l'indigène, depuis son arrivée à Birbatine, il fallait qu'une émotion puissante et intime, telle qu'en donne l'amour, vînt les lier, leur donner l'unité, et puis les inonder de sa sève impétueuse qui les fait germer tout d'un coup, comme par une sorte de miracle. Les civilisations, les doctrines, les paysages sont des palais de Belles au Bois dormant, inanimées et inertes jusqu'à ce qu'un baiser les éveille. Hier, il était recouvert pour nous d'une mer d'indifférence, ce domaine spirituel ou réel dans lequel nous n'avions pas aimé. Et soudain voici qu'il existe, qu'il compte intensément pour nous. Nous le cultivons, nous l'approfondissons, nous en faisons notre chose. Et nul ne se doute de ce qu'il y eut de passionnel à l'origine de cette action aujourd'hui désintéressée. Et c'est tant mieux, il faut bien le croire : on tiendrait pour suspecte une aventure de l'esprit ou de la conscience qui aurait commencé par être une aventure du cœur.

D'où il est assis, Auligny ne voit qu'une petite bande de ciel nocturne posée sur le mur du bordj, et mordue par la silhouette du veilleur. Son regard n'embrasse que la cour déserte. S'il n'avait en lui que l'amour de Ram, il prendrait le chemin éternel des amants : il sortirait du poste et irait s'enivrer d'espace, de nuit et de solitude. Mais non, cette cour banale, dénuée de tout romantisme, pas même «orientale» d'aspect, c'est le lieu qui convient à sa pensée, ou plutôt à sa songerie, où la pensée de demain est enclose : elle tourne et se retourne dans cet enclos resserré. Le désert n'appelle pas Auligny, nulle voix, nulle poésie ne s'en élève pour le détourner de ce qui lui est propre, et qui est l'homme. Un être, Ram, a ébranlé ce grand commencement qui se fait en lui, et ce qui seul l'occupe, à présent, ce sont des êtres, les êtres de la famille de Ram, et la cour du bordj ne lui parle que d'eux.

Ils y sont invisibles, cependant, à l'exception d'un homme qui parfois traverse la cour, portant une lumière, — une bouteille éculée qu'il tient par le goulot, et dans ce goulot est plantée une chandelle. Mais Auligny sait que, dans les cellules de l'aile de droite, les tirailleurs jouent aux cartes : il le voit aux ombres qui bougent devant leurs portes, sur le sol trempé de rose par la lueur tremblotante de leurs bougies. De l'aile de gauche montent les chantonnements des mokhaznis, qui s'accompagnent en frappant dans leurs paumes, et, pour les avoir vu faire plus d'une fois, Auligny devine qu'il y a aussi une flûte, mais si faible qu'il n'en saisit rien, que c'est tout juste si dans le groupe même on doit en percevoir le son, et les cordes d'un guembri, si faibles elles aussi qu'elles sont presque comme si elles n'étaient pas. Et dans ces instruments fantômes, dans ces voix discordantes et gauches, qui se taisent après quelques mesures, comme faute d'inspiration ou de souffle, dans ces claquements de mains sans rythme, prompts à cesser eux aussi, comme par fatigue ou défaut de conviction, il y a quelque chose d'hésitant et d'humble, quelque chose de pauvre qui pénètre dans le cœur d'Auligny : c'est bien la misère de l'Islam, son manque de valeur, son manque de talent, son âme avortée et « pas fixée », c'est bien la « pauvre race vaincue ». Il lui semble que l'Islam sommeille, et se plaint dans ses rêves, comme faisait Zoubida, la chienne arabe, avant que Guiscart ne la prît et ne la baisât entre les yeux. Une race moribonde, que notre contact achève, pleure sans bruit, sans force, et sans toucher nul autre qu'elle-même, sur un roseau qu'on n'entend pas, les malheurs de sa patrie. Et soudain, du côté des tirailleurs, une flûte vivante, nombreuse, agile, élève sa modulation dans la nuit. Elle fait songer à une source, avec son clapotement qui va ; il en sort une sensation de fraîcheur ; et Auligny, de nouveau, se souvient de Guiscart, quand il évoquait ces flûtes arabes qui dessinaient leur filigrane ténu au-dessus d'Alger endormie. Son émotion pour cette race est redoublée, étayée par l'émotion qu'avait Guiscart en parlant d'elle, comme on aime davantage une femme que l'on sait aimée par un autre homme. À l'élan de son cœur, à l'inquiétude de son esprit, cette flûte communique un *vibrato* qui étend le rayon de leurs ondes, et fait entrer les puissances nerveuses dans le débat.

Qu'était-ce que son petit désir pour Ram, jusqu'à
ce jour ? Le registre change, le ton s'élève. Des sentiments qui parlaient chez lui en sourdine vont y
prendre une voix dominante. Sous l'influence de son
amour pour Ram, ces hommes autour desquels sa
sympathie a toujours tourné, maintenant il les aime.
Mais, soulevé par cette grande lame, il dépasse son
éducation, le rôle qu'on lui a confié, son devoir
même peut-être : en cet instant, ces hommes, il les
préfère à ses compatriotes.

Mouvements redoutables ! Il est entré dans le jeu
social sous les couleurs d'une équipe ; on savait exactement ce qu'il était, ce qu'on devait attendre de lui.
Et ne dirait-on pas qu'au beau milieu de la partie il
change de maillot, se met avec l'adversaire ! Il a
cessé de voir à travers les idées qu'on lui a apprises,
les lunettes qu'on lui a données. Maintenant il voit
avec ses yeux à lui, et il oblique, prend une autre
direction. Où va-t-il ? Dans le même instant où son
amour, comme pour prouver qu'il est bien de
l'amour, le rend triste, alors qu'il a toute raison
d'être heureux (il se sent si inférieur à elle, si indigne
d'elle, cette petite Bédouine prostituée !), son esprit
vole en avant, déjà découvre la terre inconnue. Avec
une témérité naïve, il lui semble qu'il devance ses
camarades, ses chefs, voit des choses qui leur sont
cachées, et met la main, en jeune conquérant, sur
une vérité plus vraie que la leur.

À peine l'aiguille a-t-elle dépassé neuf heures, plus
de flûte, plus de claquements de mains. On n'entend
que les hommes qui toussent, comme ils toussent
longuement au réveil, comme on tousse partout où il
y a des soldats indigènes, et cette toux ajoute une raison actuelle, précise, à la pitié qui coule du cœur

d'Auligny. Bientôt c'est le silence : en vingt minutes ils se sont endormis, comme les enfants. Et sur cette centaine de sommeils simples, sous une mauvaise lampe, encerclée d'insectes effervescents, dans une pauvre chambre sablonneuse, un esprit veille, comme déjà l'autre nuit, dans le désert, quand le lieutenant était seul, debout, au milieu de ses hommes assoupis. Cette petite lumière dans la nuit, c'est une image classique (dont, tout physiquement, Auligny n'est pas sans subir l'influence), c'est, quand les êtres qui leur sont confiés reposent, la guérite éclairée du timonier à la barre, la chambre du directeur de collège, ou bien — dans ce bordj qu'à son premier regard, le découvrant de la piste, il a vu semblable à un cloître — la cellule du père abbé qui prie sur le couvent insoumis. C'est le symbole émouvant du chef, de celui qui sait plus que les autres, se donne plus qu'eux, et qu'ils tiennent. Mais parfois ne vaudrait-il pas mieux que la lampe fût éteinte ? Avec les fols insectes emportés dans leurs rondes, un généreux désordre tourbillonne sous celle d'Auligny.

« Un esprit veille » ? Pourtant, de même qu'hier dans le désert, Auligny n'est pas tout à fait seul à veiller. En face, sur la tour de guet, il voit la silhouette du guetteur, et il n'en peut plus détacher les yeux. Un homme veille comme lui, un homme veille pour lui, et tout à l'heure, quand lui aussi il dormira, cet homme veillera sur lui. Et cet homme est de la race qu'il est venu ici combattre ! Et le lieutenant se dit :

« Qu'est-ce que ce pays, aux yeux des Européens qui y viennent ? Les uns y viennent pour s'enrichir en un tournemain, c'est-à-dire pour voler. Les autres pour faire les tyranneaux sur le dos de l'indigène.

Les autres parce qu'il y a un rond de cuir libre, avec le quart colonial. Les autres pour y satisfaire leurs sens loin des lois. Les autres pour se distraire, se faire des souvenirs imagés. Et moi je croyais y être venu pour y maintenir la force de mon pays. Mais en réalité je suis venu pour voir comment un vainqueur peut s'attacher un vaincu. Seul de mon espèce, j'y suis venu pour *l'âme.*»

Le lieutenant Auligny ne parle encore que de l'âme. À cause de Ram, il veut s'attacher le musulman, et c'est parfait. Mais, dans les natures telles que la sienne, c'est l'âme, c'est le cœur, ce sont les entrailles qui éveillent l'intelligence : l'esprit leur vient de la manière qu'il est réputé venir aux filles. Chez Auligny, l'amour a comme percé des nuages, entraînant derrière lui la charité, mais le soleil de l'intelligence passe ensuite par la brèche qu'ils ont ouverte. Cette sympathie pour les indigènes, n'en va-t-il pas sortir qu'il va distinguer trop bien les raisons de ce qu'il est venu combattre ? Qu'est-ce qu'un prêtre intelligent ? Il perdra la foi. Qu'est-ce qu'un juge qui comprend trop la vie ? Il ne pourra plus qu'acquitter. Et qu'est-ce qu'un officier trop lucide ? Un officier prêt à désobéir. Sitôt qu'il y a intelligence, il y a nuance, et sitôt qu'il y a nuance, il n'y a plus de parti.

Ces questions, ces débats, ces deux ordres qui se combattent, tous deux nobles, s'ils sont servis par un cœur noble — et assurément Auligny, petit par les vues, était grand par le cœur, — ce sera la matière de ce récit.

DEUXIÈME PARTIE

MISSION PROVIDENTIELLE

> ... *Les races que nous avons la mission providentielle d'ouvrir à la voie industrielle, agricole, économique, et aussi, oui, il faut le dire, à une plus haute vie morale, à une vie plus complète.*
>
> LYAUTEY
> *Lettres du Tonkin*, II, p. 285.

XV

On m'avait parlé de la haine des Arabes pour les Français. Je ne suis frappé que par la haine du Français pour l'Arabe.

LIEUTENANT CH. LAGARDE.
Une Promenade dans le Sahara, p. 34.

Quand, le lendemain, Auligny revit Ram, il lui vint une idée très bourgeoise. Il lui dit :

— Tu devrais me dire *tu*.

— Vous dire *tu* comme les Arabes ?

Elle voulait dire : comme font les Arabes, qui tutoient les Français, lorsqu'ils savent mal notre langue.

— Oui. Maintenant que tu es ma maîtresse…

— Moi, je suis votre maîtresse ?

Il lui dit qu'elle l'était, et en vertu de quoi. Mais alors la figure de Ram se rembrunit, et Auligny comprit que dans cette cervelle de petite sauvage les conventions étaient aussi importantes que dans celle d'une bourgeoise européenne. Ram avait cessé d'être vierge, mais la bienséance voulait que la fiction de sa virginité fût maintenue, même à ses propres yeux. Et maintenue comment? En ne faisant jamais allusion à la «faute». L'autruche, fameuse pour sa politique, est un volatile du désert.

Dix minutes se passèrent, et Auligny remarquait qu'aucune des paroles de Ram ne comportait un *tu* non plus qu'un *vous*. C'étaient des tournures générales, des *on*, des *y a*... Manifestement, elle ne voulait pas le tutoyer, et craignait d'autre part une observation au premier *vous*. Enfin elle dut s'armer de courage, et le *vous* reparut. Était-ce, chez elle, un incoercible respect? Ou si le *tu* la choquait, parce que trop intime, et correspondant mal à la réalité de son sentiment pour Auligny?

Il avait fait cette remarque mélancolique, que jamais il ne l'avait vue rire quand elle était avec lui seul, tandis que souvent elle riait quand elle était dans l'oasis avec les cueilleuses de branches. Ce jour-là, pour la première fois peut-être, elle rit franchement à la maison Yahia. Il est vrai qu'Auligny n'en eut pas de mérite, car elle rit pour quelque chose qu'elle disait elle-même... N'importe, elle riait sous son toit, et c'était une nouveauté.

Cette seconde possession montra plus que jamais à Auligny combien la volupté et l'amour sont choses distinctes. Son plaisir fut presque tout entier fait de celui de Ram. Ce plaisir de Ram fut bien sensible. Et Auligny de lui demander comme naguère, pour lui extorquer un aveu que sa vanité eût adoré:

— Ça t'est désagréable?
— Non, non...
— Ça t'est agréable?
— Oui... Pas beaucoup. Ça m'est égal.

Il en rit, parce que, tout à l'heure, le corps de Ram,

son visage l'avaient assez trahie. Et il admira sa
fierté, qui maintenant encore s'obstinait à nier le
plaisir. Elle voulait avoir l'air de consentir par complaisance. Mais recevoir le plaisir du Roumi, cela,
non. Lui, cependant, il était étonné que, dès la seconde
fois, sa sensation eût été si médiocre. Mais, s'il se
fût aisément passé du plaisir qu'il recevait d'elle, il
ne pouvait plus se passer du plaisir qu'elle recevait
de lui.

La vérité est que Ram cessait d'être au premier
plan de son souci. Le sommet de leur liaison avait été
atteint la veille. Maintenant déjà il s'installait dans
son amour. Et Ram était un peu repoussée dans
l'ombre par les pensées nouvelles qui pressaient le
lieutenant. Auligny découvre nos devoirs à l'égard de
l'indigène.

> *Auligny en face du problème moral
> créé par le fait colonial.
> Quatre pages supprimées.*

Dans ce tissu de vérités et d'erreurs dont est faite
la position d'Auligny devant le problème indigène, il
semble d'abord qu'il ne s'écarte que peu de la doctrine officielle. Il s'en écarte seulement lorsqu'il veut
que l'esprit de réparation ne soit pas dans les mots,
mais dans la réalité. Cela suffit pourtant à le séparer
des siens, de ceux qui sont sa famille naturelle.

Il a sur le dos l'uniforme de la patrie avant tout, et
son âme dit : la justice avant tout. Et il ne sait pas
qu'il faut choisir, il ne s'en doute pas. Il reconnaît,
bien entendu, qu'il a changé de route. Il était venu ici
pour se battre, pour consolider la force française,
pour avoir le bonheur peut-être de l'étendre. Le

baroud, aujourd'hui, non seulement il n'y pense plus, mais, si la pensée lui en vient, il l'écarte avec quelque embarras. Pour la première fois, Auligny dissocie l'idée de *caractère* de celle de *combat*. Il y a des hommes, au sens complet de ce mot, et qui ne sont pas «casqués». Il y a des batailles sur lesquelles, sans le connaître, Auligny pressent le mot de Descartes : «C'est donner des batailles que de rechercher la vérité.» Bien entendu, il savait cela depuis toujours ; un enfant le sait. Mais maintenant il le sait vraiment. Maintenant son œuvre française lui paraît être l'assistance à l'indigène. C'est dans son patriotisme qu'il souffre pour eux ; c'est dans son patriotisme qu'il les assistera. Cette façon de servir la France vaut celle de la servir par les armes. Il s'était trompé. Il avait employé sa générosité dans un sens, et il convient mieux à sa nature de l'employer dans un autre sens. Tout son effort à Birbatine s'oriente vers ce but : se faire aimer de l'indigène, se faire *pardonner* de l'indigène, et faire que l'indigène, à travers lui, estime la France et lui pardonne.

Que ces pensées soient nées en lui de l'amour, une voix dit bien à Auligny que c'est là leur faiblesse, et que leur portée s'en trouve diminuée. Le bourgeois qui s'intéresse au peuple, ou tout au moins fait quelque chose pour lui alors qu'auparavant il ignorait son existence, parce que sa nouvelle amie est une ouvrière... Le rapprochement des classes, ou des races, produit par l'amour ou seulement par le plaisir... cela n'est pas bien plaisant. Ainsi donc, s'il servait au Soudan ou en Indochine, nos devoirs envers l'indigène lui apparaîtraient moins vivement, parce qu'il a une répugnance pour la peau noire et pour la jaune ! Ainsi donc cette grande question est d'abord

une question de peau! Certes, cela est misérable.
L'éternel Français, pour qui tout se termine — et
commence — par une coucherie! L'éternelle petite
alliée, à cause de qui l'étranger nous méprise! Et,
inconsciemment, il en veut un peu à Ram (ce qui
s'associe à cette légère déception des sens qu'a été
pour lui sa seconde possession). Mais qu'y faire?
C'est Ram qui a rendu tout cela *vivant*, qui l'a tiré de
la grisaille de l'abstrait. Le problème indigène, il en
avait lu, il en avait entendu parler bien des fois.
Maintenant il le *sent*, et maintenant seulement ce
problème existe pour lui.

À défaut d'une amitié, indigène ou française, Auligny voudrait au moins communiquer ses idées nouvelles à quelqu'un, leur procurer adhésion ou
contradiction, les baratter avec les idées d'autres
hommes, fussent-elles plus rudimentaires encore que
les siennes. Il a besoin de parler d'elles comme un
amoureux a besoin de parler de ce qu'il aime.

Mais à qui? Yahia? Jilani? Oui, c'est bien à eux
d'abord qu'il voudrait montrer qu'ils ne doivent pas
le confondre avec les autres Français. Mais cela est
bien délicat. Le chef de poste exposant aux indigènes
que la France a une œuvre de réparation à accomplir à leur égard... hum! Vincenti? Otero? Jamais
Auligny ne pourra avoir un contact familier avec ces
Méridionaux, qui sont en outre des néo-Français;
tout de cette race l'exaspère; il est obligé de se
contraindre pour leur rendre justice. Le phonard?
Le téléphoniste est un authentique idiot, atteint de
sportite aiguë. Depuis quatre mois qu'il est à Birbatine, ayant, quasi chaque soir, à écrire sur le Q.P.
(quotidien politique) vespéral de L... les lettres R A S
(«Rien à signaler»), l'obsédé persiste à écrire R A S A,

parce que ce sont les initiales d'un club. Charlot, les Six Jours, les Reines de Beauté, le Vampire de Dusseldorf, toute l'écume de la stupidité occidentale bout à l'état continuel dans ce malheureux cerveau, lui-même en bouillie. Reste Poillet.

Auligny a un faible pour l'adjudant. Avec sa nature expansive, il lui arrive d'avoir envie de prendre à l'improviste Pouël-Pouël par le bras: «Eh bien, ma vieille jutaille!» S'il ne le fait pas, c'est que Pouël-Pouël n'est que trop enclin déjà à oublier les distances. Mais combien de fois Auligny ne s'est-il pas dit: «Je vole l'État de trois mille francs par mois. Tout ce que je fais, Poillet le ferait. Et je suis convaincu qu'en cas de coup de chien Poillet tiendrait ma place aussi bien que moi, sinon mieux.» On dit des grognards: ils grognaient, mais ils marchaient toujours. Poillet est de la race qui en répétant cinquante fois par jour, pendant quatre ans de guerre: «Moi, je m'en fais pas! Alors, tu t'en fais? etc.», faisait, faisait toujours, et faisait si bien qu'elle a fait ce qu'on sait. Et puis, Pouël-Pouël est un rigolo, ce qui n'est pas du luxe à Birbatine, et Auligny est trop de son pays pour n'aimer pas les rigolos. Quand Otero et Vincenti ont dit quelque chose qu'ils trouvent drôle, et se frappent dans la main l'un de l'autre en criant: «Cinq[1]!», Auligny trouve que leur plaisanterie n'est pas drôle du tout; elle est généralement ordurière, mais le Nord-Africain n'a pas l'ordure gaie, comme le Marseillais: à la vérité, il n'est

---

1. «*Hamsa!*» Geste arabe. Pour l'Européen nord-africain, les Arabes sont une «race de sauvages», une «race maudite», etc. Mais les gestes, l'argot, les plaisanteries, les attitudes caractéristiques de l'Européen nord-africain sont empruntés, presque tous, à la «race de sauvages».

pas gai. Pouël-Pouël, au contraire, déclenche le rire
d'Auligny d'une façon presque dangereuse pour le
service, et il arrive que le lieutenant doive faire la
grosse voix : «Voyons, Poillet, ne me faites pas rire !»
Après beaucoup d'autres, rendons honneur, au passage, à la rigolade du soldat français. On ne dira
jamais trop tout ce qu'elle galvanisa. «Debout les
morts !» Si quelque chose, à la guerre, a pu ressusci-
ter un de nos morts, cela devait être une plaisanterie,
et cochonne.

Et justement, ce jour-là — trois jours après sa
seconde possession de Ram, — Auligny dut avoir un
brin de conversation avec Poillet, pour ce motif de
service : lui faire comprendre qu'il fallait nettoyer sa
chambre. Ce n'était pas que Poillet fût sale : au
contraire, toujours frais, toujours calamistré, toujours rose, il avait l'air d'une motte de beurre à
moustaches. Mais sa chambre était un antre de sor-
cière, plein de bocaux d'alcool contenant des lézards,
des *dobs*, des varans, des scorpions, des vipères,
piqués au formol ; avec par là-dessus un fennec vivant
dans une cage, un renard vivant dans une caisse, un
Citron vomisseur ; sans compter les obligatoires photos de femmes nues et, tracés au canif sur la chaux
du mur par le prédécesseur, quatorze dessins d'amour
hétérosexuel, orgueil de l'endroit. Et ces bêtes,
vivant à demeure dans ce cagibi surchauffé, y mettaient une odeur repoussante.

Auligny dit ce qu'il avait à dire, aussi doucement
qu'il le put, puis s'assit au-dehors sur une chaise,
devant la porte de l'adjudant, voulant contrebalan-
cer, par ce geste de familiarité, ce qu'il y avait eu,
malgré tout, d'un peu blessant dans sa démarche. Il
eût peut-être été moins précautionneux s'il avait

entendu Poillet, entrant dans une pièce où se trouvait
un Arabe, fût-ce un sous-officier, s'écrier : « Pouah !
Ça sent le raton, ici ! » Mais, chez Auligny, la crainte
de faire de la peine, la crainte de froisser, la crainte
de gêner étaient constantes. Elles levaient en lui,
pour quelques scrupules fondés, mille fantômes, car
il prêtait aux gens sa propre délicatesse de sensibilité, dont ils n'avaient pas même notion. Et tout cela
ne convenait pas trop à un chef militaire, qui doit
commander rondement et sans explications. N'omettons pas d'ajouter que cette délicatesse sans pareille
n'empêchait pas Auligny de faire de la peine, de
froisser et de gêner, tout comme un rustaud, pas
beaucoup moins qu'un rustaud, car les contrariétés
du monde sont infinies.

Dans la cour du bordj, les mokhaznis, sur deux
rangs, faisaient la queue devant la chambre de Vincenti et d'Otero, où ils touchaient leur prêt. Un bon
tiers d'entre eux s'étaient accroupis par terre, selon
la coutume. Auligny, avisant Mohand Saïd dans une
des files, l'interpella :

— Alors, combien tu touches ?

L'ordonnance rectifia la position.

— Moins un sou, mon lieutenant !

Et Auligny et Poillet de rire, et Mohand Saïd avec
eux. Ces prêts, de huit francs par jour, étaient le plus
souvent réduits par des retenues (pour l'équipement,
pour les dettes faites par l'homme dans le ksar, etc.)
jusqu'à ne faire plus, le jour du prêt, que des sommes
dérisoires — cinq sous, dix sous, — parfois même, si
on peut dire, des déficits. Et les sous-offs calligra-
phiaient bellement les « moins 0 fr 05 », soulevés par
cette ivresse paperassière qui saisit les guerriers
entre deux exploits.

— Qu'est-ce que vous voulez qu'on fasse avec ces nez de veau-là! dit Poillet.

Et soudain, pris d'une crise d'adjudantisme, il cria, du plus haut de sa voix:

— Pouvez pas vous tenir debout, non? Alors quoi, v'n'avez plus de jambes! Vous vous b... trop, hein, fils de pute!...

Les mokhaznis assis se levèrent languissamment, en trois temps, comme se lèvent les chameaux.

— Bah! laissez-les donc, dit Auligny. Leur boulot, qu'est-ce que c'est? Faire la Sécurité, et puis se battre proprement, s'il y a un accrochage. Eh bien, cela, ils le font. Ils ne le feront pas mieux parce qu'ils auront attendu leur prêt debout plutôt qu'assis.

— Ah! mon lieutenant, alors, on va loin comme ça! dit Poillet. Il leur faut des coups de fouet, à ces gens-là, vous le savez bien.

— «Ces gens-là!» dit Auligny, saisissant au vol le prétexte. «Ces gens-là», ils sont chez eux, eh! on l'oublie toujours. C'est déjà beau qu'ils viennent dans nos rangs pour taper sur leurs copains.

— C'est bien d'eux! Ils se détestent les uns les autres. Ils ne sont pas intéressants, allez.

— Nous aussi, en 89, nous nous détestions les uns les autres. N'empêche qu'on a fait les armées de la Révolution pour que l'étranger ne vienne pas mettre le nez dans nos affaires. On aime mieux laver son linge sale en famille, et qu'il reste à moitié sale, que de voir le voisin vous le laver propre, s'il vous le fait payer en coups de bâton.

— Hé, c'est justement pour ça: si on ne les tient pas bien en main, ils nous tomberont dessus. D'ailleurs, c'est connu: plus on est gentil avec eux, moins ils vous estiment. Moi, s'il y avait un mokhazni qui en sortant de ma chambre laissait la porte ouverte, quand il l'avait trouvée fermée, et qui allait ensuite à la palmeraie, j'enverrais un homme le chercher à la palmeraie pour qu'il revienne me fermer ma porte.

Poillet faisait une mine terrible en disant cela. Tout à fait Gengis-Khan.

Auligny ne répondit pas. Il n'avait plus envie de poursuivre. «Oui, ils disent tous cela: que ces manières-là sont nécessaires; qu'il est nécessaire de manger[1] si on veut ne pas l'être. Et, en réalité, c'est parce que l'occasion est trop belle pour eux de faire les tyranneaux impunément. Et ce Poillet, qui se vante de faire revenir un homme de deux kilomètres pour lui fermer sa porte, qui est-il? Qui serait-il, en France et sans sa ficelle? Un pauvre diable obéissant à tout le monde. Alors, Monsieur est bien content de se faire servir. Pouah! ces imperators de ruisseau me dégoûtent. Voilà bien le premier vice de la colonisation. Elle permet de commander en autocrate à des gens qui sont faits pour le subalterne, et qui sentent derrière eux tout l'appareil de leur pays — opinion, bureaux, police, tribunaux… — prêt à les soutenir systématiquement, quoi qu'ils fassent. Et cela, c'est un désordre plus immoral que celui des tribus berbères se mangeant entre elles.»

Il se leva, et revint à son bureau. Plus d'une fois il avait pensé: «Il n'y a pas de raison pour que ce soit moi le lieutenant et Poillet l'adjudant», et maintenant il trouvait que si, qu'il y avait une raison. Il y avait que Poillet était pétri d'une matière qui justifiait une fois pour toutes son rang inférieur dans la vie. «Un Canadelles, ou un Rugot, ne ferait pas reve-

---

1. Expression nord-africaine: dépouiller, prendre le dessus sur…

nir un mokhazni de la palmeraie pour lui fermer sa porte! Il aboierait peut-être un peu, parce que le képi veut ça. Mais, civil, il aurait dit: "Mon garçon, tu serais bien gentil de laisser la porte comme tu l'as trouvée…"»

Et voici Boualem, qui apporte à Auligny un livre arabe, de la part de Yahia. Car Auligny veut se perfectionner dans l'arabe, pour pouvoir parler arabe avec Ram, et surtout mettre des nuances dans leur conversation. (Que de candeur!)

À ce moment, Otero, trouvant Citron qui se fourrait entre ses jambes, tandis qu'il défilait à reculons dans la cour, en tête des «bleus» mokhaznis, le cingla de son nerf de bœuf, à le sectionner en deux.

— Quand même, ils ne sont pas gentils, les Français, dit Auligny, regardant en dessous Boualem, qui avait vu comme lui cette petite scène.

Cette phrase! Il lui suffisait de la dire à mi-voix, et, automatiquement, elle brisait en lui quelque chose. Mais Boualem ne la releva pas.

— Tu te rappelles que tu nous as dit cela, un soir, à mon camarade et à moi: «Non, les Français ne sont pas gentils.» J'ai repensé à cela, depuis. Eh bien! c'est vrai: quelquefois, les Français ne sont pas gentils…

Qu'espérait-il? Déjà une espèce d'émotion frémissait le long de sa voix. Il y avait devant lui une terrible tentation de se livrer, et de se livrer dans l'abîme.

— Moâ! J'ai dit ça? Jâmais!

— Si, à propos du commissaire qui te refusait tes papiers pour aller en France.

— Oh! le commissaire, c'était une sale vache…

Il fit une petite pause.

— Les civils, c'est quéquefois que c'est des vaches. Mais les officiers ils sont bien gentils.

Les civils, des pas grand-chose, mais les militaires, des «gentlements»... Qui donc lui avait déjà dit cela? Ah! oui, la petite Marcelle, à Tanger! Elle, pour lui tirer des sous. Et celui-ci, parce qu'il faut bien flatter le conquérant, si on veut vivre en paix.

— Oui, tu dis ça... dit Auligny, amèrement.

Boualem sourit.

— Non! Ça, je vous jure!

Auligny se souvint de la phrase de Guiscart: «Il sourit toutes les fois qu'il ment.» Et il dit au revoir à Boualem, le premier, avec sécheresse, comme il avait dit au revoir à Poillet.

Il traversa le bordj, sortant pour se rendre chez Jilani. Poillet était toujours assis devant sa porte. Un jeune indigène du ksar lui parlait, avec les gestes de celui qui demande quelque chose. Poillet lui répondait des «Macache» énergiques; enfin il lui dit de s'en aller, et, comme l'autre n'obéissait pas sur-le-champ, l'adjudant lui lança un crachat. Si l'indigène n'avait pas fait un écart, il l'aurait reçu sur lui.

«Quelles mœurs! se disait Auligny. D'Otero ou de Vincenti, encore, je comprendrais: c'est la plèbe latine[1]. Mais celui-là, cette espèce de «Monsieur», ce fils de la Ville-Lumière et de la nation la plus raffinée du monde! Il ne cracherait pas sur un chien, et il

---

1. *L'Illustration*, publiant les Mémoires du chancelier de Bülow, dut faire paraître *à deux reprises*, devant l'émotion causée chez ses lecteurs par certaines phrases du chancelier, des notes expliquant que, M. de Bülow étant allemand, il était naturel qu'il parlât un langage d'Allemand, et que ce qu'il disait ne devait pas être mis au compte de *L'Illustration*. Ceci en vue de rappeler, une fois pour toutes, que les opinions des personnages de ce récit ne sont pas les opinions de l'auteur.

crache sur un de ses semblables, qui ne lui a rien fait, qui doit être aussi soumis et bon enfant que le sont les autres, que toute sa tournure désigne comme inoffensif et sans défense ; il crache sur lui sans colère, sans indignation, simplement parce qu'il est entendu que c'est comme cela qu'il doit le traiter. Et Poillet est du pays des Droits de l'Homme ! Et il doit être beau à entendre quand il parle de l'Ancien Régime, et de la morgue du seigneur devant le paysan ! Cela est odieux. Mais, avant même d'être odieux, c'est *incompréhensible*. Ou plutôt cela ne s'explique que par la raison que j'en donnais tout à l'heure : l'esclave devenu le maître. »

Comme pour justifier sa remarque : « Il ne cracherait pas sur un chien », Auligny, avant de sortir du bordj, eut le temps de voir Poillet caresser Citron, lui dire des mots doux. « Que d'affection pour un chien ! Mais il laisserait crever un indigène, et peut-être même un Français. C'est cela qui rend toujours suspect l'amour pour les bêtes. Nous y applaudissons, à cet amour, nous l'honorons, certes. Mais, quasi chaque fois que nous le rencontrons, c'est chez quelqu'un qui donne aux bêtes ce qu'il ne donne pas aux hommes. »

Si Auligny avait compté sur Jilani pour lui fournir des consolations, il aurait été bien déçu. Au cours de leur entretien — où le lieutenant, ne parvenant pas à opter, lui disait *tu* et *vous* dans la même phrase, comme un amoureux de Rostand, — le fils du caïd se montra une fois de plus un personnage peu digne d'intérêt.

Ce n'était pas qu'il fût le « bandit » que les Français, d'office, voient en chaque caïd. En ce sens, il faisait bien ce qu'il pouvait, mais c'était peu de chose : tout, à Birbatine, avait une vie diminuée, la canaillerie comme le reste. Ce qu'Auligny lui reprochait surtout, c'était sa servilité.

La pièce où Jilani le reçut était décorée maintenant de deux petits drapeaux français, de ceux que les gamins, le 14 juillet, attachent au guidon de leur vélo. La conversation de Jilani, ce jour-là comme les autres, fut orientée uniquement en vue de se faire bien voir. Il n'y était question que des services rendus aux Français par lui et son père, et il montrait de vieilles lettres conservées depuis quinze ans, où de soi-disant personnalités françaises lui parlaient avec des grimaces de cordialité ; ces exhibitions sentent toujours le pauvre bougre. Le clou en fut la lettre écrite par son père au chef de corps à qui, jadis, il avait ouvert Birbatine sans résistance, et Jilani en traduisit une copie :

— «La venue des troupes françaises nous comble de joie. Ce qui a lieu entre les vôtres et nous était chose décrétée par Dieu, et à sa connaissance depuis longtemps. Nul ne peut modifier les arrêts de Dieu. Actuellement, nous rendons grâce à Dieu de ce que nous puissions nous repentir d'avoir pu, à certains moments, contrarier votre action.»

Ce beau morceau de platitude — vraiment, en Europe, on ne faisait pas si bien — dégoûta Auligny. «Et sans doute, se disait-il, il est facile, dans un bon fauteuil, de blâmer les faiblesses des hommes. Nul ne peut savoir ce qu'il ferait s'il était à terre, le coutelas sur la gorge. N'importe, la fierté, si elle ne se montre pas alors, quand ? Il doit y avoir une façon de reconnaître qu'on est vaincu, et d'offrir ses services au vainqueur, tout en conservant sa dignité.» Mais, lui, si disposé pourtant à voir en beau les Arabes, il était

surpris de ne trouver jamais chez eux de ces mouvements de fierté qu'on leur prête dans les livres. Des
ksouriens, des tirailleurs, des mokhaznis, ces derniers seuls — hommes de la tente — semblaient avoir
une idée de ce qu'est la dignité, telle qu'on l'entend
chez les Européens.

Et néanmoins, la race se laissait entrevoir, par instants, chez ce Jilani, si peu grand seigneur qu'il fût.
Même quelqu'un d'obtus eût distingué en quoi il
tranchait sur un Yahia. Et Auligny, bien qu'il n'eût
pas d'estime pour lui, ne pouvait s'habituer à voir
Otero et Vincenti le traiter en décrotteur, — eux,
décrotteurs nés.

Le lieutenant, ayant quitté Jilani, revint vers le
bordj. Il se sentait bien seul. Quelle confiance
attendre de la part d'hommes qui ne vous parlent, si
on peut dire, qu'au garde-à-vous ? Pour qu'un indigène se livrât avec lui, il eût fallu qu'il se livrât lui-
même, gravement : « C'est de votre côté que je suis. »
Et cela, non ; cela, ce serait trahir. Combien Guiscart
était plus libre ! Un Français sans doute, mais un
civil, un artiste, un cosmopolite ; pas cet uniforme
qui faisait peur.

— Et ils ne boivent jamais de vin ? lui avait
demandé Guiscart, désignant les mokhaznis, le jour
de son arrivée à Birbatine.

— Oh non ! jamais. Là-dessus, tu sais, ils sont très
stricts.

— Même ce grand diable-là, qui a descendu mes
valises ?

— Non, non...

Alors Guiscart de ricaner :

— Je viens de lui en offrir une bouteille, que j'avais
emportée dans l'auto en cas d'incident de route, et il

l'a acceptée avec effusion. Moi, je sais ces choses-là.
Toi, tu ne les sais pas, parce que tu es officier.

«Toi, tu ne les sais pas, parce que tu es officier.»
Toujours le dédain de cet homme! À seulement se
rappeler cette phrase, le lieutenant frémit, comme
sous un coup de cravache. Et le pire était que, sur ce
point-là, Guiscart avait raison.

Au bordj, Auligny se rendit à la chambre du phonard, pour savoir s'il n'y avait rien de nouveau. Le
phonard n'était pas là. Auligny entendit sa voix dans
la cuisine.

— Eh! dis donc, Zaoui, tu ne voudrais pas me
faire chauffer un peu d'eau...

Et la voix hargneuse de Zaoui:

— Vous n'avez qu'à le faire vous-même!

Auligny réprima un mouvement d'irritation. Quelle
insolence chez ce morveux! et indigène, encore! Il
fut sur le point de lui laver les oreilles. Puis jugea que
ces affaires de subalternes ne le regardaient pas. Plus
profondément, il n'aimait pas le téléphoniste, et — si
pénible que cela soit à dire — il appréhendait les
«scènes» de Zaoui. Sentiment qui serait très incompréhensible s'il n'avait été en quelque sorte un legs
du passé, tous les Auligny de l'histoire, sans une seule
exception, ayant tremblé devant leurs cuisinières.

Auligny réfléchissait. Ainsi, à quatre heures, il
avait eu un mouvement de colère parce que Poillet
«commandait» trop aux indigènes, et à six heures il
avait eu un mouvement de colère parce que Zaoui
refusait de se laisser commander par le phonard.
Quoi donc! était-il incohérent?

Il serra de près les deux situations, et ne fut pas
long à se rendre compte qu'aux deux il avait réagi
selon l'équité. Poillet se faisait servir avec abus,

jouait au pacha. Le phonard, au contraire, pauvre
lémure, était toute modestie. Et il était impossible de
demander un menu service à un gamin arabe plus
poliment qu'il ne l'avait fait, ne l'ayant fait d'ailleurs
que parce qu'il était malade : il avait une sorte de
bubon à l'avant-bras, et c'était sans doute pour faire
tremper un emplâtre qu'il avait besoin d'eau chaude.
Et Zaoui, gâté et considéré par les Français comme
par les Arabes, était le dernier de Birbatine à devoir
refuser un service à un Français. Auligny fut content,
parce qu'il voyait qu'il était juste. Ce petit trait lui
donna l'assurance qu'il n'était pas partial en faveur
des indigènes et accrut sa foi dans la bonté de sa
position.

XVI

Alors qu'on ne discernait, contre les Français, nulle animosité chez Jilani, de qui la famille, sans doute possible, avait gagné à leur domination, cette animosité restait sensible chez Yahia, bien qu'il l'enveloppât de son mieux. Prenant à la lettre, avec une malignité ravie, les redoutables (redoutables pour la France) cocoricos gaulois, « La France est une nation de cent millions d'habitants », il posait en principe que ses coreligionnaires *étaient français*, et réclamait pour eux, à ce titre, les mêmes droits qu'ont les Français de naissance.

Par exemple, Auligny ayant parlé un jour du *loyalisme* des indigènes, Yahia de prétendre, avec quelque vivacité, que ce mot n'est applicable qu'à des étrangers, et non à des compatriotes.

Un autre jour, Auligny ayant fait une objection morale au principe du service militaire des indigènes d'Algérie, Yahia avait déclaré que, loin de se plaindre du recrutement, il le souhaitait plus étendu encore. Les Algériens étaient français. Pourquoi les priver de l'honneur d'avoir les mêmes devoirs que les Français ? (Autrement dit, d'avoir les droits créés par ces devoirs.) Yahia parlait très bien des droits que s'étaient acquis les indigènes en venant se battre en France, et il en parlait avec d'autant plus d'accent qu'il n'avait pas été de ceux-là. On se souvient que c'est poussé à bout qu'il s'était engagé comme secrétaire d'état-major à Kairouan, poste qu'il n'avait quitté de toute la guerre.

Auligny eut le malheur, une autre fois, de prononcer le mot de *charité* en parlant des sentiments qu'on serait heureux de voir aux Français, à l'égard des indigènes. Yahia bondit sous l'outrage. «Il ne s'agit pas de charité. Il s'agit de droits. — Pourquoi pas les deux?» répondit Auligny.

Le grand mot d'ordre de Yahia était : « Des écoles ! Des écoles ! » Son frère, du reste, était instituteur. Et Auligny, trop réactionnaire pour avoir beaucoup de foi dans les vertus de l'instruction en général, en avait moins encore dans celle donnée aux indigènes. Avec beaucoup d'Européens amis des indigènes, il professait qu'un indigène conserve sa dignité et son honnêteté dans la mesure où il est demeuré à l'écart des Européens. Il le professait d'ailleurs par pur préjugé, ne connaissant que Yahia comme indigène assimilé, ce qui était peu pour soutenir un jugement.

En même temps que Yahia demandait à cor et à cri des écoles, réclamant par là la civilisation française, il faisait de la civilisation musulmane un panégyrique auquel ne s'associait pas du tout Auligny, qui n'était touché ni par les arts, ni par la littérature, ni par la construction sociale des musulmans, et jugeait le Coran nettement inférieur à l'Évangile.

Tandis qu'ils causaient, Auligny regardait parfois Yahia en se disant : «C'est lui qui m'a procuré Ram. Et je ne l'ai pas encore récompensé. » Et ces deux faits, que Yahia lui avait rendu un service un peu sale, et qu'il restait le débiteur de Yahia, faisaient passer en lui, contre le Tunisien, une bouffée d'animosité.

Yahia entrelardait ses propos précis de propos vagues. Les propos vagues chantaient la louange de la France. Les propos précis la critiquaient. Contre elle, il faisait arme de tout, et des raisons les plus contraires.

Il trouvait, par exemple, qu'elle ne dispensait pas suffisamment aux Arabes les bienfaits du progrès: «Elle nous appelle dans son sein comme ses enfants, et nous mesure ensuite avec parcimonie ses lumières.» Mais en même temps: «Que nous importent les autos, les téléphones! Nous avons les coutumes et les vertus léguées par nos ancêtres. C'est là qu'est notre solidité.»

Devant le spectacle d'un jeune Tunisien élevé à la dernière mode, licencié en droit, et de qui le père était en burnous crasseux, et tel qu'on lui eût fait l'aumône dans la rue, Yahia disait les heurts et les déchirements qu'une telle situation — œuvre de la France — créait dans une famille. Et cela était juste, et digne d'intérêt. Mais qu'y faire, puisque Yahia lui-même réclamait, «avant tout, des écoles»?

Yahia était incohérent. Comme Auligny, à gauche sur un point, à droite sur les autres, ici grand, là si petit, était incohérent. Comme le père Auligny, honnête, et tout affamé de malhonnêteté, était incohérent. Comme Guiscart, monstre d'incohérence. Un anonyme du XVIIe siècle, cité par Sainte-Beuve, a écrit une parole extraordinaire, et qui va loin: «Dieu est la projection à l'infini de toutes les contradictions qui passent par une tête humaine.»

Si Auligny faisait, le plus timidement et courtoisement du monde, une réserve sur la société musulmane, il voyait Yahia changer de visage. Et il sentait que tout ce qu'il disait à la louange des Arabes était effacé dans l'esprit de Yahia par cette unique petite réserve. C'était bien là, en effet, ce qui se passait. Tandis qu'Auligny, oubliant quelquefois sa situation, se laissait aller à attaquer les Français dans leurs rapports avec les indigènes, Yahia concluait de ses causeries avec le lieutenant que celui-ci avait contre les indigènes tous les préjugés ordinaires des Français.

Et ainsi, alors que Yahia considérait chaque entretien avec Auligny comme une séance d'apostolat en faveur du monde islamique, Auligny n'en sortait jamais sans être un peu refroidi dans son amitié à l'égard des Arabes.

Il en sortait avec l'impression que, quoi que la France fît pour les indigènes, ce ne serait jamais assez, de l'avis de certains d'entre eux. (Mais cette maladie de la revendication, n'était-ce pas la France qui en avait contaminé ses indigènes?)

Cette impression était corrigée par une autre impression, à savoir que, si Yahia recevait les palmes, l'œuvre française en Afrique du Nord aurait malgré tout du bon. Yahia, en effet, avait reconnu sans détour que la vilaine conduite de M. Combet-David à son endroit aurait été entièrement oubliée, si M. Combet-David l'avait fait nommer «Académicien d'Instruction publique», *id est*, sans doute, Officier d'Académie.

Et si Yahia enfin devenait budgétivore, budgétivore sur un grand pied, oh! alors, nul avec plus de maîtrise n'étoufferait les indigènes, à en juger par le mépris dont il accablait les Algériens, et la violente antipathie qu'il portait aux sujets du sultan. Ce n'était pas assez: se prétendant «Berbère pur», il n'aimait pas les purs Arabes, en tant que personnes, bien qu'il glorifiât la civilisation musulmane, mais peut-être seulement par devoir et pour faire figure devant Auligny. C'était par les livres français qu'il avait appris qu'il était un Berbère pur.

À ces deux traits, l'un, que Yahia eût été calmé par un ruban, et l'autre, qu'il ambitionnait d'être académicien, Auligny reconnaissait que, si Yahia exagérait quand il disait que les indigènes étaient français, lui du moins n'avait plus un pas à faire pour entrer dans la famille française.

Mais le lieutenant se trompait en ceci : il croyait que c'était une différence de races ethniques qui les séparait, Yahia et lui. Ce qui les séparait, c'était bien une différence de races, mais de races d'un autre ordre ; c'était que l'un parlait la langue de la rue des Postes et de Saint-Cyr, et que l'autre parlait la langue du certificat d'études. (Dieu nous garde de vouloir prétendre par là qu'Auligny était cultivé ! Nous avons dit dès le début qu'il ne l'était pas. Même, un Guiscart le tient pour un véritable illettré.)

Les théories de Yahia et sa phraséologie s'interposaient entre Auligny et les indigènes. Quand il reprenait contact avec ceux-ci — ceux-ci, ces vrais humbles, — il les aimait, tout retrouvait sa place, et il n'était pas éloigné, alors, de voir en Yahia leur mauvais génie. Les réactions instinctives qu'ils provoquaient en lui avaient toutes une netteté, une pureté et dans leur ensemble une unité qui lui semblaient un critérium éclatant qu'elles étaient justes et bonnes. À tort, car il n'y a pas de critérium de cette sorte. Nous croyons, disons et commettons les plus évidentes sottises, avec je ne sais quel signe divin que nous sommes dans la vérité.

Chaque jour quasiment qu'ils ne se rencontraient
pas à la maison Yahia, Auligny allait à la palmeraie,
espérant y apercevoir Ram. Mohand-Saïd gardait son
cheval à l'orée de la palmeraie, et il s'y engageait à
pied. D'ordinaire il trouvait Ram entourée des
cueilleuses de branches, et il s'arrêtait pour leur dire
quelques mots. Les intermèdes gracieux étaient fré-
quents. Tantôt l'une d'elles, quand il s'était éloigné,
courait après lui: «La montre? (pour: l'heure?) —
Neuf heures. — Deux heures! Bien! Deux heures!», et
elle repartait en courant, sœur de ces petites filles de
France qui, au Bois, viennent vous demander l'heure
et puis, sitôt qu'on l'a dite, tournent bride sans un
«merci» et s'enfuient au grand galop, comme si vous
leur aviez montré... le diable; elle partait et commu-
niquait cette heure fantaisiste à ses compagnes qui,
Dieu sait! n'avaient que faire de savoir l'heure, tout
cela n'étant qu'un manège de coquetterie.

Ou bien c'en était une autre, plus jeunette encore,
qui détournait la tête à chaque parole qu'on lui
adressait, en baissant les yeux, mais avec un sourire
malicieux qui démentait ces yeux baissés, et promet-
tait tout, ou peut-être rien; une autre encore, qui
avait grand-peur d'Auligny, à chaque pas qu'il faisait
vers elle prenait la fuite, mais après quelques bonds
s'arrêtait et se retournait, partagée entre la sauvage-
rie et la curiosité (ainsi exactement font les gazelles),
enfin se cachait derrière le tronc d'un dattier et là, à
l'abri, ne laissait plus passer que la main, du geste le
plus imprévu: «*Sourdi, brabbi, brabbi*[1]...», mêlant de

I. «Un sou, pour l'amour de Dieu.»

façon cocasse la convoitise et la frayeur, tout cela
dans les moqueries et les éclats de rire des grandes.
Ce *brabbi, brabbi…*, à voix si menue, avait une grande
douceur pour Auligny. Peut-être lui rappelait-il obscurément le divin épisode de l'Évangile, quand la
femme vit un homme qu'elle «prit pour le jardinier»; mais il l'appela par son nom, et elle, le reconnaissant, lui dit ce seul mot : «Rabbi»…

Souvent Auligny avait trouvé les petites filles européennes plus dignes d'être aimées, à l'état d'enfan-
çonnes, qu'elles ne le seraient plus tard, — encore
que le pressentiment de la féminité entrât dans ce
charme de leur gosserie. Il pensait alors : «La sottise,
qui chez les jeunes filles agace, parce qu'elles comp-
tent pour des personnes raisonnables, est attendris-
sante chez une petite de douze ans. La coquetterie,
qui chez une jeune fille vous éloigne ou vous rend
insolent, chez une petite vous paraîtra drôlerie.» Plus
sûrement encore, les cueilleuses de branches semblaient avoir atteint, impubères ou pubères depuis
peu, le point extrême de leur grâce. Auligny ne se lassait pas de regarder ces petits miracles de pureté et
de gentillesse (pureté des traits, de la peau, de la
ligne, des attaches). Bien plus instinctives que les garçons, elles suggéraient une race pas encore tout à fait
humaine, toute pleine encore du génie des bêtes. À la
fois femmes, enfants et bêtes, si naturelles, si légères,
comment tout l'univers ne se mettait-il pas d'accord
pour reconnaître que c'était *cela* qu'il fallait aimer?
Vues d'ici, les femmes, les Européennes surtout, les
femmes *personnes légales*, faisaient l'effet à Auligny
d'objets assez redoutables, prenant terriblement de la
place, terriblement compliquées, exigeant terriblement de temps, d'attention, d'égards, de soucis, etc.,

et, même les bonnes et les douces, finissant toujours par vous créer des histoires. Mais avec les cueilleuses de branches tout était aérien et facile, tel que pouvait être l'amour aux temps de la fraîcheur du monde. Il lui semblait que jamais plus il ne pourrait désirer une femme d'une «certaine classe sociale». Et puis, les Européennes étaient *trop grandes*... Et puis, il ne savait que leur dire...

Et les garçons, maintenant. Naguère, importuné par les gamins qui lui apportaient un oiseau pris au piège, des dattes, une petite rose à la queue court coupée, il les envoyait promener, quelquefois rudement. Maintenant il ne le pouvait plus. Il avait beau savoir que, malgré leur affirmation : «Cadeau», le geste était intéressé — courtisanerie, ou espoir de quelques sous, — toujours fonctionnait en lui, comme automatiquement, la réserve : «Si, *malgré tout*, il y avait là un mouvement spontané ?» et la pensée de cette offre rebutée — l'offre rebutée : ce qui existe de plus cruel au monde — suffisait à lui faire accepter le «cadeau» et à le rémunérer.

En fait, était-il si certain que le geste des enfants fût intéressé ? Nous avons tous vu des Marocains, de qui nous longions la vigne, nous offrir des grappes, et être sincèrement surpris si nous faisions mine de vouloir les payer.

Quand le cadeau était un oiseau capturé, toujours il relâchait celui-ci : c'était là pour lui un acte parfait : avoir fait plaisir ensemble à la bête et à l'enfant. Quand c'était une petite fleur, comme il trouvait inconvenant de la passer dans une boutonnière de sa tunique, il la gardait à la main. Il eût été facile de la jeter, mais, cela aussi, c'était un geste qu'il ne *pouvait* pas faire. Il imaginait que l'enfant le voyait, et disait avec tristesse : «Voilà ce qu'il fait de ma petite fleur!» Il avait beau s'indigner presque d'être si sensible — «Je suis idiot! idiot!» — il ne jetait pas la petite fleur. Il la gardait entre les doigts, une heure durant peut-être, bien qu'elle le gênât fort, et en sortant de la palmeraie il la donnait enfin à Mohand-Saïd, qui l'accrochait dans les crins de son cheval.

Il y avait quelquefois chez un de ces enfants un geste charmant de confiance. Un jour qu'il demandait à un petit garçon où se trouvait le jardin d'Un tel, le petit, pour l'y conduire, l'avait pris par la main.

Tandis qu'il marchait, toujours songeant, dans les étroits chemins encaissés, il lui arrivait d'entendre le chant d'un indigène qui venait vers lui, rendu invisible par un détour du chemin; parfois même c'étaient deux voix alternées, l'une vieille et l'autre jeune, comme dans les antiques pastorales. Soudain l'homme apparaissait, apercevait le lieutenant, et son chant s'arrêtait net, et Auligny songeait : «Je suis l'étranger, le maître et l'ennemi. Je suis *celui qui les empêche de chanter*. Que leur reste-t-il, pourtant, que leurs chants?» Une réflexion analogue lui était suggérée par le chien Citron, qui jouait d'une façon enfantine avec un bout de chiffon, et tout à coup, voyant le regard du lieutenant posé sur lui, à l'instant cessait de jouer, baissait la tête, l'air penaud. Auligny avait beau savoir que cette pudeur du jeu se rencontre souvent chez les chiens, il ne pouvait éviter de se dire : «Je suis *celui qui les empêche de jouer*.» Car Citron, en ce moment-là, faisait partie pour lui de la race arabe ainsi qu'un homme : il se rappelait ce soir où, Zoubida endormie gémissant dans ses rêves, Guiscart l'avait prise et l'avait baisée entre les yeux,

dans le même temps qu'il élevait sa plainte sur la
«pauvre race vaincue», comme si une mystérieuse
correspondance lui avait fait baiser toute cette race
en ce corps animal né de la même terre qu'elle, —
soir de grandiose confusion, quand le désert avait le
parfum de la prairie, quand les étoiles, comme les
yeux des bêtes, suppliaient du besoin de s'exprimer.
Que de choses étaient nées, ce soir-là, en ce peu
d'heures! Là était la source de tout.

C'était vrai, qu'en suivant un grand nombre de ses
pensées, il aboutissait à une parole de Guiscart. En
vérité, Guiscart lui avait révélé certains mérites et
certains droits de l'indigène exactement de la même
façon qu'il lui avait révélé l'existence de Boualem, —
de Boualem qu'il rencontrait chaque jour sans le
voir, jusqu'à ce que Guiscart le lui eût fait connaître
comme une personne. Par exemple, il lui arrivait
(puisque nous en sommes au chapitre des chiens) de
faire la remarque que les chiens de Birbatine
aboyaient, Dieu sait, à tout rompre, mais ne mor-
daient jamais. Ils aboyaient par acquit de conscience, avec de l'indifférence plein les yeux, quand
ce n'était pas en se grattant le ventre, comme pour
bien montrer que leurs aboiements leur laissaient
toute leur liberté d'esprit. Pour un homme dans la
disposition d'Auligny, cette observation si simple ne
pouvait en rester là. La rapprochant de ce que des
camarades lui avaient dit, qu'ils ne sortaient le soir
qu'avec un bâton contre les chiens, il concluait: «Ces
chiens sont plus doux que ceux d'Europe. On les
calomnie, comme on calomnie leurs maîtres.» Et
soudain il se souvenait que Guiscart avait prétendu
que les chiens arabes, au contraire de leur réputation, sont souvent doux. Inconsciemment, la phrase

avait dû cheminer en lui. Eût-il fait cette remarque, si Guiscart ne l'avait faite avant lui ?

Ou bien, venu seul à la palmeraie, il descendait de cheval, allait s'asseoir à l'ombre, laissant en liberté la bête qui, sans être attachée, restait immobile comme une pierre. Auligny songeait alors, avec un sourire, à Ram demeurant dans la position qu'il lui avait donnée, et il se disait : « Au seul cheval arabe on peut demander cela. Guiscart m'avait bien dit que le cheval arabe était plus facile à vivre que les autres. »

Une autre fois encore, une histoire de chien aboutit à une parole de Guiscart. Auligny lisait, assis un peu en retrait dans sa chambre. C'était après déjeuner et, à cette heure de chaleur suprême, la cour du bordj était déserte. Seul, C'-qu'il-est-bête-c'-gosse-là était couché par terre, le dos à un pilier, son crâne rasé prenant dans l'ombre la couleur argentée de la feuille d'olivier, et il tenait Citron entre ses bras. Auligny, qui toujours guettait un trait de délicatesse chez les indigènes, marquait déjà à leur actif ce mouvement affectueux pour une bête — qu'il eût peut-être été plus juste de marquer à l'actif de l'enfance, — quand il fut témoin d'un geste qui lui parut extraordinaire. Le gamin regarda autour de lui, du regard très reconnaissable de celui qui veut s'assurer qu'on ne le voit pas, puis, se baissant, souleva une patte du chien et la baisa. Dans Auligny stupéfait passèrent les larmes de la petite en grenat, et le mot qui déjà avait fait rêver Guiscart : « Il n'y a pas beaucoup d'amour dans l'Islam... » Non, sans doute, il n'y avait pas beaucoup d'amour dans l'Islam. Et pourtant, cela, cela *au moins* cela avait existé[1]... Et le capi-

---

1. Ce baiser de l'enfant arabe, ces larmes d'une petite prostituée

taine de Canadelles, qui avait bourlingué dans toutes les colonies, disait, paraît-il : « Les nègres sont
gentils et dévoués, les Indochinois doux et sans fanatisme. Ce sont les Arabes la plus sale race. » Si « la
plus sale race » était capable de ces petits traits, de
quoi donc étaient capables les autres, subjuguées
elles aussi ?

... On voudrait s'arrêter un instant, se demander :
quelle est la part du christianisme, où il a été élevé,
dans l'étrange attendrissement de cet homme ? Eh
bien, cette charité, en lui si envahissante, ne rappelait jamais à Auligny le christianisme, tant son éducation catholique avait peu mis l'accent sur la
charité. Bien plus, il aurait été fort surpris si on lui
avait dit que son Dieu, Jésus, avait proclamé que le
Jugement serait fondé *uniquement* sur la charité :
page si belle et si imposante qu'on est tenté parfois
de la presser contre son cœur, comme les Orientaux
appuient sur leur front la lettre de leur bien-aimée.
La dissociation était complète, chez lui, entre charité
et catholicisme. Si quelque Franciscain ou autre se
fût trouvé à Birbatine, il n'eût pas manqué de chercher à convaincre Auligny que c'était l'Évangile de
ses jeunes années qui revivait dans son nouvel état
d'âme. Mais la charité d'Auligny lui était naturelle :
elle n'avait besoin ni de révélation, ni de décalogue,
ni de récompense. Elle coïncidait avec la leçon du
christianisme. Elle n'en était pas le fruit.

Une fois seulement, il eut une pensée pour cette

marocaine, et pour les raisons que nous avons dites au chapitre
XIII, et accompagnées du dialogue même que nous avons reproduit, enfin ces autres larmes (qu'on verra plus loin) d'un mokhazni
réprimandé, sont des faits assez propres à surprendre pour que
nous tenions à affirmer qu'ils n'ont pas été inventés.

religion. Lisant une *Histoire des Arabes* que lui avait prêtée Yahia, il en vint à certain passage où il est parlé d'un poète arabe d'autrefois, de qui les ancêtres, Espagnols d'Andalousie, avaient été chrétiens jusqu'à l'époque où son bisaïeul embrassa l'islamisme. Et l'auteur remarquait, dans les poèmes d'amour de ce lettré, «des traits d'une sensibilité exquise, et peu commune chez les Arabes». «Il ne faut pas oublier, disait-il, que ce poète, le plus chaste des poètes arabes, n'était pas arabe pur-sang. Arrière-petit-fils d'un Espagnol chrétien, il n'avait pas entièrement perdu la manière de penser et de sentir propre à la race dont il était issu. Ces Espagnols arabisés, au fond de leur cœur, il restait toujours quelque chose de pur, de délicat, de spirituel, qui n'était pas arabe.»

Auligny rêva sur ce texte. «Ce que je poursuis en Ram, et en eux tous, et avec quelle passion! ce sont des traces de cette délicatesse. Je ne leur demande pas d'être vertueux. Je leur demande d'être sans ingratitude, sans désir de faire du mal, d'avoir une bonne nature, de sentir qu'on les aime... Au fond, je m'exalte sur l'Islam, — et ce que je cherche, en eux, ce sont des traits chrétiens.» Mais cette pensée ne survécut pas en lui à l'impression que lui avait causée sa lecture. Il ne cherchait pas en eux des traits chrétiens, il cherchait en eux des traits humains, et rapidement cette évocation d'un christianisme inutile se dissipa dans son esprit.

La vie avec Ram continuait, bien semblable — trop semblable — à ce qu'elle était avant que Ram ne fût à lui. Pas plus qu'avant, Ram ne *commençait* jamais

rien. Elle ne se déshabillait jamais, en arrivant, avant
qu'il ne l'y eût invitée. Jamais, plus que par le passé,
elle ne l'interrogeait sur lui-même : que sais-je, combien de temps il devait rester à Birbatine, s'il avait
des frères, des sœurs… « Est-ce respect ? Est-ce indifférence ? » se demandait-il. Dans sa faiblesse d'amant,
c'était lui qui le premier, quelquefois, lui parlait de
sa vie. Il lui disait que sa mère avait plus d'autorité
que son père, que c'était elle qui avait voulu qu'il vînt
au Maroc, etc. — sans penser qu'à coup sûr Ram
s'en fichait.

D'ailleurs, jamais rien à lui reprocher. Ce n'est pas
une façon de parler, il faut le prendre à la lettre :
jamais rien à lui reprocher. Jamais un non, jamais
une observation, jamais une question : une docilité
automatique. Sa ponctualité, sa douceur, sa discrétion (pas de copines !), l'absence chez elle de toute
pose, sa façon de tenir sa place, de pouvoir toujours
tout ce qu'il lui demandait et, elle, de ne jamais rien
demander, de ne lui causer aucun ennui ni directement ni indirectement, de sembler toujours contente
(s'il la fixait des yeux un instant, il était rare qu'elle
ne se mît pas à sourire)… ah ! certes, elle restait bien
celle qu'il avait nommée, dès leur première rencontre, une petite personne « bien élevée » : la compagne idéale pour celui qui veut que la femme lui
soit un prétexte à tendresse et à plaisir, mais aussi un
élément de paix.

Un jour qu'elle semblait impatiente, il lui dit :
« Non, on jouira tout à l'heure. » (Ce ne sont pas des
termes éthérés ; mais qu'y puis-je ?) Elle ne connais-
sait sans doute pas le verbe « jouir » ; elle comprit :
« On jouera tout à l'heure », et elle demandait :
« Alors, maintenant, on va jouer ? » Dès lors, l'acte

d'amour ne fut plus désigné entre eux que par ce mot
enfantin : jouer. Nous avons dit plus haut : chez elle,
jamais un non. Jamais ? Si, une fois. Puisque maintenant elle était sa femme, il ambitionna une nouvelle
caresse (voyez-vous ça, quelles idées il avait, ce lieutenant !). Elle répondait : « Non, c'est défendu par
Dieu », et elle arrêtait sa main, avec douceur, comme
un chien, quand vous mettez la main dans sa gueule
pour le taquiner, repousse votre main gentiment,
avec sa patte ; on était loin des repoussements violents d'autrefois. Défendu par Dieu ! Dieu classant
les caresses en caresses permises et caresses défen-
dues, ce n'est donc pas une élucubration européenne !
La religion intervient d'ailleurs assez souvent dans le
plaisir à la musulmane. « J'te jure, tu me donnes
deux francs de plus parce que, aujourd'hui, c'est le
jour de Dieu » (vendredi), avait dit Ftoum à Auligny,
le soir sinistre de leur premier rapprochement. Et les
sous-offs racontaient en riant ce trait digne de la
Grèce ancienne, que les trois courtisanes, lorsqu'elles étaient arrivées à Birbatine, leur premier
acte avait été de faire le tour des zaouïas[1], laissant
dans chacune d'elles quelque monnaie, dont les
gosses du ksar, qui les suivaient à distance, se firent
du bien.

Cette petite résistance de Ram ne déplut pas trop à
Auligny. Elle lui rappelait heureusement que Ram
restait capable de s'isoler et de s'opposer. De même,
c'est en souriant qu'il découvrit qu'elle lui mentait.
Bientôt, il s'aperçut que, chaque fois qu'elle lui mentait, elle faisait précéder son mensonge, en levant un
peu la main, d'une formule bizarre : « Mon-Dieu-j'te-

---

1. Tombeaux des saints musulmans.

jure[1].» Dès lors, il lui devint facile de savoir quand elle mentait. Il ne se disait pas: «Elle ment», mais: «Elle *barbouille* un peu», voulant la sauver à tout prix.

Quant à lui, puisqu'elle ne le questionnait jamais, il n'avait pas à lui mentir. S'il le faisait quelquefois, c'était par luxe.

Également, depuis qu'elle était sa maîtresse — jamais il ne l'avait remarqué avant, comme s'il y avait en elle, depuis lors, une vague notion de la communauté des biens, — elle le friponnait, dans un ordre minuscule: un crayon, une lime à ongles (dans le but de se limer un grain de beauté qu'elle avait pris en grippe), quatre ou cinq sous, jamais davantage. Aucune difficulté, ensuite, pour reconnaître ces peccadilles. C'était toujours si peu de chose, si tranquillement avoué, et il y avait dans ces petits larcins quelque chose de si modeste, de si enfantin et, si on peut dire, de si honnête, qu'Auligny évoquait le manège de la pie qui, sous vos yeux, et voyant bien que vous la regardez, vous vole et continue de vous voler, comme s'il n'y avait rien là que de parfaitement régulier. Ram lui prit ainsi un crayon à encre, et vint, la fois suivante, portant sur le dos de la main un artistique dessin fait avec ce crayon. Elle s'endormit en moiteur, la joue posée sur sa main, et au réveil le «tatouillage» s'était imprimé sur sa joue humide... Alors, en lui, cette source qui crève, ce bouillonnement qui sort, de tendresse et de mots de tendresse...

---

1. «Je vous le jure, sur Dieu.» Ram emploie ici le verbe «jurer» dans son sens français. Plus haut, Ftoum, quand elle dit: «Je te jure, tu me donnes deux francs de plus», veut dire: «Je t'en prie», impropriété de langage familière aux Arabes.

Et, de pair avec ses friponneries, toujours son désintéressement profond.

Quelquefois, soudain, il la trouvait si charmante que — assuré malgré tout de lui faire plaisir — il lui disait : « Je te donnerai tant aujourd'hui » (plus que d'habitude). Puis, lorsqu'elle était sur le point de partir, il lui demandait, pour voir si le chiffre l'avait frappée : « Combien donc t'ai-je promis, aujourd'hui ? » Mais elle : « Vous donnerez ce que vous voudrez. » Et il arriva qu'Auligny qui, dans l'exaltation des caresses précédant l'acte, lui avait dit : « Je te donnerai cinq francs de plus », voyant ensuite qu'elle ne les réclamait pas, ne lui donnât que trois francs de plus, une fois son désir satisfait. Qui ne s'écriera : « Quel saligaud ! » Mais non, bien plus souvent, Auligny lui donnait davantage que ce qui était promis. Il reste cependant que ce honteux petit « rabiotage » montre, dans une nature indiscutablement généreuse, la persistance obscure de la loi de la jungle, le réflexe primitif d'abuser de ce qui ne se défend pas, et le côté sordide qui apparaît, à un moment donné. chez presque tous les hommes, même chez ceux qui, par ailleurs, sont prodigues jusqu'à la démence. Et il reste, hélas, à la honte non pas tant d'Auligny que de l'espèce humaine, que lorsque la barre finale fut tirée un jour au-dessous de ce que Ram avait gagné avec le lieutenant, elle avait gagné beaucoup moins, la pauvre, que si elle avait été une petite garce, coquette, quinteuse, boudeuse, de celles qui débitent leur corps morceau par morceau, comme une pièce de boucherie, — demandent toujours dix francs de plus, pour leur retour en voiture, afin de « ne pas entamer les billets », — prennent systématiquement sur *l'ennemi* tout ce qu'elles peuvent, et si on sort un carnet de métro: «Tiens, justement, moi qui n'ai plus de tickets!», dévorent des yeux votre portefeuille toutes les fois que vous le sortez, comme un chien dévore des yeux un os, — et qui enfin, tandis que vous vaguez sur les sommets de l'aimable jouissance, à chaque minute demandent un prix un peu plus fort, de sorte qu'on a l'impression de faire l'amour avec un taxi.

Le lecteur souhaiterait sans doute, ici, quelques dialogues, comme on en trouve dans tous les récits de liaisons amoureuses: ces sortes de bouées reposent le lecteur, qui, nageant de l'une à l'autre, arrive ainsi au terme d'un roman ennuyeux. Mais il n'y avait entre Auligny et Ram que des bribes de dialogue, si rudimentaires, et si insignifiantes, qu'il est inutile de les rapporter. Et Auligny, songeant aux scènes sentimentales et aux controverses psychologiques avec ses maîtresses françaises, était content de n'avoir pas à faire la conversation avec elle. Son amour était quelque chose d'étale, comme ce ciel et comme ce sable, et s'il lui arrivait d'y souhaiter un peu plus de mouvement, le plus souvent il se réjouissait de ce calme, qui d'ailleurs n'était pas sans tout mouvement. Pendant l'inondation, chaque matin, en allant voir, on trouve que l'eau a gagné quelque part. Tel champ, hier sec, est plein de flaques. Telle rue, où l'on pouvait passer hier, on ne le peut plus. Ainsi Auligny sentait chaque jour une nouvelle partie de son être prise et engagée.

C'est égal, on dira: en voilà, de l'amour! Soit, ce n'était pas de l'amour. Ram n'occupait pas l'esprit d'Auligny. Il n'était pas jaloux, inquiet, torturé pour un rien. Mais ne valait-il pas mieux que cela n'en fût pas, de l'amour? S'il avait pu «faire quelque chose»

pour Ram (et Dieu sait s'il le souhaitait, mais faire
quoi?), il y eût prodigué son temps, sa peine, son
argent. Si elle était tombée malade, il l'eût soignée
comme il eût soigné sa sœur ou sa fille. Et par
moments il souhaitait presque qu'elle eût la lèpre, ou
quelque mal affreux, pour lui montrer, et se montrer
à soi-même, ce qu'il saurait être en une telle circonstance. Son sentiment contenait ce qu'il y a de bon
dans l'amour, et n'en contenait pas ce qu'il y a de
mauvais et de ridicule. Il ne se jetait pas aux pieds de
Ram, en se tordant les mains, pour lui offrir sa vie, et
quoi encore? comme on fait dans l'amour, — mais il
ne se retournait pas non plus contre elle, pour l'insulter, la calomnier, lui vouloir tout le mal possible,
quand l'heure d'avant il voulait tout son bien, comme
on fait dans l'amour. De l'amour, ce qu'on nomme
ainsi, non, il n'en avait pas, mais c'est à son honneur.

Lui-même, certaine nuit, dans une île de réveil au
milieu des ténèbres, il crut découvrir, comme par
une révélation, ce qui faisait la singularité de son
sentiment pour Ram. C'était qu'il se sentait devant
elle ensemble un amant et un père. Elle, tellement
au-dessous de lui. Qu'il pût aimer une *égale* ou une
femme qui se prétendait telle, cela lui semblait difficile, désormais; et difficile seulement d'aimer une
femme qui eût sa taille, qui lui dépassât l'épaule. Et
il croyait comprendre, maintenant, que les Orientaux, plutôt qu'ils n'aiment la femme, aiment l'enfance. L'enfance est pour eux un troisième sexe, et
c'est ce sexe-là qu'ils aiment. Ils n'aiment la femme
que tant qu'ils sentent en elle l'enfance : physique,
d'où l'extrême jeunesse des filles aimées et épousées,
en pays d'Islam; morale, et c'est pourquoi, au foyer,
ils lui font une condition qui est celle de l'enfant.

XVII

À Birbatine, au début de la dernière semaine de juin, coup de téléphone du capitaine de Canadelles, et, entre autres choses :

— Vous allez recevoir, par le prochain courrier, une note du colonel. Il veut cent types du ksar pour finir la piste rapidement. Quatre francs par jour. Je ne sais pas la date précise, mais je crois qu'il faut ça pour le 27.

— Savoir si je les trouverai. Quatre francs par jour !

— Comment ! Mais c'est déjà bien joli qu'on ne les paye pas à coups de pied dans le c...!

— Un manœuvre européen serait payé vingt francs pour le même travail.

— Vous savez bien qu'un Arabe n'a pas de besoins. Avec quatre francs, il est aussi heureux qu'un Européen avec vingt.

Auligny eut sur les lèvres de dire : «Alors, vous, mon capitaine, puisque vous ne fumez pas, ne buvez pas, n'avez ni femme ni enfants, je propose que votre solde soit réduite de moitié.» Il se retint et répéta seulement :

— Je me demande si je les trouverai.

— C'est bien simple, vous n'avez qu'à dire que

vous recrutez des mokhaznis. Bourdenaire a fait ce truc-là à Sbiba. Il a eu trois fois plus de demandes qu'il n'en fallait.

Un silence.

— En tout cas, moi, je ne veux pas employer ce moyen-là.

La voix du capitaine, bourrue cette fois :

— Vous avez des scrupules... vraiment !... Alors, comme ça, il n'y a plus moyen d'en sortir !... Il faut ces hommes, et puis il les faut, et voilà. Le colonel part en permission après le 14 juillet et probable qu'il veut pouvoir dire à Paris : « La piste Rugot va jusqu'à Souk-es-Serir. Pas sur le papier. C'est fait. On roule cent vingt kilomètres d'affilée. » C'est bien naturel, hein ? Débrouillez-vous avec Jilani.

Auligny, qui perdait contenance quand on lui parlait en élevant la voix, fit ce que tous nous avons fait, à quelque moment : il camoufla sa pensée généreuse en une pensée utilitaire.

— Ma situation sera difficile devant ces hommes, quand ils seront revenus.

— Mais non, vous vous faites des montagnes ! Ah, jeune débarqué que vous êtes ! Bourdenaire ne s'est pas rendu la situation difficile. Voyez cela avec Jilani.

— C'est bien, mon capitaine.

Auligny raccrocha.

C'était la première fois que son service lui commandait un acte dont, sans doute, il ne pourrait venir à bout sans heurter sa conscience. Oh, certes, l'acte n'était pas bien grave ! Il ne s'agissait pas d'envoyer des hommes à la mort, ni de les piller, ni seulement de leur nuire. Mais ce qu'on lui conseillait, c'était de les tromper. Le lieutenant Auligny, représentant la

France dans cette contrée, grand protecteur de ces hommes — puisque le Maroc est un *protectorat*, — le lieutenant Auligny, juge suprême à Birbatine, qui tranchait les différends, disait à celui-ci : «Tu es un fourbe. Paye ou je t'emprisonne», et à celui-là : «Tu es un juste», qui mettait les bons à sa droite et les méchants à sa gauche, comme Dieu, le lieutenant Auligny était invité par son chef à tromper effrontément ses *protégés*. Et celui qui l'y invitait n'était pas un personnage douteux, ou seulement grossier, mais le plus fin, le plus doux, le plus droit en apparence des officiers du secteur. Et c'était cela surtout qui était amer, que ce fût cet amour de petit capitaine, avec son air distingué et malheureux, qui n'avait jamais de permissions, qui était sans fortune, qui n'avait pas trouvé le temps de se marier, et qui, dès l'instant où Auligny disait : «Je ne veux pas mentir», changeât de ton, prît une voix de croquemitaine, et lui fît comprendre qu'il était un imbécile et un empêcheur de danser en rond.

L'après-midi, par le courrier, arriva la note du colonel. Elle confirmait le coup de téléphone, et annonçait le passage du colonel avec le convoi, dans une huitaine. Auligny fit venir Jilani et lui lut la note.

— Mon lieutenant, dit Jilani, moi, je voudrais bien contenter le colonel. Mais où c'est que je vais prendre ce *contingent* (Jilani, comme tous les indigènes, grappillait ici et là des mots techniques, qu'il «resservait» inlassablement)? Je ne peux pas envoyer les gosses! Vous savez bien que, les hommes valides, nous en avons donné beaucoup pour le Makhzen. Le capitaine Persil en a pris encore beaucoup pour les pistes au-delà de l'oued et qui ensuite sont restés à L... Des hommes valides, il n'y en a pas assez à Birbatine! Et ce n'est pas avec quatre francs par jour qu'on fera partir ceux qui restent.

Jilani disait tout cela avec un air si gracieux, et un visage si rayonnant, qu'on aurait cru, si l'on n'avait entendu ses paroles, qu'il disait: «Mais comment donc! Ah, comme vous me faites plaisir! etc.»

Le lieutenant était perplexe. Tout ce que disait Jilani, il savait que c'était vrai. Et, tandis qu'il l'écoutait, il sentait en lui, comme hier devant le misérable Boualem, la terrible tentation de parler avec franchise.

— Je connais bien, dit-il, le moyen employé par d'autres chefs de poste pour mettre des indigènes de leurs ksours sur les pistes. Seulement, ce moyen, je ne veux pas l'employer.

— Quel moyen?

— On leur a promis de les engager comme mokhaznis. Et puis, quand ils ont été loin, on les a mis sur les pistes.

Le rire frais de Jilani retentit. Il laissait glisser à chaque instant les babouches de ses pieds, puis, par politesse, les chaussait à nouveau.

— Eh bien, voilà, il faut faire cela!

— Non, ça me déplaît.

— Oh, si vous faites du sentiment avec les Arabes!

Un silence. Jilani peignait sa barbe, de ses doigts de duchesse.

— Quand vous faut-il le contingent, mon lieutenant?

— Mardi, à dix heures du matin.

— Mon lieutenant, vous aurez mardi le contingent.

Le visage d'Auligny ne s'éclaira pas.

— Je vois ça, je t'ai appris la combinaison. Et maintenant tu vas leur raconter des boniments...

De nouveau, le rire frais, jeune, cette cascade stri-

dente et gloussante, entrecoupée de « La la la[1]... pas
boniments ! » avec la figure un peu baissée, les paumes
en avant. Et enfin :

— Laissez-moi faire, mon lieutenant. C'est moi
que je prends la responsabilité.

Auligny dessinait, de son crayon, des rectangles
sur le buvard de la table.

— Eh bien, débrouille-toi, dit-il, les paupières
baissées.

Jilani se leva pour se retirer, s'essuya les yeux, où
des larmes étaient venues, tant il avait ri. Puis :

— Mon lieutenant, j'ai une *fabor* à vous demander.

Et là-dessus il se mit à glousser, sans fin, comme
s'il avait dit quelque chose de follement drôle.

— Demande.

— Je voudrais... (sans transition, il se mit à parler
arabe) je voudrais faire construire un petit fondouk
et, si j'avais réuni le contingent dès demain, je l'y
ferais travailler avant le 27, avec votre permission.
Seulement, ce fondouk serait en contrebas, sous la
maison de Si Yahia, que vous occupez, et je ne voudrais pas vous déranger...

Auligny donna l'autorisation. Le beau mouvement
instinctif par lequel Jilani s'était mis à parler sa
langue sitôt qu'il avait eu quelque chose à demander,
sitôt qu'il s'était agi de quelque chose qui lui tenait à
cœur, avait échappé à Auligny. Mais il ne lui avait
pas échappé que toute cette affaire était peu élé-
gante. Non seulement il fermait les yeux sur les mensonges que le fils du caïd allait débiter aux indigènes,
mais il payait en quelque sorte la complaisance de
Jilani par cette autorisation de construire. « Et j'avais

1. *La :* « non », en arabe.

la naïveté de me sentir ému quand je lui disais : "Ce moyen-là, je ne veux pas l'employer. Ça me déplaît", la naïveté de croire qu'il serait touché en me voyant prendre le parti de l'indigène, qu'il y aurait entre nous, sans geste, comme un muet serrement de mains... Mais lui, pendant ce temps, il me jugeait un imbécile, — comme Canadelles, comme Poillet. Je suis certainement un imbécile, puisque tout le monde me le dit», conclut-il. Il ignorait pourtant la phrase de Pascal, cette phrase si fausse ; car il n'est pas vrai que ce soit folie de vouloir être sage tout seul.

Et tout cela finit par ce que, deux heures plus tard, à l'heure où chaque soir Jilani sortait du ksar pour aller à son marabout, Auligny, comme par hasard, se trouva devant le bordj, et héla le fils du caïd, qui descendit de cheval.

— Jilani, j'ai réfléchi à ta combinaison. Tu vas mentir à ces pauvres bougres. J'aime mieux leur faire parler moi-même et qu'on leur dise la vérité.

— Jamais il n'en viendra cent.

— Je peux toujours essayer.

— Laissez-moi faire, mon lieutenant. C'est moi que je me charge de tout.

— Et quand ils reviendront et qu'ils nous verront, toi et moi, qui leur aurons menti, qu'est-ce qu'ils penseront ?

— Rien du tout. Ils auront oublié. Ils ont l'habitude. Ils seront bien contents d'être rentrés, et qu'on leur donne de l'argent, encore.

— Eh bien, fais comme tu veux, murmura Auligny, d'une voix éteinte.

Le lieutenant regarda Jilani s'éloigner, au petit pas dansant de sa bête, vers le marabout où il allait se prosterner, faire des prières, allumer des cierges.

Car les sépulcres blanchis furent d'Orient avant d'être d'Europe.

« Soit, se disait Auligny, ils ont l'habitude. Sous le talon des uns, sous le talon des autres. Eh bien ! quand le monde entier aurait toujours berné ces gens, et devrait toujours le faire, et quand ces gens ne mériteraient que d'être bernés, ce ne serait pas une raison pour que moi je les berne. »

Ce soir-là, il y eut tam-tam dans le ksar, et les « Oubi ! Oubi ! Oubi ! Oubi ! » des hommes tressautèrent, sur un rythme lent et lourd durant une partie de la nuit. Auligny les avait vus, une autre fois, formant un cercle, étroitement serrés l'un contre l'autre, avec leurs bras entrelacés : et tandis que l'un d'eux, au milieu du cercle, frappait dans ses mains, ils se balançaient d'avant en arrière jusqu'à tomber d'hébétude et d'épuisement. Non, cela n'était pas beau. Mais cela n'excusait pas une injustice à leur égard. Il entendait en même temps les petites plaintes d'une gazelle en rut qui allait et venait dans la cour du bordj, cherchant une issue. Poillet l'avait achetée à un mokhazni et, la nuit, la lâchait dans le bordj. Et sur cette bête gémissante se cristallisait la pitié dont son cœur était plein.

Au matin, le ciel était voilé. Un peu de répit : la journée serait moins chaude. Fut-ce la sorte de promesse heureuse apportée par ce rafraîchissement ? Auligny fut surpris de s'apercevoir que l'évocation du « contingent » ne déclenchait plus en lui ce malaise qui l'empoisonnait la veille. Ah, s'il pouvait rester dans cet état aérien d'égoïsme, ne plus retomber dans ses crises de sensibilité ! Il avait entendu dire quelquefois que la pitié faisait du bien. Mais, lui, elle lui faisait toujours mal. Quand il oubliait la pitié, il se sentait libre, fort, volontaire. Quand elle revenait, elle durait des heures, comme un accès de fièvre. Puis un incident survenait, qui la faisait tomber, comme la fièvre. Cette fois, c'était la nuit qui l'avait dissipée. Et il se sentait guéri.

Mais au soir elle revint, et elle se soulevait douloureusement en lui, comme dans la mère l'enfant de ses entrailles. Pour un motif futile : parce que, de la maison Yahia, il avait vu une douzaine d'indigènes, déjà, en train de dresser les murs en *toub* livide du fondouk. Il imagina Jilani, sur la «place» du marché, empaumant le pauvre monde comme un bateleur, avec son charlatanisme inné d'Oriental, et puis, sitôt que les hommes étaient acquis, reprenant le ton dur qu'il employait lorsqu'il parlait à ses coreligionnaires, bien différent de la voix suave, des rires de pucelle et des pelotages de mains réservés aux seuls officiers français. Auligny se sentait complice, et son insouciance du matin était soufflée comme une flamme.

En outre, à l'inquiétude qu'il éprouvait toujours quand il allait se trouver en présence d'un de ses chefs — inquiétude qui pouvait devenir de l'angoisse, s'il croyait avoir quelque chose à se reprocher, — la venue imminente du colonel ajoutait un trouble d'une autre nature. La déception que lui avait causée la première visite du colonel s'était tout effacée dans ce sentiment de respect et presque d'affection qu'il avait pour lui, sentiment où sa pitié était venue injecter son acide depuis que Poillet avait parlé du «pauvre vieux». Bien des fois, aux moments où il doutait le plus du rôle de la France et de son propre rôle dans ce pays, il s'était dit : «Le pauvre vieux, il me fait confiance, et moi je le trompe.» La nature d'Auligny ne s'accommodait pas de cette demiloyauté dont se satisfont tant de gens, qui mentent d'un cœur léger à ceux et à celles qu'ils aiment le plus. Et maintenant il allait se trouver devant le colonel, changé dans son être intime, et forcé pourtant de lui parler comme s'il était resté le même, forcé de lui faire croire qu'il était le même. Il se sentait prêt à lui dire : «Je vous demande pardon de ce que je suis.»

Trois jours plus tard, le «contingent» partit au complet, transporté en camions, et Auligny sut par les sous-officiers, qui la trouvaient excellente, quel grossier mensonge avait servi d'appât au fils du caïd. Un instant, il entrevit le troupeau des hommes prêts à être embarqués, humanité misérable, dans des accoutrements impossibles, misérable mais qui semblait bien contente. On les voyait se donner des bourrades, gauchement, lentement, comme ces petits chiens patauds qui jouent au ralenti, parce qu'ils ne tiennent pas encore bien sur leurs jambes, ou bien se livrer à des plaisanteries follement drôles telles que celle d'échanger leurs coiffures. Deux d'entre eux luttaient de balourdise en tirant sur un chech, chacun de son côté. Plusieurs sortaient leur glace de poche — cet objet ravit tout Arabe — et s'y miraient avec complaisance, comme s'ils se trouvaient jolis, jolis. Le génie de la musique balbutiait pourtant dans ces ilotes : l'un d'eux faisait frémir ses doigts contre le manche d'une pelle, comme sur les cordes d'une contrebasse; son voisin tambourinait sur un chaudron. Cette musique en partie imaginaire suffisait pour que, les bras écartés, les yeux baissés, un adolescent esquissât la danse du ventre, et ses brusqueries lascives excitaient les rires des autres. C'étaient ces rires qu'Auligny avait voulu ne pas entendre.

Tandis qu'il se trouvait ainsi devant eux, une

guerba, qui pendait au flanc d'un cheval, à portée de sa main, lui donna soif, et il y but. Après quoi, voyant ces hommes si distants de lui, surtout dans les plaisirs auxquels ils pouvaient prétendre, connaissant leur tendance, quand ils étaient sous l'uniforme, à garder pour eux toutes les peines et à reporter sur leurs chefs toutes les jouissances, il fut content de ce geste de boire, qui leur avait rappelé qu'il y avait un ordre de plaisirs où il n'en demandait pas plus qu'eux.

Le colonel vint, et d'abord mâchonna quelque chose qui pouvait passer pour une expression de contentement, relative à la bonne exécution de son ordre sur le «contingent». À Sidi Aziz, le lieutenant Nouël n'avait su obtenir qu'un petit nombre des hommes qui lui étaient demandés, et allait recevoir sur les doigts. Dans le plaisir violent que lui causait un satisfecit du colonel, Auligny ne pensa plus du tout aux conditions grâce auxquelles ce recrutement avait pu être fait.

Ensuite, le colonel fit part à Auligny d'une idée qui paraissait être toute fraîche dans son esprit : c'était que les chefs de poste devraient tenir une sorte de journal de bord — ici un «journal de bordj» — où ils noteraient tout ce qui leur paraissait intéressant dans leur vie de poste. Ces documents seraient un jour précieux pour la petite histoire de la pénétration.

Il y eut une rapide inspection des hommes, quelques mots aimables, mais enveloppés de rudesse, pour les mokhaznis, et quelques mots désagréables, non pour ces tirailleurs-ci en particulier, mais pour les tirailleurs en général. Les pauvres

tirailleurs étaient les ilotes de ce territoire. Si une
piste était mal faite, si un bâtiment était mal
construit, si un monument funéraire frappait par son
exécution médiocre, on pouvait être sûr que c'était
l'œuvre des tirailleurs. Et gauches, mal ficelés, et
sans génialité aucune, c'est vrai qu'ils étaient tout
cela. Mais le perpétuel dénigrement dont ils étaient
l'objet n'était pas fait pour donner beaucoup d'émulation à leurs cadres ni à eux-mêmes.

Comme le colonel, ayant jeté un regard sur les
«bleus» mokhaznis, parlait d'eux à Otero, le sous-off,
avec la nuance de familiarité sensible dans une
armée en campagne, ou tout au moins sensible dans
celle-ci :

— Mon colonel, voulez-vous que je vous présente
un phénomène ?

Et, sur un sourire du colonel, il fit sortir des rangs
un grand garçon : imberbe, mince, le buste court, les
jambes interminables, paraissant dix-sept ans.

— Mon colonel, voici le phénomène, qui est
mokhazni, et qui pleure quand on lui fait une observation !

— Comment, un mokhazni qui pleure !

Le colonel, le capitaine Gobey, qui l'accompa-
gnait, Otero, Vincenti regardaient le «phénomène»
en riant. Lui, imperturbable, ne comprenant pas un
mot de français. Le colonel lui dit, en arabe :

— Alors, toi, un mokhazni, tu pleures quand on te
réprimande ! Mais tu n'es pas un homme !

Là-dessus le garçon, sans plus se soucier du colonel, ni du garde-à-vous, se tourna vers Otero, et se
mit à l'apostropher violemment, avec gestes, lui
reprochant d'avoir dit cela, ce n'était pas vrai, etc.
Le colonel, sagement, s'éloigna, non sans avoir dit à

Otero qu'ils avaient eu tort, les uns et les autres, de rire d'un homme en public et qu'il ne fallait pas tenir compte, disciplinairement, d'un éclat qu'ils avaient provoqué. Auligny qui, bien entendu, s'était attendri sur le mokhazni, reporta son attendrissement sur le colonel. Le colonel, s'accusant devant tous, parut à Auligny un spectacle digne des anciens âges, et il eut pour lui un bondissement du cœur.

On devait apprendre, quelques jours plus tard, par El Ayachi revenu de la Sécurité, que le jeune mokhazni prompt aux larmes s'était engagé, poussé à bout par les railleries des gens de son douar, parce que, à son âge, il n'avait pas encore tué un homme.

L'auto du colonel partit en tête du convoi; le colonel n'était pas resté vingt minutes à Birbatine. Comme Auligny reconduisait le capitaine à sa voiture, qui faisait serre-file, Gobey lui dit:

— Je ne suis pas de l'avis de Ruru au sujet des tirailleurs. Tous les corps indigènes, sans exception, n'ont pas besoin d'être des corps d'élite! Nous n'avons pas intérêt à ce que les Arabes deviennent, par le service militaire, trop dégourdis, trop disciplinés, ni trop au courant de nos méthodes.

— Pourquoi? demanda ingénument Auligny.

— Comment, pourquoi? Mais parce que, s'ils se retournent contre nous, ils ne nous en donneront que plus de fil à retordre. Le rêve serait qu'après en avoir fait des combattants de premier ordre, on pût les dépouiller de tout esprit et de tout savoir militaires au moment de leur libération.

Cette doctrine parut quelque chose d'un peu «raide» à Auligny, mais non pas autant qu'on pourrait le croire. Il avait toujours eu une tendance à être de l'avis de la dernière personne qui lui avait parlé,

et il était pris cette fois tout entier dans le rayonnement du colonel, rayonnement qu'avait matérialisé
une forte et mâle odeur, où entraient celles du tabac,
du cuir, du poil du cheval et de la brillantine. Quelle
stabilité chez un Rugot! Celui-là était de ceux qui
fendent la lame! Comme la règle: «Patrie d'abord»
était plus facile à observer, plus donneuse de bonheur, que celle qui le tourmentait depuis quelque
temps, et qu'il ne savait même pas comment définir
— «Justice d'abord»? ou «Vérité d'abord»? ou
«Charité d'abord»? — signe de ce qu'il y avait de
vague en elle! Et Auligny se sentait soulevé par le
désir de faire plaisir au «pauvre vieux». Intérieurement, il murmurait, comme s'il était le colonel: «Ce
petit Auligny! Il avait l'air un peu bêta, au début. Eh
bien, le voilà parti! Il comprend.» Et quand il se
disait cela, un sourire, dont il n'avait pas conscience,
lui effleurait le visage...

Toutefois, il arriva ce qui était arrivé l'autre jour,
lorsqu'il s'agissait du «contingent». Le lendemain, le
rayonnement du colonel s'était affaibli, et la doctrine
de Gobey provoquait en Auligny des «quand même!
quand même!». Sans doute, l'armée ne considère
l'indigène que du point de vue du rendement militaire. Un officier indigène (pense-t-elle) n'est pas un
bon officier: il est anti-Roumi, profite et abuse de sa
situation; le projet de loi sur l'«habitat indigène» est
heureux, parce que, s'il contribue à rendre la race
indigène plus forte, il permettra une meilleure qualité de ses effectifs, etc. Mais jamais peut-être le lieutenant n'avait été saisi d'une doctrine où l'utilisation
de l'indigène, et la méfiance à son égard, se trouvas-
sent plus durement combinées que dans celle de
Gobey. Conquérir des gens, au prix de tous les excès

de la guerre, et puis les faire massacrer pour la défense de votre cause, à vous, l'envahisseur, de votre cause, que c'est *leur devoir* de haïr, — cela s'était fait de tout temps. Mais les vouloir forts et virils tant qu'on les a bien en main, et puis, quand on ne les tient plus, leur casser les reins, ça, c'était une politique de fer... bien voisine de celle des anciens sultans, qui affaiblissaient le peuple, systématiquement, pour n'avoir pas à compter avec lui.

Et voici qu'en même temps cette politique de fer, ou plutôt ces simples mots, «une politique de fer», caressent, exaltent la part obscure d'Auligny. Sa nature innée se révolte devant l'abus de pouvoir, et la nature artificielle que lui a donnée son éducation se grise de cette image de violence, parce qu'il l'accorde avec le bien de la patrie. «Pour une fois, ceux de mon pays ne sont donc pas les dindons de la farce? Un Français, lui aussi, sait donc rêver une politique de fer?» Son âme oscille, et puis, une fois encore, il conclut par un moyen terme, faiblement, justement peut-être: «Il faut être équitable et pitoyable, mais à l'intérieur de la force. Il y a un certain tremblement qu'il faut savoir maîtriser. J'aurais dû avoir la tête plus haute quand je donnais à Jilani liberté entière d'*aboutir*. Non, non, on ne peut pas souhaiter que disparaissent du monde les valeurs viriles que symbolise l'armée...»

XVIII

Ce n'est pas sur le sol, c'est sur les âmes qu'ils (les moines musulmans chassés d'Andalousie) ont laissé une empreinte profonde. Le Français du XXᵉ siècle n'est pas en état ni en position d'en faire autant : les indigènes sont pour lui des administrés et des contribuables.

E. F. GAUTHIER,
professeur à l'Université d'Alger.
La Conquête du Sahara.

Par le convoi suivant arriva, de Tamghist, le médecin lieutenant Bonnel. Il était venu déjà, six semaines auparavant, et avait fait bonne impression sur Auligny. Mais ils ne s'étaient parlé que quelques instants, et Auligny n'avait pas assisté à la « visite », ayant à s'entretenir avec le lieutenant Ducrocq, venu lui aussi de Tamghist. Il est amusant de noter, au passage, qu'Auligny, si prompt à vouloir que Ménage exemptât du service ses hommes indisposés, avait pesté un peu contre Bonnel, qui lui évacuait trois tirailleurs.

Bonnel était un jeune pataud de vingt-trois ou vingt-quatre ans. Ses vastes poignets, ses mains roses comme des crevettes, ses joues roses comme des pommes d'api, la plantation de ses cheveux, et la qualité des susdits, tout en lui disait le contremaître propre. Il avait aussi des lunettes, et une tentative de barbe destinée à lui donner l'air imposant : c'est une rengaine classique, en effet, que si un médecin colonial n'a pas de barbe, et si son infirmier en a une, les Arabes iront se faire soigner par l'infirmier. La barbe de Bonnel avait l'air postiche, et, sur sa figure rose et poupine, le faisait ressembler à ces petits écoliers de douze ans qui, dans les séances théâtrales du collège, jouent le rôle d'Agamemnon. Bonnel, parce qu'il était *barbu*, était surnommé «Bu» ou «le petit père Bu», et comme il y a, paraît-il, un couplet où l'on répète : «*bu, qui s'avance*», Bonnel ne pouvait rien faire sans qu'on dît de lui qu'il *s'avançait*. Ce verbe devait être, d'obligation, glissé dans toute phrase concernant le major.

Lors de sa venue précédente, Auligny, incidemment, lui avait dit qu'il manquait de lectures, et Bonnel avait promis qu'à son prochain passage il lui apporterait de Tamghist un ballot de livres, la «bibliothèque» de Tamghist étant assez bien montée, et les volumes en ayant été lus et relus par tous. Auligny pensait qu'il aurait oublié sa promesse, mais non, les livres étaient là, et il en fut touché.

L'auto de Bonnel ayant eu une panne, il n'était arrivé qu'à midi, de sorte qu'ils se mirent tout de suite à table. La visite serait passée après le déjeuner.

Auligny se souvenait que, la première fois que Bonnel était venu à Birbatine, il l'avait entendu dire des Arabes, à propos d'il ne savait plus quoi :

«Ce sont des hommes comme nous.» L'expression était trop un cliché pour qu'Auligny en inférât quoi que ce fût. En outre, il avait remarqué que tous les hommes qu'il avait vus agir durement avec l'indigène, ou parler mal de l'indigène, il pouvait citer d'eux, également, quelque phrase où ils faisaient l'éloge des Arabes. Ménage proclamait que ses mokhaznis valaient mieux que les civils européens de L..., et ensuite... Gobey mettait à l'honneur les petites Ouled Naïl, et ensuite... Otero parlait en termes chaleureux de son «père nourricier», un Arabe d'Oran, avec qui depuis vingt ans il était resté en relations excellentes, et, évoquant ses souvenirs de jeune ouvrier, il disait que parmi les compagnons de chantier, les Arabes étaient plus discrets que les Européens, qu'ils ne vous embêtaient jamais avec le : «Tu payes à boire?», etc.; et ensuite Otero traitait ses hommes comme une chiourme. La phrase de Bonnel avait donc paru à Auligny, sans plus, un de ces lieux communs de bon ton avec lesquels on se donne une réputation d'esprit libre, en reconnaissant des mérites à ce qu'on attaque, ou des défauts à ce qu'on soutient. Ainsi un catholique croyant pourra trouver qu'il y a de l'élégance à dire, devant un incrédule : «Il faut que la religion catholique soit bien divine, pour avoir résisté aux prêtres.»

Mais Bonnel, bâfrant fort, et la serviette au cou comme un vacher, amena la conversation sur le terrain que parcourait sans cesse Auligny.

— La plus grande partie de la palmeraie de Tamghist, disait Bonnel, a été donnée en concession à un Français de Casa, un certain Hubert. Or, à notre arrivée dans le pays, nous avions mis sous séquestre la palmeraie, sans indemniser les propriétaires des jardins, parce que les gens de Tamghist nous avaient opposé la résistance que vous savez. Cet Hubert loue les jardins, un prix exorbitant, à leurs anciens propriétaires (ce qui ne l'empêchera pas de faire sonner bien haut les résultats de son exploitation, car le colon porte toujours à son actif les résultats obtenus par le travail indigène). Quand je dis à quelqu'un que vous connaissez : « M. Hubert appelle cela une *exploitation* et nous sommes bien d'accord sur ce mot », ce quelqu'un me répond : « Mais aussi, pourquoi ont-ils résisté ? » Et savez-vous qui me répond cela ? M. le capitaine vicomte de Bouche-Trou, l'honneur militaire incarné ! C'est comme si les Allemands disaient : « De quoi se plaignent les Français ? S'ils avaient offert la paix quand nous passions la frontière, nous n'aurions pas saccagé leur pays. »

— Oui, c'est, très nettement, cette règle : l'honneur et le courage punis, la lâcheté et la platitude récompensées.

Parce que Bonnel est un inférieur en grade, Auligny ne se sent pas gêné pour dire ce qu'il pense. Et puis, Bonnel n'est pas un militaire, c'est un médecin. Si jeune que soit le major, et sans autorité, Auligny lui parle avec un peu de la confiance qu'on donne (qu'on est bien forcé de donner) à un médecin. Et il est content de penser que le premier médecin militaire qu'il rencontre en Afrique doit avoir, en soignant les indigènes, un autre but que celui qu'on voit souvent défini en ces termes : « Conserver par tous les moyens le capital humain local pour un rendement aussi complet que possible de la main-d'œuvre. »

— Jadis, dit Bonnel, en pays barbaresque, les renégats chrétiens étaient accueillis à bras ouverts par les musulmans. Aujourd'hui les renégats indigènes, ceux qui sacrifient les intérêts de leurs coreligionnaires aux intérêts des Français, sont accueillis à bras ouverts par ces derniers. À eux les sous, les places et les honneurs. Les autres restent des suspects.

— Et cependant les indigènes ne se plaignent pas, ou guère. Il faut qu'ils soient bonne pâte.

— Bonne pâte! Dites qu'ils sont terrorisés. En tout cas, à Tamghist, ils se plaignent. Alors on dit qu'ils ont mauvais esprit, qu'ils sont dangereux, et on serre la vis un peu plus. Mais qui a commencé? Toutes les fois qu'il y a conflit entre l'Européen et l'indigène, c'est la première question qui, automatiquement, devrait être posée: qui a commencé? Les Arabes sont perfides, — mais qui a commencé? Voir de près l'histoire de la conquête de 1830. Les Arabes sont voleurs, — mais qui a commencé? Des officiers des postes de l'Atlas me disaient eux-mêmes que les premières relations commerciales avec les montagnards avaient été très loyales, et que ce sont nos négociants qui leur ont appris à frauder. Vous lisez dans le journal qu'un ouvrier marocain a tué son patron qui l'avait renvoyé, et vous entendez d'ici les clameurs; mais ce que les journaux ont bien soin de ne pas dire, c'est que le patron avait refusé de payer son dû au Marocain. Refuser de payer à un Arabe ce qu'on lui doit, sous un prétexte quelconque, est un coup si classique, depuis Casa jusqu'à Tunis, que sitôt que vous avez l'air de soupçonner de quelque larcin un indigène à vos gages, vous l'entendez vous dire: « Ne me paye pas si tu ne veux pas, mais ne dis pas que c'est moi qui ai volé. » À Rabat, venant de débarquer, j'étais à la terrasse d'un café. Soudain, cris du patron à son garçon indigène: « Saloperie! Ah! je te prends

la main dans le tiroir-caisse! — Moi!... Fouillez-moi!
— Bien sûr, je t'ai pincé à temps. Allez, fous le camp
d'ici! — Et ma semaine? — Ta semaine? Tu veux
que j'aille chercher un agent de police?» Là-dessus,
pugilat, des consommateurs interviennent, et four-
rent dehors l'Arabe en le frappant. L'Arabe parti, le
patron rigole, avec un drôle d'air, les yeux baissés.
Un colon était assis à une table voisine, et lui aussi rit
en dessous. Je lui demande: «Est-ce que vous avez
vu cet Arabe mettre la main dans le tiroir-caisse? —
Pensez-vous! Mais c'est samedi soir. — Et alors? —
Eh bien! comme ça le patron fait l'économie d'une
semaine de paye. — C'est joli! — Eh! qu'est-ce que
vous voulez, ici, c'est le Maroc!» Combien de fois
l'ai-je entendue depuis, cette phrase, prononcée, ou
seulement exprimée avec un geste, mais dont le sens
était clair: «Ici, c'est permis d'être une crapule...
C'est le Maroc!» Non, il faut dire bien haut qu'il n'y
a de justice pour l'indigène que pour le gros, le vendu,
l'Arabe avec ruban rouge, qu'il a gagné en trahissant
ses compatriotes. *Ense et aratro*[1]. Le sabre et la char-
rue! Parfait. Mais n'oublions pas la matraque et le
litre d'alcool. Avec ces quatre attributs, les armes
parlantes de la colonie seront complètes.

Ces dernières phrases déplurent à Auligny. Il
trouva que Bonnel prenait un ton un peu trop violent, un peu réunion publique, un ton qui sentait le
genre révolté et il pensa: «Il faut faire dans ce qu'il dit
la part de l'exagération.» (Auligny désirait sans
mesure la Légion d'honneur, et se sentait offensé
personnellement, par anticipation, quand on l'atta-
quait devant lui.) Il murmura aussi: «Rhétorique...»,

1. Devise de Bugeaud, appliquée à l'Algérie.

parce que ce que disait Bonnel lui paraissait *trop bien dit*. On ne croit à la sincérité que des balbutiements. M. Havet parle de la «rhétorique de Pascal», à cause de la force de Pascal. Comme si la force du sentiment n'entraînait pas la force du dire, chez un homme un peu doué pour l'expression!

Bonnel reprit:

— Si j'avais pensé que vous vous intéressiez à la question sociale, j'aurais joint aux livres que je vous ai apportés quelques brochures qui m'appartiennent, car vous ne trouverez dans tout ceci que des ouvrages de militaires, où ces problèmes sont jugés d'un point de vue que je ne me permettrai pas d'apprécier devant vous.

«Il est tout à fait antimilitariste», pensa Auligny, se rétractant. Il dit, pour *marquer le coup*:

— Mais ce sont bien des ouvrages de militaires que je souhaitais! Quant à la question sociale, que vient-elle faire ici?

— Comment! Nous y sommes en plein!

— Est-ce que la question indigène...

— La question indigène n'est pas une question de races ni de couleurs. Encore moins de religion, car il n'y a en Afrique du Nord qu'une religion, la musulmane: le catholicisme, en tant que foi, peut y être négligé. (Je dis: en tant que foi, et non pas: en tant que culte.) La question indigène est la question des gros et des petits. Les gros sont aussi bien indigènes que français. Tout de suite les gros indigènes et les gros français se reconnaissent entre eux, s'acoquinent, et s'unissent pour exploiter le prolétaire indigène,

— Je n'avais jamais envisagé la question indigène sous cet aspect.

— Il est le seul qui corresponde à la réalité. Et l'amélioration du sort de l'indigène se fera par le front unique du prolétariat, tant européen qu'indigène, contre les oppresseurs.

Auligny avait allié bien des fois, dans sa pensée, au nom des Arabes le mot «opprimé». Mais quand il entendait «oppresseurs» dans la bouche de Bonnel, ce mot lui paraissait ridicule.

— Êtes-vous si sûr que cela que le «prolétaire» européen (Auligny mit une inflexion ironique sur «prolétaire») soit prêt à faire cause commune avec l'indigène? Mes trois sous-officiers, dans le civil, seraient, étaient des prolétaires: deux ouvriers et un contremaître. Eh bien! ils peuvent donner parfois l'impression d'être bons garçons avec l'indigène, comme en ce moment (Vincenti allongeait des bourrades à un mokhazni qui riait), mais je vous assure que, sitôt que l'égalité, l'égalité absolue, entre eux, devrait passer dans les faits, halte-là! J'entends d'ici leurs: «Tout de même! c'est des bicots!»

— Le syndicat les rendra égaux en droits automatiquement. Et ce jour-là...

— Ce jour-là?

— Ce jour-là, finies les colonies! Et ce jour-là, vous et moi, nous le verrons peut-être.

— Dieu veuille que non! Il ne faudrait qu'un rapprochement sincère. Et, malgré tout, je crois que ce rapprochement reste possible.

C'est toute la position d'Auligny. Il a horreur — une horreur physique — de la révolution. Et il veut qu'on améliore le sort des indigènes, tellement que la révolution n'ait plus de raison d'être.

— Voilà cent ans qu'on parle de rapprochement franco-musulman, dit Bonnel.

— Il a quand même fait quelques pas. Vous ne pouvez nier que l'attitude du Français à l'égard de l'indigène soit incomparablement plus humaine et plus intelligente en 1932 qu'en 1830.

— Sans doute, et, même, des camarades établis en Algérie me disent que, depuis la guerre, il y a un changement sensible dans la mentalité de l'Européen à ce point de vue.

— Je comprends! quarante mille Arabes tués à la guerre, à *notre* guerre!

— Qu'est-ce que vous allez chercher là! Ça, les gens s'en fichent pas mal. Seulement, les places laissées vacantes par les Français mobilisés ont été prises quelquefois par des indigènes. On s'est aperçu qu'ils faisaient là aussi bien, mettons pas plus mal que les Européens, on s'est habitué à voir leurs têtes dans ces emplois...

— Comme vous rabaissez... Il me semble que vous n'avez pas grande confiance dans la nature humaine.

— Oh, très peu. Nous disions donc qu'il y a un certain progrès dans la compréhension qu'a le Français de l'indigène. Mais je crois que cette compréhension a des limites, et que l'indigène ne cessera d'être brimé qu'à l'aide de mesures concrètes : son entrée en masse dans le syndicat, et son accession au droit de vote.

— Pour moi j'envisage surtout une éducation de l'esprit public. C'est à l'école, d'abord, à apprendre aux petits Français le respect de l'indigène ; c'est à l'école à enseigner que les indigènes sont *dans leur droit* et que si, nous, des intérêts graves nous forcent à rester chez eux, ce droit, nous ne devons jamais l'oublier. À l'école, et à tous les hommes qui ont ce qu'on appelle une «tribune». Qu'ils le répètent sans cesse.

Auligny développa en quelques mots ce qu'il entendait par l'esprit de réparation à l'égard des indigènes.

— Séparation? Non! Réparation! dit Bonnel, avec une sorte d'éclair de fatuité sur le visage, en homme qui a trouvé une magnifique formule pour une affiche électorale. Seulement, quand vous ferez comprendre cela à des conquérants! Et les vieux instincts du plus fort, qu'en faites-vous?

— Eh bien! alors, contre ces instincts, il y a l'autorité. Si le sous-off — ou même, hélas! l'officier — qui a donné un coup de genou dans les c... d'un de ses hommes indigènes, si le patron qui refuse de payer ce qu'il doit à son employé indigène, si le colon qui tue à bout portant le vieil Arabe qui lui volait une figue, savaient que ce qu'ils font ne restera pas impuni, et qu'il n'y a pas deux justices, une pour le Français, et une pour l'Arabe, il y aurait déjà un beau pas de fait. Il n'y a qu'à appliquer la loi, exactement de même, au Français et à l'Arabe, et l'Afrique du Nord restera française.

— Je voudrais vous répondre, dit Bonnel, mais il est vraiment impossible que je remette davantage la visite de mes bonshommes. Il paraît qu'ils m'attendent depuis six heures du matin. Et il faut encore que j'aille chez Abd-es-Selam!

En effet, avant de déjeuner, Jilani était venu prier Bonnel d'aller examiner sa mère qui toussait vilainement. «Elle tousse? Eh bien! le lieutenant te donnera des cataplasmes. Tu feras bouillir de l'eau, etc.» Jilani insistant pour qu'il vînt, Bonnel avait fait un geste qui voulait dire: «S'il faut que j'aille à domicile chez les indigènes!» Mais Auligny l'avait prié d'y aller: simple politique. Ce qu'il ne disait pas, c'est que cette consultation à distance lui paraissait bien légère.

— Je ne suis pas fâché que vous voyiez cette vieille dame saharienne. On dit que c'est une forte tête, menant ses fils et ses petits-enfants par le bout du nez ; Jilani ne prendrait pas une décision sans la consulter. Elle est renommée aussi pour sa piété, et respectée par tout le monde à l'égal d'un marabout. Ce qui, entre parenthèses, diffère bien du cliché de la femme arabe bête de somme.

— La femme arabe est beaucoup moins bête de somme qu'on ne le dit. Elle travaille dur, certes, mais, précisément, ce travail lui donne de l'autorité. Sa condition n'est ni pire ni meilleure que celle de nos paysannes. Je ne jurerais même pas que bon nombre de ménages d'ouvriers français... Je suis du Pas-de-Calais, je sais ce que c'est que les rapports d'un ouvrier alcoolique avec sa femme. L'Arabe du bled, lui, au moins, n'est pas alcoolique. Vous venez ?

— Non. Vous savez qu'ils n'aiment pas qu'on voie leurs femmes sans raison. Respectons leurs usages, quand ils ne nous gênent pas.

— Oui, mais il ne faut pas que leurs usages soient idiots. Je comprends très bien qu'ils cachent leurs femmes jeunes, je comprends même qu'ils les voilent ; vous voyez si je vais loin. Mais pas un vieux chaudron comme doit être la mère Abd-es-Selam.

Auligny avait eu la curiosité si éveillée par ce qu'il avait entendu dire de la femme du caïd, qu'il suivit Bonnel.

En chemin, Bonnel se soulagea d'un flot de fiel haineux qu'il avait contre ses chefs. « Ruru » était un aigri et un excité ; Ducrocq un poseur, une rosse finie ; Canadelles, un désaxé de qui la place était

dans une clinique, et non à commander trois cents
hommes, le type du ramolli colonial, drogué, fumant
le kif. Cette sortie du jeune major eut pour conclusion la formule suivante : « Ruru, c'est le fou furieux.
Bouche-Trou, c'est le fou à l'état de liquéfaction. »
Auligny se tenait pour ne pas remettre Bonnel à sa
place. Enfin ils arrivèrent chez le caïd. Bonnel interpella Jilani :

— Alors, elle est malade, ta mère ? Allons voir ça.
— Vous connaissez sans doute Mme Abd-es-Selam ?
demanda-t-il à Auligny, avec intention.

— Non, non, vous savez que…

— Oh bien ! c'est très bien ! si les traditions s'y
opposent !

Il y eut une minute assez confuse, Bonnel plaisantant : « Les sacro-saintes traditions ! » Jilani disait :
« Oh ! mais, mon lieutenant, si vous voulez voir ma
mère, je serai très heureux… Croyez bien que je n'ai
jamais eu l'idée… », et Auligny se débattant avec des :
« Mais non, pas du tout… », furieux de l'indiscrétion
de Bonnel, et furieux contre soi-même, d'avoir provoqué cette réplique de la scène avec Ménage. Dans
cette confusion, ils avancèrent un peu tous ensemble
et, soudain, à l'entrée d'une pièce basse, ils se trouvèrent en face d'une femme qui les attendait sur le
seuil de la porte.

Singulières fulgurations de l'association d'images !
Un nom jaillit en Auligny : « Sainte Élisabeth ! La
cousine de la Vierge ! » Barca était une femme d'une
cinquantaine d'années, de haute taille, se tenant très
droit, et elle accueillait Auligny avec un sourire plein
de grâce, effleuré d'une certaine condescendance
malicieuse, le tout sentant fort sa grande dame. La
douceur, la finesse et la supériorité, combinées dans

son air, évoquaient une abbesse, une de ces abbesses du XVIIe siècle en qui s'harmonisaient sans heurt la mansuétude conventuelle et la roide conscience du rang, tandis que ses rides, son teint brun, ses yeux minces, non moins que l'Orient disaient la vieille paysannerie française, elle aussi toujours proche d'apparaître sur les visages de ces religieuses d'autrefois, comme elle apparaît dans leurs lettres et dans leurs discours, même quand elles sont nées. Cela ne fut qu'une apparition, car Auligny, après avoir dit quelques mots aimables, que Jilani traduisit, avec ses cascades de rire habituelles, prit congé et revint au bordj.

Le crieur public avait bien annoncé la veille que la visite aurait lieu à dix heures, mais dès six heures du matin les malades étaient à la porte du bordj. Et la panne de Bonnel, le déjeuner, la visite chez le caïd... bref, il était deux heures. Mais il eût été inexact de dire qu'il y avait chez ces gens une résignation bestiale, car c'est à peine s'ils savaient qu'ils attendaient : ils étaient là, et rien de plus.

Après quelques minutes, Bonnel arriva.

— Je n'aurai jamais le temps d'aller à Sidi-Aziz ! Allons, dépêchons-nous ! Heureusement que la moitié de ces bougres-là n'a rien. Ils sont terribles ! Sitôt que l'un d'eux est malade, les autres se sentent le point d'honneur piqué ; ils ont beau se porter comme le Pont-Neuf, ils annoncent la même maladie que lui. Il suffit que j'arrive, et tout le ksar est malade. Et mon amie Ftoum ? À elle l'honneur ! Comment ! Partie !

Ftoum, en effet, ses trois mois finis, était partie par le dernier convoi. Et comme cette femme, même demeurée seule, chômait, gagnait tout juste sa nourriture, Auligny, après avoir demandé l'avis des sous-officiers, avait jugé inutile de la faire remplacer. Ce poste, composé aujourd'hui (avec les «bleus» mokhaznis) de cent quarante hommes dans la fleur de l'âge, était, de son propre consentement, sans femme, et allait rester ainsi cinq mois[1].

Moitié en français, moitié en arabe, Bonnel commença de «déblayer», comme il disait.

— Avance, toi. Qu'est-ce que tu as? Oh, et puis non! Va te laver, et reviens quand tu seras lavé. D'ailleurs, c'est bien simple, — vous entendez, Vincenti? — les hommes qui sont trop sales, je ne les examine pas. À l'avenir, ceux que vous trouverez trop sales, vous leur direz que ce n'est pas la peine qu'ils m'attendent, ou bien qu'ils aillent se laver. Au suivant. Qu'est-ce qu'il y a, toi? Oui, ton bras, je me rappelle... Mais qu'est-ce que c'est que ça? Ah! tu as été chez le taleb[2]! Regardez: je lui fais faire un pansement, et voyez ce qu'ensuite il se fait mettre dessus par le taleb, je ne sais quelle immondice sans nom... Eh bien! mon ami, c'est simple: c'est ou le taleb, ou moi. Si tu veux aller chez le taleb, vas-y, mais moi je ne m'occupe plus de toi. À un autre. Hanech!... Le serpent!... Donnez-lui des cachets de calomel. Et toi? Ça ne se demande pas. Comment! Vous n'avez pas de sulfate de cuivre! Bon, voilà qui simplifie la question. Tous ceux qui ont des maux d'yeux, faites-les sortir et dites-leur qu'ils reviennent la prochaine fois. Ça, au moins, ça fait un peu d'air. On crève, ici. Dépêchons-nous, nom de Dieu! Dépêchons-nous! J'ai encore Sidi-Aziz à faire, et si je rentre à la nuit

1. Authentique.
2. «Savant» arabe, qui, entre autres emplois, tient celui de médecin.

tombée je vais recevoir un savon de Bouche-Trou. Eh
bien! ma vieille Fatma? Si tu viens me demander,
comme une autre bonne femme, hier, une drogue
pour que ton mari se remette à t'aimer, c'est ber-
nique. Donnez-lui de la quinine. Toi, je connais ta
tête! Mon ami, si tu veux te payer de la phtisie et que
tu n'aies pas cent mille francs de rente! C'est une
maladie pour les riches, la phtisie. Moi, je ne peux
rien pour toi. Vincenti, je ne veux plus voir ici de
chroniques. Un chronique, c'est un incurable, du
moins un chronique indigène. Il me fait perdre mon
temps. Qu'est-ce que tu racontes? Le mauvais œil? Il
paraît que c'est une femme qui l'a rendu tuberculeux
pour se venger. Va chez le taleb, mon brave, il te
donnera des gris-gris. *Ektoub Rebbi*[1]. Comment! Tu
as un papier! Et qu'est-ce que tu attendais pour le
donner? (Regardant le papier.) Ah! mais, alors, il
serait aussi syphilitique. (Il l'examine.) Pas l'ombre
de syphilis. Pourtant nous lui avons fait trois *chou-
cas*[2]. Évidemment, il y a eu confusion. Je lui ai donné
la feuille de traitement d'un autre. Eh! qu'est-ce que
vous voulez, c'est forcé, quand ils arrivent par
bandes comme ça! Allons, en voilà assez. Au suivant.
Tiens, curieuse, cette plaie. Qu'est-ce qui t'a fait ça?

— Allah! Allah!

— Ah! c'est Allah qui t'a fait ça. C'est terrible, tout
de même, d'être abruti à ce degré-là. Faites-lui un
pansement. Et toi, tu es malade? On ne le dirait pas.
Comment, ta femme... C'est ta femme qui est
malade, et tu viens à la visite à sa place!

1. Dieu l'a écrit.
2. Piqûres. S'entend presque toujours de l'intraveineuse antisy-
philitique.

— Elle a peur, elle n'a pas voulu venir.

— Tape dessus, elle viendra bien. Allez, va vite la chercher.

— Bah! ce n'est pas la peine. Si elle vit, elle vit. Si elle meurt, elle meurt.

— À la bonne heure! En voilà un qui me plaît. S'ils étaient tous comme toi, ça simplifierait mon boulot. Alors, c'est fini? Allons, encore un... Qu'est-ce qu'elle a, ta jambe? Je ne vois rien... Là? Il n'y a rien, là; qu'est-ce que tu me chantes? Allez, décampe. Je t'ai assez vu comme ça.

Bonnel s'épongea, se lava les mains, remit sa vareuse.

— Sacrée panne! Il me faut remettre à la prochaine fois de poursuivre cette intéressante conversation que nous avions en déjeunant. Une conversation de fond, ce n'est pas avec Bouche-Trou ni avec Ducrocq qu'on peut avoir ça...

— En définitive, poursuivit Bonnel, vous, vous penchez pour une éducation de l'opinion, et moi, j'ai davantage confiance en des mesures plus radicales : vous savez, moi, je suis un réaliste... (Auligny fronça les sourcils, sachant que toutes les fois qu'un Français parle de *réalisme* ce mot est employé pour couvrir une canaillerie.) Mais nous sommes d'accord sur la base, sur ceci, qui devrait être la devise du Maroc français, gravée sur le papier à lettres de la Résidence : *L'indigène est un homme.* Ses droits sont les mêmes que les nôtres. Il doit être traité exactement comme nous traitons nos compatriotes.

Tandis qu'il parlait, Auligny le regardait dans les yeux et il se disait : «Non, ce n'est pas un farceur. En ce moment, il est sincère. Seulement... seulement, tout cela se passe dans son cerveau et non dans son cœur.»

Le téléphoniste s'était approché de Bonnel.

— Monsieur le major...

— Ah! mon pauvre ami, c'est vrai, je vous oubliais... Vous tombez bien mal! je suis déjà affreusement en retard. Alors, comment va? Est-ce que nous avons pris ma petite Roburine? demanda-t-il d'une voix bienveillante. — Je lui ai fait cadeau d'un flacon de fortifiant, dit-il à Auligny, avec une pointe de magnificence. (Il s'agissait d'un de ces échantillons envoyés gratis aux médecins par les fabricants.)

— Ça ne va pas bien fort, dit le téléphoniste. Est-ce que vous ne pourriez pas m'examiner?

— C'est que je suis déjà tellement en retard! Enfin! venez.

Ils entrèrent tous deux dans l'infirmerie.

Auligny était resté dehors. Plusieurs minutes se passèrent. «Combien d'Arabes aurait-il expédiés pendant ce temps-là? Cependant, il est bien entendu que l'Arabe doit être traité exactement comme nous traitons nos compatriotes. J'avais raison quand je me méfiais de sa phrase de l'autre fois: «Ce sont des hommes comme nous.» C'est toujours la même chose! Leur esprit ou leur conscience peut voir juste, mais, sitôt qu'ils sont en face de l'indigène, c'est plus fort qu'eux: ils abusent de lui.»

Il se rapprocha de la porte de l'infirmerie. «Comptez 30, 31, 32...», disait Bonnel. «Il lui fait un examen complet!» Il marcha de long en large. «Tout ce qu'il me disait de l'indigène, il le disait avec une vue politique. Et moi je le disais avec une vue humaine. Cette visite! C'est entendu, il était pressé, et les Arabes malades sont agaçants. Mais enfin, il pouvait abréger notre conversation à déjeuner. Il pouvait remettre à demain sa visite à Sidi-Aziz. Et il n'est pas

si pressé qu'il ne consacre à ce téléphoniste, parce
qu'il est français...» Il regarda sa montre : «Plus
d'un quart d'heure !» Il allait entrer dans l'infirmerie
quand les deux hommes en sortirent. Bonnel était en
train de vanter au téléphoniste les bienfaits du défaut
d'asepsie.

Quelques instants plus tard, Bonnel était parti.

Dans son bureau, Auligny défit le paquet de livres.
Il y avait là quelques volumes récents, d'autres rela-
tant les premières opérations exécutées au Maroc, et
même — épaves sans doute de cercles militaires des
«confins» — des ouvrages sur la conquête de l'Algérie, vieux de cinquante ou de quatre-vingts ans.
D'abord Auligny les feuilleta avec une surprenante
indifférence : Bonnel lui avait gâché la question indigène. Mais très vite l'attention le saisit, et il poursuivit la lecture d'une étude juridique sur le protectorat,
inspirée par les événements de 1912.

Ici deux pages supprimées.

Des voix d'hommes, venant de la galerie voûtée
qui bordait en partie la cour, tirèrent Auligny de sa
réflexion. L'une d'elles était celle du téléphoniste. Il
disait :

— Il m'a promis que la prochaine fois il me ferait
évacuer, si je ne suis pas en meilleure santé...

L'autre voix était celle d'un indigène parlant français, et Auligny reconnut celle du caporal Aouari, des
tirailleurs.

— Tu en as, de la veine ! Moi, si je pouvais me faire
évacuer ! Mais nous, les Arabes, il nous faut marcher
jusqu'à ce qu'on crève. Tu as vu ça ? Pourquoi Vincenti il m'a envoyé à la corvée de bois à sa place ? Il

n'en avait pas le droit. Est-ce qu'ils prennent les Arabes pour leurs esclaves ?

Auligny saisit encore une phrase : « On travaille toute la journée comme des chiens... » Le rose était devenu plus vif à ses pommettes. Il se trouva sur le pas de sa porte.

— Si tu as à te plaindre de quelqu'un, c'est à moi qu'il faut que tu t'adresses, et pas au téléphoniste. Et, quand tu dis du mal des Français, tu pourrais le faire autre part qu'à ma porte. Va à ton cantonnement, et vous à votre bureau.

Il rentra dans son bureau. « Quand même, il ne faut pas que ces gens-là viennent nous manger dans la main. Et puis, cette collusion de l'indigène et du Français est intolérable. » Tout de suite, l'analogie entre cette petite scène et celle qui lui avait fait surprendre le : « Vous n'avez qu'à le faire vous-même ! » de Zaoui, lui sauta aux yeux. Alors il avait jugé qu'il réagissait justement en condamnant l'insolence de Zaoui, parce que la requête du téléphoniste ne la motivait pas. « Mais cette fois-ci ? Si Vincenti l'a envoyé à la corvée de bois, il a eu tort. Lui, Vincenti, devait y aller. Donc c'est avec raison qu'Aouari se plaignait. Et cependant je ne peux pas supporter ce mauvais esprit chez un de mes hommes. Sans doute, le soir où Boualem se plaignait des Français, loin d'en être irrité j'en fus touché... Mais c'est que Boualem n'est qu'un indigène parmi des centaines de milliers d'indigènes, tandis que celui-ci est directement sous mon commandement, un de mes hommes, un gradé même. Il y a d'abord une question de discipline... »

Ces raisons ne satisfirent pas Auligny. Et puis, il butait toujours sur une petite remarque qui contrastait avec le sérieux du débat, mais qu'il retrouvait sans cesse en lui, comme une mouche tenace qu'on ne peut pas chasser : «Travailler toute la journée comme des chiens...» Agacé, il alluma une cigarette. Tout d'un coup : «J'ai agi exactement comme Bonnel. Quels que soient mes sentiments à l'égard de l'indigène, quand l'un d'eux semble vouloir relever la tête, je la lui rabaisse avec une brusquerie que je n'aurais pas si l'homme était Français.» Il ricana : «Je veux bien leur dire, moi : "Vous avez les mêmes droits que nous." Mais quand, eux, ils disent : "Nous avons les mêmes droits...", halte-là!» Il alla plus loin en lui-même : «S'il y avait une mutinerie chez mes hommes?...» La réponse fusa : «Non seulement je la réprimerais de tout mon pouvoir, comme c'est mon devoir strict, mais je serais sans pitié.» Ensuite : «Eh bien? Quoi d'étonnant? Je suis officier...» Alors, pour la première fois : «Je ne peux pas, en même temps, penser ce que je pense, et être officier.»

Il se sentit si troublé, si mécontent de soi, qu'il jeta sa cigarette, et, par besoin de se détendre les nerfs en marchant, se leva et sortit de son bureau. Dehors, il haussa les épaules : «Où diable a-t-il vu des chiens travailler toute la journée?»

XIX

Auligny rédigea les notes que le colonel lui demandait pour le «journal de bordj». Ces notes n'étaient
pas fameuses. Combien d'hommes que la plume
diminue! Il arrive souvent qu'un écrivain, lisant un
livre franchement mauvais, éclate si on veut lui en
faire connaître l'auteur: «Qu'ai-je besoin de perdre
mon temps avec ce médiocre!» Mais que d'aventure
il rencontre l'auteur, il trouve un homme charmant,
plein de connaissances, d'expérience et de goût, et de
qui peut-être il fera son ami.

Auligny était content de pouvoir enfin montrer
sans détour ses écritures. En effet, peu sûr de sa
mémoire, il avait pris l'habitude de noter sur de
petits papiers ce qu'il avait à dire ou à demander au
colonel. Mais les médecins, pour se rendre impor-
tants, disent que c'est signe de névrose quand les
malades en agissent ainsi avec eux (alors que rien
n'est plus naturel); Auligny avait lu cette opinion
quelque part, et de là ne regardait ses petits papiers
qu'à la dérobée. Bien entendu, il n'y comprenait plus
rien, ne pouvait pas se relire, ou même ne s'enhar-
dissait pas à tirer de sa poche le papier. De sorte que

le colonel n'était pas plus tôt parti, qu'Auligny savait enfin ce qu'il avait à lui dire.

Il écrivit donc quelques-unes de ses réflexions sur les indigènes, réflexions d'ailleurs justes, mais que des gens qui ne sentaient pas la question eussent écrites aussi bien. Dieu sait pourtant s'il la sentait avec vivacité! Mais rien de sa vérité ni de sa force n'avait passé dans ces petits textes, parce que l'expression lui faisait peur: sur le papier tout lui paraissait ridicule, alors que l'expression franche d'un sentiment n'est jamais ridicule. Enfin il s'occupa surtout à faire des ratures, se souvenant qu'on lui avait appris au collège qu'un vrai écrivain se voit aux ratures, ce qui est probablement le contraire même de la vérité.

Quelques jours après Bonnel, le colonel passa, et Auligny lui montra son cahier.

— Ah! vous écrivez un roman! dit le colonel, sur un ton de raillerie.

— Mais, mon colonel, ce sont ces notes sur la vie du bordj que vous m'avez conseillé d'écrire...

Il était visible que le colonel ne se souvenait pas d'avoir parlé de cela, et Auligny, qui avait accordé à ces notes une grande importance, en était tout décontenancé.

Le colonel, tenant en main le cahier, le regardait avec un air étonné, condescendant et rieur.

— Diable! dit-il, le Sahara ne vous a pas appris à former vos lettres lisiblement. Je m'avoue incapable de déchiffrer votre grimoire. Mais comme je suis sûr que vos aperçus sont très intéressants, mettez donc tout cela au net et je le regarderai bien volontiers la prochaine fois.

Auligny fut profondément froissé. Convaincu que

ces notes le révélaient d'une façon beaucoup plus
véridique que sa gauche conversation, il avait compté
qu'elles seraient comme la base d'où le colonel et
lui s'élanceraient dans un passionnant entretien
«d'idées»…

Par la suite, le lieutenant ne confia plus guère à
son cahier que des réflexions ou des citations *subver-*
sives. Dans l'âpreté, que nous verrons plus tard, de
quelques-unes d'entre elles, il y avait, certes, essentiellement, une authentique et ardente sincérité.
Mais il y avait peut-être aussi un certain plaisir de
vengeance : «C'est toi qui l'as voulu, mon bonhomme ! Moi, je n'aurais jamais songé à prendre des
notes»… Et encore au-dessous, tout à fait au-dessous, à peine perceptible (mais nous, qui sommes du
bâtiment, nous ne nous y trompons pas !), quelque
chose qui était comme l'embryon d'une vanité littéraire blessée.

Auligny lut les livres apportés par Bonnel. Au crépuscule, emportant l'un d'eux, il allait s'asseoir sur
une dune éloignée de quelque deux cents mètres du
ksar. À cette distance du bordj, il n'entendait plus le
phonographe auquel Vincenti, tous les soirs, ému
par la poésie du couchant, faisait jouer le grand air
du *Postillon de Longjumeau*.

À midi, l'étendue sans ombres, dévorée de lumière,
paraissait uniforme et monotone. Mais à cette heure
tout était lignes, reliefs, demi-teintes, ombres por-
tées : un tableau qu'on vient de vernir, où les détails
naissent comme par une magie. Et ce n'était plus le
ciel du jour, avec sa blancheur d'eau anisée, mais un
ciel d'azur limpide, continuant dans sa pureté de
teinte la pureté de lignes des dunes. Les fumées mon-
taient du ksar et leur odeur se répandait, mêlée à

celle de l'encens fusant sur les réchauds. Le cri d'un
enfant rebondissait en écho sur le mur du bordj;
bientôt il n'y avait plus d'autres bruits que des cris
d'enfants, comme si c'était la lumière qui jetait ces
cris. Une nappe pâle de soleil faisait briller les mer-
luches de la kouba, les cornes des chèvres, les
grandes marques blanches tracées sur le sol pour les
avions, les boîtes de conserve vides entassées au-
delà des murs. Les troupeaux rentraient, piétinant
les pierres grises du cimetière. Les bourricots, les
moutons, au passage, dévoraient une boîte de
conserve, une pierre, un cul de bouteille, enfin tout
ce qui constitue la nourriture de la bête saharienne.
Auligny plongeait ses avant-bras nus dans le sable
dur, chaud à sa surface, et qui, à mesure qu'ils y
pénétraient davantage, devenait de plus en plus
froid, enfin emportant de froid, d'un froid féerique
ou chimique, si exquis qu'il y avait de quoi en devenir fou, au moins pour quelqu'un qui a de la sensation. L'ombre démesurément allongée d'un palmier
ondulait devant lui, comme un serpent fabuleux, le
long de l'ondulation de la dune. Quelquefois un
hochequeue s'approchait de lui, à quelques mètres,
pour lui montrer qu'il savait hocher la queue. Au
loin, Jilani, à cheval, revenait de son marabout, où il
avait été allumer les cierges; des hommes revenaient
de la palmeraie, portant tous quelque chose de vert à
la main, et les petites cueilleuses de branches, elles
aussi empanachées de verdure, comme une forêt
shakespearienne. À l'orient, le bleu du ciel était divin
de calme. À l'occident, le soleil s'enfonçait jusqu'au
poitrail, et cela se déchaînait en formes et en couleurs, alors que tout le jour cette partie du ciel
n'avait eu qu'une seule teinte: souvent, de même,

une vie se déroule pauvrement, et c'est sa vieillesse qui est chargée de nuances et de feux.

Cette heure était, en principe, celle de l'arrivée de C'-qu'il-est-bête-c'-gosse-là. Auligny le guettait. Quelle vision touchante, ces deux petites silhouettes, le gosse et l'âne, aussi miteuses l'une que l'autre, apparaissant dans le désert hostile où elles trottinaient depuis quatre jours et demi pour apporter aux exilés de Birbatine des nouvelles du pays natal ! Auligny allait au-devant d'eux, donnait des sous et des cigarettes à l'enfant, qui lui baisait la main, des cigarettes aussi au petit âne cagneux, qui les engloutissait avec ivresse (non sans lui baiser également la main, dans cet acte, de ses longues lippes) et tous trois revenaient au bordj, Auligny lisant son courrier. Aux portes du bordj, les sous-offs attendaient le courrier ; les chiens, renaissant à la vie et à la malfaisance avec la semi-fraîcheur du soir, sautaient au nez du petit âne ; les gosses, qui toujours traînaient autour de la porte du bordj, comme des requins sous la poupe d'un paquebot, à l'affût de ce qui tomberait, s'écartaient, pour goûter l'ombre, du mur contre lequel ils étaient accroupis, car longtemps encore, dans l'ombre venue, les murs conserveraient la chaleur dont tout le jour ils avaient été imprégnés. Une teinte extraordinaire, d'un vert mat et comme inerte, se posait d'abord sur la coupole du marabout, y demeurait quelques secondes, s'étendait à l'horizon entier, y durait moins encore, devenait du violet, qui tout de suite était du bleu, et tout cela se terminait en une grisaille où il n'y avait plus de vivant que la petite lueur des cierges dans la lucarne du marabout, comme dans une ruche des rayons de miel.

Une semaine après le passage de Bonnel, Auligny

reçut de Tamghist une revue, dans laquelle étaient glissées deux coupures de journaux. Ces deux articles étaient intitulés : *Les z'héros du Sahara* et *Saharien, ça est rien*. L'un d'eux portait pour épigraphe le dicton fameux : « L'armée française est une armée de lions, commandée par des généraux et des maréchaux. » Il les rejeta avec dégoût. « Pour qui Bonnel me prend-il ? Parce que je voudrais, en Afrique du Nord, une France plus claire, plus nette, n'a-t-il pas l'air de me prendre pour un antimilitariste, un communiste !... » D'abord il avait pensé qu'il ne lirait pas ces articles. Mais ils l'attiraient avec un attrait malsain, comme vous attire un cadavre. Il les lut, et dit à haute voix : « Quelle immondice ! » Les officiers du Sahara y étaient dépeints grossiers, flemmards, débauchés, tortionnaires de l'indigène. Auligny n'avait que trop souvent déploré la mauvaise qualité de certains de ses camarades. Mais, sitôt qu'il la voyait dénoncée en caractères d'imprimerie, toute son éducation ressortait, avec la phrase classique de cette éducation, dont sa jeunesse avait été bercée : « Même si c'était vrai, il ne faudrait pas le dire. » Et puis, d'abord, ce n'était pas vrai. Eût-il lu dans ces articles les phrases mêmes qu'il lui était arrivé de se murmurer à part soi, il eût pensé : « Ce n'est pas vrai », parce qu'elles venaient de l'autre côté de la barricade. Cette disposition d'esprit est une des plus précieuses vertus sociales : elle permet de voir toujours clair dans le jeu.

Il feuilleta la revue, lut plusieurs articles, l'un anticlérical, l'autre pro-allemand, etc. De sa vie il n'avait lu un journal ou une publication nettement de gauche, et le temps n'était pas si loin où, voyant un passant lire *L'Humanité*, il le regardait avec effarement, comme si c'était l'homme des cavernes. Une fois qu'il avait vu un prêtre acheter ce journal, il en avait été si troublé que sa mère s'était crue obligée de lui dire que l'ecclésiastique, sans nul doute, accomplissait là un devoir : il lui fallait connaître les idées subversives, afin de pouvoir les réfuter. Il lisait donc à présent cette revue avec malaise, comme un enfant qui lit en cachette un livre défendu : la sensation que c'était mal. Mais enfin, après les articles ignobles, ceci avait de la tenue. C'était faux, très probablement ; n'importe, c'était intéressant.

Auligny avait fini par lire la revue en entier, — en entier, fors l'étude sur le Maroc. Celle-là, il en repoussait toujours la lecture. On eût dit qu'il craignait de se sentir d'accord avec elle.

Il commença enfin de la lire, et tout de suite, avec soulagement, lui trouva un ton qui lui déplut. Les mots «humain», «fraternel», revenant sans cesse, l'agaçaient, lui paraissaient une phraséologie sans correspondance avec un sentiment profond. L'auteur s'extasiait sur la fierté d'un petit Somali, qui refuse de boire un verre de bière que veulent lui faire boire des Européens, quelle que soit la somme qu'ils lui offrent ; et Auligny pensa que le petit Somali craignait surtout d'être empoisonné, et que la fierté n'a rien à voir avec cela. L'auteur faisait allusion à un congrès anticolonial, où un conférencier nègre avait, disait-il, ému tous les assistants, des blancs, en les appelant : «Mes frères, mes sœurs.» Et là-dessus Auligny se referme, et même se crispe, croyant discerner là une attitude morale un peu trop choisie et choyée, non dépourvue de niaiserie au surplus. Et cela le frappe d'autant plus que, le matin même, il a entendu un des tirailleurs, un nègre, se plaindre que ses jambières de cuir ne fussent pas telles qu'il les voulait : c'était que, dans la boutique où il les avait achetées, le marchand l'avait pressé, tarabusté, pour qu'il se décidât vite. Et Auligny, l'écoutant, s'était dit : « On l'a pressé parce qu'il est nègre. Pourtant il payait ses jambières le même prix que les eût payées un blanc. » Ainsi, ce matin, il réagissait en faveur du nègre. Mais quand le nègre orateur dit : « Mes frères », il murmure : « Chiqué… »

Pourtant Auligny continua sa lecture, et peu à peu ce qu'il avait redouté s'accomplissait. Il retrouvait ce qu'il avait pensé spontanément, dans les propres termes où il l'avait pensé. Les idées nées de lui, avec passion, sur la question indigène, elles étaient les idées mêmes d'un grand parti qu'il regardait comme l'ennemi de la France.

Il se découvrait des « idées de gauche » comme il se fût découvert une roséole douteuse. Le : « Regardez qui vous applaudit ! », dont une nature un peu solide ne se soucie pas, le bouleverse. Il n'a eu qu'un mouvement du cœur. Que ce mouvement du cœur ne puisse échapper à venir s'inscrire à un parti politique, quelle horreur ! Du moins s'il avait pu l'ignorer ! Quoi, lorsqu'il bondit devant un abus, sa réaction enchante Moscou ! Comme un corps franc pousse une pointe chez l'ennemi, tandis que le reste de la troupe ne bouge pas de ses positions, les idées « avancées » d'Auligny se sont avancées sur un point unique. Ailleurs, elles n'ont pas bougé.

Et c'est très bien ainsi : la vérité est à droite et à gauche. (C'est pourquoi, socialement, un homme qui dit la vérité cesse d'être intéressant.) Mais Auligny ne l'a pas fait exprès. C'est chez lui une sorte de disposition : pas de solidarité à l'intérieur de lui-même.

Cet homme si exigeant en moralité, sa première bouffée de remords passée, n'éprouve que du plaisir au souvenir de la «petite grenat». Si ses opinions sur la chose coloniale se trouvent être de gauche, c'est que là il a une petite expérience, et des idées personnelles. Ailleurs, il garde les opinions qu'on lui a données; elles ne changeront que si une expérience les y force; il ne les contrôlera pas de lui-même. C'est ainsi qu'il renâcle, malgré Bonnel, à assimiler les indigènes au prolétariat. Sur le peuple, il n'a pas d'idées, mais des phrases toutes faites, de l'ironie de classe: «Le travailleur conscient et organisé!», «L'infâme possédant, qui boit à chaque repas un petit verre de sueur du peuple!...» Ses hommes n'ont jamais été considérés par lui comme du peuple: ce sont des soldats. D'ailleurs le peuple ne manque pas de gens pour prendre son parti; il n'est pas à plaindre, plutôt à envier; il est soigné à l'œil, il a des billets aller-et-retour dans le métro. Auligny renâclerait également si on voulait l'apitoyer sur les Juifs persécutés. «Les Juifs sont assez malins pour se défendre!» En réalité, ses préventions contre les Juifs sont les mêmes que les préventions, qu'il flétrit, de l'Européen moyen contre les Arabes. Et puis, les pogroms, ça se passe loin, et Auligny est comme tout le monde: ce qui est sous ses yeux existe seul pour lui. Ainsi, tandis que sur l'Arabe il juge personnellement, le prolétariat en général, la race juive (et ce ne sont que deux exemples) restent pour lui entourés d'un halo, fait de ce qu'on croit qu'ils sont. Nous nous mouvons parmi des fantômes d'hommes, des fantômes d'idées et des fantômes de faits.

Ce qui l'allume, ce sont de petites phrases d'une petite revue, écrites par un militant bien obscur, qui répète sans originalité la doctrine. Mais pour lui c'est la première fois, et ces brindilles sont des brindilles enflammées, qui mettent le feu à tout lui-même.

Plus nettement qu'il ne le fit jamais, Auligny distingue et nomme les forces qui le déchirent: les devoirs envers la patrie s'opposent aux devoirs envers la moralité. Si tout doit être sacrifié à la patrie, il faut qu'il couvre l'injustice dont bénéficie sa patrie. S'il écoute sa conscience, il donne la main, qu'il le veuille ou non, aux ennemis de la patrie, à un désordre possible que cette même conscience réprouve. Hier, songeant à Yahia, à Jilani, aux plus humbles aussi des indigènes, il se disait: «Je voudrais qu'ils ne me confondent pas avec les autres Français, qui bousculent l'Arabe.» Et maintenant, devant ses camarades, ses chefs, devant la France, il frémit à la pensée qu'on puisse le confondre avec ceux qui exploitent les griefs de l'indigène dans une vue politique dont, selon lui, la France a tout à craindre, — et l'indigène rien à espérer.

Auligny, jusqu'à vingt-cinq ans peut-être, n'a jamais réalisé qu'on puisse être un honnête homme et n'être pas clérical, nationaliste, etc. Pour lui, seuls les hommes de son parti ont des principes. Un révolutionnaire est un homme qui ne mange pas de poulet et veut en manger, et c'est tout. Un socialiste est un homme qui n'aime pas la France, et qui ramasse tout et n'importe quoi contre elle, et c'est tout. Si demain quelque député socialiste, modéré pourtant, venait en mission à Birbatine, le poil d'Auligny se hérisserait, comme au contact d'une espèce ennemie, même si cet homme, de tous ceux qu'il a rencontrés ici, et de tous ceux que sa mouvance naturelle le ferait rencontrer en France, était le seul qui partageât ses idées sur la colonie. Bien mieux, pour pouvoir plus facilement répudier les socialistes, tout en étant d'accord avec eux sur ce point, Auligny a un de ces mouvements sans élégance dont il n'est pas toujours préservé. Il leur jette une accusation qui est vile parce que nul ne peut y répondre, celle que déjà il jetait à Guiscart, celle qu'on jette quand on n'en a pas d'autre à jeter : « Ils ne sont pas sincères. » « Ils se fichent pas mal de l'indigène, dit-il. On le voit assez ici, sur les lieux, où ce sont de petites gens, genre Poillet, qui sont les plus tyranneaux avec l'indigène, tandis qu'il me semble que les gens un peu racés le traitent avec délicatesse. Ce qu'en font les socialistes ils ne le font pour l'indigène, mais par esprit de parti. L'homme qui s'indigne de bonne foi n'existe pas aujourd'hui (l'homme qui s'indigne par pharisaïsme étant, lui, fort répandu). L'homme qui aime l'indigène d'une façon désintéressée n'existe pas aujourd'hui. L'homme pour qui le mot mauvaise action a un sens clair et vivant n'existe pas aujourd'hui, ni l'homme qui, sans être lésé personnellement, a le besoin de la justice, ni l'homme qui a le besoin de la vérité. Ou, si un tel homme existe, il est isolé et sans crédit, et plus ou moins persécuté. »

L'intérêt de la patrie est-il donc l'unique loi morale ? On le dirait. Gouvernement, diplomatie, armée, administration, justice, police fonctionnent dans la seule vue de l'intérêt de la patrie, aucune autre considération n'étant admise. On peut lire une bibliothèque entière de Livres Jaunes, d'annales judiciaires, d'ouvrages d'officiers et d'économistes, de comptes rendus de sociétés concessionnaires, concernant une colonie ou un protectorat, sans soupçonner jamais que tout cela, pour reprendre un mot fameux, est écrit sur la peau vive, sans y trouver jamais une trace du respect de l'homme pour l'homme. On taillade dans l'être humain avec l'insensibilité de l'enfant qui arrache, en détail, les ailes, les pattes, les yeux d'une libellule, comme s'il s'agissait d'un objet inanimé. Humanité, honnêteté, droit des gens ne sont tolérés qu'à condition de rester des mots. Une espèce d'unanimité se fait sur un homme qui essaye de mettre le réel, ou seulement sa vie, en accord avec des principes : c'est un imbécile. Cela se dit ouvertement, cela s'imprime, comme il est imprimé, sous des noms respectés de tous, que la justice, la vérité, etc., sont de «solennelles âneries». Quelles que soient la simplicité, la sobriété, voire la sécheresse voulue avec lesquelles vous exprimez un sentiment moral, si ce sentiment se trouve, sur un point donné, contrarier l'ordre établi, vos paroles seront des «déclamations». De quel ton, si vous parlez moralité, on vous répondra «sensiblerie»! Avec quels ricanements on prononce les mots de «philanthropes» ou d'«idéalistes»! Mais ce n'est pas assez, vous n'êtes pas qu'un serin, vous êtes un mauvais Français : aux colonies, quelqu'un qui veut la justice est un délinquant.

Ainsi Auligny, dans sa vingt-neuvième année, découvre les plus graves problèmes et se bat contre eux avec une âme d'enfant. Est-ce Jacob luttant contre l'ange? Ou, à l'inverse, saint Antoine en proie aux satans? Mettons que c'est la conférence Olivaint au désert. Et cela est ridicule parce qu'il est en retard de dix ans; cela est inconvenant parce que c'est un homme qui représente la France, qui commande, qui juge, qui tient dans ses mains des destinées, qui est un petit potentat, et qui ne sait rien de rien, et que trop de ses camarades sont comme lui, ont le pouvoir

et ne savent rien de rien ; mais cela reste touchant
parce qu'il substitue quelque chose qui lui est propre
à quelque chose qu'il avait pris tout fait, et parce qu'il
y est poussé par des sentiments qui lui font honneur.
Il découvre des choses qui traînent partout, retrouve
des choses cent fois trouvées, recommence sans le
savoir d'autres hommes, mais il réinvente tout de lui-
même, tire tout de lui-même, fait tout avec ses seuls
moyens. Sans doute, ceux qui ont été élevés dans ces
questions souriront-ils bien des fois, voyant son ignorance et sa gaucherie, et, dans les postes où l'on s'occupe de la chose publique des milliers d'hommes
ont-ils de ces questions des éléments qu'il n'a pas.
Mais il en a, lui, la sensibilité, qu'eux ils n'ont pas.

Auligny sent qu'il ne peut plus être complice de
cela. En même temps, s'il s'élève contre, comment
ne croirait-il pas qu'il trahit ? Et il reste incertain et
déchiré. De son propre mouvement, dans un bel élan
tout pur, il a bondi hors du mensonge officiel concernant les colonies. Mais il ne va pas au bout de son
élan. Renoncer aux colonies ? Démence ! Horreur !
Blasphème ! Accorder des droits civiques à l'indigène ? Tout doux ! Il entre en plein dans le système,
réputé bien français, du retapage par bouts de
ficelle ; il veut l'impossible : qu'on enseigne aux colo-
niaux à être de petits saints. Ses scrupules le privent
des bénéfices de la manière forte. Et sa complaisance
pour l'ordre établi le prive du bénéfice moral de ses
scrupules...

Le Maroc français a été fait par des Auligny. S'il
n'y eut protectorat que parce qu'on n'osait pas
davantage, si la crainte d'avoir des ennuis joue son
rôle excellent dans notre sagesse actuelle, cette
modération n'est pas uniquement fille de la néces-

sité : il s'y mêle des sentiments honorables. On trouve
des traces d'humanité, parfois même de générosité,
dans notre œuvre marocaine. Réalisme et idéalisme :
comme Auligny, nous avons voulu les accorder. D'où
une action matérielle gênée par cet idéalisme, et dont
les résultats souvent nous déçoivent. D'où un idéalisme un peu déplumé par les exigences de l'action, et
qui déçoit souvent les Marocains. Christ et César à la
fois, l'alléchant fromage et les immortels principes,
ce n'est pas aisé. Et l'on a traité notre œuvre d'hybride. Mais toute œuvre de conciliation peut être dite
hybride. Et c'est pourtant dans les œuvres de conciliation que l'esprit de l'homme peut donner ce qu'il a
de meilleur. Elles demandent toutes ses ressources.

Le dilemme où il se débat, Auligny ne le résout que
par une défaite : « En tout cas, que tout cela se fasse
sans moi. Que je n'y coopère plus. » C'est là un appel
vers l'époque où il rentrera en France. Dans dix ans,
à coup sûr, ayant oublié Ram, s'étant systématiquement interdit de réfléchir à son expérience africaine,
Auligny jugera que cela est bien, qu'il sert l'intérêt de
son pays.

Pour nous, avertis par ce geste de fuir, nous nous
expliquons mieux pourquoi Auligny se refuse à assimiler la situation du prolétariat à celle des indigènes.
Sans en avoir une conscience claire, il veut s'éviter
de pouvoir sentir un jour, devant les travailleurs de
son pays, le pincement de gêne qu'il ressent devant
nos exploités marocains : si on ne peut même plus
voir des terrassiers qui bêchent sans se poser une
interrogation !... Comme Auligny le père, qui soignait sa retraite dès l'âge de trente-cinq ans, Auligny
le fils veut se ménager pour l'avenir une vie intérieure qui ne soit pas inquiétée.

XX

À Birbatine, les trois événements de juillet furent l'affaire du déserteur, la journée du 14 et le départ de Yahia.

Auligny, prévenu par Tamghist qu'un déserteur de la Légion, un Russe, était signalé dans son territoire, entre certains points donnés, partit avec cinq cavaliers, après cinq heures de reconnaissance aperçut l'homme, un burnous passé par-dessus sa capote, qui tira sur eux, et fut tué d'un coup de carabine par un mokhazni. Détail pittoresque : un agnelet vivant, razzié quelque part, sortait sa tête d'une poche de la capote, et sur le cadavre mettait sa petite vie. L'homme fut enterré sur place, quasi à ras de terre. Les chacals durent en avoir vite fait avec lui.

De cet incident Auligny n'eut pas beaucoup plus d'émotion que n'en aurait eu tout officier français obligé de faire abattre un homme portant l'uniforme de chez nous. Cela fut pour lui un devoir pénible, mais qu'il ne discuta pas, qui ne lui paraissait pas discutable. Ce qu'il avait fallu de désespoir pour se jeter ainsi dans le désert, avec mille chances pour une d'y rester, les circonstances atténuantes que méritait ce misérable, isolé si loin de sa patrie, sous un ciel homicide, pour un drapeau qui n'était pas le sien, l'horreur de cet homme, hier petite parcelle vivante de la France, hier défenseur officiel de la France, aujourd'hui traqué comme une bête sauvage, et traqué par lui, Auligny : tout cela, le lieutenant le ressentait, bien sûr, mais comme à mi-chemin de ce centre émotif qui, touché, eût fait trembler tout son être. Combien son ébranlement eût été plus intense si le déserteur avait été un indigène ! Et peut-être ce qui le toucha le plus fut-il d'apprendre du capitaine de Canadelles, au téléphone, qu'on avait la preuve que le Russe, en fuite depuis trois jours, avait été ravitaillé dans tel ou tel douar, et cela pour rien, car on savait qu'il était parti sans argent. Et, sans doute, c'était comme ennemi des Français que l'homme avait été ravitaillé. N'importe, cela avait au moins les apparences de la charité...

Le 14 juillet il y eut prise d'armes, et on passa en revue le désert. Et puis double ration, ample distribution de cigarettes envoyées par Mme Auligny, enfin, par soixante-cinq degrés au soleil, mât de cocagne, course de gosses : ils couraient, un pan de leur burnous entre les dents, pour être plus libres de leurs ébats, et dans la bouche les sous qu'ils avaient gagnés à une course précédente. Vers quatre heures, une auto amena de Tamghist, passablement éméchés, Ducrocq, Mailloche et le lieutenant de la Section d'Épreuves, qu'ils avaient enlevé au passage : ils avaient reçu une caisse de vins et liqueurs qu'ils venaient gentiment partager avec Auligny. Ces jeunes officiers eurent l'idée d'organiser entre eux des courses à ânes, courses burlesques : ils étaient montés tête à cul, tenant en main la queue de l'animal, la visière du képi sur la nuque. Comme ils étaient gris, ils se flanquèrent par terre, sous les yeux de deux cents indigènes exhilarés. Auligny ne se mêla pas à ces jeux, et il se demandait si des officiers anglais feraient les pitres, délibérément, sous les yeux des Hindous.

Puis ils s'attablèrent...

Leur conversation.
Ici trois pages supprimées.

Et puis, à la vérité, il n'osait plus leur parler franchement. Il lui semblait qu'il se trahirait tout de suite. Tel un bouchon plongé dans de l'eau remonte à la surface, cherche l'air, Auligny, plongé dans ce milieu avec lequel il a un peu perdu contact depuis trois mois, ne peut plus y rester, demande un autre air. Et, comme il le sent lui-même, il devine que ses camarades le sentent.

À cela il y avait une cause peut-être plus profonde encore. Si ses camarades s'étaient mis à discuter, avec le ton tranchant qu'ils n'eussent pas manqué de prendre, Auligny prévoyait qu'il lui eût fallu faire un violent effort de mémoire, comme un candidat devant l'examinateur, pour retrouver un seul de ses arguments contre le colonialisme. Tant, dans de pareilles circonstances, un voile lui obturait l'esprit. Convaincu comme il l'était, mais parce qu'en cet instant-là il n'avait pas d'émotion, le fonctionnement de cet émotif eût été celui de quelqu'un qui n'est pas sincère, qui cherche à se rappeler une leçon. Et très vite il eût été à sec, comme un stylo vidé. Il eût trouvé qu'ils avaient raison, été désespéré d'avoir pensé dans le vide, etc.

Il resta donc silencieux, et ils se quittèrent courtement. Auligny, qui avait tant détesté sa solitude, la pressa sur son cœur.

Le soir de ce jour, Auligny trouva, planté au bord de la piste, un peu avant d'arriver au bordj, un écriteau : « Attention aux enfants. » Il fut content que ses sous-offs eussent pensé à préserver les gosses arabes des automobiles des convois. Plus tard seulement, aux rires des sous-offs, il comprit que c'était là une plaisanterie des visiteurs. Et tous se demandèrent comment il avait pu la prendre au sérieux.

Yahia reçut sa nomination d'instituteur, et quitta Birbatine. Auligny avait appuyé sa demande. Non point qu'il jugeât que Yahia ferait un bon instituteur, mais il n'avait plus besoin de lui, et il le craignait. On admire l'honneur particulier, la solidarité entre eux des hors-la-loi. Qu'y a-t-il là d'admirable ? S'ils se tiennent entre eux, c'est qu'ils se tiennent l'un l'autre. Mais, innocentant jusqu'à l'héroïsme mon complice, quelle soif en même temps qu'il disparaisse à jamais ! Par peur, je ne le trahis pas, et demain je le tuerai, par peur : voilà ce fameux honneur des hors-la-loi. Proportions gardées, Auligny était content d'être débarrassé d'un homme qui — dépouillons tout lyrisme — lui avait procuré une mineure de moins de quinze ans.

Yahia, une heure avant de partir, vint prendre le café au bordj avec Auligny. Il était gris, lui aussi, comme hier les jeunes officiers, et le pauvre lieutenant tremblait que, dans ses effusions, il ne se mît à parler de Ram en public. Yahia gesticulant cassa une tasse, mais comme on voulait rester optimiste, on en conclut que le sort était conjuré, et que son voyage serait heureux (ce qui, disons-le en passant, manifestait une double bassesse : celle de la superstition, et celle de la lâcheté).

Auligny reconduisit Yahia vers le convoi, au milieu des sous-officiers et des hommes qui riaient du Tunisien.

— Yahia ne serait pas saoul si les Français n'avaient pas apporté ici l'alcool, dit Auligny à Poillet.

Yahia, en réalité, n'avait pas bu une goutte de vin ni d'alcool. Mais, pour fêter son départ, il s'était empiffré, et ces hommes du Sud, accoutumés à la sobriété, sont grisés par un abus de nourriture comme nous le sommes par la boisson.

Août s'avança comme un rêve de feu. Les réveils surtout étaient effrayants. Ce n'était pas seulement pour Auligny les réveils nauséeux des nerveux : bien qu'il gardât les yeux fermés pour ne pas voir le soleil, il le voyait déjà, de derrière ses paupières, éclater sur le monde, sans aube et sans aurore, et il savait qu'il ne fallait pas attendre de répit avant sept heures du soir, et qu'il y en avait encore pour deux mois de cela. Son écœurement en était si fort que parfois, durant de longues minutes, il se sentait sur le point de vomir. Ah ! Ménage était un saint, qui avait passé deux étés de suite ici !

Toute la journée il demeurait étendu sur le lit, dans la maison Yahia, à rêvasser, à dormasser, une serviette humide sous la nuque ; son besoin de s'étendre était tel que, à défaut de lit, il se fût couché par terre. Son unique vêtement était un pantalon, alors que les hommes, à cette heure, avaient godillots, molletières, et tout le barda : en quoi il montrait peut-être cette tendance à s'abandonner que nous avons remarquée chez son père. Sur le sol chaud dormait la chienne, les yeux cernés par la fatigue (hein, quel titre de

roman! *La Chienne aux yeux cernés*). Il n'avait même
plus l'énergie de lire : le soleil lui dévorait le cerveau.
Il avait beau boire à satiété de l'anis algérien dilué
dans beaucoup d'eau, sa bouche restait si sèche
qu'elle en était pâteuse, et qu'il n'arrivait plus, quand
il parlait, à articuler ni à se faire comprendre aisément. Pourtant il fallait bien, le matin, passer vingt
minutes à son courrier, en posant sur le papier blanc
les ombres vertes nées de ses yeux éblouis, en faisant
valser les feuillets qui se collaient à ses avant-bras
mouillés de sueur. Il finit par se rendre compte que
la chaleur était moins insupportable quand il avait
l'esprit occupé. «Il faut chanter pour avoir moins
chaud», lui avait dit Vincenti. Et Auligny de chanton-
ner : «Lalala! Lalalala!» et de marcher, et de frapper
du pied, et en effet cela le remontait. Tout valait
mieux que ces longues prostrations, à mariner et à se
tordre dans sa sueur, et telles qu'à certains moments,
s'il avait entendu crier : «Un djich attaque!», il n'est
pas sûr qu'il eût esquissé un mouvement : ainsi
l'homme qui a le mal de mer sait qu'il ne fera rien
pour se sauver si le bateau sombre. Et cependant,
malgré cela, c'était toujours à son lit qu'il revenait.

Le vent de sable se levait à midi. Une odeur de
fumée se répandait ; l'air devenait comme gluant.
Dans l'atmosphère opaque et jaune, bouchée à
quelques mètres, les hommes, portant des lunettes
vertes (du moins les richards d'entre eux) sur leurs
visages pâlis par le sable, évoquaient un peu des sca-
phandriers dans le vague sous-marin. Les chevaux
pleuraient, comme ceux de l'*Iliade*. Le sable était
partout, dans les poches, dans les draps, dans les
oreilles, sous les dents, faisant du savon une râpe,
embourbant la plume du stylo. Et on l'entendait qui

coulait, là-bas, le long des dunes, avec un bruissement semblable à celui de la mousse de champagne.
Instantanément, la température montait de plusieurs
degrés : la sensation était celle qu'aurait un homme,
sur le quai d'une gare, quand soudain une locomo-
tive s'arrête à sa hauteur, et il reçoit une haleine de
four. Les narines étaient si surprises qu'on éternuait,
comme sous une bouffée de froid, le ventre si surpris
qu'on avait un dérangement d'entrailles, comme
sous une bouffée de froid. On sentait la brûlure posée
sur le dos de ses mains ; posée sur ses yeux, sous les
paupières ; posée sur la peau de son crâne, sous les
cheveux. On lâchait avec un cri tel objet de métal que
cinq minutes plus tôt on maniait sans y prendre
garde. Il y avait dans l'air une telle densité de chaleur qu'un couteau, semblait-il, y fût resté fiché,
comme dans du beurre. Les hommes eux-mêmes,
habitués pourtant, faisaient «bo... bo... bo...», ce qui
exprime chez l'Arabe une surprise à nuance de respect. Auligny se disait que la limite de la résistance
humaine était atteinte et que, si une nouvelle éléva-
tion se produisait par là-dessus, il n'y aurait plus
qu'à s'étendre et à mourir.

La chaleur ne faiblissant un peu que vers sept
heures du soir, et Ram, à cette heure, devant préparer le repas des siens, c'est vers huit heures qu'ils se
retrouvaient. Moins souvent qu'autrefois. Au début,
ils s'étaient vus tous tes jours, puis le rythme était
devenu «un jour oui, un jour non», pour redevenir
quotidien après qu'elle se fut donnée. Maintenant, de
nouveau, leurs rencontres s'espaçaient d'un, deux,
trois jours. Auligny ne manquait jamais de s'excuser
auprès d'elle s'il ne la rappelait pas plus tôt, de lui
donner des raisons supposées, et elle luttait de poli-

tesse: «Ça fait rien.» Quand il lui faisait ces petites menteries, il avait l'impression de commettre une mauvaise action.

La chaleur, en effet, diminuait encore le plaisir qu'il recevait des caresses: on eût dit que ses nerfs avaient été sectionnés au couteau. Ram couchée, la sueur coulait dans les plis de son cou, comme des ruisseaux dans leurs lits; stagnait sous ses seins où on la trouvait toujours en les soulevant, comme on trouve de l'humidité sous une pierre quand on la déplace. Plus que jamais, ce qui lui était le meilleur, c'était de rester immobile étendu à côté d'elle. Sitôt que leurs corps se touchaient, la sueur les inondait tous deux. S'il posait la main sur la cuisse de Ram, la sueur naissait à l'emplacement du contact, comme du sable de la plage, à l'endroit où vous y appuyez la main, sort un peu d'eau de mer. Si elle avait la nuque dans la saignée de son bras, il retirait son bras trempé à la saignée. Dans les mouvements délicieux, leurs peaux inondées faisaient: cloc... cloc... cloc... à chaque spasme qui les décollait. Toute cette sueur inhumaine ne pouvait que déplaire à Ram, pensait-il, comme son ardeur à lui en était rabattue. Ajoutez les mouches, et de petits boutons qui étaient venus à Auligny, tant par la mauvaise nourriture que par la sueur, boutons qui le démangeaient fort, et vous imaginerez ces deux êtres confondant leurs ruissellements, tandis qu'Auligny, qu'on croyait au sommet de l'empyrée, on le voit soudain, poussant un juron, dégager un bras pour se donner une claque sur la cuisse (cette mouche!...) ou pour se gratter frénétiquement le derrière. Vous aurez ainsi une image non plus poétique, mais véridique, de l'amour saharien.

Il se rendit compte un jour qu'elle entremêlait les

tu aux *vous*, et qu'elle devait le faire depuis longtemps, sans qu'il y eût pris garde, — lui qui avait tant
désiré qu'elle le tutoyât ! Il n'en eut pas de plaisir. Il
crut voir là non un signe d'affection, mais un simple
relâchement, comme chez une femme de chambre
qui, familiarisée après quelque temps avec sa maîtresse, cesserait de lui parler à la troisième personne.

Ce n'étaient pas seulement la chaleur, et l'affaiblissement physique d'Auligny, qui ralentissaient son
amour. Si simple, si fidèle, Ram offrait peu de
matière sur laquelle l'esprit pût travailler. Le plaisir
de Ram n'avait plus en Auligny la même irradiation
qu'il y avait autrefois ; il en était trop sûr ; il y était
habitué. Le jour où il lui demanda en souriant :
« Alors, ça ne fait plus mal ? », et où elle fit non de
l'index, à la mode arabe, il n'en ressentit pas de joie.
Mais, surtout, il l'avait dépassée pour entrer dans un
monde qui, né d'elle, n'était plus elle. Elle avait été le
bateau qui l'avait transporté sur la rive, et maintenant, allant de l'avant dans ces terres vierges, il lui
fallait se retourner pour l'apercevoir. Plus obscurément, il regrettait que sa conception nouvelle des
choses, si lourde pour lui de conséquences, ne fût
pas sortie de sa conscience, mais y eût été *apportée*,
sortie d'abord de sa chair. Ram lui rappelait cette
origine impure de dispositions dont la pureté le flattait, et il la repoussait un peu dans l'ombre.

Les jours où Auligny ne rencontrait pas Ram, au
crépuscule il se rendait à la palmeraie. Dans toute la
zone comprise entre L... et Tamghist, un règlement
rigoureux interdisait de se trouver isolé la nuit
venue. Mais le lieutenant, si sévère à son arrivée
pour les imprudences des officiers et des hommes,
était maintenant tout pareil à eux sur ce chapitre-là :

comme eux tous, il préférait risquer à se gêner. Il se contentait d'emmener avec lui un mokhazni, et de veiller à ce que les chargeurs fussent en ordre. Et, fort calme, ayant dit une fois pour toutes: «À la grâce de Dieu», il s'amusait de l'inquiétude mal dissimulée du mokhazni, car l'Arabe, toujours névropathe, se démoralise dans les ténèbres. Cette heure, pour Mohand-Saïd ou tel autre, ce n'était pas seulement celle du coup de fusil, c'était celle où le djinn rôde, saute sur ceux qui viennent chercher de l'eau au puits, ou faire boire les animaux à l'oued. Auligny, qui tremblait et bafouillait devant ses chefs, qui n'exprimait pas ses convictions de crainte d'être mal noté, ou seulement de crainte d'être contredit avec brusquerie, était physiquement courageux, sans même s'en douter. Napoléon a dit des Français qu'ils feraient bien de remplacer leur vanité par un peu d'orgueil. On peut dire aussi qu'ils remplaceraient avec avantage une partie de leur courage physique — dont ils ont à revendre, dont ils ont presque trop, se faisant tuer sans cesse *pour rien*, — par un peu plus de courage moral.

Rien n'était plus pisseux que l'oasis, de jour, à cette époque de l'année, plus empoussiéré (toute pâle de poussière, alors qu'au printemps elle était d'un vert noir), plus miteux, plus lépreux, plus repoussant, plus catastrophique que ce lieu de délices. Mais enfin c'était encore mieux que l'étendue abominable qui l'encerclait à perte de vue, et un certain charme, fait surtout de ce contraste, en émanait à l'heure du soir. Sitôt qu'Auligny y pénétrait, ses yeux, qui depuis douze heures clignaient contre le soleil, s'agrandissaient, s'apaisaient, pouvaient enfin fixer les objets, distinguer les demi-teintes. Une eau se pressait dans le plus grand silence, des poissons bougeaient, de la même couleur pâle que le lit vaseux de la seguia. Cette seguia était enjambée par un tronc d'arbre creux, où coulait une autre eau, moins vive. D'un puits, des oiseaux s'envolaient à l'approche d'Auligny, comme des paroles de la bouche d'une prophétesse. Les grenouilles, toujours très infatuées d'avoir été une des plaies d'Égypte, se chantaient leurs louanges à la tombée de la nuit, ce qui leur permettait de s'endormir satisfaites. Au bord d'une aiguade, un crapaud immobile — mais sa gorge bat d'une façon affreuse — regardait le lieutenant avec une gravité comique. Auligny pouvait mettre le pied à un centimètre de lui sans le tirer de son angoisse pétrifiée; il fallait qu'il y eût contact pour qu'il bondît.

Il y avait des libellules d'un rose intense, ou d'un azur intense; des lézards, pâles comme la pierre, avec la queue orange; d'autres, verts, à la gorge d'un bleu exquis; d'autres encore, plus rares, striés noir et jaune, comme le tigre. Des souffles, charmants comme des femmes, émouvaient les palmes les plus hautes. Et cette palmeraie, qui d'abord avait été pour le jeune homme une banlieue décevante, ensuite un décor d'oaristys, ensuite un lieu où la rencontre des indigènes faisait vibrer sa sensibilité, maintenant lui était autre chose encore : elle le délivrait du poids de sa conscience. Maintenant la nature lui murmurait qu'il se débattait contre des fantômes, et qu'il n'y avait qu'à jouir d'elle. Ne suffisait-elle pas? Les questions qui l'obsédaient s'évanouissaient comme des cauchemars au premier clair de l'aube; il ne les retrouvait plus; la terre redevenait innocente. Cette douceur des arbres et des eaux lui conseillait la dérobade à tout devoir, travaillait à dissocier en lui le concept de patrie aussi bien que celui de charité et celui de justice. Et, sans doute, cette palmeraie, s'il y était, et y avait du plaisir, c'était que sa patrie l'avait prise, et flanquée d'un poste fortifié. Mais le monde était plein de lieux exquis qu'on pouvait respirer sans questions et sans remords. Un officier de marine lui avait raconté l'histoire de ce marin français déserteur qui s'était établi dans une île du Pacifique, et y menait une vie paisible et naturelle, heureux et sans faire de mal à personne. C'était un déserteur, et cependant sa vie était celle d'un honnête homme et d'un homme heureux. Quand Auligny rentré au bordj sous une lune de chlore, trouvait dans son courrier des journaux et des revues, les problèmes qu'on y posait étaient pour lui déconsidérés. Une existence, bonne pour soi et bonne pour les autres, pouvait s'écouler sans qu'on sût seulement qu'ils existaient.

Avant qu'il ne se couchât, il y avait un moment qui était pour lui le meilleur de la journée : celui où il brûlait les mouches. Le supplice qu'avaient été ces mouches, tout le long du jour, nous ne le décrirons pas, parce que cela se prête trop aisément à un morceau de littérature ; disons d'un mot qu'il était atroce. Mais le soir, au retour, Auligny surprenait les mouches en étendues noires, endormies sur les murs de sa chambre. Alors, avec une lenteur voluptueuse, il passait au-dessous d'elles la flamme d'une bougie. À mesure, le mur noir de mouches devenait blanc, on entendait le bruissement adorable des mouches qui grillaient en tombant, et Auligny, ce grand tendre, avait alors le rictus satanique qu'a une «vedette de l'écran» quand elle interprète le rôle de César Borgia.

Il dormait, nu, sur le toit du bordj. Deux heures

d'insomnie avant de s'endormir. Et des réveils,
encore, la nuit, où il se grattait frénétiquement, dans
une demi-inconscience, comme une bête obsédée et
triste. Les hommes dormaient dehors, dans la cour
du bordj, la figure emmitouflée, par ces trente-cinq
degrés nocturnes, pour que leur âme ne les quittât
pas par la bouche. Dans le ksar, on dormait sur les
terrasses, sous des branchages de palmes recouverts
d'étoffes, qui vous protégeaient des méchancetés de
la lune.

On n'en aurait pas fini avec les mouches si on
omettait de dire que Mme Auligny avait envoyé à son
fils un ustensile à long manche, avec lequel on était
censé tuer les mouches en tapant dessus, ustensile
qui avait des titres à devenir le symbole du progrès
industriel dans ce qu'il a de plus ridicule : cet ustensile pouvait peut-être tuer des mouches dans les logis
où l'on en voit dix ou douze par an. Il est vrai que le
lieutenant Ducrocq tuait les mouches à coups de
revolver ; mais pour lui c'était un dérivatif : il n'arrivait pas à accrocher une affaire.

D'ailleurs, tout ce que Mme Auligny envoyait à
Lucien — tout, sans exception — était inutilisable. Il
avait beau la supplier, dans ses lettres, de ne lui
envoyer que ce qu'il lui demandait, le vieux pli de la
bonne mère restait le plus fort : elle voulait que ses
«attentions» fussent des «surprises». Et le lieutenant
voyait arriver chaque quinzaine quelque objet qui
avait coûté de l'argent, qu'on avait annoncé, empa-
queté avec art, recommandé, dont vingt employés de
poste avaient pris soin entre Paris et Birbatine,
comme si c'était le trésor de la reine de Saba, et que
le destinataire regardait à peine, assuré, avant de
l'avoir vu, qu'il ne lui servirait à rien et ne lui ferait

nul plaisir. Après le tue-mouches, après le voile vert
à mettre autour de son casque, il y avait eu l'objectif
photographique perfectionné, mais qui ne put fonctionner dans la lumière saharienne, la super-colle
perfectionnée mais qui arriva dure comme pierre,
l'alcool solidifié perfectionné, mais qui arriva en
liquéfaction, enfin les diverses sortes de niaiseries
avec lesquelles on pipe la catégorie de gens qui croit
qu'une chose est meilleure parce qu'elle est nouvelle,
tout cela plus ou moins américain, à moins que le
drapeau français, lui servant de marque de fabrique,
n'indiquât que c'était un article allemand. Et,
comme il répugnait à Auligny de jeter des objets auxquels sa mère avait attaché tant de pensées touchantes, il les fourrait ici et là, et pendant des
semaines et des mois il retrouvait à tout bout de
champ, dans la cantine, dans le tiroir, dans le placard, l'objectif photographique perfectionné, et la
colle perfectionnée, implacables témoins de cette
vérité forte, que si l'amour est aveugle, l'amour
maternel n'en doit pas être excepté. Mme Auligny
bourrait son fils de cadeaux dont il n'avait que faire,
comme, toute sa vie, elle l'avait bourré d'idées et de
sentiments qui ne lui étaient pas adaptés. Les «divi-
nations» de l'amour maternel sont de ces lois dont
on dit qu'elles sont vérifiées par leurs exceptions, ce
qui signifie qu'une fois sur deux elles ne fonctionnent
pas, et ne sont donc nullement des lois, mais des
phantasmes de l'esprit vulgaire, qui les tient pour
existants parce qu'il les a proclamés.

Le 14, à quatre heures, le téléphone sonna.

— Allô! Le lieutenant Auligny? Ici le capitaine de
Canadelles. Bonjour. Rien de nouveau? Dites donc,
j'ai quelque chose de très Sahara à vous apprendre.

Avant-hier, le nommé Bonnel est devenu fou furieux et a tiré deux balles sur moi sans m'atteindre. Vous le verrez *s'avancer* vers Birbatine demain après déjeuner: je le renvoie à L... par les «autos blanches», avec le lieutenant Pierrotey. Il y avait déjà quelque temps, paraît-il, qu'il avait la tête dérangée, mais comme son service n'en souffrait pas... Vous n'aviez rien remarqué d'anormal dans sa conversation?

— Rien du tout.

Suivirent quelques considérations et lamentations de Canadelles sur la vie saharienne, puis on raccrocha.

Cela prêtait tant à un âcre sourire, que le seul homme qu'Auligny eût rencontré au Maroc, qui lui parût avoir des idées humaines, et avec lequel il eût plaisir à parler, eût été un fou, que ce sourire ne parvenait pas à naître sur ses lèvres. En même temps, il distinguait là une sorte d'avertissement: la vérité était anormale; celui qui la voyait était fou ou allait le devenir. C'était cela qu'il aurait dû répondre à Canadelles: «Si j'ai vu quelque chose d'anormal dans sa conversation? Oui, il disait la vérité.» Et c'est avec trouble que, le lendemain, il entendit s'arrêter devant la porte les autos blanches.

Rapidement, il entraîna le lieutenant Pierrotey (des Affaires indigènes) — grand jeune homme maigre et brûlé, avec une «chic tête» — dans le bordj, et le questionna. Il se sentait de la sympathie pour Pierrotey, parce que Ducrocq disait de lui qu'il était «un rêveur», et quand un officier dit d'un de ses camarades qu'il est un rêveur, cela veut dire que ce camarade réfléchit quelquefois un peu.

— Je ne sais de cette histoire que ce qu'on m'en a raconté à Tamghist, dit Pierrotey. Et encore le capitaine et Ducrocq ne disent-ils pas tout à fait la même chose. Je suppose que vous connaissez la situation à Tamghist? Il y avait un mois que le capitaine, Ducrocq et Bonnel ne se voyaient plus, ne s'adressaient plus la parole, mangeaient chacun dans sa chambre, et ne correspondaient plus ensemble que par notes de service. Pour quelles raisons au juste, ma foi! Avez-vous remarqué cela? De groupe à groupe, les Arabes ne peuvent pas s'entendre, mais d'homme à homme, en communauté, ils s'entendent assez bien. Nous autres, de groupe à groupe, comme d'homme à homme, c'est tout de suite la guerre à couteaux tirés, surtout dans des bleds comme celui-ci. Bref, le capitaine me dit que la folie de Bonnel a été aussi imprévue que possible pour tout le monde. Ducrocq, naturellement, prétend qu'au contraire Bonnel, il y a quinze jours, a envoyé une note de service au capitaine, dans les termes réglementaires, «Le médecin lieutenant Bonnel au capitaine de Canadelles, chef de poste, etc.», lui disant à peu près: «J'ai l'honneur de vous informer que je suis en train de devenir fou et qu'en conséquence je demande à être rapatrié dans le plus bref délai pour être interné.» À quoi Canadelles aurait dit tout haut, devant l'adjudant Zimmermann, qui l'a répété à Ducrocq: «Qu'il aille se faire p...! Moi aussi je suis fou, et on ne m'interne pas.» En tout cas, le capitaine n'a pas donné suite à la note. Et l'autre jour, il était assis à son bureau, quand Bonnel est entré, s'est *avancé* et, sans un mot, lui a tiré dessus deux fois à bout portant, en le ratant.

«Ah! ce sont de grandes figures sahariennes», conclut Pierrotey. C'était là une scie. Un éditeur parisien publiait une collection intitulée: «Grandes figures sahariennes» et depuis lors, d'un contrôleur indélicat, d'un officier qui se saoulait, d'un aumônier qui courait le guilledou, d'un intendant qui vendait des armes aux dissidents, les jeunes officiers de l'armée d'Afrique disaient avec un air grave : «C'est une grande figure saharienne.»

— Bonnel a l'air d'avoir des ecchymoses au visage. S'est-il battu avec quelqu'un ? demanda Auligny.

— Vous savez, il est resté deux jours en cellule...

— Alors, quoi ? Passé à tabac ?

— Quand j'étais à Casa, on voyait tout le temps des Marocains emmenés au poste pour ivresse, ou un délit quelconque, et que le lendemain matin on trouvait morts dans leur cellule. L'enquête concluait, bien entendu, qu'ils étaient morts de mort naturelle...

Le cas de Bonnel était d'autant plus affreux que le bébé de Bonnel était à la mort. Car Auligny apprenait, en même temps, que Bonnel était marié, et que sa femme et son fils étaient à L... À L... au climat meurtrier ! À L... où il mourait chaque année cinq ou six petits enfants français ! Et Bonnel, médecin, devait plus qu'un autre le savoir ! Mais sans doute n'avait-il pas voulu se séparer de sa femme : il l'aimait tant ! Et, elle, elle n'avait pas voulu se séparer de son gosse : elle l'aimait tant ! Le mariage, c'est ça.

Pierrotey, qui avait la responsabilité de Bonnel, n'était pas tranquille, et ne voulait pas s'attarder. Auligny le raccompagna jusqu'à la porte du bordj, sans sortir : il ne tenait pas à voir Bonnel. Mais il en fit trop, Bonnel le reconnut : «Mon lieutenant !» criat-il, et il voulut descendre. Un adjudant, assis à son côté, le fit rasseoir rudement.

— Vous savez ce qui m'est arrivé ? dit Bonnel. Ils

ont tiré sur moi deux coups de revolver! Mais c'est
Mme Citroën qui a tout pris!

Il éclata de rire, puis sans transition lança un crachat bref — du fond de la gorge, sans rapprocher les
lèvres, à la mode arabe — dans la direction d'Auligny, qui tourna sur les talons et rentra dans le bordj.

Bonnel «mangé» par le désert impressionna beaucoup Auligny. Et soudain, dans l'état de moindre
résistance morale où cette aventure l'avait mis, le
lieutenant eut la révélation de sa moindre résistance
physique: lui aussi, le désert le mangeait. Un matin,
les coudes appuyés sur la table, il vit que son bracelet-montre descendait au tiers de son avant-bras,
alors qu'auparavant il tenait le poignet bien serré.
D'autres petits faits s'allumèrent à celui-là: quand il
ne mettait pas de ceinture, son pantalon tombait,
alors qu'auparavant il tenait de lui-même; des gestes
qui ne devraient pas demander d'effort en exigeaient
un de lui, souvent si grand qu'il ne les exécutait pas
sans une grimace, et il s'impatientait contre les
objets. Il était depuis quatre mois et demi à Birbatine. Mais il y a un mois déjà, une analyse de son
sang eût alerté qui l'eût faite. Affaiblissement par la
chaleur, la sueur, la mauvaise nourriture, l'inappétence. Auligny grommela seulement: «Ce sacré pays
me décolle», et n'y pensa plus.

En effet, pour les Auligny, être malade était honteux. Si l'on disait à Mme Auligny: «Quelle belle
santé vous avez!», on s'attirait des «directs» fou-
droyants: «Je n'ai pas le temps d'être malade!» et
encore: «Avec mon fils (ou: «avec mon mari»; elle
le comptait toujours comme mineur) je n'ai pas le
droit d'être malade!» L'évidence que pour se consacrer soit à son devoir militaire, soit à d'autres

devoirs, il faut être bien portant, ne tenait pas en
Auligny contre cette pensée, qu'il n'est pas viril de se
soigner, — que dis-je! ne tenait pas en Auligny
contre ces simples *mots* : «être douillet» ou «s'écouter». Cette fausse, stupide et meurtrière conception
de la dignité est la même que celle qui veut qu'on
n'avoue pas un danger, et ne fasse rien pour le prévenir, parce qu'on aurait l'air d'avoir peur. Et puis,
Auligny avait dans les oreilles les paroles du colonel :
«Les nouvelles générations! ah bien, oui! Ils sont
beaux, les sportifs! Tous les jeunes officiers qu'on
m'envoie, tous champions de je ne sais quoi, sont sur
le flanc au bout de quinze jours. Et l'armée, c'est une
question de muscles. Celui qui tient le coup plus
longtemps que les autres, à lui le galon.» Ce n'est pas
tout : Auligny, se regardant dans la glace, se trouvait
beaucoup mieux, avec son visage amaigri ; cet air
dévoré, c'était cela qui était «Sahara»! Ô Sahara!
que de bêtises on commet en ton nom! Pour Auligny,
le Sahara demeurait un endroit où l'on «trouve
Dieu», non un endroit où on puisse se plaindre — et
un officier français moins qu'un autre — de la mauvaise nourriture. Enfin Bonnel, lui aussi, aurait peut-
être pu voir qu'Auligny était touché, ou le deviner.
Mais Bonnel était comme ses confrères : il voyait une
maladie quand on la lui indiquait.

L'anémie du lieutenant n'influait-elle pas sur ses
idées? Quand nous nous sentons faibles, nous imaginons plus aisément la faiblesse ou la souffrance des
autres, et nous les plaignons d'autant. Nous exaltons
la charité, que nous voudrions qu'on eût pour nous.
Un homme malade ou contrarié dit : «Mon pauvre
ami», à l'homme valide ou heureux qui lui parle,
parce qu'il projette dans les autres son état diminué.

Il suffisait qu'Auligny se dît en lui-même la phrase de
Boualem : « Non, les Français ne sont pas gentils »,
pour que sa gorge se serrât, et nul ne niera qu'il y eût
là moins sensibilité morale qu'épuisement nerveux.
À quel point l'épuisement nerveux n'intensifiait-il
pas la pitié d'Auligny, et son obsession sentimentale ?
À quel point son corps ne contaminait-il pas son
âme ? « Le moral déterminé par le physique, belle
nouveauté ! nous dit-on. Mais, mon pauvre ami, c'est
connu et archiconnu ! » Cela est connu et archiconnu, mais d'une connaissance comme abstraite, et
qui compte si peu dans la vie courante que chaque
jour nous jugeons nos semblables sur des sentiments
et des actes produits directement par leur organisme, et dont moralement ils ne sont pas plus res-
ponsables que d'une colique ou d'un furoncle.

Auligny s'enfonça. Il s'enfonça comme ces palmeraies qui peu à peu disparaissent dans le sable ; hier
le sable montait à mi-tronc, et maintenant il touche
aux premières branches. Ou plutôt il s'ensabla
comme un puits qu'on a comblé pour que l'ennemi
n'y vienne pas boire : il n'y avait plus en lui ni fraîcheur ni mouvement. L'amour, la chaleur, la solitude, la disproportion entre les problèmes qu'il
abordait et les moyens intellectuels avec lesquels il
les abordait, avaient pompé sa force. Peu à peu, son
esprit quittait Ram, et quittait même la question indigène. Les personnes des indigènes qui l'entouraient
— s'ils étaient gentils ou non, s'ils étaient ou non
dignes d'intérêt — lui devenaient de plus en plus
indifférentes. Mais ces objets, en le quittant, le laissaient diminué. Bien entendu, il ne s'avouait pas
diminué. Un enfant de dix ans sait, d'instinct, tenir
pour une qualité un de ses défauts. N'importe, il se

sentait moins vivant : les puits ensablés sont appelés puits *morts*. Son âme était comme un cheval quand son cavalier a été tué : la tête levée, il attend que l'homme remonte, auprès du cadavre. Mais l'homme ne remonte pas, et le cheval, tout perplexe, galopaille un peu de-ci de-là, puis s'arrête de nouveau et attend qu'une main quelconque, amie ou ennemie, lui prenne la bride, car dans sa liberté il ne se sent pas heureux.

Il rejeta comme puéril ce temps où il «potassait» le *Manuel à l'usage des troupes d'Outre-Mer*, et s'excitait quand la France avait gagné le match France-Angleterre ; comme puérile la niaiserie boy-scout de ses premières semaines au Maroc. Il s'éloigna insensiblement de sa mère, toute gonflée de certitudes bruyantes, comme de gaz crépitants et vains. De même qu'il ne faisait pas de rapprochement entre son besoin de charité et le catholicisme, il n'en faisait pas entre cette charité et les œuvres de bienfaisance de sa mère : catholicisme et œuvres de bienfaisance étaient pour lui partie du conformisme social ; il ne lui venait pas à l'esprit qu'ils touchassent en rien à la vie intérieure. C'était avec un mouvement de lassitude qu'il accueillait maintenant les lettres de Mme Auligny, sûr qu'il était d'y trouver toujours des excitations à ce qui ne l'intéressait plus. Si c'est un instant horrible, que celui où nous nous apercevons pour la première fois qu'il est inutile d'essayer seulement de causer avec notre père ou notre mère, ce n'est que plus tard que nous en voyons l'horreur : sur le moment, nous en ressentons le chatouillement agréable qu'éprouve tout homme normal à être ingrat envers ses parents. Auligny remarqua que dans deux lettres de sa mère, écrites très posément,

avec toute la place nécessaire, et sans abréger aucun
des mots, le mot «la croix» (la Légion d'honneur)
était écrit : «la C.». Peut-être était-ce que cette croix
obsédait tellement Mme Auligny qu'il lui paraissait
que d'en écrire la première lettre était suffisant pour
être comprise ; peut-être, craignant que sa lettre ne
fût perdue et lue, esquissait-elle un vague camou-
flage de ses convoitises. Mais ce mot, ainsi abrégé,
évoquait à Auligny ces mots obscènes, qu'on n'écrit
que par leur première lettre. Il lui semblait qu'il
devait y avoir quelque chose de très honteux dans ces
convoitises, puisque sa mère elle-même n'osait pas
écrire le mot «croix».

En même temps, il se rapprochait de son père. Ce
n'était pas que M. Auligny n'eût lui aussi ses petites
certitudes : tout ce monde mangeait, vivait de ce
pain-là. Mais l'état habituel de M. Auligny, c'est-
à-dire l'assoupissement, semble aujourd'hui au lieutenant un idéal. Il se précise cette répugnance à
l'action qui a toujours été latente en lui (quand il faisait le mort pour ne pas aller au Maroc... quand il se
décourageait après sa première activité à Birbatine...). On imagine assez bien un Auligny de cinquante ans, desséché par la vieillesse précoce des
pays chauds, collé avec une Arabe, vivant en espadrilles et en corps de chemise (les Européens enti-
chés de vie musulmane deviennent plus sales que les
musulmans), bref, transposant dans le désert la tendance de son père à se négliger. Auligny justifie son
père et se justifie en lui. Il se dérobe à l'intelligence,
pour aller vers la conscience, comme son père s'y est
dérobé également, pour aller vers la caricature de la
conscience. Auligny se rapproche de son père, parce
que son père n'a pas réussi. Auligny, pensant naître à

une vie nouvelle, en cela aussi double son père. Chaque année, M. Auligny croit qu'il vient de naître, et est épouvanté par sa naïveté de l'an dernier, par les idées, par les projets qu'il concevait l'an dernier, mais que, Dieu merci, sa pusillanimité l'a empêché de mettre à exécution.

Août passa ainsi, dans une haleine de four et de sable, et une immobilité aveuglante des choses et de l'âme. Les quatre événements de ce mois furent les suivants :

C'-qu'il-est-bête-c'-gosse-là changea de nom. Promu du simple au collectif, il devint *Y-sont-bêtes-les-Arabes*, phrase qu'il avait dû, comme l'autre, entendre répéter à satiété, répéta de même et sous laquelle enfin on le désigna. Et Auligny songeait : «Toujours à se dénigrer eux-mêmes ! Ici un loustic des tirailleurs, quand je lui fais une observation, répond en souriant : "Travail arabe !" Là, un gosse : "Les Arabes, tous voleurs !" Là, Jilani : "Oh ! Si vous faites du sentiment avec les Arabes !" Tout cela pour flatter les Français. Qu'attendre d'une race que systématiquement on humilie, quand l'humiliation est la seule offense qui ne se pardonne pas ? »

Les bêtes de Poillet, la gazelle et les fennecs, malgré les soins attendrissants de leur maître, se laissèrent mourir. Auligny pensa que les indigènes eux aussi, malgré les soins attendrissants que la France a pour eux, préféreraient sans doute la liberté à une cage dorée. — «La liberté de crever de faim ! la liberté d'être razziés et exterminés par n'importe qui ! l'état effroyable où étaient ces pays avant notre venue ! » — «La liberté d'être spolié et exterminé par des hommes avec qui je partage ma religion, ma langue, ma façon de penser, mes innombrables tra-

ditions et usages, et la copropriété du sol, et cela
depuis des siècles, ô vous qui avec une telle entente,
et si obstinément, vous refusez à appeler cela une
patrie, parce que si c'était une patrie reconnue vous
vous sauriez plus coupables encore! Et cela n'est
peut-être pas tout à fait une patrie. Mais en est-ce si
différent?»

Le troisième événement d'août fut l'arrivée des
photos de Ram. Auligny s'était fait envoyer, de
Rabat, un appareil. Sur les épreuves, il fut surpris de
trouver que Ram était laide. En réalité, Ram n'était
pas laide, bien que certaines de ses expressions ne
fussent pas jolies; c'étaient les photos qui étaient
malheureuses. N'importe, l'idée s'incrusta en Auligny, qu'il avait été la victime d'une illusion. Comme
l'ambition, comme l'altruisme, la sensibilité et
l'amour s'éteignaient dans sa vie. Toute son âme s'affaissait, avec son corps qui se voûtait légèrement. Il
flottait en lui des ressorts cassés.

Quatrième événement: il eut un échec sexuel. La
chaleur, la sueur, ses boutons, sa barbe mal rasée (ce
que Ram avait traduit: «Tu en as beaucoup des cheveux...»)... Il vit Ram froide, se crut dégoûtant, et se
glaça. Quand elle fut pour partir, il lui donna cent
sous de moins que d'habitude. À l'heure où il allait si
loin dans les sentiments honorables, telles étaient ses
défaillances de caractère. Le plus curieux est qu'il
était fort désintéressé en matière d'argent. Mais on
dirait qu'il faut à chaque homme un minimum de
petitesses, et que la nature les lui donne sans prendre
garde si elles s'accordent ou non à ses qualités et à
ses défauts; il s'agit seulement que le compte y soit.

XXI

Auligny jugeait depuis longtemps qu'il devait une visite de politesse à Regragui. Il la redoutait: sa situation était fausse. Il voulait surtout que Ram n'y assistât pas. Il craignait que l'attitude de Ram ne fût pas tout à fait ce qu'elle devait être, et il répugnait, en outre, à lui montrer comment il était quand il jouait la comédie. Car enfin, cela devrait se passer comme s'il n'était pas bien avec la petite. La fiction que Ram était vierge était accompagnée de la fiction qu'il n'y avait rien entre elle et lui.

Regragui fit traverser au lieutenant une courelle riche en poules. Les trous des murs étaient bouchés avec des tampons faits de cheveux coupés et de poils de barbe, barbe étant un euphémisme. L'escalier pour monter à la terrasse était un tronc de palmier, où des encoches tenaient lieu de marches. Auligny, se courbant, entra dans une petite pièce sombre, et s'assit par terre en face du maître de logis.

Regragui avait un visage dur et chagrin. Si l'on peut user de cette expression pour quelqu'un qui n'avait jamais rien fait, ni tenté de rien faire, on dira qu'il avait le visage d'un homme qui n'a pas réussi. L'homme du désert parut extrêmement lointain à

Auligny; oui, vraiment, de la race des coupeurs de têtes. Sans doute, le lieutenant en avait vu des milliers de ce modèle-là, mais le caractère farouche de Regragui le saisissait, parce qu'il songeait à ce qu'il y avait en Ram de rapproché et d'humain. Ses bras secs comme des allumettes, ses jambes grêles et parcheminées sortaient de sous son burnous comme des serpents de sous la couverture du charmeur. Autour de sa tête rase était enroulée une corde : l'anneau autour de Saturne. Si c'était avec cela qu'il se préservait des insolations, il fallait qu'il eût la boule solide.

La demeure était presque propre, et respirait même une certaine aisance. Il y avait à terre des couvertures de laine, des nattes, des peaux de mouton, avec une espèce de grâce dans l'arrangement, qui sentait le toucher féminin. Les seuls objets étaient des vaisselles, des plateaux à couscous, un métier à tisser, des couffins de dattes et puis des pastèques qui séchaient. Auligny songeait aux visites qu'il faisait, jadis, aux parents de ses petites amies. Et, comme alors, il souriait intérieurement, jugeant que la galanterie a du bon. C'était le corps de sa fille qui adoucissait la vieillesse de ce père.

Auligny était surpris et vexé que Regragui ne semblât pas plus sensible à l'honneur qu'il lui faisait en allant le voir. Le vieux, regardant de côté, se plaignait de tout : à parler franc, Monsieur n'était pas aimable. De sa fille il ne dit qu'un mot : il la loua de savoir bien faire le couscous. Il loua davantage Bou Djemaa, parce qu'il gagnait cinq sous par jour à travailler dans un jardin. Et, comme Auligny souriait : «Beaucoup n'en gagnent pas autant», dit Regragui avec un air piqué. Auligny, qui aimait plaire, et était tout désemparé quand il sentait qu'il ne plaisait pas, se paralysait de plus en plus à mesure que les silences se multipliaient et s'amplifiaient. Au milieu de chaque silence, le vieux, pour meubler, disait «*Baraka allahou fik*[1]!» comme nous autres, dans une lettre insolente, nous glissons à chaque paragraphe : «Mon cher ami». En vain Auligny songeait-il qu'il était trop sot, étant venu pour faire sa cour au bon-homme, de n'aboutir qu'à des roidissements ; il ne parvenait plus à dissimuler la froideur qui montait en lui, glaçait sa voix et son visage. Il sortit de chez le mangeur de sauterelles comme on sort de chez le ministre, quand pour vous faire déguerpir il s'est levé le premier.

Auligny s'était senti beaucoup de sympathie pour Pierrotey. Il aimait son visage sérieux d'homme du Nord, et dans cette face brûlée ces yeux d'un bleu enfantin — comme s'ils s'ouvraient sur une âme limpide — qu'on trouve assez souvent chez les officiers de terre et de mer. Il eut donc une réelle émotion quand Pierrotey, à l'improviste, descendit d'un convoi, et un désir très juvénile que, dans ce quart d'heure de leur brève rencontre, quelque chose se passât qui fût suffisant pour nouer entre eux une amitié. L'élan qu'il avait eu, à son arrivée à L..., pour le capitaine aviateur, c'avait été le rêve de faire en sa compagnie des actions d'éclat, rêve où il mettait une nuance admirable, et qu'on ne trouve que dans l'armée : celle de les faire comme son subordonné. Son souhait devant Pierrotey, où l'on voit le chemin qu'il

1. Dieu te bénisse !

avait fait depuis huit mois, c'était un «Je voudrais travailler avec lui», — c'était ce vœu de comprendre ensemble, cette inquiétude qui tourmente un homme de race, de se trouver des égaux avec lesquels il puisse s'accrocher, pour une œuvre commune où ils mettent leur foi.

Ils causèrent. Auligny apprit que Pierrotey, dans ses bleds divers, «bûchait son droit»; qu'il était catholique, et de bonne observance, et Auligny en était surpris, ayant pu voir que d'ordinaire, au soleil d'Afrique, le catholicisme des jeunes officiers fond comme neige. Pierrotey parla ensuite des tribus où il était avant d'être dans le Sud, les Aït Serouchen, au sud-ouest de Taza.

— Il y a sept ans, ils étaient en dissidence. Des hommes me disaient qu'ils avaient un éclat d'obus dans le poumon, etc. et ils me le disaient en riant. On faisait tout ce qu'on pouvait pour les remettre en dissidence. Pas de médecin. Contrôleur, colons, gardes forestiers, c'était à qui les empoisonnerait le plus. Ah! il faut qu'ils soient bons bougres! C'est des colons et des contrôleurs, ceux-ci soutenant les colons par principe, que vient tout le mal. Et encore, les contrôleurs ne le font souvent que parce qu'ils y sont forcés. Sitôt qu'un officier veut faire rendre justice à un indigène, le colon porte plainte contre lui. Si vous saviez ce qu'on m'a fait! Des rapports contre moi, des réprimandes de mes chefs, simplement parce que je ne voulais pas fermer les yeux sur des saletés. Et il ne s'agissait pas de sensiblerie, je vous assure… Aussi, aux Affaires indigènes, beaucoup d'entre nous sont découragés.

En entendant «sensiblerie», Auligny avait rougi légèrement, comme si on ne pouvait plus parler de sensiblerie que par allusion à lui, comme si tout le monde *savait*.

Pierrotey dit encore quelques mots, parmi lesquels : « Ici, militairement, nous tenons très bien. Moralement, non. » Et encore : « Voyez-vous, le grand malheur, c'est que, ni chez les civils ni dans l'armée, il n'y ait un milieu spirituel au Maroc. » Ce mot de « spirituel » émut Auligny. La vie qu'il menait depuis plusieurs mois était bien quelque chose de semblable à une vie spirituelle ; mais c'était le mot qui était un mot de son adolescence, un mot que, depuis dix ans peut-être, il n'avait prononcé ni des lèvres ni de la parole intérieure. Et, dans ses vicissitudes, il lui en venait une odeur de terre ferme, comme les passagers que roule la grosse mer sentent venir des côtes heureuses le parfum de la prairie.

Auligny se sentait en Pierrotey une pleine et longue confiance. Chez celui-ci, nulle idéologie, nulle arrière-pensée politique comme chez Bonnel : simplement un honnête homme, pas encore blasé. Avec cela, aucun doute (Auligny en était convaincu) sur le bien-fondé de l'acte colonial. Arrêté à mi-chemin.

Pierrotey s'apprêta à prendre congé. Auligny n'osait pas lui poser la question qui lui brûlait les lèvres : « Quand pourrons-nous nous revoir ? » Il avait presque honte de le désirer tant. « Après tout, lui n'y tient peut-être pas. » Il lui dit, avec une fièvre sensible :

— J'aurais aimé reparler de ces choses avec vous. Lorsqu'on parle avec des officiers des Affaires indigènes, c'est tout de suite si différent... Vous savez que je suis assez nouveau au Maroc. Je vous le demande presque comme un service : quand vous repasserez par Birbatine, ne pourriez-vous pas disposer d'un peu plus de temps ?

— C'est que je crains bien de n'y revenir jamais.
Je ne vous ai pas dit?... Je quitte l'armée.

Auligny resta sans voix. Une éclaircie, qu'un nuage
recouvre, et les ténèbres. Pierrotey, qui était réservé,
ne donnant pas de commentaires, Auligny n'en
demanda pas.

Ils se quittaient. Auligny disait : « J'espère bien que,
malgré tout, nous nous retrouverons un jour », mais
sachant bien qu'il ne retrouverait pas Pierrotey. Et
même, quand il entendit Pierrotey répondre : « Je le
souhaite aussi. Cela me ferait grand plaisir », il sentit
qu'il n'y avait rien là qu'une formule de politesse. Et
il vit le convoi disparaître comme une espérance qui
s'éteint.

Depuis longtemps, il avait terminé les livres de
Tamghist. Toujours affamé de lecture, il en vint à
lire, de bout en bout, de vieux journaux du Maroc
qu'on avait gardés dans un coin, à toutes fins utiles.

Ce qu'il lit dans un de ces journaux.
Ici trois pages supprimées.

Auligny lut cela, et resta comme pétrifié. Mais son
cœur battait la chamade : ce qui grondait dans sa
poitrine, c'étaient les battements de la vérité. Ah! il
était réveillé de sa torpeur! Une seule pensée nette se
forma en lui (et elle n'était guère héroïque) : « Il faut
oublier cela », — tant l'existence de telles iniquités se
révélait soudain à lui comme un empêchement à tout
bonheur. Mais comment l'oublier? L'angoisse physique était en lui si forte qu'il passa sa main sur ses
yeux. La pureté de l'eau légèrement anisée qu'il

buvait, la fraîcheur ce soir dans l'oasis, tout lui était empoisonné. Et il lui était impossible de prêter attention à rien d'autre qu'à *cela* tant que *cela* ne serait pas oublié.

La lecture de ces articles de journaux évoquait en lui une anecdote qu'il avait entendu raconter par un commandant, lequel la tenait de son père, officier qui avait servi en Algérie peu après 70. Celui-ci avait surpris un jour une petite scène jouée par des indigènes qui ignoraient qu'il en fût témoin. L'un d'eux représentait le bey de Tunis (c'était avant le protectorat); un indigène faisait le plaignant, et l'autre l'accusé, car le bey était censé rendre la justice. Le comique de la scène résidait en ceci, que la partie qui de toute évidence avait raison était toujours condamnée, et la partie de qui le tort était criant toujours acquittée avec félicitations du bey, aux grands rires de l'assistance. C'était tout à fait la justice du bey que le lieutenant retrouvait dans les journaux marocains.

La raison du plus fort... Il se rappela une phrase de ce lieutenant-auteur cacographe dont il se nourrissait jadis. Le cacographe écrivait que «la force est toujours du côté du droit». «La force identifiée au droit! Et j'ai aimé ces niaiseries à effet! L'écœurant crétin!»

Il voyait ses hommes, autour de lui, vaquer à leurs affaires et il était stupéfait de l'ignorance et de l'inconscience qui leur permettaient d'être dociles et gentils, quand se passait ce qui se passait, contre eux.

Pour oublier, il se réfugia dans diverses pensées: que les tribunaux de toutes les nations ont fait ce que faisait le tribunal de X...; qu'aucune organisation sociale ne peut empêcher l'injustice; que les Arabes, s'ils étaient les maîtres, agiraient plus odieusement encore... De ces pensées il faisait son fort et son repos. Mais bientôt leur pouvoir pacifiant se dissipait. Et il se murmurait une phrase qui avait un peu le rythme d'une phrase célèbre de Michelet (qu'il ignorait, bien entendu) : « Si on amassait tout ce qu'il a été commis de forfaits par les nations, à cause de leurs colonies, on en ferait une montagne qui irait jusqu'au ciel. »

En quoi sa vue n'était peut-être pas tout à fait juste. Car dans les métropoles, tout autant que dans les colonies, les arrêts de justice sont tirés au doigt mouillé, ou tout au moins en donnent l'impression.

Et si quelqu'un, à la lecture de cet article, avait protesté, c'était lui aussi un partisan : lui, non plus que les autres, n'avait été réellement indigné ; sa seule réaction avait été d'être ravi, parce qu'il trouvait là une arme. « Mais pourquoi moi ? Pourquoi moi seul ? » Devant cette idée, quand même excessive, qu'il n'y avait que lui qui souffrait de ces choses, Auligny, loin d'éprouver de l'orgueil, eut peur. Il se contracta, se retira, avec le *Domine, non sum dignus* de sa race spirituelle. « Et pourtant, c'est moi qui ai raison » (son humble certitude !). Il n'en ressentait que de l'accablement. Souffrir à cause du mal lui apparaissait comme une maladie. Que la vie serait libre, s'il n'y avait pas ces scrupules ! En guérissait-on ? Pouvait-on brûler la conscience comme on brûle un cancer ? Et il se disait : « Où tout cela me sera-t-il compté ? » Mais il était si bien déchristianisé qu'il ne songeait même pas à se répondre : « Là-haut. »

Exactement, sa conscience s'était affinée, était devenue plus exigeante. Il a la conscience fine comme d'aucuns ont l'oreille fine, et il perçoit les désaccords du monde, que les autres ne perçoivent pas, et il en a la conscience «écorchée». Tel son père, honnête homme effaré au milieu de la coquinerie universelle, Auligny reste accablé en face d'un monde dont il n'est pas de taille à comprendre les inharmonies. C'est devant leur impuissance à changer quoi que ce soit au désordre du monde, et seulement à le comprendre, que des hommes se retirent du siècle, et, pleins d'une illusion sublime, prient dans le vague pour que cela retombe sur cette masse venimeuse en inspirations ou en remords.

Comme Auligny aurait voulu, dans ces moments-là, entendre un Arabe insulter sans raison un Français, être témoin de quelque acte indéfendable de la part d'un Arabe! Alors, songeant à l'affaire de X..., il aurait pu se dire: «Je suis bien bête. Ils n'ont que ce qu'ils méritent.» Ensuite il pensa: «Quand même certains seraient des bandits, cela ne justifierait pas l'injustice envers les autres.» Ensuite il pensa: «Au moins, je sais maintenant qu'en prenant parti, toujours, systématiquement, pour les indigènes, je n'aurai pas tort: voilà où mène la partialité d'un côté, à créer la partialité de l'autre. Il n'y a pas à craindre de leur donner *plus que leur dû* puisque d'autre part on ne leur donne *pas leur dû*.» Et dans cette pensée il s'arrêta enfin, et prit son repos. Il souhaitait que le vieil Atouni vînt lui livrer la natte qu'il lui confectionnait, pour pouvoir lui donner quinze francs au lieu des dix qui étaient le prix convenu.

Cette crise dura toute la journée. Dans le bouleversement où il était, un projet excessif prenait forme en lui: celui de quitter l'armée. «Quand on faisait les inventaires, les officiers brisaient leur épée. Le cas est le même s'ils sont appelés à prendre part à une conquête coloniale, celle-ci fût-elle baptisée *pénétra-tion pacifique* : dans ce cas comme dans l'autre, on leur demande de collaborer à une injustice et à une spoliation. Il faut partir, et partir en disant pourquoi. Car si vous ne parlez pas, vous êtes tenu pour com-plice et, n'y eût-il qu'un seul honnête homme au monde, je ne veux pas qu'il me prenne pour un com-plice. » Il ne doutait pas que ce ne fût pour des raisons morales que Pierrotey donnât sa démission. En quoi il se trompait du tout : Pierrotey était fiancé à une jeune fille qu'il aimait, et cet ange exigeait qu'il quittât le service, parce qu'elle voulait qu'il gagnât beaucoup d'argent. Auligny regardait avec calme le déchirement insensé que cette décision causerait dans sa vie. Le drame à la maison, la stupéfaction chez les proches, la recherche d'un emploi, à près de trente ans, rien ne l'arrêtait. Comme un homme ivre (et il était ivre d'émotion), tout lui semblait d'une facilité de féerie.

Mais souvent, nous l'avons vu déjà, les nuits d'Au-ligny étaient des Pénélopes qui défaisaient l'œuvre de ses jours. Au milieu de la nuit, Auligny fut réveillé par une crise de lâcheté. Alors qu'il est si inutile de savoir ce que les gens pensent de nous, si indifférent d'être aimé et estimé, ou non, ce qui réveille Auligny, c'est la peur de ce qu'on dira, la peur d'être mis à l'écart. Il y a en lui une tentation poignante de s'ins-truire dans le socialisme. Mais il voit où cela le mènera, à être un révolutionnaire ; et il veut rester dans sa société. Alors il appelle un dérivatif, quelque puissante influence qui détache son esprit de la ques-tion sociale ; il fuit devant la vérité, devant cette pres-sion indiscrète de la vérité, comme un voilier devant la tempête. Il sait bien qu'il est entré maintenant dans une vie où il souffrira de tout, de l'indignation comme de la pitié, où tout lui sera une occasion de souffrance. Ah ! si, comme Guiscart, il pouvait s'abstraire dans la création artistique ! Ou s'il était amoureux ! (Ce souhait lui confirme qu'il ne l'est plus. Comme Ram s'est enfoncée, obscurcie ! Comme elle l'intéresse peu auprès de ses débats !) Heureusement, Bonnel ne lui enverra plus de revues de gauche. Il ne veut plus rien lire qui vienne de ce côté-là : ce qu'on y écrit lui fait mal, parce qu'il sent que cela est vrai, et que cette vérité dérangera tout en lui.

Dans l'éducation qu'il a reçue, on lui a bien montré le courage moral, mais toujours sous des formes si particularisées, si dépaysées dans le temps et l'espace, que leur leçon ne peut avoir d'efficacité. Devant quelque Dioclétien moderne le menaçant de le faire bouillir à petit feu s'il ne renie pas le catholicisme, il proclamerait magnifiquement une foi qui pourtant compte si peu dans sa vie, parce que c'est là une manifestation de courage cataloguée et facile à reconnaître. Mais confesser sa foi en une idée sociale qui n'est pas *bien vue* ne lui paraît pas une nécessité. Ce qu'il veut, tout au contraire, c'est une véritable cure : il veut se guérir de la moralité, se rendre dur, insensible, se rendre méchant. Mais, comme un malade à qui l'époque où il était bien portant apparaît fabuleuse, Auligny se demande comment il pourra jamais redevenir celui-à-qui-certaines-questions-ne-se-posent-pas. Au moins, s'il pouvait faire la part du feu : condamner le colonialisme, et accepter le reste. Mais non, il lui semble maintenant que c'en est fini de sa pointe isolée dans les positions de gauche : il y a débordé. — Mais est-ce possible ? Est-ce que tout cela n'est pas qu'un rêve ? — Et, durant tout ce temps, il se rend bien compte de sa lâcheté.

Le lendemain matin, il eut un geste étrange. On accuse les riches de donner de l'argent pour se débarrasser par là promptement d'un devoir de charité où l'on voudrait qu'ils s'engageassent davantage. Mais beaucoup de riches donnent de l'argent parce qu'ils ne savent pas bien comment donner d'une autre façon, et parce qu'ils savent que c'est un don d'argent qui fait toujours le plus de plaisir. Et là-dessus on les insulte, car on hait les riches même dans l'argent qu'ils vous donnent. (Qui vous accuse d'être grigou? Toujours — sans exception — un tapeur à qui vous avez trop donné.) Auligny, dans son désir de faire quelque chose, tout de suite, pour réparer ce qui se passe à X... et ailleurs, a un mouvement simpliste. Il prend une enveloppe, écrit dessus : *à ouvrir après ma mort*, et sur une feuille de papier rédige le message suivant :

Cher Papa, chère Maman,
Je vous demande, s'il m'arrivait ici un accident irrémédiable, d'envoyer un chèque de 4 000 francs au Médecin-chef de l'Hôpital indigène de L... Dans cet hôpital ne sont soignés que des indigènes, mais c'est précisément en leur faveur que je voudrais faire quelque chose. Ne me demandez pas pourquoi : ce serait trop long à vous expliquer. Je vous l'expliquerai quand je viendrai en perme.
Je compte sur vous et vous fais confiance en cette circonstance plus qu'en aucune autre, et d'avance je vous remercie du fond du cœur.
Votre fils affectionné

Lucien.

Le lieutenant, ayant fermé l'enveloppe, la glissait dans sa cantine, quand un bruit d'autos se fit entendre. Auligny prit peur, pensant qu'il s'était trompé de date, et que c'était le colonel, retour de permission : le passage du colonel avait été annoncé pour le lendemain, du moins c'était ce qu'Auligny avait cru lire. Il était à peine dehors qu'il vit arriver trois « autos blanches ». De l'une descendit le capitaine de Canadelles. Il profitait d'un passage d'autos blanches pour se rendre à la section d'épreuves, où il avait à faire.

Ils parlèrent tout de suite de Bonnel, et Auligny dit que Bonnel lui avait paru quelqu'un d'intéressant. Mais le capitaine :

— Alors, vous le gobiez, ce type-là ? Pourtant pas militaire pour deux sous. Des idées politiques de l'autre monde. Savez-vous qu'il avait eu le culot de prêcher le communisme en pleine table de notre popote ?

— Il était socialiste plutôt que communiste, si je l'ai bien compris.

— Je vois que vous aussi il vous a entrepris.

— Il est malheureux que certains faits fournissent des armes aux socialistes, dit Auligny, plein de son affaire.

— Est-ce qu'il y a des faits qui donnent raison aux socialistes ? demanda le capitaine, avec un air surpris.

— Vous avez une minute, mon capitaine ?

— Mais oui.

— J'aimerais que vous lisiez cet article et que vous me disiez ce que vous en pensez.

Le capitaine prit le journal. Auligny le regardait lire, avec son visage meurtri, son air absent, ses cheveux dans le cou, ses yeux vagues et pleurards, soulignés de lourdes poches ; et sa bouche était entrouverte, comme il arrive souvent aux Arabes, et par conséquent aux Européens de l'Afrique du Nord, ce qui est charmant quand ils sont jeunes, et à condition qu'on ne se dise pas qu'ils ont peut-être des végétations.

Quand il eut fini, Canadelles reposa le journal, avec un petit rire.

— Eh bien ! Il me semble qu'ils vont fort.

— Qui cela ? Les indigènes, avec leurs matraques ?

— Non, les juges, pardi. Mais qu'est-ce que vous voulez, hein ? Aux colonies, il faut être le plus fort.

— Même au prix de l'iniquité flagrante, étalée impudemment, comme celle-là ?

— Oh ! je suis de votre avis, ces faits sont regrettables. Moins en soi qu'à cause de la publicité donnée au jugement. Il suffirait que quelque Ligue des Droits de l'Homme, ou autre réunion de sectaires, tombe là-dessus, et on nous mettrait encore un peu plus de bâtons dans les roues...

— Que voulez-vous dire par : « moins en soi » ?

— Je veux dire que, en soi, le fait que ces lascars ont attrapé quelques années, même si dans cette affaire-là ils étaient innocents, n'est pas bien grave. Même s'ils n'étaient pas coupables cette fois-là, ils avaient dû l'être d'autres.

— Permettez, le journal note bien qu'ils n'avaient pas d'antécédents judiciaires.

— Oui, mais enfin, les Arabes !...

« Et il est collé avec une femme arabe, pensait Auligny. Ah ! celui-là, au moins, n'a pas mêlé les deux ordres ! » Il dit :

— Dès l'instant où vous cédez à l'injustice un petit peu, vous lui cédez tout. Dès l'instant où vous couvrez l'injustice à l'égard d'un fellah, vous couvrez les plus grands forfaits de l'histoire de l'humanité. Il n'y a pas une grande justice et une petite. Toute l'humanité est lésée dans un seul petit.

Canadelles eut un sourire protecteur.

— Alors, vous avez découvert les Arabes! Le nommé Jaurès, comme ça, à un moment, avait découvert les Marocains. Avant cela, il avait eu le coup de foudre pour les Kabyles. Mais comment diable peut-on parler de justice, *ici*? Vous savez bien qu'ici c'est le pays de l'injustice. Vous savez ce qu'était la justice des sultans et des beys. Dans ce pays-ci, ils n'ont jamais eu la justice, jamais.

— Acceptons donc que la justice française soit la même que celle des sultans.

— Aïe! dit le capitaine, avec un air très «du monde». Allons, Auligny, il ne faut pas exagérer! ajouta-t-il, riant. (Ce n'était pas exactement du rire, mais les traits de son visage riaient. C'était le tic instinctif de l'homme du monde, par lequel il maintient la conversation, quoi qu'on se dise, dans le ton de la bonne compagnie.) Il y a six mois que vous êtes ici. Comment prétendez-vous connaître quelque chose? Que savez-vous de tout ce que nous avons fait pour les indigènes? Il n'y en a que pour eux! En tout cas, je ne vous conseille pas de dire jamais, quand vous rentrerez en France, que la justice française au Maroc est la même que la justice des sultans!

— Le bâillon, toujours.

— Qui parle de bâillon? En voilà des mots! Mais il y a des sujets réservés. Et plus encore pour nous autres. Comment ne sentez-vous pas cela?

— Je le sens, et j'en souffre.

— Que feriez-vous de plus, si vous étiez civil? Parce

qu'il y a ici et là des abus, parce qu'une colonie n'est
pas concevable sans abus, vous n'iriez pas vous
mettre avec les Cachin et consorts !

— Quand il y a un abus, un civil peut le dire, et,
s'il est connu pour n'être pas homme de parti, il y a
une petite chance pour que l'abus se renouvelle moins
souvent, parce que les coupables prennent peur.

— Et ce civil qui parle fait plus de mal, par le
scandale qu'il crée, que l'abus n'en avait fait !

— À qui la faute ? Il fallait qu'il n'y eût pas d'abus.
Que voulez-vous, mon capitaine, je ne peux pas
croire qu'une grande nation, qui a fait tout ce qu'elle
a fait, ait besoin d'innocenter les coupables, et de
condamner les victimes — et quelles victimes ! de
pauvres bergers à qui on a volé leurs terres ! — pour
garder une colonie. Et je crois que c'est justement le
BA ba de l'amour, de vouloir que ce qu'on aime — ici
la France — soit propre, et de lui crier casse-cou
quand elle s'oublie. Pourquoi laisser aux socialistes
le soin de dénoncer ce qui mérite de l'être ? Par
quelle déformation du patriotisme ne sont-ce pas les
meilleurs patriotes qui le font ?

— Je ne sais pas pourquoi vous jetez feu et
flamme, comme cela, sur ce cas particulier. Il y a des
milliers et des milliers de cas de ce genre depuis qu'il
y a des colonies.

— La honte est alors mille et mille fois plus
grande.

— Mon cher Auligny, dit le capitaine, jetant un
regard involontaire, de haut en bas, sur sa brochette
de rubans, comme pour puiser en elle la certitude
qu'il avait raison, vous avez un sentiment très net, un
peu étroit, de la justice, qui vous fait honneur. Vous
êtes un homme à principes ! Je l'avais déjà remarqué,

au téléphone, quand vous m'avez dit vos scrupules au sujet du mode de recrutement des travailleurs indigènes pour les pistes. Mais «périssent les colonies plutôt qu'un principe», ça, non! La justice idéale n'est pas de ce monde, et, sapristi! il faut bien être de sa planète. Et puis, permettez-moi de vous dire que tout ce que vous nous racontez là n'est pas nouveau. On ne vous a pas attendu!... Ce sont de ces idées dont on se dit, quand on les entend exprimer: «Tiens, j'ai déjà rencontré ça quelque part.»

— Est-ce une raison absolue pour que cela soit faux?

— Non, mais pourquoi suivre toujours les chemins battus? Moi, je dis toujours à mes camarades plus jeunes: «Ne soyez pas de cette masse amorphe qui reçoit et répète les idées de tout le monde. Axiome fondamental: Soyez vous-même! Créez-vous une personnalité!»

Depuis qu'Auligny connaissait le capitaine, les jugements les plus sévères qu'il avait portés sur lui étaient: «C'est un dingo. C'est un malade, etc.» Mais jamais il n'avait pensé: «C'est un imbécile», parce que jamais le capitaine ne lui avait rien dit qui permît d'affirmer positivement qu'il était un imbécile. Et maintenant, en quelques secondes, la révélation en était faite: le capitaine de Canadelles était un imbécile.

— Il y a quelque chose de plus grave, reprit le capitaine. Sans le vouloir, vous en arrivez à faire le jeu de nos ennemis. Et quand je dis «nos ennemis», je ne parle pas des Marocains, mais de qui vous savez, de nos ennemis de la métropole, qui ont plus de sang français sur la conscience, dans les affaires marocaines, que n'en ont les Marocains. Voyez-vous, ce qui me fait peur chez vous, c'est que votre sens de la justice a l'air de glisser du côté des idées humanitaires. (Au mot «humanitaires», le visage de Canadelles prit une expression nauséeuse, comme il en venait aux gens de son monde, contemporains de l'affaire Dreyfus, quand ils disaient: «des intellectuels».) Et alors, franchement, arrivé à ce point, je vous dis: halte-là! D'abord, entre nous, les idées humanitaires, vous ne trouvez pas que c'est bien démodé?

Cette phrase était si bête que le lieutenant en resta tout interdit.

— L'altruisme! Ce sont les idées d'altruisme qui ont sapé l'Empire romain, dit le capitaine, qui avait passé son baccalauréat avec la mention: assez bien. Et puis, *altruisme*, quel mot barbare! Il sent son pédant à plein nez. Je ne sais pas si c'est du français, mais ça n'en a pas l'air.

Ces raffinements esthétiques, ces inquiétudes linguistiques, chez un homme qui, brave cœur et vaillant au feu, était quand même un illettré et un sot, Auligny n'en perçut peut-être pas toute la saveur. Mais ce qu'il comprit suffit à l'exaspérer. Aussi nettement qu'un cavalier discerne, à une seconde près, l'instant où il perd le contrôle de sa monture, il discerna le moment précis où il perdait le contrôle de soi-même. En outre, il avait toujours reconnu qu'il n'y avait en lui aucun pouvoir de communication, aucun don de convaincre, mais bien le don d'affaiblir toute cause dont il prenait la défense; et cela le portait à s'irriter et à parler inconsidérément. Il parla donc, si l'on veut, un langage «énergique et courageux», à moins que ce n'ait été le langage de quelqu'un qui n'est plus maître de ses nerfs.

— Chez nous, dit-il d'une voix tremblante, à la

Fête-Dieu, dans les villages, les paysans recouvrent
d'étoffes, pour les cacher, les tas de fumier qui bor-
dent leurs maisons, avant que la procession ne passe.
Eh bien! ici, ce qu'on voit, il me semble que c'est du
fumier, avec le drapeau qui le recouvre. Et moi je ne
voudrais pas que le drapeau soit sale.

— Le drapeau dans le fumier!...

Le capitaine se leva. Auligny se leva. Il n'y eut là,
chez lui, qu'un réflexe de pure politesse: n'être pas
assis devant son supérieur debout. Mais cela fit l'effet de deux hommes qui se dressent pour se jeter l'un
sur l'autre.

— Le drapeau dans le fumier! Voilà où vous en
êtes! Et devant moi!

— Mais, mon capitaine, balbutia Auligny, au
comble de l'émotion, je n'ai pas parlé de drapeau
dans le fumier! J'ai dit que le drapeau, ici, servait à
couvrir des choses qui ressemblaient à du fumier...

Il y avait, naturellement, une différence du tout
entre la comparaison d'Auligny et la phrase célèbre.
Et il est très significatif que cet éclat n'ait eu lieu que
parce que M. de Canadelles n'avait pas compris.
Cela a vraiment une grande valeur de symbole.

Il y eut une minute d'autant plus pénible qu'elle
était nuancée de ridicule: Canadelles disant quelque
chose qui pouvait se résumer en ceci: «Vous êtes
fou, *Monsieur*; je veux croire que le soleil vous a tapé
sur la tête. Ce que vous m'avez dit est indigne. Vous
êtes libre de penser que la place du drapeau est dans
le fumier, mais alors il faut quitter l'armée», et Auligny s'efforçant de lui couper la parole, protestant
avec énergie qu'il n'avait pas dit cela, mais
bafouillant d'autant plus qu'il sentait qu'il avait l'air
de vouloir «se rattraper», bien qu'il ne cherchât pas

à se rattraper, puisqu'il n'avait pas dit ce qu'on lui reprochait. En fait, il avait dit, si l'on veut, des choses aussi incompatibles avec l'uniforme. Mais enfin, l'axe autour duquel tournait le débat reposait sur du vide. Ce qui, répétons-le, a une haute valeur représentative.

À noter encore qu'Auligny, attaqué par le capitaine pour antipatriotisme, alors que le patriotisme est chez lui une passion, c'est M. Auligny traduit en justice, lui si honnête dans la vie (bien qu'il pèche en pensée).

Soudain, le capitaine tourna sur lui-même, et traversa la cour. Auligny le suivit. La sentinelle présenta les armes. Auligny sentait trembler la peau de ses joues, comme si elle était traversée par un léger courant électrique.

Le capitaine monta dans sa voiture. Auligny salua. La voiture prit du champ. Depuis le seuil du bureau, ils n'avaient pas échangé une parole.

Auligny revint à son bureau, la bouche desséchée, traversant toute la cour, au milieu des hommes qui avaient flairé quelque chose, et qui le suivaient du regard en le voyant passer.

XXII

Auligny employa la journée du lendemain à se faire tout petit. C'est la réaction naturelle aux faibles qui ont eu un éclat de violence. Épouvantés des conséquences possibles de leur audace, ils ne cherchent plus qu'à amadouer leur adversaire pour qu'il renonce aux représailles. Et doucement ils lui rendent tout le terrain qu'ils avaient gagné sur lui par surprise. Et davantage, Si l'adversaire sent la situation. On peut tout obtenir d'un faible qui veut se faire pardonner d'avoir cessé un instant de l'être.

Auligny était bien content de pouvoir rester aujourd'hui dans le suspens. Tout, en effet, dépendait de l'attitude qu'allait avoir Canadelles. Le colonel, qui avait croisé ce matin devant le bordj sans s'arrêter, devait passer l'après-midi et la nuit à Tamghist, et demain, en revenant, faire halte à Birbatine. Si Canadelles avait parlé, Auligny le saurait, et il était possible qu'alors la démission s'imposât tôt ou tard. Sinon, pourquoi donner sa démission? Placé dans une œuvre qu'il réprouvait, il pouvait, pour son humble part, contribuer à l'assainir. À condition, sans doute, de changer de poste. Car, devoir prendre les armes contre les Marocains, cela, il s'y refusait

formellement. Et changer de poste, c'était quitter
Ram... Mais à quoi bon se buter sur ces problèmes
puisque demain en modifierait les données?

Auligny, le lendemain, n'eut pas de peine à savoir
si Canadelles avait parlé. L'accueil du colonel («Eh
bien! brillant jeune homme!») fut «charmant», et
Dieu sait que le colonel n'était pas un homme à
feindre. Auligny, avec chaleur, en sut gré au capitaine. Dans tous les moments de sa crise, et même
quand il se croyait décidé à quitter le service, la pensée du tableau ne le quittait pas.

Auligny fut saisi par le rajeunissement qu'une si
courte permission avait opéré chez le colonel. Son
corps, grand et sec, avait repris quelque graisse. Son
visage, ravagé par la maladie du commandement,
s'était apaisé; plus plein, les rides y étaient moins
visibles. On aurait presque dit que ses cheveux eux-
mêmes, hier poivre et sel, avaient pris une teinte plus
sombre. Aux paroles d'Auligny, s'étonnant de le voir
revenir si tôt — il n'avait pris que six semaines, au
lieu des trois mois auxquels il avait droit, — il répondit simplement: «J'avais à faire ici.» Auligny admira
cette passion professionnelle, où des fils plus secrets
du tempérament se trouvent peut-être engagés.

Mais le colonel disait:

— Je rapporte de Paris une bonne nouvelle, que je
suis content d'être le premier à annoncer à mes officiers. Mon vieux camarade — non pas de promotion,
mais presque, — le colonel Méchin, est nommé général de brigade. Vous savez quel chef de corps remarquable est le colonel Méchin. Cette nomination est de
celles dont nous devons tous nous réjouir. Nous ne
serons pas longs à en sentir les effets.

Malheureusement pour Auligny, le colonel était à

contre-jour en disant cela. Quand les souverains espagnols abdiquèrent, les gens se jetaient sur les gazettes, pour voir la photo du roi, le visage martelé par les soufflets de la fortune, celle de la reine retenant ses larmes dans un rictus. Voir souffrir est déjà bien agréable, mais voir souffrir des grands!...

Le colonel Méchin, brigadier! Le colonel Méchin qui — de combien d'années? — était le cadet de Rugot! (En fait, il ne l'était que de trois ans. Mais, de tournure très juvénile, il paraissait l'être de beaucoup plus.) Il y a quelque chose de cruel dans les signes extérieurs de la hiérarchie militaire, étant donné surtout la simplicité d'esprit de la masse commandée. Un lieutenant de quarante ans provoque ses hommes, du premier au dernier, à se dire *in petto*: «Il faut qu'il en ait une couche!» Quoi qu'il en eût, il était impossible que Rugot ne fût pas poignardé par le bonheur de son cadet. Et, une fois de plus, Auligny avait pitié de lui.

— J'ai une autre bonne nouvelle à vous annoncer, dit le colonel. Au début de l'hiver, nous allons enfin régler cette question de l'oasis du T...

Les traits d'Auligny changèrent. Cette heure si redoutée était venue enfin. Il allait falloir sauter le pas.

— Oui, continua le colonel, c'est réglé. On nous autorise enfin à nous tirer cette épine du pied. Le colonel Méchin et moi-même nous avons été reçus par le ministre. Il comprend. On ne nous créera pas de difficultés. Les djiouch venant de l'oasis sont un prétexte largement suffisant à une action. Au besoin, d'ici là, nous saurions créer d'autres prétextes. Si tout marche bien, je pense qu'au 1er janvier nous leur aurons donné une bonne leçon, et que toute la zone entre Sidi-Aziz et Sbiba sera nettoyée du brigandage.

« Quel aveu plus ingénu de la mauvaise foi peut-on souhaiter ? se disait Auligny. Il en a plein la bouche, de ses prétextes. Ah ! les hommes d'État et les diplomates tiennent mieux leur langue. Mais le candide militaire mange le morceau. Et pourquoi *brigandage* ? Quand un franc-tireur, en 70, surprenait une voiture de ravitaillement prussienne, et en tuait les occupants, on le traitait de héros. Naturellement, si je disais cela, on bondirait : « Comment pouvez-vous comparer !... » Eh bien ! je compare, et même j'assimile. Quelle que soit sa culture, quel que soit son degré de civilisation, un peuple envahi est toujours un peuple envahi. Et, quand il cherche à faire le plus de mal possible à l'envahisseur, le bon sens élémentaire proclame cela légitime. C'est ce qui me révolte chez nous : que l'adversaire soit toujours traité en malhonnête homme. Par n'importe quel moyen, même les plus vils, on veut maintenir la fiction que nous seuls nous avons pour nous le bon droit. Et il n'est pas jusqu'à ce mot de "leçon", avec ce qu'il a en lui de matamore et de pédantesque, qui ne m'agace. Toujours ces airs de supériorité !... »

— Cette nouvelle a l'air de vous laisser assez froid, dit le colonel.

— Ne dites pas cela, mon colonel ! Depuis que je suis ici j'attends de marcher. Mais je suis en mauvais état depuis un mois. Et rien n'est plus pénible que de penser qu'on pourra être trahi par son corps dans une circonstance comme celle-là.

— Si vous y pensez d'avance comme cela ! dit le colonel, avec un filet de vinaigre. Ce qu'il faut, puisque vous ne vous sentez pas d'aplomb, c'est vous faire soigner tout de suite, pour être radoubé quand on marchera. J'ai justement apporté dans mes bagages un nouveau toubib, qui a l'air d'un bon petit bonhomme, en remplacement de cet animal de Bonnel. Il a continué directement sur la Section d'Épreuves, où il y a des malades. Vous n'aurez qu'à le faire venir de Tamghist.

Les yeux du colonel se fixèrent sur la carte, qui était étalée entre eux deux. Il saisit un crayon et marqua un point sur la carte. Auligny resta assis : que lui importait le point marqué ? Il était à l'extérieur de tout cela. Il ne prendrait pas part à ces opérations. Puis la curiosité le pinça. «Vous permettez, mon colonel ?» Il se leva, et vint regarder. Le point marqué était Sidi-Aziz.

Le colonel promena son crayon — sans appuyer, ou appuyant à peine — sur la carte, l'infiltra entre des bandes zébrées de hachures. Puis il le prit par le milieu et le fit mouvoir en le tenant horizontalement, ce qui signifiait la marche «en râteau» employée pour s'avancer en dissidence. Puis il dessina ici et là, les indiquant plutôt qu'il ne les dessinait, des sortes d'hippopotames qui étaient ces petites autos schématiques par lesquelles, en topographie militaire, on représente les sections auto.

Auligny quitta des yeux la carte et regarda le colonel. Auparavant, il le voyait à contre-jour. Maintenant la lumière donnait de plein fouet sur son visage modelé par la sueur, sur son front flétri où la bordure du képi avait imprimé une raie rouge (un diadème ? ma foi, le diadème est un peu fort). Auligny distingua que, si certaines rides s'y étaient atténuées, il en était venu qui paraissaient nouvelles : ces deux rides fines, comme gravées très délicatement au poinçon, qui traçaient un demi-cercle au-dessous de ses yeux, — les rides des personnes de qui les nerfs sont ou viennent d'être mis à l'épreuve. Tout à coup, là, à cinquante centimètres de lui, le lieutenant vit que vers leurs racines les cheveux châtains du colonel étaient blancs ; au bas de la nuque, il y avait un mince liséré blanc, comme la frange d'écume qui borde la mer sur la grève. Ainsi, le colonel se teignait, et cette primauté du «poivre» dans le «poivre et sel» de ses cheveux, qui avait frappé Auligny ce matin, provenait sans nul doute de ce qu'à Paris il avait retrouvé de la teinture, dont sa provision de L… était épuisée.

Une femme qui se maquille (quel que soit son âge), un vieil homme qui se teint, désignent ingénument à la société l'endroit où elle est sûre de pouvoir les blesser. Ce chef d'hommes, maître de la vie et de la mort et des destinées de milliers d'hommes, respecté et redouté de milliers d'hommes, et qui se teignait, et *se teignait mal*, fit passer en Auligny une sensation sinistre. Et voici que, en une seconde, il imagina ceci. Si le colonel voulait avoir l'air jeune, ce n'était pas pour faire le galantin, il n'avait pas ce genre-là. C'était donc qu'il avait encore des ambitions. Le colonel avait profité de sa permission pour arracher au ministre, de concert avec le général et avec Méchin, son consentement à ces opérations, où il jouait peut-être sa dernière carte. Il y avait cette dernière carte, et derrière, si on perdait, il y avait une annonce dans le journal : «Col. en retr., 4 citat., sans connais. spéciales, dem. pl. directeur.»

Quelque chose de tragique était dans cet homme, détaillé ainsi à la loupe, poils et âme, sous ce plein jour, et cela sans qu'il le sût. Une espèce d'effraction. Comme un barbon endormi qu'une jeune femme regarde avec horreur, accoudée sur l'oreiller. Sans compter ce qu'il y a de dégoûtant dans un visage vu de si près. Un visage de vieillard? Ma foi, non. La grande majorité des visages d'hommes de vingt ans, vus de si près, seraient aussi dégoûtants que ceux des vieillards.

Sans parler, le colonel dessinait légèrement sur la carte. Ses poignets de chemise, mobiles, empesés en rond, posaient sur le papier. On entrevoyait dessous la chemise, à laquelle ils étaient attachés par une ferraille compliquée, et plus loin la flanelle : toute une superposition comme on n'en trouve plus que chez les officiers supérieurs et chez de très vieux bureaucrates. Le colonel traça en plusieurs points de petits avions schématiques : les bases d'aviation. Puis huit petits rectangles, signifiant huit unités, sans doute des goums et des groupes francs ; en avant, un autre rectangle, en lequel Auligny n'eut pas de peine à deviner un groupe de partisans ; en flanc-garde et en arrière-garde, des rectangles dans lesquels il jeta la forme d'un S : des compagnies sahariennes, sans doute.

Le dispositif d'occupation, sur la carte, fut un peu semblable à un gros insecte, cuirassé et sans merci, qui va se mettre en marche. Et soudain, un long coup de crayon s'en éleva, comme une fusée qui s'élance, et le crayon, comme la fusée, allait plus lentement en arrivant au terme de sa trajectoire ; enfin elle cessa, terminée en flèche, et une seconde fusée s'élança, puis une troisième. Ces flèches signifiaient la marche des éléments. À l'extrémité des fusées, deux, trois petits ronds — des postes nouveaux — naquirent : on eût dit que dans le ciel les fusées rejoignaient les planètes. Alors, quelques-unes des fusées retombèrent ; les coups de crayon, moins appuyés, revinrent à leur point de départ : les éléments rejoignaient leurs bases.

Cette agréable manœuvre d'ensemble, le colonel s'était laissé entraîner à l'esquisser ainsi sur le papier, dans ses lignes générales — prévue pour décembre, elle était loin encore d'être arrêtée, — et sans la préciser par aucun commentaire indiscret. Tant il était plein de son affaire! Telle quelle, il la laissait là, à l'état d'une sorte de devinette, sur laquelle il pensait qu'Auligny allait travailler avec passion et piété. Le colonel estimait à un haut prix l'honneur qu'il faisait à ce petit lieutenant nouveau venu en lui donnant un croquis de sa main. Il ne doutait pas qu'Auligny ne l'appréciât également, et il se flattait de son geste, qui était censé servir sa politique, et ne servait que sa vanité.

Une espèce de poésie émanait de ces coups de crayon, pleins des réalités de demain, et Auligny en subissait la fascination. De la terre, des hommes, des usages séculaires allaient être modifiés, à cause de ces graffiti. Cette carte, tout à l'heure demi-morte, vivait magnifiquement. Il en montait une vibration, comme celle qui monte de la mer sous le soleil, comme celle qui montait pour Guiscart de la page d'annonces des journaux. Cependant le colonel, prenant de la pointe de son crayon la piste Rugot, à Tamghist qui était son terminus actuel, d'un trait rapide, énergique, triomphal, la mena jusqu'à Sbiba, objectif de l'opération. Auligny crut deviner qu'aux yeux du colonel c'était bien ce trait final qui était le plus important, et il le traçait en dernier, comme ces gens qui écrivent dans le post-scriptum le seul et unique objet de leur lettre, tout le reste n'étant que du remplissage. La piste Rugot aurait deux cents kilomètres au lieu de cent vingt! Et voici que ce trait de crayon fit tout à coup naître en Auligny une singulière asso-

ciation d'images. Le trait cessait entre deux de ces
«ronds» dessinés par le colonel, qui représentaient
des postes nouveaux, et qu'Auligny, quand les flèches
de direction lui suggéraient des fusées, avait vus en
souriant comme des planètes. Et ces deux ronds lui
évoquèrent les étoiles, ces sœurs des planètes, lui
évoquèrent les deux étoiles du général de brigade. Et
il vit que la piste, et toutes les flèches, et tout ce qui
marchait dans ce croquis aboutissait à ces deux
étoiles, à ces deux étoiles de général de brigade! Et
tout le croquis lui apparut plein de sens.

— Je voudrais vous montrer de très belles photos
de l'aviation, dit le colonel, ouvrant son porte-cartes
et en tirant des photographies.

Elles représentaient l'oued M..., Tamghist, Sidi-
Aziz. Sur l'une d'elles, avec émotion, Auligny reconnut Birbatine et chercha à situer la maison de Ram.
Il y avait enfin des photos de ksours, très impression-
nantes, prises à mille mètres pendant un bombarde-
ment par avions. Les denses fumées noires poussaient
leurs volutes toujours plus puissantes depuis le fond
de la photographie jusqu'au premier plan, de façon si
saisissante qu'on aurait presque cru qu'elles allaient
se mettre à rouler, recouvrir l'image tout entière, et
crever d'elle au-dehors de la chambre.

C'était toujours à ces épreuves-là qu'Auligny revenait fasciné. Il imaginait que c'était Birbatine, avec
la case de Ram, qui brûlait.

Ici douze lignes supprimées.

Le colonel commentait les photos. Il se félicitait de
voir faire enfin un «emploi rationnel» de l'aviation.
Il expliquait cet emploi rationnel, qui consistait à ter-

roriser d'abord les indigènes par des vols de nuit dits
«vols d'intimidation», puis à bombarder et ruiner
leurs demeures, puis à bombarder leurs points d'eau,
de façon que, une fois dispersés, la soif les mît à
merci. Et dans ce pays plat il n'y avait pas un abri où
les populations pussent trouver refuge.

                    Ici une page supprimée.

C'est avec beaucoup de calme qu'Auligny reconduisit le colonel : il était *de l'autre côté*. Dans toute
crise il y a un moment, quelquefois très long, où
l'homme bouleversé de fond en comble n'a qu'un
sentiment : c'est que les choses sont extraordinairement simples, et qu'il ne ressent rien de particulier.
Il n'y avait en Auligny ni lutte ni déchirement. Il ne
prendrait pas part à ces opérations. Il se ferait évacuer auparavant, pour raison de santé, et se ferait
donner dans une ville du Maroc un poste où il n'aurait pas à combattre. Il emmènerait Ram. Et s'il
considérait tout cela sans surprise, c'est sans doute
que tout cela était depuis longtemps en lui.

Tandis que le colonel, regagnant son auto, continuait ses explications, il le regardait avec cette
nuance de dédain absurde que nous avons, dans une
ville que nous quittons ce soir, pour ceux que nous
voyons qui demain, à heure fixe, devront y aller à
leurs occupations, comme si c'était pour nous un
honneur de ne plus compter parmi eux, et quoique le
lieu où nous nous rendons nous déplaise auprès de
celui-ci ; ou même pour une réjouissance à laquelle
nous eussions pris part avec plaisir, comme s'il y
avait quelque chose de ridicule dans le veglione du 5,
puisque nous quittons Milan le 3.

Auligny aimait bien son colonel. Il ne pouvait rien contre le sentiment filial que Rugot lui inspirait. Il était triste de le tromper en lui laissant croire qu'on pouvait faire fond sur lui, alors que sa dérobade était décidée dans son cœur. Mais il se consolait en pensant que...

La fin du chapitre — trois pages — supprimée.

XXIII

La fin de cette journée, et la journée qui suivit, furent pour Auligny très calmes. Il avait décidé, et passé au-delà. Il n'avait plus qu'à s'occuper de détails d'exécution. Quitter Birbatine n'était pas difficile. On a des relations, ou on n'en a pas. Il l'était davantage de se faire nommer à un poste où il ne pût pas être appelé à combattre. Et plus que tout de faire partir Ram. Plusieurs fois il lui avait demandé si, le cas échéant, elle le suivrait. «Moi, je veux bien. Mais à savoir si mon père voudrait. Je crois bien qu'il voudrait.» On pourrait dire, par exemple, qu'elle allait retrouver de la famille. Mais qui serait dupe? Quelle serait l'attitude de Jilani? Non, il était impossible que cette liaison, dont le secret avait été si magnifiquement gardé, ne fût pas étalée au grand jour. Ces préoccupations remplissaient Auligny. On peut être assuré qu'il ne sentait plus la chaleur. Ô bienfaits de toute nécessité!

Après déjeuner, sur le pas de sa porte, Poillet causait avec le téléphoniste. Il interpella Auligny.

— Alors, mon lieutenant, c'est vrai que nous allons marcher? Il paraît que ces messieurs sont dans tous leurs états. Le lieutenant Nouël, qui devait partir bientôt en permission, ne veut plus prendre sa permission, et le lieutenant Lapalme, qui était rapatrié, s'accroche tant qu'il peut pour rester jusqu'à la bagarre. Alors, ce coup-ci, mon lieutenant, vous allez vous distinguer, pas vrai?

Là-dessus Auligny eut une inspiration irréfléchie. Il pensa qu'il valait mieux préparer les esprits à son départ. Et il dit comment sa mauvaise santé, sur laquelle il fut prolixe, le forcerait sans doute à quitter Birbatine avant l'hiver.

Pendant qu'il parlait, il voyait le visage jovial de Poillet, et ceux des autres sous-offs, s'éteindre et s'allonger. Sans doute, nul ne pensait clairement qu'il se défilait; le fait eût été sans exemple dans l'armée d'Afrique. Mais la coïncidence était fâcheuse. Et le lieutenant, gêné, rompait l'entretien, quand il fut appelé au téléphone par Tamghist.

— Il y a trois jours que je ne pense qu'à vous, dit le capitaine d'un ton pénétré. (C'était une phrase qu'il avait recueillie de son directeur de conscience, quand il était élève des Eudistes. Il l'aimait beaucoup, et la plaçait souvent, auprès de ses subordonnés. Il trouvait qu'elle faisait *âme*, et, pour lui, un officier devait être le guide spirituel de ses cadets.) Oui, je ne suis pas remis de ce stupide incident... D'autant plus qu'il s'est fait en même temps ce changement de température, qui me crispe... ah! qui me crispe... Mais, mon pauvre garçon, vous avez des idées impossibles! Où diable avez-vous été pêcher cela? Ah! ce petit salaud de Bonnel a eu partout une jolie influence! J'ai réfléchi depuis à votre phrase. Eh bien! c'est vrai, *sur le fumier* n'est pas la même chose que *dans le fumier*. Il y a une nuance. Et vous aviez senti cela! (Avec un rire bienveillant.) Ah! vous êtes un sophiste! un sophiste carthaginois!... Mais aussi un sensible. Moi aussi je suis un grand sensible! Il n'y a que nous deux qui soyons sentimentaux dans tout le monde méditerranéen, — nous et les légionnaires allemands. Enfin, ne parlons plus de tout cela; c'est pour vous le dire que je vous téléphone. Mais c'est aussi pour vous mettre en garde: ne dites plus jamais de ces grosses bêtises-là. Moi, je comprends tout: j'ai eu une éducation très large — en réalité, l'œuvre de ma mère, une femme splendidement douée, — je suis musicien, je m'intéresse à la littérature, même à la philosophie, je me tiens au courant, je ne suis pas une brute comme ce Ducrocq, par exemple. Ce qui n'empêche pas que, moi, je piétine, pendant que le sieur Ducrocq avance, avance, parce qu'on peut coucher avec sa femme... Qu'est-ce que je vous disais donc? Ah oui! vous avez eu de la veine de tomber sur un type comme moi. Avec un autre, cette histoire vous suivait toute votre vie. Tandis que moi, j'ai compris. Parbleu, une vitalité comme la vôtre ne peut pas rester inactive; il faut que ça bouillonne, il faut qu'il vous vienne des idées... Donc, à présent, motus. Mais dites-vous bien que *j'ai compris*.

Auligny répondit par un petit galimatias gentil de remerciements et de protestations, et, le récepteur raccroché, il eut plusieurs réflexions. Une d'elles fut: «Donc, je ne suis pas capable de tirer mes idées de la vie! J'ai été influencé par Bonnel, comme un môme! La vie, l'expérience ne leur apprend donc rien, à ces hommes-là, qu'ils croient toujours que c'est des autres qu'on reçoit ses idées?»

Par le courrier du jour, il reçut une lettre de sa mère. Quelques semaines plus tôt, il lui avait écrit:

«Est-ce à vous qu'il faut dire que j'admire énormément notre œuvre coloniale? Mais c'est la valeur morale de cette œuvre qui me paraît moins indiscutable qu'elle ne me le paraissait autrefois.» Cette simple phrase, c'était l'unique écho de tous ses troubles qui fût jamais parvenu boulevard Malesherbes : il faut toujours qu'en quelque chose les parents soient les derniers servis. C'en fut assez pour Mme Auligny. Elle répondit par un bondissement : «Je ne savais pas que tu étais anarchiste! Je me demande qui a pu te donner ces idées-là. Ce que tu m'écris ne tient pas debout. Mais quand même cela tiendrait debout, nous n'avons pas le choix : nous avons besoin d'une autre France dans le monde. Un point, c'est tout.» *Mulier fortis*, comme on lit sur les tombes.

Auligny admira qu'il suffît de faire une réserve sur le colonialisme — phénomène que n'impliquent ni le patriotisme ni le conservatisme pour être traité d'anarchiste. Et il admira que, tout comme Canadelles, sa mère ne pût lui voir une opinion qui n'était pas de celles qu'on lui avait apprises sans croire qu'il avait été influencé par quelqu'un. Et il se disait : «"Nous *n'avons pas le choix*... Nous *avons besoin*..." Soit. Qui m'a raconté que les Anglais, critiqués sur l'immoralité de tel de leurs actes dans leurs dominions, auraient répondu : "Nous voulions vivre"? Seulement, c'est cela même que répond le meurt-de-faim qui a volé un portefeuille : "Fallait-il que je crève?", ou le fugitif qui abat le gendarme qui le visait. Et on les coffre.»

Il se trouvait à cet instant presque inévitable, où nous sommes devant nos parents, qui d'ordinaire sont les seuls êtres au monde qui valent que nous les aimions, et où la seule sagesse, hélas! est de leur dérober la part la plus authentique et la plus importante de nous-même, et de leur répondre, s'ils insistent : «Vous ne pouvez pas comprendre.» Heureux au moins nos parents si nous avons alors dépassé la trentaine, car c'est à cet âge seulement que nous commençons à connaître à quel point nous devons avoir pitié d'eux.

L'après-midi, quand il eut fait son plein de caresses (Ram avait admiré surtout les poils de sa poitrine : «Tu en as, de l'herbe!» et encore : «Tu es comme une chèvre...»), Ram demeura nue, selon son habitude après l'amour, dorée et brillante comme est parfois la croûte du pain frais, éclairante comme ces dattes du Djerid appelées *deglet-nour* — «dattes-lumière» — à cause de la transparence de leur chair. Il la regarda longtemps, si bien qu'elle se mit à sourire, et il lui dit :

— J'ai des nouvelles graves à t'apprendre.

— Pourquoi?

— Eh bien! comme ça!

— Aouah!

— Avant la fin de l'année — pas ici, ajouta-t-il prudemment, — les troupes françaises avanceront. Je devrais prendre part à cette avance. Eh bien! j'ai refusé, pour ne pas tuer des Arabes.

— Quand c'est, la fin de l'année?

— Dans un peu plus de trois mois.

— Trois mois! dit-elle en hochant la tête d'un air entendu, qui eût suffi à donner à Auligny, s'il ne l'avait eue déjà, la conviction qu'elle n'avait aucune idée de ce qu'est un mois.

Et un silence.

Auligny n'en attendait pas beaucoup plus. Quand
même, il voulait la forcer à dire une parole, n'importe laquelle.

— Tu comprends bien. Je devais faire le baroud.
J'aurais eu la croix. J'aurais été nommé capitaine.
Kébir! Et j'ai refusé parce que je ne veux pas tuer ou
faire tuer des Arabes.

— Capitaine, c'est pas tant que commandant?

— Non, pas tant.

— Et lieutenant-colonel, c'est plus que colonel?

— Non, moins.

— Vous connaissez Hadj Guennour? Il est le colonel des Français. C'est le champion des officiers, y en
a pas plus que lui. Il a trois galons, je les ai comptés:
un blanc et deux jaunes.

Auligny n'avait pas de déception. Il savait que les
scènes raciniennes, avec Ram, n'étaient pas faciles à
mettre sur pied. Mais il s'entêta, par curiosité pure.

— Moi, Français, parce que j'aime les Arabes, je
fais ce que les Arabes eux-mêmes ne font pas: je ne
veux pas les combattre. Comment expliques-tu cela,
toi, que vous autres, Arabes, vous puissiez venir de
bon cœur avec les Français pour combattre d'autres
Arabes?

— Ils n'ont qu'à se soumettre! Pourquoi ils résis-
tent? Ils savent bien qu'un jour ou l'autre il faudra
qu'ils se soumettent *bessif* (par force). Allez, si j'étais
le général des Français, moi, je ferais vider tous les
bordjs pour avoir une grande armée, et, s'ils ne veulent pas se battre, à tous on leur coupe la tête, et c'est
fini.

«Je n'osais en espérer tant! ricanait Auligny, en
lui-même. Bah! c'est une enfant. Oui, mais ils sont
tous des enfants. Alors...?»

Il pouvait bien se dire qu'il n'avait pas de déception : elle avait éteint en lui quelque chose. Une heure plus tôt, cela se fût guéri — pour un temps — dans les caresses. À présent il était satisfait, et les caresses lui eussent répugné, comme cela vous répugne de manger lorsqu'on est rassasié. *Hamdoullah!*

Elle bâilla, fit craquer ses doigts (c'était le lieutenant qui lui avait appris à faire craquer ses doigts), demanda : « Quelle heure est-il ? » puis, se reprenant, comme une institutrice qui a omis de faire une *liaison* : « Quelle heure est-elle ? », enfin s'immobilisa de nouveau sur le lit, en personne qui se résigne.

Pour la première fois, Auligny mesura les tracas de toutes sortes que cela lui causerait d'emmener Ram, et il se demanda si cela était bien sage. En même temps, qu'il l'aimât moins qu'autrefois, il jugeait que cela aussi était quelque chose qu'il fallait réparer.

— Si je vais à Rabat, à Casablanca ou à Fez, crois-tu que ton père te laissera venir avec moi ?

— Mon père, il me fait ch..., dit-elle de sa voix lente, posée, et comme un peu embourbée. Peut-être pensait-elle que c'était du loyalisme d'employer les mots orduriers recueillis du civilisateur, comme les « grands chefs » arabes croient du loyalisme de s'enivrer dans la compagnie des Français.

— Eh bien ! le moment est venu d'en parler à ton père. Dis-lui, sans plus, sans dire pour quelle raison : « Le lieutenant Oulini a à te parler », et apporte-le demain ici.

Apporte-le en manière de plaisanterie, parce que les Arabes emploient toujours *apporter* pour *emmener*.

— Ça va.

Il lui disait qu'il refusait des honneurs plutôt que de risquer de faire tuer des Arabes : elle ne bougeait pas. Il lui apprenait qu'il allait partir: elle ne bougeait pas. Il lui confirmait qu'il comptait toujours l'emmener avec lui, il lui donnait cette preuve de profond attachement: elle ne bougeait pas.

— À Fez, il paraît que les automobiles ne peuvent pas entrer dans la ville.

— Qui t'a dit cela?

— Un vieux, qui a travaillé à Fez.

Ce n'était pas «un vieux», c'était Auligny qui le lui avait dit, deux ou trois jours plus tôt. Souvent elle lui apprenait ainsi des choses qu'il lui avait apprises l'avant-veille, leur prêtant toujours une origine qui n'était pas la vraie.

Mais quelle gentillesse dans sa façon de tendre son visage, sur le seuil, pour qu'il la baise, comme fait une fille à son père! Et quelle nuance d'étonnement (de déception?) si lui, qui croit qu'on les a vus, il la fait sortir à la va-vite, sans la baiser! Pourtant, l'instant d'après, il se demande si, dans ce geste rituel de hausser le visage au moment du départ, il n'y a pas quelque chose d'analogue au tour qu'exécute un petit chien dressé...

Une heure plus tard, Auligny, de son bureau, laissait errer ses yeux dans la cour, animée comme elle l'était toujours au crépuscule. Un tirailleur buvait à même un arrosoir. Un autre, crachant à chaque instant, séchait sur ses genoux son mouchoir plein de trous. Les hommes se pinçaient entre eux, se donnaient des tapes sur la tête (grande marque de sympathie), dans de rustiques jeux de mains qui faisaient pousser des cris aigus de femme à ces guerriers: les Arabes sont féminins dans leur sensibilité, dans leur

imagination, dans leur intuition; l'extravagance du
harem est dans tout ce qu'ils font. On voyait deux
tirailleurs qui, ayant remonté leurs manches de chemise, comparaient leurs biceps, selon l'usage immé-
morial des enfants. Aouari lissait et épointait ses
moustaches, avec une sorte de concupiscence dans
l'expression: ainsi l'oiseau, quand il se lisse l'aile, son
œil se voile. Le téléphoniste se faisait lire l'avenir, par
un mokhazni, dans les dessins de la lumière à travers
une omoplate de mouton. Otero, en passant, pinçait la
nuque d'un petit mokhazni qui, chaque fois qu'il riait,
tapait dans ses mains. Poillet, le chech autour du cou,
nattait la crinière de son cheval, dont un gosse peignait religieusement la queue. Vincenti apprenait au
sien à soulever les coiffures des gosses entre ses dents,
et à les jeter à terre, et les gosses, ravis, se bouscu-
laient pour se mettre sous la tête du cheval et se faire
enlever leur tarbouch; et ils riaient si fort que leurs
rires les plaquaient contre le mur. Des bêtes se
mêlaient familièrement à tout ce petit monde, à peine
plus simples que lui. Les deux chiens, des poules se
promenaient sur le toit. Des pigeons y faisaient des
rétablissements, avec une peur affreuse de tomber. De
pâles huppes picoraient le crottin, entre les pieds des
hommes, qui n'auraient eu qu'à se baisser pour les
saisir, mais ils n'y songeaient pas. Et il y avait des
minutes où, dans tout ce poste fortifié, on n'entendait
que des gazouillis d'oiseaux et des voix d'enfants.

Et Auligny, se souvenant d'avoir dit à Bonnel que
les ouvriers européens, le cas échéant, marqueraient
durement la distance entre eux et les «bicots», se
demandait: «Cela est-il exact? En tout cas, sous
l'uniforme, et en ce moment, il faut reconnaître
qu'ils sont gentils avec les indigènes.» (Deux faits

travaillaient en lui : les étonnantes paroles de Ram au sujet de ses coreligionnaires, et la «chic» attitude de Canadelles à son égard.) Est-ce que «Latins» et Arabes n'étaient pas faits pour s'entendre, ayant au moins en commun d'être des nerveux, des passionnés, des désordonnés, sans oublier leur amour de l'à peu près, leur amour de «faire l'amour», et leur culte de la saleté ? La similitude de tempérament n'était-elle pas prouvée par la façon inquiétante dont les Arabes, en Afrique du Nord, déteignaient sur les Français ? La complaisance des Français pour les «races inférieures», la familiarité entre Français et indigènes, les liaisons entre Français et femmes arabes ne faisaient-elles pas le scandale des Anglo-Saxons, des Scandinaves, etc., et notamment de ce grand peuple dont on disait qu'il encourageait l'homosexualité dans son armée coloniale, afin de détourner officiers et soldats de la femme du pays ?

Mais, avec plus de force que jamais — tant revivait en lui le vieux particularisme des Bureaux arabes, — il jugeait que c'était par l'armée que l'accord avec les Arabes pouvait se faire le plus facilement. Et des images passaient en lui, de confiance et de collaboration. Ces dissidents qui, faisant leur soumission, offrent de verser leurs armes, mais on les leur laisse, à condition qu'ils assurent la protection de nos troupes, et les voici qui nous défendent, de ces crêtes d'où jusqu'alors ils nous envoyaient des balles... Ces revues où les harkas ennemies, contre lesquelles nous nous battions la veille, défilent au galop, mêlées à nos troupes... Et ce commandant Ditte qui, à Madagascar[1], chargé

1. Bien que Madagascar ne soit pas précisément un «pays arabe», j'ai laissé ce *lapsus* à cause du beau trait qu'il rapporte. (Note de 1964.)

de soumettre une région insurgée, abordait les villages en empêchant qu'un seul coup de fusil ne par-
tît de nos rangs, tandis qu'on tirait sur nous, et
pouvait montrer le soir un village réoccupé sans effusion de sang, et fraternisant avec notre bivouac à
l'abri du drapeau tricolore...

Il arriva qu'à ce moment le phonographe du téléphoniste entama un disque «comique»: le dialogue
éternel entre un caporal et un soldat. Et, dans cet
homme sous-nourri qu'était le lieutenant, cela suffit
pour déclencher une sorte d'attendrissement sur l'armée. «Pauvre armée! On la déconsidère, et ensuite
on lui crie dessus.» Il s'attendrissait sur elle, parce
qu'il la trahissait un peu, de la même façon que, tantôt, il avait voulu réparer avec Ram le fait qu'il
aimait moins la petite fille. Son patriotisme devenait
plus envahissant à mesure qu'il lui retirait quelque
chose, comme pour compenser. Ce qu'évoquent pour
lui ces éructations éraillées vomies par l'obscène
machine, c'est bien Polin, l'*Almanach du drapeau*,
l'image d'Épinal, mais aussi une forme sociale dans
laquelle un grand nombre de sentiments honorables
ont trouvé et trouveront toujours leur emploi, et que
ses ridicules eux-mêmes, dans la disposition où il se
trouve, contribuent à lui rendre plus chère.

Les hommes, peu à peu, gagnaient la cuisine pour
y chercher la soupe. Cependant, dans un coin de la
cour, une petite scène intriguait le lieutenant. Un
jeune mokhazni était assis sur une chaise. Vincenti,
qu'on voyait de dos, était penché sur lui: il tenait les
doigts du mokhazni, et paraissait exercer sur eux des
tractions violentes, à en juger par les grimaces de
l'indigène. La nuit tombante ajoutait du mystère à
cette scène bizarre, et voici ce qu'imagina Auligny,

sous-nourri, nous l'avons dit, et en outre obsédé. Il imagina que Vincenti était occupé à tordre savamment les doigts du jeune garçon (le mokhazni n'avait guère plus de seize ans) pour le forcer à avouer quelque chose, ou à faire des excuses, ou pour quelque motif que ce soit, dans une de ces plaisanteries des gens du peuple qui, commencées en rigolade, finissent quelquefois, la bêtise aidant, et la brutalité gagnant à la main, par un accident, voire une mort. Auligny se tint coi quelque temps. Mais la nuit s'installait, Vincenti semblait s'exaspérer de plus en plus dans ses manœuvres, et le mokhazni se tordait, jetait la tête en arrière, de souffrance. Auligny n'y tint plus et s'approcha. Vincenti se retourna en riant :

— Regardez-moi ce bourricot, mon lieutenant ! Il faut que ce soit moi qui lui retire sa bague !

Sur la chaise, entre les cuisses du mokhazni, était un quart avec de l'eau (caché par le sous-officier, il avait échappé à Auligny) où Vincenti trempait ses doigts, pour lubrifier, tandis qu'il s'efforçait de faire glisser l'anneau.

Ainsi la scène de torture était une scène de bonne camaraderie ! Auligny alla chercher du savon (non sans s'admirer soi-même pour son geste) à l'aide duquel la bague fut enlevée en un rien de temps. Et cette petite scène comique eut un dénouement digne d'elle, où l'on voit en plein l'irréflexion, l'imprévoyance, l'infantilisme de la race arabe. Le mokhazni n'eut pas plus tôt libéré son doigt de l'anneau trop étroit que, le visage rayonnant,... il le remit au même doigt.

Auligny dînait maintenant, et ses pensées s'étaient agrandies. Cette scène où il avait cru voir un Français persécutant un Arabe, tandis que le Français rendait service à l'Arabe, cristallisait la déception inavouée que lui avait causée son entretien avec Ram. Ne serait-elle pas, cette scène, une sorte de symbole ? Auligny se demandait si la question indigène n'était pas un rêve, s'il n'avait pas pensé à côté, si tout ce qui s'était élevé de lui n'était pas une illusion de son imagination et de son cœur, sans assises dans ce qui est, ou tout au moins s'il n'avait pas exaspéré quelque chose qui n'existait que faiblement. Il se demandait si, dans cette occasion, il n'avait pas été un de ces Français qui ressentent comme une volupté sadique à prendre systématiquement parti contre la France, tandis qu'ils sont patriotes dans le fond, — passion mystérieuse, qui d'ailleurs n'est pas propre aux seuls Français.

Cette pensée, qu'il avait eu, au sujet des Arabes, trop de scrupules, qu'il avait été «plus royaliste que le roi», lui était matérialisée, elle aussi, par une petite scène récente. Comme il triturait entre ses doigts une boulette de mie de pain, il avait vu de quel regard intense et réprobateur Ram suivait ce geste. Elle avait dit enfin, du ton de quelqu'un qui ne peut plus y tenir : «C'est défendu de jouer avec le pain. C'est Dieu qui l'a donné.» Il avait trouvé cela très beau, s'était attendri : «Elle est meilleure que moi», et avait jeté à terre la boulette. Elle l'avait ramassée, l'avait baisée, et posée dans un cendrier, jugé sans doute plus décent que le sol. Seulement, un quart d'heure plus tard, la boulette était entre les doigts de Ram, qui la façonnait avec une joie extrême. Et, quand il lui avait fait des reproches, elle lui avait ri au nez...

Mohand-Saïd «débarrassait» la table en chanton-

nant, comme chantonnent si souvent ces hommes, à
croire que leur chantonnement leur tient lieu de pensée. Zaoui-maquereau apportait le café, avec la plus
grande fantaisie : lançant en l'air un sucre qu'il rattrapait avec sa tête. Étaient-ils moins heureux qu'ils ne
l'eussent été avant les Français ? Après tout, lui, Auligny, en six mois, quel abus sérieux avait-il vu commettre contre l'indigène, à Birbatine ? Celui contre les
travailleurs aux pistes, et il était l'œuvre du caïd.
Quelles plaintes avait-il entendues ? Une phrase de
Boualem, une phrase d'Aouari... Mais qui ne se plaignait ? Les officiers se plaignaient qu'on leur tirât dans
les jambes, les savants se plaignaient de n'être pas
aidés, les professeurs de n'être pas payés, les artistes
de n'être pas compris. En vérité, on aurait dit plutôt
que, à l'égard de la conquête française, les Arabes
n'avaient aucune réaction : aucune réaction, de même
que Ram, devant tout ce qu'il lui disait, n'avait eu
aucune réaction. Auligny se demandait si, tout compte
fait, ces hommes ne se trouvaient pas bien d'être ainsi
sous la coupe d'autres hommes qui se donnaient tout
le mal, faisaient tout pour eux et, moralement ou
matériellement, construisaient partout quelque chose,
dont eux, ensuite, ils n'avaient qu'à jouir.

Ainsi travaillaient en Auligny l'apathie de Ram, la
gentillesse du capitaine, la franche cordialité dont la
cour du bordj lui avait donné le spectacle, sa méprise
au sujet de Vincenti et du mokhazni. Mais il était
trop tard. Si un homme intelligent ne peut croire à
fond en quoi que ce soit, parce que toujours il voit les
raisons qui le contredisent, qui existent toujours, et
sont toujours excellentes, un homme non intelligent,
qui croit, a lui aussi ses heures de doute. Il est probable qu'un saint même, le mal-fondé de sa charité

tantôt le soulève et tantôt le rabat. Mais, cet homme qui a cru et qui doute, la masse de ce qu'il a cru est derrière lui qui le pousse, il faut avancer en aveugle, renoncer toujours davantage à l'emploi de son esprit, passer le fixateur sur un moment fugitif d'une continuelle mobilité. Ainsi le veut le monde, et en conséquence l'esprit moyen, sans probité et sans courage, qui veut ce que veut le monde. Et l'homme-mensonge succède à l'homme-foi ; on dirait même qu'il en sort, qu'il en est un produit naturel. Les choses se passèrent autrement pour Auligny. Il avait cru. Puis il lui venait un doute. Eh bien ! cette pensée que son sacrifice était entièrement inutile, inutile quant à Ram, qui ne le comprenait pas, inutile quant aux indigènes, auxquels il ne s'adaptait pas, l'exalta. Il vit l'absurde, et le prit pour le bien : morale de l'honneur et morale chrétienne, on l'avait élevé dans cela. Quand il fut arrivé à cette altitude, où son acte lui apparut infiniment pur et perdu, et d'autant plus pur qu'il était plus perdu, sa hauteur lui donna comme un vertige, et ce fut dans ce transport qu'il décrocha le récepteur du téléphone et appela Tamghist. Quelques instants plus tard, une voix jeune, à l'accent très parisien, celle du nouveau major, lui arrivait dans l'appareil. Auligny s'excusa (il était près de neuf heures), prétendant qu'il avait cru comprendre que le major allait le lendemain à la Section d'Épreuves : il lui demandait de pousser jusqu'au poste. Après des explications où Auligny mentit très bien, car son exaltation lui donnait de l'esprit, on convint que le major viendrait le surlendemain à Birbatine.

Le lendemain, à l'heure prévue, Ram vint seule.

— Et ton père ?

— Il est au jardin.

— Sapristi, quand même, je lui avais fait dire de venir !

Auligny n'est pas content. Un indigène qui se permet de ne pas obéir !

— Mais enfin, tu lui avais bien dit que je l'attendais aujourd'hui avec toi ?

Elle soulève les épaules.

— Eh ! oui...

Sans doute, Regragui a des circonstances atténuantes : septembre, c'est la récolte des dattes, l'analogue de la moisson en Europe, un «coup de feu» pour l'homme des palmeraies (un coup de feu au ralenti, bien entendu, puisque indigène). Et puis, Dieu sait ce que Ram a pu dire au vieux crocodile !

— Écoute, il faut que cette question soit réglée. Tu m'as bien dit que, toi, tu étais prête à m'accompagner dans une ville du Nord ?

— Bien sûr.

— Alors, dis à ton père qu'il vienne demain, ici, à cette heure, et que je lui donnerai quelque chose pour sa peine. Mais je te préviens : cette fois, s'il ne vient pas, je me fâcherai.

— Ça va.

Auligny a-t-il bien le droit de dire cela ? Soutenir, somme toute, les désirs de l'amant des menaces du chef de poste, ne sont-ce pas là, un peu, les procédés des *réalistes* ? Mais, précisément, c'est qu'Auligny, à cette heure, est dans le réel, et qu'il y est en passionné...

On ne lit rien sur le visage de Ram, doucement lustré et poli comme un bois brun très ancien, comme ces masques de bois des divinités égyptiennes, dont un lieu commun distingué veut qu'elles aient un «secret»...

XXIV

On ne fait rien sans un peu d'amour.

LYAUTEY

*Les Musulmans ne demandent pas
que nous les aimions. Ils demandent
que nous les laissions tranquilles.*

COMMANDANT PAUL ODINOT
Le Caïd Abdallah.

Le surlendemain, d'une camionnette sanitaire,
Auligny vit descendre un blême petit voyou, la
bouche canaille, pendante d'un côté, comme si une
éternelle cigarette l'avait déformée de ce côté-là,
une sorte de mal dégoûtant à la lèvre, dont Auligny
supposa qu'il ne pouvait être qu'un mal honteux.
Le nez en l'air, le menton fuyant, un gonflement
sous les maxillaires — humeurs froides ou alcoo-
lisme, ou les deux, — et la nuque du Montparno,
rasée au rasoir, rose et lisse comme un derrière de
nouveau-né, avec au-dessus les cheveux un peu bouf-
fants, qui saillaient hors du képi. Des lunettes vertes,
apparemment contre le soleil et le vent de sable,

mais dont la destination réelle était de cacher les yeux éteints, le cerne et son double sillon de rides superposées, qui criaient on ne sait quels secrets sordides de la vie privée (aussi, même à la nuit tombée, ne quittait-il pas ses lunettes-masque). Des gants retournés sur les poignets, comme ces guides équivoques des villes méditerranéennes, aux trognes patibulaires, qui portent des gants pour bien affirmer, contre toute évidence, qu'ils sont des *messieurs*, et, quand il les retira, la main poisseuse. Cette petite purulence humaine se présenta, la cigarette aux doigts : l'aide-major Randeau. Et Auligny, à son seul aspect, eut un haut-le-corps et un recul du buste : l'horreur de peau, de poil, de l'honnête homme devant la crapule.

Il avait eu, ces deux derniers jours, comme un élan vers ce médecin inconnu. Quelle libération quand, sortant des choses de l'âme, il imaginait qu'on peut être médecin ! «Vous, vous avez une voie droite, nulle inquiétude : sauver les corps, inlassablement. Mais moi ?» (C'était oublier que sur le diagnostic, comme sur les moyens de sauver les corps, l'inquiétude subsiste, ou devrait subsister.) Et c'était cela qui apparaissait, qui portait l'uniforme français, quand, sans rien savoir de lui, à sa seule dégaine, on aurait dû le conduire au poste ! Et c'était cela dont le colonel disait que ç'avait l'air d'un «bon petit bonhomme» ! (Que peuvent nous importer l'amitié, l'admiration et l'estime, puisque toujours nous les partageons avec ce qu'il y a de plus bas ?) C'était cela à qui des milliers de vies étaient confiées !

— Alors, en quoi puis-je vous être utile ? » demanda d'emblée l'être immonde, qui avait tout de suite saisi qu'on s'adressait davantage à sa complaisance qu'à sa compétence. Et il en était content, parce qu'il pensait qu'il allait *se faire une relation*.

Mon Dieu, durant la demi-heure où Auligny entretint Randeau, son rôle était-il si prestigieux qu'il pût mépriser l'aide-major ? En somme, ce qu'il joua, c'est une jolie scène de revendiquant. On appelle revendiquant, en médecine, le blessé de guerre ou le blessé du travail qui exagère son infirmité afin de se faire évacuer, ou de faire augmenter sa pension.

L'inappétence d'Auligny, son amaigrissement, sa faiblesse, ses insomnies, ses essoufflements, ses battements de cœur, un étourdissement qu'il avait eu sur l'échelle qui montait à une des tours de guet, c'étaient là choses réelles. Mais il les exagéra à plaisir. La bourgeoisie adore cet axiome : « Qui veut la fin veut les moyens. » Il vous permet tout, et le front haut. Auligny trouvait très bien de friser l'imposture, parce que c'était en vue d'une fin qu'il jugeait élevée. D'ailleurs, ces deux passions de l'après-guerre, le budgétivorisme et la mauvaise foi, ont fait de chaque Français un revendiquant.

— Qu'est-ce que vous voulez que je vous mette dessus ? demanda Randeau, quand on en fut au certificat. Randeau voyait bien qu'Auligny était en mauvaise condition, mais il n'était pas si jeune au Maroc qu'il ne sût que neuf officiers sur dix, dans la condition d'Auligny, eussent marché sans rien dire. Randeau, flairant quelque chose de vil, l'aima. Il eut de la sympathie pour Auligny, qui le justifiait. Certaines natures ne sont capables d'amitié que si elles y voient, ou croient y voir, une complicité.

Auligny posa à l'être immonde quelques questions d'ordre médical. À l'instant où la question était posée, l'être battait plusieurs fois des paupières, comme un élève à qui un examinateur pose une colle. Mais, vasouilleux quand il s'agissait de connaissances, il reprenait le ton assuré quand le solide entrait en jeu. «Ce pauvre Bu, tout de même! Un garçon de valeur! S'il s'était établi ensuite à Rabat ou à Casa, il avait tout de suite la grosse clientèle. Je suis sûr qu'il se faisait deux cents billets la première année. C'est intéressant, hein?»

Puis l'être immonde se plaint de «perdre sa jeunesse» au Maroc. Et Auligny se cabre devant ce type de galonné sans vocation africaine, type fréquent chez les médecins militaires du Maroc, envoyés d'office. Mais, la vocation africaine, ou seulement la vocation tout court, lui-même l'a-t-il?

— À Casa, au moins, je pouvais faire de la clientèle. Mais ici! Être un distributeur automatique de médicaments! Et puis, franchement, vous trouvez ça intéressant, de conserver ces types-là à la société?

Auligny ne répondit pas. Et l'être se sentait en confiance, puisque «qui ne dit mot consent».

L'après-midi, Ram vint, sans son père.

— Il est au jardin. Il dit si vous voulez aller le voir.

Quelle impudence! Par deux fois se refuser à venir, et répondre, comme un pacha, que c'est au chef de poste à se déranger. Incroyable! Mais qu'y faire?

Auligny alla le soir à la case. Ram était là, et Bou Djemaa.

— Salamalikoum!

— Asselamah! Voici. Je vais partir pour une ville de la côte. Je veux savoir si tu me laisses emmener Ram avec moi. Comme je ne veux pas t'en priver trop longtemps, je te dis: pour une période de trois mois. Et, comme elle te manquera, je t'offre un cadeau de cinq cents francs.

Quel malappris, cet Auligny! Aller droit au fait! En faire un résumé intelligible! Regragui n'est pas long à le ramener aux convenances.

— Assieds-toi. Veux-tu du café? Rahma, prépare le café. Je n'ai pas été chez toi, parce que j'étais aux dattes. Grand travail, en ce moment, grand! grand!

Il se mit à parler dattes. Jamais il ne regardait en face Auligny. Les «femmes du coq» (ainsi les appelait Ram), perchées pour la nuit dans la pièce, sortaient leur tête de sous l'aile et considéraient le Roumi avec un *coooo...* offensé, puis lâchaient une crotte, d'émotion. Les poussins s'étaient dévergondés, et piaillaient sans arrêt. Toutes les fois qu'Auligny portait le regard vers Bou Djemaa, celui-ci détournait la tête. Auligny se sentait pour lui de la curiosité. Ram touchait beaucoup Auligny quand elle lui parlait de Bou Djemaa. Elle disait toujours de lui: «Le pauvre», comme une Méridionale. «Il dit jamais rien, le pauvre. Il marche toujours les yeux baissés. Tu lui donnes deux sous, il devient fou.» Quand elle se mettait à parler de Bou Djemaa, Auligny ne pouvait s'empêcher de lui donner un franc de plus, pour qu'elle fît quelque chose pour Bou Djemaa, bien que convaincu, on s'en doute, qu'elle garderait la pièce pour elle.

Après quelque temps, Auligny, qui perdait patience, posa avec netteté, de nouveau, la question du départ de Ram.

— Elle est ta fille, dit Regragui. Tu fais ce que tu veux. C'est Dieu qui nous a mis sur ton chemin.

Auligny fut bouleversé par cette parole. L'idée ne l'effleura pas que si c'était Dieu, et non Yahia, qui lui avait fait connaître Ram, le Créateur... eh bien!... Il aimait entendre les Arabes lui parler de leur dieu sans le différencier du sien. Un mendiant marocain de Rabat qui, en français, lui avait demandé la charité «pour l'amour de Dieu», El Ayachi lui disant: «Dieu vous garde» quand le lieutenant partait en promenade, lui rappelaient le mot du Prophète: «Vous et nous nous servons le même Dieu.» Et cette communauté, en un objet si suprême, lui faisait chaud au cœur.

— C'est Dieu aussi qui veut que je l'emmène, dit-il, entrant tout à fait dans ce point de vue singulier. Et il renouvela ses propositions, en les précisant.

— C'est toi le chef, dit Regragui. C'est toi qui commandes, nous qui obéissons. Voilà.

Tout ce temps, il tournait entre ses doigts, telle une pièce très importante, et il regardait à l'envers, comme eût fait un singe, un petit chiffon de papier qu'il avait sorti d'une vieille sacoche. Là-dessus, six mois plus tôt, à la demande de Ram, Auligny avait écrit son nom et l'indication de son régiment.

Regragui souhaitait seulement que Ram, du lieu où Auligny l'emmènerait, revînt tous les quinze jours passer quarante-huit heures à la maison. On lui démontra que cela n'était pas facile à réaliser.

Auligny prit congé. Ni Regragui ni Ram ne le raccompagnèrent à la porte. Bou Djemaa, seul, lui montra le chemin. Un violent flot de sang vint au visage du petit garçon quand Auligny lui adressa quelques bonnes paroles.

Auligny partit avec un léger désappointement, le même qu'il avait eu quand Yahia lui avait annoncé que la chose était faite: celui de n'avoir eu qu'à enfoncer une porte ouverte. Malgré tout, ses sentiments pour Regragui restaient courts. Il ne lui pardonnait pas, par exemple, d'avoir allumé une

cigarette sans lui en offrir, et de lui avoir parlé en lui
envoyant la fumée au nez. Ni de ne l'avoir pas rac-
compagné. Non, franchement, ce vieux n'était pas
respectueux.

Le surlendemain, à l'heure dite, Ram ne vint pas.
C'était la première fois qu'elle manquait à un rendez
vous, — son refus de venir voir Guiscart ne pouvant
compter. Auligny en ressentit une indignation moins
d'amant que de patron, le genre d'indignation qu'avait
sa mère quand une bonniche rendait son tablier. Tous
ces gens-là, avec tout leur catholicisme, sont toujours
stupéfaits et furieux quand ils s'aperçoivent qu'un
« inférieur » est une personne humaine. Mme de Guiscart, la mère du chevalier, entrant un jour dans la
chambre d'une servante et trouvant celle-ci en train
d'écrire une lettre, redescend pleine d'éclats de voix
et d'ironie à fond d'aigreur : « Ça écrit !... » ; voyant un
nouveau valet de chambre arriver en taxi avec une
forte malle : « Ça prend des taxis !... » (Voulait-elle
qu'il vînt portant la malle sur son dos ?) Ram n'*obéissant* pas, Auligny ne peut s'empêcher de bondir. Il ne
le dit pas, mais il pense : « Ça se permet d'avoir une
volonté ! »

Il alla chez Regragui : la case était fermée. Il alla à
la palmeraie. Toute la famille était au travail. Combien ce que nous aimons est léger et allègre, quand
cela n'est pas auprès de nous ! Jamais il n'avait vu à
Ram cet enjouement dans la liberté. À chacun il dit
un petit mot. À elle : « Viens ce soir après dîner. » Elle
fit un geste de la main, signifiant : « Peut-être que oui,
peut-être que non. » Combien peu d'empressement !
À n'en pas douter, depuis le jour où il lui avait parlé
de l'emmener, Ram était entrée en dissidence.

Il l'attendit, certain qu'elle ne viendrait pas. Elle

vint, et s'assit, comme d'habitude, non sur la chaise mais sur la cantine ; les chats, eux aussi, ont leurs préférences : ils raffolent de s'asseoir sur du papier de journal.

— Au moins, c'est bien sûr, que tu m'accompagneras ? Toi ou ton père, vous n'allez pas changer d'idée ?

— Est-ce que je vous ai jamais manqué de parole ? L'autre jour, après que vous êtes parti, mon père m'a dit : « Alors, Rahma, tu veux me laisser seul ? » Et il s'est mis à pleurer. Mais ensuite il m'a dit : « Quand tu reviendras de la ville, tu me rapporteras des espadrilles. » (« Excellent ! » pensa Auligny.) Seulement, à savoir si mon neveu voudra.

(Elle battit rapidement des paupières en disant cela.)

— Allons, bon ! Qu'est-ce que c'est que cette histoire-là ! Ton neveu ! Qu'est-ce que c'est que ça, ton neveu ?

— Mon neveu à moi ?

— Dame ! C'est toi qui me parles d'un neveu...

Il se demandait comment le neveu de Ram, qui logiquement devait avoir cinq ou six ans, pouvait avoir voix au chapitre.

— Mon neveu, à Tamghist. Je ne sais pas s'il voudra que je m'en aille.

Auligny finit par comprendre que son « neveu » était son oncle, un frère de Regragui. Il avait entendu parler de son « père-grand » ou de son « grand-le-père » (grand-père), mort depuis peu ; mais de l'oncle il n'avait jamais eu vent, et se méfia. Les gamins du ksar, de n'importe quel autre gamin avec qui ils étaient en bons termes, affirmaient mordicus : « C'est mon frère. » L'oncle de Tamghist devait être un parent dans ce genre-là. Ram battait trop des paupières, en parlant de lui, pour ne mentir pas. Il semblait à Auligny que dans tout ce qu'on lui disait, à présent, il y avait une part de vérité, une part de mensonge intéressé, et une part de mensonge gratuit. Le tout faisant un filet inextricable, où on l'entortillait.

— Mais comment saura-t-on s'il veut ou non, s'il est à Tamghist?

— Il faut le lui demander.

— Bien sûr, qu'il faut le lui demander! Pourquoi m'avez-vous dit que c'était entendu, quand soi-disant cela dépend de cette espèce d'oncle? Et comment allez-vous le lui demander, à cet oncle, s'il est à Tamghist?

— Le lui demander?

— Oui, le lui demander.

— Je sais pas.

— Dis donc tout de suite que tu ne veux pas venir, fit-il, exaspéré.

À son tour, elle jeta avec impatience:

— Qu'est-ce que tu parles aujourd'hui? Je comprends rien à ce que tu dis!

— Je parle comme toujours! Et je te dis: comment allez-vous demander à ton oncle s'il accepte que tu partes, puisqu'il est à Tamghist?

— Il doit venir à Birbatine.

— Quand cela?

— Bientôt.

— Mais quand, «bientôt»?

— Bientôt!

— Bientôt! Tout ça dans le vague, toujours. Et si je recevais demain mon ordre de départ, moi, tu ne partirais pas, alors, parce que tu n'as pas le consentement de ton oncle?

— Eh non!... Les parents, c'est les parents.

Il eut envie de la mettre à la porte. Il comprenait maintenant qu'on pût battre un Arabe.

Il ne faisait pour lui aucun doute que, lorsqu'elle ne comprenait pas ce qu'il disait, lorsqu'elle répétait : «Mon père à moi?» ou : «Le lui demander?», c'était pure feinte : elle cherchait à gagner du temps pour fignoler son mensonge. Jadis, elle parlait un français fruste, mais presque convenable. Elle avait ensuite employé un style noble, où elle resservait, à tort et à travers, les expressions qu'elle venait d'apprendre d'Auligny. («Comme tu es ponctuelle!» Réponse : «Eh oui! Il ne faut pas être hypocrite.») Dans ce temps-là, quand elle ne comprenait pas, il la baisait, ou seulement lui souriait, et alors elle comprenait. Maintenant, tout s'obscurcissait : comme la seiche, elle jetait de l'encre autour d'elle afin de se rendre insaisissable.

Pour que cela fût complet, elle se prit à bouder. Auligny mit les pouces. À ses questions gentilles, d'abord elle refusa de répondre autrement que par un «Fâchés...». Puis elle dit violemment : «Moi, je veux bien venir avec toi, et toi pourquoi tu me casses la tête?...» Auligny fut stupéfait de cette insolence que jamais elle n'avait eue, que jamais il n'avait imaginé qu'elle pût avoir. Oh! que tout cela redevenait l'Europe!

Cela était évident, il la perdait. Le rayonnement de cette petite fille était entré en lui sans jamais rien briser, comme le soleil à travers une vitre, — et maintenant la vitre était brisée. Sa lenteur, son honnêteté, sa sorte d'épaisseur, tout lui donnait un caractère de pérennité, — et elle disparaissait! Mais non, il fallait se débattre! Si l'oncle existait, on pouvait envoyer

Regragui à Tamghist par le convoi qui passait dans
trois jours. Auligny convint avec Ram que, le lendemain, il irait voir Regragui à une heure pour le persuader de faire le trajet de Tamghist. Que Regragui
l'attendît donc avant de partir pour la palmeraie.

Le lendemain, à une heure moins un quart, il s'engageait, comme dans un tunnel d'ombre (elle était
recouverte de feuillages), dans la grande rue du ksar,
quand il vit arriver toute la famille, avec le grand âne
gris, se rendant à la palmeraie. Ainsi, on ne l'avait
pas attendu ! Il ne recevait que des affronts de ces
sauvages ! Avait-il assez répété : « On fait tout pour
empêcher l'indigène de relever la tête ! » Mais comment, en cet instant, n'eût-il pas songé : « On n'en fait
pas encore assez » ? Qu'il eût eu de joie à les faire
rentrer sous terre ! Quel prix cela se paye, d'aimer
quelqu'un !

Quand elle aperçut le lieutenant, Ram lui fit un
sourire vague. Auligny attendit que le groupe fût
sorti du ksar, et aborda le vieux, qui finochait ferme
et ne s'arrêta pas. À la question d'Auligny, il dit que
cela dépendait de Ram. Ram dit qu'elle « ne savait
pas ». Ensuite : « Quatre mois, c'est trop long. — Mais
il n'a jamais été question de quatre mois ! J'ai proposé : Trois. — Trois, alors, ça va. » Puis elle ne dit
plus rien, et ils continuèrent de marcher en silence,
Bou Djemaa le premier, Ram au flanc de l'âne,
Regragui et Auligny derrière, Auligny faisant garde-
frein.

Comment ne leur donna-t-il pas l'ordre de s'arrêter ? C'est incompréhensible, mais c'est ainsi. Regragui s'était accroché d'une main à la queue de l'âne et
se faisait traîner : il allait de plus en plus vite. À un
moment, Ram parla à son père avec violence ; jamais

Auligny ne lui avait vu cette expression de sauvage
colère. D'un doigt elle indiqua sa tempe, c'était un
geste que depuis peu elle faisait souvent, pour dire
qu'elle n'avait pas compris, ou qu'elle avait oublié,
ou qu'un tel était fou, ou qu'elle-même était folle. Qui
était fou, cette fois? Regragui? Lui, Auligny, plutôt.
Et Auligny trottait, sans qu'aucun d'eux parût le voir,
plus esclave et plus misérable que l'âne.

— Enfin, quand aurai-je une réponse ferme?
— Une réponse pour quoi?
— Comment, pour quoi? Mais pour ton départ,
voyons!

Elle parut réfléchir, et dit:
— C'est que, dans les souks d'une grande ville, si
petite, je me perdrai...

Cet enfantillage! Cette absurdité! La palmeraie se
rapprochait, tout le sous-bois noyé dans la fumée
bleue des feux, de sorte que la masse des palmes
semblait une nuée sombre suspendue à quelques
mètres du sol. Auligny s'était enfin mis au pas du
vieux, et lui baragouinait Dieu sait quoi, car l'émotion lui faisait parler un arabe de plus en plus impossible. Il lui expliquait des choses qui engageaient tout
son avenir, en employant des mots impropres, ou qui
n'avaient aucun sens, et en le sachant. Comme l'autre
jour, le vieux ne cessait de lui dérober son regard, —
ses prunelles dures, ses cornées presque aussi
sombres que son teint. Que cela était visible, qu'il ne
l'aimait pas! Ce vieil homme paraissait redoutable à
Auligny. Il le voyait lui jetant au visage: «Qu'as-tu
fait de mon enfant?» Il en venait à être irrité à la
pensée que Regragui aimait sa fille. Parfois le lieutenant disait une phrase en français, qu'il invitait Ram
à traduire à son père, et il se persuadait qu'elle ne la

traduisait pas. Le vieux répondait à sa fille. Auligny
demandait : « Qu'est-ce qu'il dit ? », convaincu que
Ram allait répondre n'importe quoi. Il pressentait
qu'on le trompait, qu'on le méprisait, qu'on l'inju-
riait peut-être, dans cette langue dont il n'entendait
plus rien ; cependant il ne pouvait en être sûr.

Arrivés à la palmeraie, Auligny redevint lui-même,
et leur commanda de s'arrêter. Excédé, ne voulant
plus adresser la parole à Regragui, il pria Ram de
venir le lendemain à six heures à la maison Yahia :
elle dirait si son père, oui ou non, allait à Tamghist.
Si elle ne venait pas, ce serait fini entre eux deux.
Tandis qu'il lui parlait, Ram s'était rapprochée de
son père, et elle avait posé la plante de son pied nu
sur le pied nu de son père, en un geste où Auligny vit
une complicité, qu'il qualifia de sordide, une complicité dirigée contre lui. Puis, s'éloignant, il alla s'asseoir sur le remblai de sable qui bordait la palmeraie,
dans un égarement de tristesse.

Auligny assistait, le visage sombre, à la destruction
de ce qui avait été si accompli. C'était comme s'il
avait repris un dessin de Ram et, le déformant trait
par trait, en avait fait une caricature. Ram défigurait
le passé. Elle substituait à une image exquise une
image équivoque et en certains points odieuse. (Mais
lui, Auligny, aux yeux des siens, n'avait-il pas substi-
tué une image à une autre, et une image qui ne pouvait que les horrifier ?) Ces minutes où, dans la
poussière, dans le bled repoussant, à vau-l'eau toute
la discrétion qu'ils avaient observée pendant sept
mois, il avait trottiné derrière elle — oui, l'enfant
Bou Djemaa, et elle, et le bourrin, et le vieux marchaient *naturellement* plus vite que lui ! — elle frappant le bourrin, mais en même temps le frappant,

lui, trottiné derrière elle avec son âme tombée de sa poitrine et qui se traînait derrière lui comme un chien, ces minutes avaient mis entre lui et elle un rempart d'horreur. Le souvenir même du passé lui était interdit ; il ne faisait que lui rappeler que ce passé avait été mis en pièces. Il ne pourrait même plus regarder ses photographies, qui tant de fois lui avaient été un bienfait, à présent une source d'amertume. Tant de douceur était perdue.

Les lointains s'affaiblissaient derrière une brume de sable qui voilait complètement le pied des dunes. Des armées de grains de sable gravissaient les ondulations et disparaissaient de l'autre côté. Des chechs blancs volaient sur le ciel qu'ils rendaient plus gris. Un aigle planait immobile, les ailes étendues, comme cloué contre ce ciel mort. Le sirli mâle faisait son cri d'une désolation sans bornes : un appel monotone tant que l'oiseau restait tapi dans le drinn ; puis il piquait droit en l'air, en chantant une gamme montante ; puis, jetant une gamme descendante avec une rapidité folle, il tombait comme foudroyé. Que de choses, avec ce cri, retombaient foudroyées ! Pour Auligny, c'était moins un être qui disparaissait qu'une croyance, une espérance, une grande illusion. En lui-même, absurdement, il brodait sur le thème : « Orient ! Orient ! père de la trahison ! » comme si des milliards de femmes de toutes les races n'avaient pas agi comme Ram, et été justifiées à le faire ; avec un peu de littérature à la clef, il eût évoqué Antoine et Cléopâtre, et se fût nommé, lui aussi, « le fou de la prostituée égyptienne ». Tout ce qui, pour lui, soutenait l'Afrique, était retiré. Maintenant, quelle aridité ! Birbatine, le désert, n'étaient plus que Birbatine et le désert, c'est-à-dire l'enfer. Sa main rencontra dans sa poche un de ces feuillets sur lesquels, depuis six mois, il transcrivait en regard de mots français des mots arabes qu'il voulait apprendre. À quoi lui servirait-il à présent de savoir l'arabe ? S'il cherchait à s'y perfectionner, c'était pour le parler avec elle. Il froissa le feuillet, le jeta, comme on jette le billet d'entrée au spectacle quand la représentation est finie. À voix haute, il balbutiait des phrases saccadées : « Je l'isolais de tous... Aux moments où je voyais ce que sont en réalité ses frères de race, je disais : "Il sera pardonné à tous à cause de la douceur d'une seule..." Tu me fais avoir honte de moi-même. J'ai honte de ces baisers que je te donnais, — non de ceux donnés à ton corps, mais de ceux donnés à ton visage... » Il revint ivre de peine. Pour la première fois de sa vie, peut-être, il ne rendit pas son salut au factionnaire qui lui présentait les armes. Il essayait de se secouer : « Allons, soyons un homme ! » Mais il sentait que son dos s'était voûté. Il lui semblait qu'on le regardait, — que c'étaient ses yeux surtout qui disaient tout.

Le lendemain, Auligny attendait Ram. Il lui avait donné rendez-vous à six heures. À cinq heures et demie il commença d'être malheureux : elle n'était pas là. Il avait été entrouvrir la porte de la courelle, se disant qu'il était possible que le loquet se faussât, qu'alors elle n'oserait frapper, etc. : telle était sa déraison. Par cette porte entrouverte un chien entra, fit quelques pas dans la courelle, aperçut Auligny, eut un bref jappement de surprise, et s'enfuit épouvanté. L'air tantôt ouvrait, tantôt refermait vivement cette porte, et alors Auligny sursautait. Il touchait le fond de la détresse. Bouché en arrière, bouché en avant, se sacrifiant pour quelque chose dont il doutait, qu'avec son éducation, à aucun moment, il n'ait murmuré : « Mon Dieu ! », cela prouve ce que valait cette éducation, du point de vue chrétien. Et c'était maintenant, pour une femme en retard, qu'il le murmurait : « Mon Dieu, faites qu'elle vienne ! » Dieu ne fut pas suffisant. Il aperçut un fer à cheval que, du fondouk, quelqu'un avait accroché au mur de la maison. Il hésita une seconde, puis le toucha de son doigt, rapidement.

Six heures et demie. Elle ne viendrait pas, — et il avait apporté pour elle ce fruit confit (provenant d'un colis de sa mère !). Une liaison qui mourait par « lapins », ah ! c'était trop l'Europe ! Un coq entra, mais bientôt détala lui aussi, poursuivi par un moineau. Puis un chat, qui partit cauteleusement à la découverte de la courelle, vit Auligny et continua. Il y avait quelque chose de mystérieux et de saisissant dans ces bêtes qui entraient là comme chez elles, comme un symbole de ce qui en lui était ouvert à n'importe quoi, toutes défenses enfoncées. Montant du fondouk voisin, les braiments des ânes se mêlaient aux gémissements de son cœur. Jamais comme aujourd'hui il n'avait senti ce qu'il y a de pathétique, de *heartbroken* dans le braiment d'un âne. « Ah ! songeait-il, tout cela est bien semblable. » Par la lucarne, il les voyait, tellement proches de lui, sur le même plan que lui, comme d'autres lui-même tristes. L'un avait le membre au vent : « Voilà l'amour », se dit Auligny. Ils se rendaient des services réciproques, se frottaient, se léchaient entre eux : « Voilà l'altruisme. » On ne leur avait pas plus tôt donné à manger qu'ils faisaient leurs crottes, comme si une matière poussait l'autre : « Ainsi une autre femme me remplacera Ram. » (Il essaya de fixer sa pensée là-dessus et d'y puiser une consolation.) Un chien mangeait des excréments. Un chameau goudronné, portant au cou un sabot d'âne comme amulette, avait l'air de dire : «Regardez ce qu'on me force à porter ! Et c'est moi qu'on traite de bête ! » D'un vieux chaudron partaient de longues ficelles, dont chacune aboutissait à une «femme du coq», attachée par la patte, et les poules avaient si bien emmêlé leurs ficelles qu'elles ne pouvaient plus faire un pas, et, collées l'une contre l'autre, elles se dévoraient mutuellement, la terreur dans l'œil. Un âcre sarcasme se dessinait en Auligny, le profond besoin de se rendre l'égal de ces animaux hébétés et de confondre eux et lui dans le même grotesque, — la joie qu'ont ceux qui souffrent de blasphémer la création.

Comment avait-il pu en douter ? Ram et son père étaient d'accord pour que tout cela finît. Qui sait, peut-être n'avait-elle accepté le rendez-vous d'aujourd'hui, que pour lui donner la déception de n'y venir pas. (Ainsi divaguait-il.) Alors ? La convaincre à force d'amour ? Il n'avait plus assez d'amour. Convaincre le vieux à force d'argent ? Eh bien ! non. Il avait atteint le point le plus bas où il pouvait descendre ; il n'irait pas plus bas. Sa dignité frémissait, se débattait comme une bête qu'on saigne. Il ricana, plaisantant, mais ne plaisantant qu'à demi : «Bien entendu, il n'y aurait qu'à la prendre de force. Il ferait beau voir qu'un bicot me gênât ! »

Ce qui montait en lui maintenant, comme des bulles, c'était tout ce qu'il y avait en elle qui justifiait qu'il l'eût aimée, des mots, des gestes, et il se jetait dessus pour s'y meurtrir. Elle était là, à cette heure, à trois cents mètres de lui, dans sa tanière de bête, elle dormait, petite fille aux fesses fraîches (même

par cette chaleur), elle dormait, la main sur son sexe,
la bouche entrouverte, un filet de salive tendu entre
les deux lèvres, comme cette dernière fois où il
l'avait vue dormir, ses bras ramenés sur sa poitrine,
— et ses mains, qu'elle venait pourtant de laver,
étaient presque noires sur la blancheur du drap, ses
grandes mains si peu arabes, ses grandes mains
sombres de travail, à la paume claire comme une
espérance, comme une aube après la nuit dure ! Non,
non, jamais, aux moments où il se sentait le plus heureux, il n'avait su à quel point c'était alors le bonheur ; c'était maintenant seulement qu'il le savait.
Tant de fois elle avait passé ce seuil ! Il y avait quelque
chose de fantastique à penser que ces lieux étaient
ceux où elle avait bougé tant de fois. Quelque chose
de fantastique à se dire qu'hier elle était si mêlée à ce
décor, si habituelle, si banale, qu'il faisait à peine
attention à sa présence, au bruit du loquet qu'elle
ouvrait, — et maintenant étrangère, désirée, pré-
cieuse comme un peu d'eau pure, difficile à atteindre
comme Sirius... Là, dans cette pièce même, il lui
avait dit qu'il ne pourrait pas la voir avant quatre
jours, parce que le capitaine venait, parce qu'il avait
beaucoup à faire, tout cela des menteries. Là, il avait
murmuré : « Soyons francs, elle est une déception. »
Là, quand elle était en retard de cinq minutes, il lui
était arrivé, pensant déjà — espérant déjà — qu'elle
ne viendrait pas, de joyeusement se mettre à ses
paperasses professionnelles, et d'avoir un mouvement de contrariété quand il l'avait vue apparaître...
Et cela, quand ? Il y avait des années ? Non, il y avait
quinze jours. Et, là aussi, il avait été tout détenu par
ses idées de justice et de vérité. Qu'importaient la
justice et la vérité auprès de cette petite vie qui se

dérobait, on ne savait pourquoi, quand on ne lui voulait que du bien? Qu'importaient les grandes questions? — Et qu'importait le désir même? Il n'y avait
que ceci: un être qui a de la tendresse pour un autre
être. Tant que l'on n'aime pas, la sensualité peut
vous faire illusion. Sitôt que l'on aime, on sait qu'elle
n'est rien. Ce n'était pas du corps de Ram qu'Auligny
avait joui, c'était de la tendresse et de l'estime qu'il
avait eues pour elle.

Le cœur d'Auligny battit quand, le lendemain, il la
vit, seule, sortir du ksar. Elle feignit de ne le voir pas,
et lui, oubliant qu'il la louait sans cesse de sa discrétion, il fut blessé par cette attitude. Il l'aborda.

— Je pense que c'est fini...
— Quoi c'est, fini?
— Tu ne viendras plus chez moi.
— Mais si, quand vous voulez.
— Je ne te crois plus.
— Tout de suite, si vous voulez.

Cela même qu'elle avait répondu dans la palmeraie, le jour où elle s'était donnée!

— Marche derrière moi, dit-il d'une voix tremblante, et il se dirigea vers la maison Yahia.

Il pensait qu'elle se déroberait, mais elle entra derrière lui dans la maison.

Le premier geste d'Auligny fut de prendre un
cachet, car il avait la migraine. Elle le regarda faire
avec extase, puis voulut, elle aussi, avaler un «petit
blanc» (un cachet).

— Pourquoi? Tu es malade?

Elle eut une réponse de petite paysanne française:

— Je n'ai rien mangé pour être malade.

Elle ajouta :

— Jamais, jamais je n'ai été malade.

— C'est Dieu qui l'a voulu, dit Auligny, qui avait appris auprès de Ram à faire intervenir Dieu dans son langage, comme un père apprend à employer ce nom dans sa conversation avec ses petits enfants. Et tout de suite il en avait abusé, disant : « Dieu sera content » ou « Dieu ne sera pas content », selon que lui, Auligny, eût été content ou mécontent qu'elle fît quelque chose. C'était sentir en dirigeant le rôle de Dieu dans la société.

Comme on le pense, et bien que touché par l'intonation ravissante de ses « Je t'en prie ! », il refusa de lui laisser prendre un « petit blanc ». Et il se moquait d'elle. Mais alors, brusquement, elle se ferma : de nouveau elle boudait. C'était donc devenu maintenant une habitude, et leurs rencontres n'allaient plus être pour lui qu'une navigation pleine d'écueils, puisque le prétexte le plus futile suffisait à déclencher sur ses traits cette expression dure et sournoise !

Cependant, après qu'il l'eut flattée un peu, elle s'éclaira. Et lui, songeant aux terribles fâcheries d'une maîtresse qu'il avait eue, qui duraient deux, trois jours, pendant lesquels elle était capable de tout, il était attendri que Ram ne pût pas *tenir* les siennes plus de cinq minutes. Et maintenant, honteuse, elle enfouissait son visage dans la couverture du lit, tandis que, les bras en avant, elle jouait avec les mains d'Auligny, en une effusion où il n'y avait rien des faussetés de la courtisane, mais une câlinerie authentique d'enfant.

Ah ! pourquoi cette gentillesse imprévue ? Depuis trois jours il s'efforçait à l'indifférence, et s'y trouvait aidé. Et voici qu'il fallait repartir dans la direction opposée. Voici que cette gentillesse créait pour l'avenir un surcroît de regrets. Tout ce qui affluait en lui, pour elle, c'étaient des raisons de pitié : de nouveau renaissait en lui ce mal abominable qu'il avait cru étouffé. Il ne la trouvait plus jolie. Il se rappelait cette scène qui avait eu lieu l'avant-veille, devant la palmeraie, après qu'ils se furent quittés : l'âne avait refusé de franchir l'oued, où par hasard coulait un pied d'eau, si elle ne passait pas la première. L'âne lui-même lui cédant le rôle des ilotes, le rôle des vies sacrifiées ! Pauvre créature qui avait fait sa petite flamme de grâce et de générosité, puis s'éteignait ou allait s'éteindre pour toujours, rendue à son hébétude originelle : mariée demain à quelque bougre impossible, — se suspendant à une corde pendant les douleurs (« *Ya Rebbi !* »), — accouchant au milieu de vieilles sorcières ignares et folles, — traînant un bébé que l'eau ne toucherait jamais, parce que dans l'eau il y a des génies, et qu'on accrocherait la tête en bas pour le fortifier... Mais, plus que tout, ce qui l'emplissait de mélancolie, c'était que, dans le même temps où il souffrait qu'elle refusât de venir, il sentait que, si demain elle acceptait, il la trouverait bien lourde, cette Ram nouvelle, ronchonneuse et fuyante, et qui l'avait humilié. Et, dans un repli de lui-même, il souhaitait qu'elle ne changeât pas d'avis. Alors il se souvenait de la phrase de Gobey : « Les femmes arabes, on peut toujours les semer facilement... » Et sa pitié, de nouveau, sautait comme une flamme.

Leurs caresses furent mornes. Son vœu unique eût été de pouvoir la regarder sans arrière-pensée, et il ne le pouvait plus. Si ce petit être n'était pas pour lui un nid de sécurité, que lui importait le coït imbécile, ce pis-aller de l'amour ! Il ne l'accomplit qu'à grand-peine, et Dieu sait que cet ordre d'actes ne supporte pas la médiocrité. Le cœur n'y était plus, et on l'a dit magnifiquement, dans la phrase la plus simple : « Les sensations ne sont que ce que le cœur les fait être. » (Rousseau.) C'était peut-être la dernière fois qu'il la voyait, et cependant il avait hâte d'être seul. Étendus sur le lit, il se savait un visage si sombre qu'il l'avait détourné, pour qu'elle ne le vît pas. Il se forçait pour lui faire une petite caresse, avec le pouce, dans la paume de la main. Mais, quand elle se mit à y répondre par une caresse semblable, bientôt il retira sa main. Et ils restèrent au flanc l'un de l'autre, sans se toucher, comme deux gisants de pierre sur un tombeau.

Son esprit s'envola. Même auprès de l'être que nous aimons le plus, sa tête sur notre poitrine, au cours d'une nuit attendue depuis des mois, et quand le bonheur qu'il vient de nous permettre a comblé chaque fois notre espérance, même alors il nous arrive, les sens apaisés, les yeux au loin, de nous trouver à mille lieues de lui, que nous tenons dans nos bras. Auligny, au côté de Ram, songeait à la France, à tout ce qui la menaçait, de par le monde, comme il eût songé à sa mère, si elle avait été, dans cet instant, en train de subir une opération.

Du fond de ce silence, tout à coup, la voix de Ram s'éleva :

— Vous avez été en Chine ?

— Comment ?

— En Chine. Plus loin que les Allemands.

— Mais non, voyons ! Mais non !

— Pourquoi ?

(Ses exquis, ses inoubliables « pourquoi », sur deux notes, comme un cri d'oiseau.)

— Comme tu es bête, ma petite Ram! Comme tu
es bête!

— Vous savez bien qu'ils sont bêtes, les Arabes...

Un mot, un seul mot, et en lui la pitié s'était rou-
verte, comme une horrible plaie. Oh! il ne l'avait pas
aimée assez. Tout à l'heure, il croyait avoir pitié
d'elle pour ceci ou pour cela, et il avait pitié d'elle
seulement parce qu'il sentait qu'il ne l'aimait pas
assez. Et son âme, réveillée, criait son cri du premier
jour: «Réparation! Réparation!», tandis qu'en dessous passaient tristement, comme un fleuve continu
et contraire, les raisons qu'il y avait pour qu'elle, et
ses frères de race, ne fussent pas davantage aimés.

Il lui dit qu'il était bien coupable envers elle, qu'il
n'avait pas fait ce qu'il aurait dû, et d'autres paroles
qui semblaient n'être pas adressées à elle, mais à des
femmes de son passé, assises sur une rive lointaine.
La pitié se soulevait douloureusement en lui, comme
dans la femme le fruit de ses entrailles, et dans
l'homme celui de son esprit, — un monstre fait de
pitié, d'amour vague et de sacrifice, moitié fumée,
moitié spectre, une chose sans nom de faiblesse et de
force, qui crevait en lui ses assises, du mouvement
dont les racines crèvent la terre. Elle, tantôt ses yeux
noirs le regardaient sans expression, tantôt elle les
fermait comme font les bêtes. Ses bracelets brillaient
comme de l'eau dans le crépuscule. La nuit se faisait.
Une lumière s'allumait dans le ksar. Du fossé de la
kasbah, un chant d'oiseau montait, qui se terminait
par un cri frénétique. Il lui dit qu'elle pouvait partir.

Presque bouche à bouche, leurs yeux grands
ouverts, il voyait ses yeux tout proches des siens,
comme dans un gros plan de film. Que ne pouvait-on
faire une coupe dans une âme, fût-ce pendant un seul

instant! Mais à quoi bon? Il savait ce qui se passait dans celle de Ram, et il était pénétré de tout ce qu'il y a de poignant et d'âcre à serrer dans ses bras quelqu'un qu'on sait qui vous trompe. Elle lui donna un baiser long et profond, où il sentit qu'elle lui retournait sa pitié. Il lui sembla que dans ce baiser elle lui disait: «Je te peine en refusant de te suivre, et je te trompe en te cachant que nous nous voyons pour la dernière fois. Mais, dans ce baiser, sens au moins que je te plains de ce que je te fais.»

— Quand voulez-vous que je revienne? demanda-t-elle, déjà noyée et distante, pâlie par les vents chargés de sables, profondément recouverte de passé.

— Quand veux-tu revenir?

— Quand vous voulez.

— Demain, alors, à la même heure, murmura-t-il, la voix blanche, sans croire et sans espérer qu'elle viendrait, le visage déformé par l'amertume.

Lorsqu'elle fut au milieu de la courelle, il eut un sursaut:

— Ram, il faut que je sache. Oui ou non, m'accompagnes-tu dans le Nord? Si tu ne peux pas ou ne veux pas, je trouverai cela très naturel — oui, je t'assure, très naturel — et nous resterons toujours camarades. Mais il faut que je sache.

— Eh bien, je vais te dire la vérité…

Il respira. Enfin, elle avouait. La situation allait être nette. Et une certitude pénible est moins pénible que l'incertitude.

Elle acheva:

— Je t'accompagne.

Le lendemain, il l'attendit. Mais elle ne vint pas.

XXV

Tout l'effort d'Auligny, durant les journées qui suivirent, fut pour oublier Ram. Il renonça à elle, se
sentit en paix, et, voulant profiter de cette bonace,
qui risquait de se déchirer en un rien de temps, dans
un accès de sa hardiesse à saccades il télégraphia à
Canadelles. Il lui confirmait son mauvais état, qui lui
interdisait, affirmait-il, de pouvoir compter sur soi
en cas d'alerte, et il demandait son déplacement à
bref délai.

Il regardait maintenant ses hommes comme on
regarde ce qu'on quitte.

Il y a une couple d'années, à la suite d'une affaire
où tout du long il s'était conduit à son honneur, un
de ses hommes, autour de qui tournait l'affaire, lui
avait dit : «Mon lieutenant, tout de même, vous êtes
un chic type.» Mais dans un élan, une fougue de
vérité, Auligny avait répondu :

— Si je suis un chic type, c'est pour des choses que
vous ne savez pas, et non pour celles que vous savez.

Et tout de suite, il avait ajouté, voulant serrer de
plus près encore ce qui est :

— Mais j'ai aussi beaucoup de choses mauvaises.
En réalité, je ne suis pas différent des autres.

Car il n'avait jamais éprouvé de plaisir à faire le bien. Il avait peur de s'y complaire. Lorsqu'il avait fait quelque chose de bien, sa seule pensée était de l'oublier au plus vite ; il était honteux, avait envie de se cacher.

Mais, à cette heure, il était si démuni de quoi que ce fût au monde qui lui fût agréable, qu'il regrettait qu'il ne se trouvât personne, à Birbatine, pour lui dire : « Quand même, vous êtes un chic type. » Sur quoi se fondait-il pour prétendre à pareil témoignage ? Qu'avait-il fait de plus que les autres ? Ici, il avait fait plus, et là moins. Et, sur bien des points, il avait fait moins que Ménage. Cependant il souhaitait une attestation qu'il avait fait de son mieux.

Qu'était son expérience auprès de ses hommes indigènes, sinon un échec ? Entre ses sentiments à l'égard des indigènes, et sa conduite avec eux, il y avait toujours eu quelque chose qui jouait. S'il remettait sa punition à un homme, cet acte passait inaperçu, était comme résorbé. Au contraire, qu'il refusât une faveur, ou seulement punît, cela se voyait avec éclat. N'omettons pas, en outre, cette règle générale : qu'on vous critique moins quand vous ne faites rien, que quand vous en faites un peu. Quand vous ne faites rien, on en prend vite son parti, cela devient une situation acquise. Quand vous en faites un peu, on mesure, et on trouve que ce n'est pas assez. Et Auligny en avait fait un peu.

Il était le contraire d'un chef qui parle à l'imagination des indigènes. Il avait été faible avec eux. Il avait omis de substituer une volonté à leur défaut d'initiative, quelque chose de solide à leur mobilité et à leur évanescence ; oublié que l'Arabe aime mieux en faire plus, et le faire commandé, à en faire moins, mais

livré à lui-même. (Et pourtant il avait écrit justement, dans le Journal de bordj, — mais sans tirer
parti de cette observation dans la vie : « L'homme
arabe est comme le cheval arabe : s'il n'est pas
dirigé, c'est un corps sans âme. » Il s'était d'ailleurs
empressé de barrer cette remarque, car tel est le
génie des gens qui ne savent pas « écrire », qu'ils se
roulent, comme des pourceaux, dans la fange de l'expression insipide, mais barrent impitoyablement ce
qu'ils ont écrit par hasard d'un trait un peu fort et
original.) C'était pour lui une dure humiliation, de se
rendre compte qu'au début ses hommes se conduisaient bien, simplement parce qu'ils ne le connaissaient pas encore, tandis qu'à présent ils donnaient à
redire, parce qu'il les avait gâtés. Le mauvais caractère de Ram était l'œuvre de la « gentillesse » d'Auligny, tout de même que le relâchement des hommes
était son œuvre. Et il n'avait pas même la ressource
de prendre le genre imperator, consolation des
impuissants (« J'aime qu'on ait le verbe haut ! »
s'écriait un jour Mme Auligny, avec sa vibration spé-
ciale), mais pour lequel il n'était pas doué.

Il avait échoué à s'attacher Ram. À créer chez ses
hommes ce bel alliage de dévouement et de respect
qu'il est plus facile, pourtant, de créer chez le soldat
arabe que chez tout autre. À se faire reconnaître par
Yahia pour un ami des indigènes, puisque Yahia
n'entendait pas quand Auligny faisait le panégyrique
des musulmans, et entendait quand il se permettait
sur eux la moindre critique. Il avait même échoué à
séduire Regragui, le vieux crocodile. Il se rendait
compte de tout cela. Et, avec hargne, il se retournait
contre le commandement. « Comment envoie-t-on ici
des officiers qui ne savent pas l'arabe, n'ont aucune

préparation ? Quel contact veut-on qu'ils aient avec l'indigène ? »

Il lui était venu comme une obsession, que ses hommes riaient derrière son dos, daubaient sur sa faiblesse. Elle lui était venue depuis que si visiblement Ram et son père avaient dit du mal de lui, devant lui, en une langue qu'il ne comprenait pas. C'était au point que, chaque fois qu'il ne comprenait pas ce que disaient des indigènes, il s'imaginait qu'ils insultaient les Français. Il fut même sur le point d'interdire à Mohand-Saïd et à Zaoui de se parler en arabe quand ils se rencontraient autour de la table durant le service, et ne sentit qu'à temps qu'il faisait naître la pensée de l'insulte en la supposant ainsi.

La voie bouchée du côté de Ram et des indigènes, son frémissant besoin de sympathie se tourna vers ceux de sa race. Sa sensibilité se regroupa sur un point nouveau. Comme il se réveillait trois, quatre fois en une nuit, souvent baigné de sueur (et dans chacun de ces petits sommes un rêve particulier, tous côte à côte comme des images d'Épinal sur une feuille), durant ces insomnies, il allait dans la salle la plus reculée de son être. C'est un lieu de silence et de douleur, un prétoire sans crucifix, sans assistance et sans juges, où nous nous convoquons nous-même, où nous pesons notre bien et notre mal, finalement si peu différents l'un de l'autre. Les sous-officiers, Canadelles, ses camarades entr'aperçus ici, les avait-il épaulés ? Ou seulement jugés à leur valeur ? Non. Quand il est si difficile de construire quoi que ce soit, et si facile de critiquer. Quand c'est une loi si inséparable de toute action, que les difficultés qu'on a eu à surmonter ne soient jamais connues. Cette idée croissait en lui, qui déjà l'avait effleuré durant son

grand abandonnement de la canicule, que sur toute
la ligne il avait été inférieur à sa tâche (il avait été
surtout à côté de sa tâche). Il ne se reprochait pas
d'avoir fixé les yeux de préférence sur les indigènes,
et d'avoir vu en eux ce que tant d'autres n'y voient
pas. Mais par quelle aberration n'avait-il vu qu'eux,
et avait-il oublié les siens? Par quelle dualité monstrueuse, aimant son pays comme il l'aimait, avait-il
accueilli d'une âme si avide tout ce qui pouvait faire
flèche contre lui? «Et pourtant, je ne suis pas mauvais», se répétait-il, en petit garçon qui, malgré tout,
se sent un peu perdu quand il n'est plus aux environs
de la maison paternelle. Et il évoquait ce monument
voisin de Birbatine, élevé à la mémoire de légionnaires tués, et dont l'inscription «Honneur et Patrie»
avait été peu à peu rongée par le sable. Ne s'était-elle
pas effacée de même dans son cœur? Il bénissait
alors l'atmosphère urbaine où il allait se trouver. Il
verrait des gens intelligents. Il causerait avec eux de
toutes ces choses qu'il n'avait connues que par ses
songes, dans les fumées de la solitude et des livres,
dans les brumes du vent de sable. — Mais il avait à
subir encore bien des métamorphoses.

Et tout cela, hélas, naissait misérablement de
l'abandon de Ram, comme son amour pour les indigènes était né de son amour pour Ram.

En même temps, il percevait qu'autour de lui on
ne prenait pas très au sérieux les maux qui le faisaient évacuer. Il n'aurait eu qu'un mot à dire: «Je
ne marche pas parce que c'est contraire à ma
conscience.» Mais il préférait passer pour un lâche,
à confesser des opinions qui n'étaient pas officielles.
On met son courage où l'on peut.

Auligny, lorsqu'il envoyait son télégramme au

capitaine, croyait qu'il faudrait longtemps, un mois peut-être, pour qu'il fût touché par un ordre de départ. Quand, huit jours plus tard, il reçut une note lui mandant de quitter Birbatine par le convoi de mardi, après avoir transmis les fonctions à Poillet, et de se rendre à Fez, à la portion centrale de son régiment, pour s'y mettre à la disposition de son colonel, il fut suffoqué, et pressentit le pire, qui était en effet.

Il n'avait pas cherché à revoir Ram. Il ne put supporter la pensée de partir ainsi, et alla traîner dans le ksar, aux alentours de sa case. Tout de suite, il l'aperçut, qui causait avec le boucher. Il aborda celui-ci, et, feignant de ne pas connaître Ram, échangea avec lui quelques mots, parmi lesquels il lui fit savoir qu'il quittait Birbatine mardi. Puis il s'éloigna, de façon ostensible, dans la direction de la maison Yahia. «Elle aura bien compris le manège, et, si elle veut me revoir, me rejoindra d'un moment à l'autre.» Après avoir marché un peu, il prit prétexte d'un autre bonhomme qu'il rencontra pour s'arrêter, et, se tournant à demi, regarder du côté de Ram. Il vit alors qu'elle et le boucher avaient les yeux fixés sur lui, et qu'ils riaient.

Chaque fois qu'il avait aperçu Ram causant avec un indigène, homme ou femme, jeune ou vieux, il avait senti comme un serrement de cœur, horrifié qu'elle eût une vie personnelle, craignant tout de cette intimité de race, obligé de se défendre contre la pensée qu'elle parlait en ce moment-là de lui et contre lui. Mais, cette fois, aucun doute! Non seulement elle avait parlé, mais elle l'avait fait avec méchanceté, puisqu'ils étaient là tous deux qui riaient. Était-il besoin de pousser plus loin l'expérience? Cependant, Auligny ne souffrait plus. Tout ce

qu'il pouvait donner de souffrance à cause d'elle, il
l'avait donné. Au contraire, ce nouveau rebut le
consolidait dans sa paix. « Pas de regrets ! » songeait-
il. Mais il ne faut jamais dire : « Douleur, je ne boirai
plus de ton eau. »

Comme il revenait du ksar, il fut accosté par Boualem.

— Mon lieutenant, vous m'emportez à Fez avec
vous ?

— Je veux bien, dit Auligny, qui s'était décidé sur-
le-champ.

— Ça va, dit Boualem, ceignant sa ceinture, comme
s'ils allaient, de pied ferme, se mettre en marche
pour Fez.

Peut-être, en se décidant si brusquement, Auligny
avait-il cédé surtout au désir de voir une expression
rayonnante sur le visage dolent du garçon. Mais il
n'en fut rien. Devant cette chance inespérée, il trouvait Boualem sans réaction, de même qu'il avait
trouvé Ram sans réaction quand il lui avait offert
tous les biens que supposait son départ avec lui. Ce
détachement, cette adhésion à tous les contraires,
cela a sa beauté ; mais cela, aussi, crée des esclaves.
« Peut-être avait-il simplement oublié qu'il mourait
d'envie d'aller à Fez », se disait Auligny, qui commençait enfin à « sentir » les Arabes.

Boualem, depuis le départ de Yahia, avait traîné,
toujours en guerre avec ceux du ksar, eux l'accusant
d'être un renégat (comme Algérien), lui les accusant
d'être des sauvages. Yahia, malgré ses supplications,
avait refusé de le ramener avec lui à Fez, ce qui n'eût
été que justice, puisque c'était là qu'il l'avait engagé :
pour toute raison, il alléguait la dépense. Et Auligny,
succombant aux généralisations qu'il savait si bien

flétrir, n'avait pu s'empêcher de penser : « Voilà bien les Arabes ! etc. » Boualem, sans travail, redescendait doucement au rang des *chemines*, des buveurs de soleil, accroupis douze heures durant, et les douze autres heures allongés, au pied des murs du bordj. Il avait pris le burnous, que jamais Auligny ne lui avait vu quand il travaillait chez Yahia. Mais, sur son burnous, il avait épinglé l'insigne de métal qui faisait d'abord la gloire de son *bleu* : une petite roue ailée, réclame d'une maison d'automobiles. Et, quoi qu'on pense du progrès, il y avait quelque chose de touchant dans le geste de ce galopin qui, tandis qu'il s'enfonçait, sans doute irrévocablement, dans le sommeil des hommes et des sables, haussait encore au-dessus de sa tête sa roue ailée, comme un signe qui l'isolait des autres, et comme le symbole d'un ordre qu'il croyait le meilleur. Boualem était toujours couvé par la haine de Zaoui-maquereau, qui lui avait interdit d'entrer jamais dans le bordj, — Auligny laissant faire, pour n'avoir pas d'histoires avec Zaoui. Et, comme deux chefs de clan, si Boualem avait son insigne, Zaoui avait le sien : un coquillage sacré, cousu à sa chéchia, plein de *barakas* (bénédictions), et qui même répondait par de petits cris quand Zaoui lui posait des questions. Ainsi s'affrontaient, dans ces deux enfants sombres, les deux superstitions, celle du passé et celle de l'avenir.

Auligny n'avait pas eu besoin de réfléchir pour se décider à emmener Boualem. Il lui trouverait quelque emploi et resterait en contact avec lui. Et Birbatine, ainsi, ne le quitterait pas tout entier. Confusément, le chant de la vieille espérance hésitait, puis s'envolait en lui : « C'est peut-être cette fois-ci… » Boualem avait dit : « Non, ils ne sont pas gentils, les Français. » Eh bien, il verrait s'il n'y avait pas des Français qui étaient gentils ! Et puis, dans son effort pour s'attacher des Arabes, Auligny goûtait comme un assainissement à passer de la femme à l'ordre masculin.

En même temps, tel était son scrupule de justice, qu'il n'était pas sans peine en songeant à l'envie que causerait dans le ksar le départ de Boualem et en se disant : « Pourquoi lui plutôt qu'un autre ? »

Notons bien qu'à nulle époque de sa vie, même collégien, Auligny n'avait été seulement effleuré par le génie de la pédérastie. Ce sentiment, fût-ce dans ses formes les plus obscures, lui était tout étranger. Il n'y avait, proche ou lointain, aucun hinterland de sensualité dans sa sympathie pour Boualem. Cependant, il n'aurait pas emmené un homme, même ce Mohand-Saïd auquel il était habitué. Il ne voulait du bien à Boualem que parce que Boualem était jeune, et que certaines de ses expressions avaient du charme.

Il était si décidé à l'emmener, qu'il ne demanda pas de renseignements sur lui aux ksouriens qui l'avaient employé depuis le départ de Yahia, de crainte que ces renseignements ne fussent mauvais. Pourtant il lui parlait avec sécheresse, et rudesse quasi, moitié par crainte d'être dupe une fois encore de ses effusions, s'il y succombait, et certitude que, plus il serait empressé pour Boualem, de plus haut cela lui retomberait sur le nez ; et moitié pour se garder contre lui, en paraissant ne lui donner pas d'importance, dans un temps où une saute du garçon, se fourrant en tête de ne plus partir, l'eut peiné incroyablement.

C'est dans cet esprit-là que, jouant la comédie de ne vouloir le prendre que sur pièces, il lui demanda ses papiers. Les ayant en main, il vit qu'ils étaient au nom de Chenika Ali.

— Mais ces papiers ne sont pas les tiens !

— Pas les miens !...

— Ils sont au nom de Chenika Ali.

— Ali ! Boualem ! C'est la même chose !

— Enfin, t'appelles-tu Ali ou Boualem ?

— Ali, mais on m'appelle Boualem. Comme ça ! Ali-Baba et les quarante-quatre voleurs.

— Pourquoi quarante-quatre ? Quarante.

Le garçon eut un geste d'impatience, comme devant quelqu'un qui n'a pas l'entendement vif.

— Quatre de plus à Belcourt !

Auligny, une fois de plus, voyait qu'il fallait faire confiance dans le noir. Et il fit confiance dans le noir, parce qu'il avait besoin de faire confiance, comme on a besoin de sommeil ou de pain, et parce qu'il fallait qu'il y eût déjà des menteries de Boualem, avant que le lieutenant ne le prît, pour qu'il le prît d'une façon plus désespérée.

Au poste, Auligny connut que sa situation était diminuée en haut lieu aux froideurs fourrées de ses subalternes, qui l'avaient su avant lui, ou peut-être seulement le flairaient : quelquefois, on ne se compte pas malade, et c'est par l'âne qu'on l'apprend, qui vous rue dessus ; l'âne escomptait ce moment-là comme de naissance, et s'y préparait de longue main avant vous. Mais nul ne fit sentir la différence aussi grossement que Jilani. Comme Auligny le trouvait sur le seuil de sa maison, assis devant une table à discuter avec le notaire, le fils du caïd lui serra la main assis, et ne se leva qu'après avoir marqué un temps.

Auligny songeait à tous les services qu'il avait rendus à Jilani et au caïd. Il se rappelait une phrase que

Yahia lui avait dite: «Les Français oublient les noms», sous-entendu: «de ceux qui leur ont été dévoués». — «Ils ne sont pas les seuls», pensait-il.

L'avant-veille de son départ, Auligny voulut donner à Ram une dernière chance. Il fit en sorte de rencontrer Bou Djemaa — Bou Djemaa au regard détourné, et toujours rougissant quand Auligny lui adressait la parole et lui dit: «Dis à Rahma que le lieutenant part après-demain par le convoi, et qu'il maintient tout ce qu'il lui a proposé. Il sera demain à la maison Yahia à la tombée de la nuit.» Il le faisait sans croire au succès, et peut-être même sans le souhaiter; simplement pour pouvoir se témoigner qu'il avait fait tout ce qu'il avait pu. Et ce soir-là, comme les autres, Auligny resta seul dans la maison Yahia.

Mais le lendemain, quand les moteurs du convoi furent en marche, et qu'il fut bien certain que Ram ne viendrait pas, alors il eut un pincement au cœur, le premier depuis quinze jours et plus. C'en était donc fait! Quel abandon! Le dernier — le dernier — mot qu'elle lui avait dit avait été un mensonge: «Je t'accompagne.» Vraiment, elle l'avait piétiné. Avec le bruit d'une heure qui sonne, quelque chose, qui jusque-là restait malgré tout en suspens, tombait dans le passé. En un instant, Birbatine et Ram, Ram et Birbatine, confondus, devenaient un rêve, mais aussi un tout délimité et fermé, sur lequel Auligny ne pouvait plus rien.

Dans cette défaillance, il songea à Guiscart. Il n'en avait jamais reçu que du mal, mais il en était attiré. Lui qui, même dans le bonheur, avait besoin d'amitiés, que sera-ce dans le malheur! *De profundis clamavi.* Il appelle vers un ami qui lui fasse honte de se laisser frapper, qui lui montre tant et tant d'hommes soumis à des épreuves infiniment plus dures, qui lui dise : « Et moi, voici ce qu'il me fallut supporter. Eh bien, est-ce que j'ai l'air malheureux ? L'oubli est vite venu, etc. » Et puis, avec Guiscart seul il pouvait parler de Ram. Par lui seul il pouvait reprendre contact avec Ram : s'il le lui demandait, Guiscart ne refuserait pas d'aller à Birbatine, qui sait ? se piquerait même d'honneur de n'en pas revenir sans Ram. Maintenant qu'Auligny était matériellement empêché de convaincre Ram, c'est-à-dire de se prouver une fois encore qu'il en était incapable, rien ne lui semblait plus aisé que cette œuvre de persuasion. Ce trajet entre Birbatine et L..., qui sans espérance eût été affreux, fut humanisé par l'espérance en Guiscart. Le premier acte d'Auligny, en arrivant à L..., fut de télégraphier à Guiscart : « Dure crise. Viens Fez si possible et préviens poste restante Fez. » Il pensait bien que la singularité de sa démarche appâterait le chevalier, toujours médiocre dans le commun, mais céleste dans l'extraordinaire.

À L..., les boulevards, les places surprirent Auligny, bien plus petits que son souvenir ne les lui représentait : ce fut là sa première impression. De même, un peu plus tard, cette ville lui sembla s'être recroquevillée moralement, où il y a huit mois il avait vécu de si bonnes heures, soulevé par son désir de s'employer. Dans la disposition où il était, tout ce qu'il y vit, il le vit mesquin et grimaçant.

Auligny trouva le corps d'officiers dans un triste état. L'unique cinéma, qui avait fermé ses portes durant l'été, ne les avait pas rouvertes en octobre, de

sorte qu'on dépérissait. Il apprit que le colonel était
souffrant, et ne recevait pas, et il s'en loua, pressen-
tant que le colonel lui en voulait et que leur entrevue
eût été pénible. Il avait ses antennes, car voici ce qui
s'était passé.

Le capitaine de Canadelles était comme les avocats
qui vous disent : « N'est-ce pas, secret professionnel !...
Mais enfin, je puis bien vous le dire : je sais que mon
client est en ce moment dans une situation très
gênée » ; il était comme les médecins qui vous disent :
« Mlle de T... jouit d'une santé parfaite. Néanmoins,
M. votre fils ferait mieux d'épouser quelqu'un de qui
le terrain soit tout à fait sans reproche » ; il était
comme les directeurs de conscience, dans les collèges
catholiques, qui jamais — d'honneur ! — ne dévoile-
ront le secret de la confession, mais le jeune X..., s'il a
eu la noble candeur de se confesser à l'un d'eux de
quelque chose de vraiment grave, sera quand même,
sous quelque prétexte, remercié à la fin du trimestre.
Ces avocats, ces médecins et ces confesseurs sont tous
les avocats, tous les médecins et tous les confesseurs.
Le capitaine, qui avait revu Rugot, ne lui avait pas
rapporté les propos subversifs d'Auligny. Il lui avait
dit :

— Auligny ? Un excellent garçon ! Mais il réfléchit
trop. Ce sont les nouvelles couches.

Il réfléchit ! À quoi donc est-ce qu'il réfléchit ?
avait demandé le colonel, tout à fait comme M. de
Maillary[1], ce jour où quelqu'un disait devant lui que
Hugo travaillait beaucoup : « Et à quoi donc, mon
Dieu ? » avait demandé M. de Maillary, avec dérision.

---

1. Grand-père de M. de Guiscart, présenté aux lecteurs dans un
des passages supprimés, au début du roman.

— À beaucoup trop de choses. Il se pose des questions que personne ne se pose ici. Mais qu'est-ce que vous voulez ! Il est seul dans son bled, il n'a rien à fiche, alors il a des idées.

— Je n'ai pas besoin d'officiers qui ont des idées, avait dit le colonel.

Et, de cet instant, Auligny eut son compte.

Aussi, quand le colonel avait reçu le télégramme du lieutenant, avait-il dit sans plus : « C'est un trou-du-c… » Et, comme Auligny le devinait, il n'avait plus cherché qu'à se défaire de lui au plus tôt.

Le colonel était donc malade. Qu'avait-il ? Quand il apprit la promotion de Méchin, Rugot avait eu à la fois de l'amertume et du contentement, mais nulle envie : il aimait bien Méchin, et l'estimait. Dix jours durant, il s'était tenu très bien ; il était même guilleret. « Eh bien, cela a passé comme une lettre à la poste ! » se disait-il en lui-même, avec un sourire intérieur, qui était beau. Mais le onzième jour, il eut trente-neuf degrés de fièvre, et depuis une semaine cette température ne baissait pas. Les majors ne lui trouvaient rien d'atteint : il n'y avait que cette fièvre.

Auligny déjeuna au cercle. On voyait là les beaux visages dignes et doux d'officiers supérieurs de la cavalerie, leurs blanches moustaches soyeuses, leurs cheveux en haute brosse, et leurs femmes discrètes à leur côté. Quand bien même on eût pu dire d'eux ce que Napoléon dit de Murat, quand on lui apprit sa mort, l'éducation, la solidité, les vertus se lisaient sur leurs physionomies parlantes : il n'y avait qu'à les regarder pour savoir qu'on pouvait leur demander tout. À d'autres tables déjeunaient de jeunes officiers des Affaires indigènes, avec une maturité dans l'expression qui les distinguait de ces brillants cavaliers,

de beaucoup leurs aînés pourtant. Ceux-ci, Auligny
les évita, alors qu'il les avait recherchés à son premier passage à L..., parce qu'alors il désirait
apprendre d'eux. Maintenant il leur en voulait d'en
savoir plus que lui, et surtout de se faire aimer des
Arabes. Toutes les histoires de mess (des officiers de
renseignements à qui leur maîtresse indigène avait
sauvé la vie... ceux qui s'attachaient tellement à une
tribu qu'ils arrivaient presque à en faire partie, devenaient son conseiller et son avocat passionné..., etc.)
lui revenaient cruellement à l'esprit, côte à côte avec
son échec. Et il en avait d'autant plus d'amertume et
d'envie, qu'il sentait bien que, au Maroc, sa place eût
été parmi eux, et non avec «les c... de la troupe»,
genre Ménage ou Canadelles.

Pourtant, un voisinage de table l'aboucha avec un
capitaine-interprète, qui tout de suite se mit à lui
parler d'abondance sur la législation appliquée aux
indigènes par le protectorat. Ce sujet eût dû intéresser beaucoup Auligny, mais il fit à peine attention à
ce que lui disait le capitaine, son seul effort, durant
que celui-ci parlait, étant d'essayer de faire croire,
par ses répliques, qu'il était un peu au courant de la
question. D'ailleurs, à peine le capitaine fut-il au
bout de son rouleau, qu'Auligny prit sa revanche.
S'étant assuré, par quelques incidentes, que le capitaine n'avait jamais été dans le Sud, Auligny pérora
en toute confiance sur le régime économique des
oasis, et ce fut au tour du capitaine de ne plus s'occuper qu'à préparer ses réponses.

Ici, deux pages supprimées.

Le lendemain matin, il prit le train pour Casablanca. Au guichet, comme il était un peu en retard, et que des Arabes ne s'écartaient pas assez vite pour lui céder leur tour, il les bouscula avec un : «Eh bien, quoi !...»

Auparavant, c'était du trouble, mais le sentiment qu'il allait vers la vérité, donc de la sécurité. Mais maintenant, trouble total. Il ne pouvait plus se reposer du côté musulman, et il ne pouvait plus se reposer du côté français.

Le train était en gare. Un indigène arriva en courant, avec son billet. Le chef de gare lui barra le passage. — «Mais le train est là !» crie l'indigène. — «Pour moi, il est parti, dit le chef de gare. Il y a déjà deux minutes qu'il est parti. Je ne connais que l'horaire.» Et c'est seulement parce que le chef de gare, appelé ailleurs, s'éloigne, que l'indigène peut passer[1].

Dans le train, à chaque station, Auligny croyait que Boualem avait dû descendre et ne remonter pas. Il savait bien que le garçon était content d'être parti avec lui. Mais il pensait que quelque idée absurde lui passerait par la tête, qui le ferait quitter le train, soit par défaut d'esprit de suite, soit par sottise — vouloir revendre son billet, — ou bien plutôt sans autre motif que celui de faire quelque chose de mal et de tromper Auligny. Tant l'Islam lui paraissait synonyme d'abandon et de trahison. Et quand, à Casablanca, il vit Boualem courir sur le quai, repoussant un porteur arabe afin de prendre lui-même la valise du patron, Auligny fut moins touché de son zèle que du

1. Authentique.

simple fait de le trouver là, comme si déjà Boualem avait fait à son égard quelque chose de très méritoire. «Ce n'est pas la peine que vous gaspilliez cinq francs, quand moi je peux vous porter la valise pour rien», dit Boualem, ce qui fit sourire Auligny, qui voyait là, tout ensemble, le pelotage arabe, et le génie arabe d'embêter un coreligionnaire.

(Il devait le voir encore, un peu plus tard, quand, voulant acheter à un marchand indigène une paire de souliers pour Boualem, il entendit Boualem lui souffler à l'oreille: «Ne les achetez pas. Il me les a faits trente francs de moins tout à l'heure quand je suis venu seul.» Ainsi le chien arabe, adopté par un maître français, aboie contre les Arabes.)

Descendu à l'hôtel, le lieutenant se sentait très content de Boualem. Vraiment, il le trouvait parfait. Pour n'importe quelle famille française, ce garçon, comme serviteur, serait une bonne acquisition. C'était surtout sa docilité qui le touchait. Cette docilité, il l'avait vue assez chez ses hommes, mais il conservait ce pli profond, que ses hommes ne fussent pour lui que des *sujets*, comme ses malades pour un médecin-chef, ou ses plants pour un jardinier. Il était étonné et touché de voir que Boualem ne faisait jamais le premier le geste de s'en aller d'auprès de lui, comme si la compagnie du lieutenant lui était agréable. Et il se souvenait des petites panthères françaises qui, à certaine époque, servaient chez sa mère. Elle voulait avoir du personnel masculin, ce qui fait chic, mais ne voulait pas le payer, et avait donc des gamins échappés de l'Assistance publique, dont elle changeait tous les quinze jours, et qui lui donnaient, à défaut d'une aide quelconque, le plaisir d'exercer sur eux ses instincts de dompteuse, car ils étaient d'une malfaisance inouïe. Quelle différence entre ces redoutables petits monstres, et Boualem! Tandis que de jeunes bourgeois, élevés dans les meilleures familles, sont à dix-sept ans d'authentiques crapules, comment ceci, nourri dans le ruisseau d'une ville suffisamment canaille, pouvait-il être si parfait?

Avec le sentiment de dire une parole très importante, le lieutenant dit à Boualem:

— Tu es débrouillard, propre, soigneux, honnête, *bien élevé*. Jusqu'à présent, je ne te trouve que des qualités.

Aucune expression n'apparut sur le visage de Boualem, occupé à grignoter d'imperceptibles miettes de pain qu'il découvrait au fond de ses poches, avec les gestes mêmes du singe. Auligny fut déçu, et quémanda, sur le ton de la plaisanterie:

— C'est un éloge, ça, hein?

Mais l'autre ne répondit pas. Auligny, cependant, ajoutait:

— J'en veux à Yahia de ne m'avoir jamais dit un mot de toi, ni fait savoir que tu avais de réelles qualités.

À quoi Boualem:

— Qu'est-ce que vous voulez attendre de bon des Arabes? D'ailleurs, je le lui ai bien dit, quand il est parti: «Si Yahia, un sauvage autant comme vous, y en a pas.»

Voilà qui était loin du: «Ils ne sont pas gentils, les Français.» Mais Auligny était devenu semblable au poilu de la guerre: il «ne cherchait plus à comprendre». Tout cela, pour lui, n'avait aucune solution, était dans un état de tremblement éternel, comme les eaux inquiètes, insatisfaites de la mer.

Boualem disait encore:

— Là où vous allez, je vais. Je vous quitte plus. Si y a des bandits qu'ils vous attaquent, je vous défends. Mais si vous me renvoyez à Alger, alors, ce que je leur en ferai, de la bluff! Je leur dirai que mon patron il était le général, qu'il était miyonnaire, qu'il avait des banques partout, à Rabat, à Fez... Oh! je mentirai beaucoup.

Auligny regardait l'expression émerveillée qu'avait Boualem en imaginant ses menteries, et il songeait: «Comment peut-on leur en vouloir?» L'autre jour, lui ayant demandé combien de temps il était resté dans certaine place, Boualem avait répondu:

— Sept ans.

— Pourquoi dis-tu «sept ans», quand tu sais bien que je ne te crois pas?

— Quand les Arabes y parlent, y disent comme ça! Comment leur en vouloir?

La veille, à L..., Auligny avait donné trois francs à Boualem pour qu'il couchât au bain maure. Cette fois, il lui dit qu'il ferait mettre un matelas dans le lavabo de sa propre chambre, à l'hôtel.

Comme il allait sortir pour dîner, Boualem lui annonça sans ambages qu'il «rentrait» ce soir au cinéma. Auligny fit la tête.

— Encore, si tu me l'avais demandé! Mais je t'ai dit que tu couchais dans mon lavabo. Alors, tu n'as pas pensé que, moi, j'avais peut-être envie de me coucher tôt, et que tu allais me réveiller en rentrant à minuit!

Il crut voir dans les yeux de Boualem cet éclair violent et sournois qu'il avait vu dans ceux de Ram, certain jour. L'éclairage accentuait à ce moment l'ombre qui bordait la lèvre supérieure de l'adolescent: Auligny l'imagina dans trois ou quatre ans,

avec des moustaches, une barbe pas faite, des rides,
— toute grâce défaite, grossier et sauvage. Il lui
dit que, puisque depuis si longtemps c'était sa première soirée dans une ville, il le laissait aller au
cinéma, mais qu'à l'avenir, etc. Boualem, de qui
l'expression un peu mauvaise avait disparu — si
jamais elle avait existé, — dit avec bonne grâce, et
sans bouderie aucune, qu'il n'irait pas, qu'il valait
bien mieux dormir, et autres choses excessivement
raisonnables.

Auligny perçut avec beaucoup de certitude que
cette liberté prise par Boualem, cette première petite
faute, alors que depuis trois jours il n'avait *rien* eu à
lui reprocher, était la conséquence directe et immédiate des compliments qu'il lui avait faits. Boualem,
assuré de la confiance d'Auligny, avait immédiatement cherché à gagner à la main.

Auligny dîna dans une salle de restaurant rapidement transformée en écurie par les grues. Elles y
amenaient qui un, qui deux, qui trois cabots, lesquels
proclamaient par leur misère la misère de leurs maîtresses ; et ils se flanquaient dans vos jambes, venaient
faire le beau sous votre nez, pour que vous engagiez
la conversation avec leur patronne, pissaient et crot-
taient entre les tables. « Qu'est-ce que vous avez fait
là, monsieur ? » minaudait alors la grue, encouragée
par l'assistance, qui trouvait tout cela exquis. Un
capitaine, le chien de sa grue sous le bras, faisait des
éclats, dans la cuisine, parce qu'on n'avait pas monté
assez rapidement à l'étage des déchets de viande
pour ce chien.

Quand il remonta dans sa chambre, Auligny trouva
sur la table, en évidence, une superbe pomme, d'allure fort appétissante. Un petit morceau de papier

était posé contre elle, où quelques mots étaient gribouillés au crayon, qu'il déchiffra :

M^er Boualem au lieutenant Auligny pour lui fair plaisir de emer Boualem[1].
     Votre fils

                                             Boualem.

« Pelotage ! toujours pelotage ! Il a vu qu'il avait été trop vite, et maintenant il fait machine arrière. Pelotage, — mais avec quelle grâce ! » Il serra le petit papier dans sa cantine, ainsi qu'un document précieux. Et il lui était précieux, en effet. Et il se disait : « Ce petit papier me sera comme les cadeaux de Ram. Boualem filera un beau matin en emportant mon portefeuille, — et de quel cœur regarderai-je alors son petit papier ? »

Cependant il renonça à garder Boualem dans son lavabo, craignant qu'on ne pensât à l'hôtel qu'il couchait avec le jeune Arabe.

Boualem rentré, remercié, et la pomme partagée en deux, le garçon, à qui Auligny avait donné de l'argent pour qu'il allât dormir au bain maure, voulut se laver la figure avant de se coucher, parlant et riant à son image, que lui renvoyait la glace, et la menaçant du poing. Auligny lui avait acheté une brosse à dents, et c'était merveille de le voir se racler les gencives jusqu'au sang, croyant n'en avoir jamais assez fait, mais ne brossant pas trois coups sans que ce geste, vu dans la glace, ne le pliât de rire au point de lui faire poser le front — tant il n'en pouvait plus ! — contre la planchette de verre du lavabo. Il disait :

---

1. « De emer Boualem. » Lisez : parce qu'il aime Boualem.

«Les Arabes, ils se lavent les dents avec le doigt», ou bien: «Les Arabes, ils se lavent les dents avec le chech», et toujours, comme un refrain, il ajoutait: «Alors, vous dites ils sont pas fous, les Arabes?» Et Auligny: «Dire du mal des Arabes! Toujours et éternellement le pelotage. Et c'est lui, cependant, qui nous a dit que les Français n'étaient pas gentils. Pourquoi, hier, ne pelotait-il pas? Quand était-il sincère? Hier? Aujourd'hui?»

Maintenant, Boualem parti, sans cesse l'image de Ram remontait en Auligny. Il essayait de l'enfoncer, comme on enfonce un noyé qui s'accroche, mais toujours elle reparaissait. Et, dans le même temps qu'il voulait l'effacer, le moment où ce visage lui échapperait à jamais lui était d'avance atroce. Ram! Il l'innocentait à tâtons. C'était son père qui n'avait pas voulu... C'était Bou Djemaa qui n'avait pas fait la commission... Non, elle n'avait pas bien agi. Mais elle aurait pu être tellement pire! Le vieux lui aussi aurait pu être exigeant: la virginité se paye d'ordinaire... Avec démesure, il agrandissait ce qui était attachant en elle. Songer qu'elle ne prononçait jamais une parole sans sourire, comme si l'acte d'ouvrir la bouche déclenchait automatiquement ce sourire! Et son rire quand il lui avait appris à faire craquer ses doigts, ou quand, sur une enveloppe, il collait le timbre un peu de travers! Sa tristesse le jour où un chien avait mangé ses babouches (des babouches il n'était rien resté). Son attention quand elle le regardait écrire, comme fait un chat, avec des remarques qui eussent pu être faites par un chat, s'il avait parlé. Et tout ce qu'Auligny appelait son «genre Comédie-Française»: ses «Ah!» à faire sécher de jalousie une jeune première, — l'intonation ravis-

sante, le charme étonnant de ses «Pourquoi?», — la
force pathétique de ses «Je t'en prie!» (toujours pour
des riens), — et ses phrases d'ingénue de théâtre:
«C'est que, dans les souks d'une grande ville, si
petite, je me perdrai», ou celle qu'elle avait dite en
contemplant les pauvres objets de la chambre d'Auligny: «Tout ce que je vois chez vous m'étonne...»
Cette phrase-là! Il suffisait à Auligny de se la murmurer en soi-même (avec son allure de vers de
Racine), et il lui pardonnait ce qu'il n'avait pu
encore pardonner. «Tout ce que je vois chez vous
m'étonne...»

Le vacarme des officiers de l'aviation
dans le bar attenant en bas à l'hôtel.
Intervention d'Auligny dans le bar.
Tout cet épisode — quatre pages — a été supprimé.

XXVI

Laissons enfin ce petit lieutenant! Entrons dans un personnage extraordinaire, où nous nous reposerons, et nous trouverons plus à l'aise; nous tirons d'ailleurs vers la fin de ce livre, et sentons l'écurie. Donc M. de Guiscart, ce 26 octobre 1932, dans son nouvel appartement d'Alger (il avait dû quitter l'autre, dont trop de gens connaissaient l'existence), était occupé à se baiser la main. Ce n'était pas là un vice: le chevalier n'aimait pas le vice, et n'en avait aucun. Il baisait sa main, puis secouait la tête d'un air impatienté, la baisait de nouveau, avec un grand sentiment, et de nouveau se mettait en fureur. Cet exercice avait pour but de l'habituer à donner un baiser sans faire le moindre bruit, performance qui n'est pas négligeable quand on a le goût des jeunes personnes, souvent endragonnées de quelque mère. Et les lèvres, comme les sommiers, font toujours trop de bruit.

Le chevalier était fort content. Il revenait de France, où, pour la première fois, il avait senti «la crise». Pendant longtemps il avait cru qu'elle était une invention des journalistes, puis, au dernier printemps, il avait commencé de la percevoir, à ses effets heureux. On n'achetait plus sa peinture, il n'était donc plus tenu de s'occuper de contrats, de répondre à des lettres; et il en avait plein le dos, de tous ces sacrifices qu'il fallait faire à son talent. La crise, qu'il appelait «la cricrise», lui donnait même un prétexte pour déposer davantage encore ses pinceaux. Elle caressait son horreur raisonnée du travail, et sa conception, hispano-arabe, qu'un client qui entre et achète est un contretemps qui vous casse le repos. Mais en France il avait vu des femmes délicieuses, et qui se défendaient jadis, tomber dans ses bras par manque d'argent; et nombre de gens touchés par la crise et qui en souffraient, tandis que lui en était touché pareillement, et n'en souffrait pas. Tout cela lui était agréable. Il y avait derrière lui des masses, des certitudes sans fond d'insouciance, d'argent, et de santé, qui le mettaient dans une de ces dispositions où l'on se ferait un jeu de marcher sur les eaux.

Son dernier agrément était d'avoir lu un article où l'on disait que nous voyions sous nos yeux «la fin du monde moderne». Quand même, ça instruit, un journal! Nous autres chevaliers du moyen âge. Nous autres hommes de la fin du monde moderne. Sentir que l'on prenait part à un tel événement, cela faisait passer sur bien des petits ennuis. Dans dix siècles, des jeunes gens nostalgiques, et surtout incapables, rêveraient: «Ah! si j'avais vécu à la fin du monde moderne! C'est alors que j'aurais pu donner ma mesure. Et quelle époque de voluptés coupables!» Profitons vite de tout cela, se disait le chevalier. Bientôt nous allons entrer dans un monde qui ne sera plus moderne. Et Dieu sait ce que ça va être.

Tandis qu'il était dans ses baisements de main, on sonna. Il alla vers un tiroir, en sortit son revolver (il

le plaçait toujours dans des endroits différents, et
c'était chez lui une pratique, de se demander à brûle-
pourpoint : «Où est mon 7,65?», pour s'habituer à
n'être jamais pris au dépourvu), se défit de ses
babouches, dont il se défaisait à tout propos, comme
un Oriental, et à pas de loup, sur ses chaussettes,
gagna la porte. «Qui est là?», cria-t-il, à voix d'ogre.
Silence. «Dites qui est là, ou je tire à travers la
porte», dit-il, se collant contre le mur, au cas où l'on
tirerait sur lui. On ne répondit pas, mais un télégramme fut glissé (précipitamment, parut-il) sous la
porte. Il le lut. C'était le télégramme d'Auligny.

Catastrophe. En effet, il avait beau se dire : «Il
m'embête!», etc., tout de suite il avait vu qu'il répon-
drait à cet appel. On en sera surpris, car le chevalier
était glorieusement inservable. Cela lui venait de
M. de Maillary, qui aurait donné sa fortune pour ne
pas rendre un service. Préférant toujours être mésec-
timé à être gêné, Guiscart affectait même d'être plus
inservable qu'il ne l'était en réalité, afin de découra-
ger les solliciteurs. Aussi, tandis qu'on sait peu de gré
aux gens qui vous donnent un boisseau d'or, on s'attendrissait sur le chevalier quand il vous offrait un
verre d'eau, présumant ce que cela lui avait coûté. Il
peut sembler d'autant plus étonnant qu'il se déran-
geât pour Auligny, qu'il ne lui portait pas une once
d'intérêt. Il avait vu d'un bon œil qu'Auligny cessât
de lui écrire, jugeant qu'il faut de temps en temps
mettre ses meilleurs amis en jachère pendant
quelques années, à la fois pour faire de l'air dans ses
courriers, et pour leur rappeler que leur sympathie
ne vous cause aucun plaisir. C'était surtout avec
ceux de ses amis qui étaient puissants qu'il en agissait ainsi, car il avait ses luxes. Mais, précisément

parce qu'il ne portait aucun intérêt à Auligny, il jugeait qu'il était bien de venir à son aide. C'était à la fois honorable et absurde : tout à fait de quoi vous conquérir.

Il y avait quelques années, il avait publié une suite de planches intitulées : « Le pas de l'honneur », avec cette légende : « Un homme à tête rase, comme le sont les hommes de proie, vêtu en paon et en samouraï, fait des pas, autour d'une épée enfoncée en terre, dans des endroits différents, mais toujours seul, et ne faisant plaisir qu'à soi-même. » Le public avait boudé cette œuvre, le mot « honneur » ne levant en lui aucun sentiment ni aucune idée ; on n'avait pas même compris ce que ce mot voulait dire, on avait cru que c'était un mot japonais. Décidant de partir, Guiscart, en quelque sorte, dansait un pas de l'honneur. Il avait l'âme trop haute et trop bizarre pour avoir pu choisir une autre morale que celle de l'honneur, laquelle consiste à lâcher pied sur les points où le vulgaire tient, et à tenir sur ceux où il lâche pied. Et sur cette morale-là il était de la dernière fermeté, quitte à l'envoyer promener le cas échéant. Enfin, dans sa décision, il y avait aussi un « côté tour de force », un côté Phileas Fogg qu'il tenait de M. de Maillary. M. de Maillary (qui était l'homme le plus insensible du monde à tout ce qu'on peut appeler un tableau) disait, avec un ton de détachement ineffable : « À 5 heures, je ne me suis plus rappelé la teinte exacte de la tunique de la Vierge, dans la *Crucifixion* de Raphaël, à la Pinacothèque. Quoi ? (ce « quoi ? » signifiait : « Est-ce qu'il y a quelqu'un qui trouve à redire ? »). Le lendemain matin, à 7 heures, j'ai pris le rapide pour Munich. J'arrive, je hèle une voiture. Quoi ? J'entre à la Pinacothèque. Je vais droit au tableau, — quoi? — sans rien vouloir voir d'autre. À 2 heures je reprends le train. À 5 heures j'étais ici. Quoi? On n'a qu'à...» Dans la famille, M. de Maillary était devenu «le Père On-n'a-qu'à»; quand on disait: «On n'a qu'à...», il fallait trancher l'air, un peu, du coupant de sa main. Guiscart, tenant le télégramme d'Auligny, devait bien céder un peu à la puissante séduction qui émanait de son magnifique grand-père. «Je reçois le télégramme à 6 heures. Quoi? Je me fous de ce daim. Mais — quoi? — il y a des choses qu'il faut faire. À 8 heures je prends le train. Quoi? On n'a qu'à...» Aimable Pierre de Guiscart! Pourquoi faut-il qu'on voie trop bien comment il sera quand il aura soixante-dix ans? Et nulle chance qu'il atténue ses manies, puisque, ce qu'il préfère en soi, c'est ce qu'il a d'insupportable.

Tout compte fait, le départ du chevalier lui coûtait beaucoup: vraiment, il y fallait une façon d'héroïsme, tant Alger retrouvée l'avait ravi, tant il en attendait de plaisir. En outre, il avait le pressentiment qu'à Fez il tomberait malade, car toutes les fois qu'il *faisait son devoir* (toutes les fois qu'il faisait quelque chose qui l'ennuyait, il croyait qu'il faisait son devoir), il avait un accroc de santé, comme si la nature voulait lui montrer qu'il ne faut pas se forcer dans un sens qui n'est pas le vôtre. Mais enfin, il se fit assez vite à son départ. Entre sa vie spirituelle, ses talents et ses passions, sans oublier la naissance comme une position de repli, il avait de telles ressources que de tout il prenait aisément son parti.

À Fez, le premier objet que vit Guiscart fut la fausse comtesse. Elle avait des bottes à l'écuyère, une cravache, un casque colonial. Personne ne jetait de pommes cuites à cette chienlit. On trouvait qu'elle était le comble du chic, — et crâne! et parisienne! Elle, elle était comme tous les faibles d'esprit: elle voulait seulement avoir l'air d'un personnage de cinéma. D'une façon générale, Guiscart était gentil, sensible, et quelquefois véritablement bon avec les humbles; inégal, difficile, et prêt au pire avec la classe moyenne; et odieux avec les puissants, jusqu'à l'incorrection et à la grossièreté. De cette grossièreté voici un exemple (car la divine singesse, hélas! était bien une puissance): Guiscart se disait que, si le hasard l'avait fait compagnonner avec cette femme au cours de quelque «croisière» en zone d'insécurité, et s'il y avait eu une embuscade, il eût profité du désarroi pour lui envoyer une balle dans la tête.

Tout sentiment est Protée. À un certain degré de température, cette chaleur de colère et de dégoût se métamorphosa en désir d'aimer Fez et en croyance qu'il y pouvait être heureux. Le chevalier, toujours beau de prudence, et qui avait ses dessous, n'avait pas prévenu Auligny de son arrivée: il voulait se don-ner de l'air, et puis… il ne fallait quand même pas en faire trop! Il résolut donc de s'occuper d'abord à rendre habitable un aimoir qu'il avait dans la ville arabe: car il restait inquiet tant qu'il n'était pas assuré d'avoir bien sous la main un domicile secret, et il n'était pas encore blasé sur le chatouillement de se demander, à onze heures du soir: où coucherai-je cette nuit? Depuis trois ans il n'avait pas séjourné à Fez, mais un jardinier marocain était censé mainte-nir en état l'aimoir et le jardin. Guiscart se rendit donc à la maison du jardinier, non sans se perdre à tout bout de champ dans les ruelles de la Medina. Nous ne décrirons pas les ruelles de la Medina, qu'on trouve dans tous les livres.

Guiscart dit au jardinier de nettoyer la maison, de sorte qu'il pût, s'il en avait le goût, venir y coucher le soir même.

Revenu à la ville nouvelle, il allait déposer un mot à la poste pour Auligny, quand il l'aperçut dans la rue. Et il vivait tellement sur le qui-vive que, si normale que fût cette rencontre, Guiscart d'abord sursauta, voûta les épaules, fit mine de se dérober. Quand il rencontrait quelqu'un à l'improviste, il avait toujours un premier instant de vacillement, pendant lequel il cherchait à se rappeler où il en était de ses mensonges avec cette personne, afin de pouvoir les soutenir.

La gratitude et les remerciements d'Auligny lui faisaient d'avance très peur. Il redoutait tellement qu'on n'attentât à son indépendance, qu'il craignait la sympathie plus que l'antipathie. Sitôt qu'il sentait chez une personne de la sympathie à son égard, quelque chose, au plus intime de lui, se rétractait, se mettait en pelote ; quitte à se détendre ensuite, mais toujours en se couvrant beaucoup. Aussi, lorsque, ayant abordé le lieutenant, il se mit à faire du Maillary : « J'ai reçu ton télégramme. Quoi ? Je suis venu. Quoi ? Il y a des choses qu'il faut faire », il était assez contracté. Mais quand il vit qu'Auligny ne le remerciait pas avec l'effusion tant appréhendée, et qu'il était même un peu court, il en fut blessé. Son réflexe immédiat fut de repartir le soir même : partir était chez lui un véritable tic, et il aurait pu prendre pour devise : « Rien ne sert de courir, il faut partir à point » (en quoi la vie lui donnait raison, car il est bien vrai que partir arrange tout). Il y eut des salves de « Quoi ? », avec haussements appropriés des sourcils, et on coupa l'air de sa main. Enfin on résolut de rester, découvrant dans la chose un agrément imprévu, qui était de se croire un martyr.

Il est toujours dangereux d'appeler quelqu'un à son secours. S'il vient et nous déçoit, nous ne lui savons nul gré d'avoir offert son aide ; s'il vient et nous trouve tirés d'affaire, c'est un gêneur, et de la pire sorte, celui qui sait. Vingt-quatre heures après l'envoi de son télégramme, Auligny en avait envoyé un second, arrivé après le départ de Guiscart : «*Crains te déranger. Oublie précédent télégramme.*» Maintenant, devant Guiscart, il se disait que, s'il l'eût pu, il ne lui eût soufflé mot de Ram : bien des fois il lui était arrivé, allant chez quelqu'un dans le but exprès de l'entretenir de tel objet, de repartir sans avoir abordé cet objet, par timidité.

— Si tu as un instant…, hasarda-t-il enfin.

— J'ai tout mon temps, dit Guiscart, avec une sorte de grandeur, et en homme qui connaît ses luxes. En effet, il avait toujours tout son temps, et cela en dit long.

Le lieutenant raconta toute l'histoire de Ram. De temps en temps il battait rapidement des paupières, et Guiscart songeait : «Curieux effet de la lumière saharienne. A-t-on noté cela ?» (Auligny battait des paupières par mimétisme amoureux, parce que Ram faisait cela quand elle mentait.) Guiscart écoutait avec un air évadé, et peu à peu détournait la tête et ne regardait plus Auligny que de côté, comme si, physiquement, il ne pouvait pas regarder en face un objet si indigne. Vraiment, tout cela était bêta à vomir. Il n'y avait que des niais pour compatir à ces histoires de couples, ou seulement pour s'y intéresser. Les amours éternelles qui durent trois mois, les deuils inconsolables et consolés, les ruptures procla-

mées et non exécutées, les revolvers brandis et dont
on ne tire pas, les serments inutiles, les crises de
nerfs inutiles, l'immense ridicule de l'amour ! Il suffisait que Guiscart entendît quelqu'un dire : « Ma vie
est brisée », pour qu'il eût envie de le piétiner. Qui ou
quoi que ce soit est-il capable de briser une vie ? Il se
souvenait de la déception de ces camarades de
guerre qu'il avait traités si fraternellement quand ils
étaient blessés, lorsque, guéris, et revenant de permission, ils le canulaient de leurs plaintes : « Ma
femme me trompe... Mes gosses se foutent de moi... »,
et qu'il leur répondait : « Mon vieux, il faut que tu en
prennes ton parti : ce genre de malheurs-là ne me fait
pas pitié », n'ayant en effet de pitié et de respect que
pour ce qu'il connaissait, qui était la souffrance physique, et dédain et ricanement pour l'autre. Pourtant
il avait connu, autrefois, la souffrance morale. Mais
alors elle l'avait intéressé parce qu'elle était la sienne.
Tandis qu'Auligny n'était pas lui. Au fond, il était de
cette catégorie de gens qui ne peuvent pas voir souffrir quelqu'un sans avoir envie de le faire souffrir
davantage. Il aimait entendre les cris des pères aban-
donnés par leurs enfants, des amants par leurs maîtresses, toute cette douleur du monde à laquelle il ne
participait pas.

Par ailleurs, si Auligny avait été un inconnu, un
passant de la rue, il aurait peut-être eu pitié de lui.
Mais il n'avait pas pitié de lui, parce qu'il le connaissait.

Quand Auligny eut fini :

— Je connais tout ça, dit Guiscart. Il n'y a guère
de sentiment que je n'aie eu pendant vingt-quatre
heures. Mais représente-toi à quel point cela pourra
t'être indifférent dans un an !

— Tu as de ces consolations !

— Je console avec ce qui est.

Soit. Mais notre vision du monde, d'où nous tirons notre pensée et notre action, est fondée sur une somme d'expériences, où la moindre compte. Il n'est donc pas indifférent qu'une trahison de plus s'y ajoute. Elle se retrouvera un jour.

Auligny s'exaltait :

— Un rêve, tous les êtres sont des rêves… Ils disparaissent, s'engouffrent. Les uns dans la mer des villes, les autres dans la mer de sable. Non, ils ne me deviennent pas indifférents ! Je pense à eux toujours. Sur mon lit de mort, j'aurai le regret atroce d'êtres engloutis ainsi, quarante ans plus tôt. Frôlés un instant, inconnus, étrangers, peut-être marqués pour être mon malheur et ma perte s'ils étaient restés, — mais n'importe, quel regret ! Ces disparitions, c'est affreux. Ils apparaissent, disparaissent, s'évanouissent. Nous restons les bras tendus, la gorge serrée. Et pourquoi ? Pourquoi disparaître ? Le savent-ils eux-mêmes ? Et on leur offrait tant !

— C'est toujours une heure d'amour de prise.

— Non ! non ! il aurait mieux valu qu'elle n'eût jamais existé, que d'être sans lendemain. On ne peut pas comparer une heure de bonheur avec cette longue traînée d'amertume et de regret.

(L'amour, comme il arrive souvent, le faisait parler en style littéraire.)

— Ram t'a fait vivre, et tout doit être remercié, qui nous fait vivre. Pour moi, entre la joie et la douleur je ne sens pas une grande différence. Elles ont à peu près le même goût, qui est celui de la vie, et que j'aime.

— Tu dois être bien fatigué d'avoir toujours des sentiments exceptionnels, dit Auligny avec aigreur.

Guiscart ne répondit pas. Il n'était pas facile à humilier, parce qu'il se sentait toujours hors concours. Il dit :

— Qu'y a-t-il dans l'âme d'une petite Bédouine, qui mérite qu'on lui prête attention ? Pour moi, il y a beau temps — peut-être depuis que je possède tant de corps — que je ne cherche plus à comprendre les âmes : elles ne m'intéressent pas. Vraiment, je me sentirais diminué, à m'attarder sur ce qui se passe dans la cuisine intérieure de quelqu'un. Des gens entrent dans ma vie, sans que je sache ce qui les attire, puis en sortent avec véhémence et anathème, sans que je sache davantage en quoi je leur ai manqué, et sans que je fasse le moindre effort pour le comprendre. Ils sont venus ? Quel bon vent les apporte ? Ils sont partis ? Que le diable les emporte ! Tout se remplace. Tout est interchangeable. Je vais te dire une vérité forte, mais de celles que le monde ne veut pas entendre : il n'y a pas intérêt à aller profondément dans les âmes, ni dans les choses. Je peux le dire parce que jadis j'y ai été assez profondément, et que j'en suis revenu. Je l'ai d'abord vérifié pour mon art, et ensuite pour la vie : une connaissance superficielle suffit dans la plupart des cas. Aller de la profondeur à la surface, le beau voyage !

Disons tout cela plus courtement : la pensée que les gens puissent avoir une vie personnelle est insupportable à M. de Guiscart.

Il était quatre heures. Guiscart invita Auligny à venir dîner, à la marocaine, dans sa maison de la Medina. Ils passèrent à l'hôtel d'Auligny, pour y chercher Boualem qui irait acheter les provisions dans la Medina, et préparerait le dîner. Et, comme ils trouvèrent Boualem en train de causer avec le garçon arabe de l'hôtel, Auligny fut contrarié : « Qu'est-ce qu'ils patricotent ? » Immédiatement, il avait pensé qu'ils n'avaient pu s'acoquiner que contre lui.

Ils prirent une voiture jusqu'à Bou Jeloud. Aux deux issues du Mellah, des tirailleurs formaient les faisceaux. Il y avait eu, la veille, des échauffourées entre Marocains et Juifs, et un Juif tué. Guiscart raconte que naguère, ayant, en une heure d'égarement, donné à Fez une conférence sur la peinture moderne, un cocher de fiacre juif, qui avait su qu'il était le conférencier, refusait depuis de se faire payer quand il le voiturait ; de sorte qu'en compensation du prix de la course, qu'il ne lui payait pas, Guiscart lui tendait la main (ce qui, vu de près, mettait les poignées de main du chevalier à cent sous). Et une jeune personne juive, qui faisait commerce de ses charmes, ayant assisté à la conférence, non seulement n'avait plus rien voulu accepter de lui, mais avait agi de même avec un ami de Guiscart, pour cela seulement qu'il était son ami. Guiscart s'émeut de trouver chez Israël ce respect de l'intelligence. Auligny n'y voit que du respect pour les « situations », et se réjouit de penser que le chevalier est dupe des Juifs, comme lui il l'a été des Arabes.

À Bou Jeloud, ils s'acheminèrent, se perdant maintes fois avant d'arriver à l'aimoir. Le chevalier faisait aller sa main le long des étalages, comme font les apprentis, où se voyait la jeunesse de son âme. Ce qui était moins jeune, c'était que, tous les cinquante mètres, il se retournait pour voir s'il n'était pas suivi : en vain espérons-nous qu'après trois ans d'absence nous ne serons pas reconnus, au premier coin de rue quelqu'un sursaute en nous voyant, et nous emboîte

le pas. Et c'est toujours un beau spectacle, ce Guiscart louvoyant dans les grandes villes coupables, toujours prêt à fuir, comme un bateau de corsaire! Le
jardinier n'était pas venu à la maison. Mais, les
fenêtres en étant restées fermées durant l'absence de
Guiscart, il n'y avait pas trop de poussière. C'était
une construction indigène à un étage, donnant d'un
côté sur la rue, et de l'autre sur de vastes jardins où
les deux hommes ne purent pénétrer, la clef n'étant
pas à la porte et demeurant introuvable. L'étage ne
comprenait qu'une grande pièce, meublée à la marocaine. Guiscart y retrouvait les objets tels qu'il les
avait laissés trois ans plus tôt : la cendre dans le cendrier, une lettre avec son enveloppe froissée... Les
coussins étaient encore modelés au moule de la dernière femme qui s'y était étendue. Cette minute
d'amour refroidie et fixée! Cette immutabilité des
choses, presque monstrueuse, alors que lui, sans
cesse, pendant ces trois ans, il avait varié comme
varie le ciel! C'était presque poignant, de voir avec
quelle facilité se faisait la soudure de ce vieil hier et
de cet aujourd'hui : entre les deux, y avait-il eu quelque chose? Un instant, il eut une sorte de désarroi,
dans l'effort pour évoquer quelques souvenirs qui lui
prouvassent que, durant ces trois ans, il avait vécu,
— ce qui s'appelle vivre. Sur le mur était épinglée
une carte jaunie du Japon. Il la déchira avec impatience, parce qu'elle lui rappelait un homme qu'il
n'était plus (un homme engoué du Japon), et qu'il
perdait la sensation de son unité en la voyant.

Auligny, détériorant son sentiment par l'expression, comme il faisait toujours, prit prétexte de cet
« intérieur » arabe, et de ses grâces, pour dire les pensées (si c'étaient des pensées) que Casablanca avait

fait naître en lui. Il termina, venant de parler des
Européens de Casa, par : « Est-ce que tu te sens solidaire de cela ?

— Je ne me sens solidaire de rien », dit Guiscart,
avec un frémissement.

Néanmoins, il n'entrait pas du tout dans les raisons d'Auligny. Il trouvait que sa position était *facile*
et *primaire de droite*. Il faut avoir vu vraiment, pensait-il, ce qu'est un endroit où la civilisation n'est pas
parvenue, pour savoir que c'est un couplet de rhétorique, de préférer les mangeurs de racines. Sans
aller plus loin : l'électricité a été coupée durant son
absence ; il va falloir s'éclairer tout à l'heure avec les
grandes bougies arabes ; eh bien ! il y a là de quoi
renoncer à passer la nuit ici. En outre, un homme
qui a une raison de vivre quelque peu enviable, tout
temps que lui gagnent les machines, toute liberté
d'esprit qu'elles lui donnent, c'est autant de gagné
pour sa raison de vivre ; et la vie est une question
d'heures, en fin de compte. Tout cela tombe sous le
sens, et le reste est littérature.

Et puis, Guiscart avait vécu ici des heures mer-
veilleuses, qu'il n'eût pas vécues sans le protectorat :
ce nonchalant n'est pas de ceux qui s'installent dans
un pays peu connu, où il faut lutter, tel que l'était le
Maroc d'avant 1912. Heures étonnantes ! Ici il avait
eu cette Rhadidja pour la première fois, avec ses cheveux imprégnés d'encens, et dans ses yeux ce commencement de trachome qui bouleverse tout homme
bien né. Divine était l'odeur des orangers venant des
jardins en fleurs, et de la rue montait, mêlé au bruit
des eaux, le chant des casseurs de pierres, et derrière
les tentures, exaltés par l'amour, se branlaient les
esclaves noirs. À la nuit, ils étaient sortis, la femme

voilée, la vieille négresse entremetteuse, et les deux serviteurs-enfants ouvrant la marche et portant des flambeaux. Les rues sentaient l'encens, le cèdre et la cannelle; les garçons poussaient des youyous, par plaisanterie, comme pour un mariage; ils croisaient de magnifiques hypocrisies voilées, ou parfois, dans une chicane plus sombre, l'oaristys d'un homme et d'un adolescent. Cette vie qui semblait sortie d'Hérondas, de Lucien ou de Pétrone, cette vie antique vécue non par l'imagination mais dans la réalité, et non dans une réalité d'artifice et de reconstitution, mais dans une réalité toute spontanée et naturelle, et cela aux portes de l'Europe, disons mieux, en Europe même, c'était à la France qu'il la devait. Et il savait gré aux hommes d'ordre et aux bons patriotes qui lui avaient permis ces féeries délicates de la culture et de la chair, et qui aujourd'hui veillaient sur elles, ou plutôt fermaient les yeux sur elles, ce qui est encore une façon de veiller. Il lui semblait entendre la France qui disait: «Maintenant cela aussi fait partie de mon génie.»

Comme Auligny enfilait quelques-unes de ses raisons en faveur des indigènes, Guiscart dit:

— En Afrique du Nord, il faut que tu marches dans un rêve, sinon ce que tu vois te donne le cafard. Soit le rêve «français»: réduire, gouverner, exploiter. Soit le rêve «artiste»: danseuses, jasmin, petits garçons. Soit le rêve «humain»: assimilation, fraternité, justice. Tu as choisi le rêve numéro 3, qui t'a fourni une occupation pendant ton séjour à Birbatine: l'essentiel est donc acquis. Pour moi, tout ce que je sais de la question indigène, je l'ai appris en feuilletant des revues, à Alger, dans le salon d'attente d'un médecin. Par malheur ce médecin, ayant fini par apprendre qui j'étais, décida de me donner toujours la priorité, de sorte qu'on me fit passer par un autre petit salon, où je ne restais jamais que quelques instants, et que je perdis ainsi mon unique occasion de me mettre au courant des grands problèmes de la vie coloniale. Quand je te disais que, pour un agrément, on a dix embêtements de la notoriété! Mais j'en sais assez pour penser que ces problèmes, comme tous les problèmes, naissent des divergences entre deux groupements qui ont l'un et l'autre des droits et des torts à peu près égaux. Ces problèmes, s'il fallait, première-ment, recueillir sur eux une documentation, deuxième-ment, réfléchir sur cette documentation, troisième-ment, se faire une opinion (sans compter que, leurs données se modifiant, tout serait bientôt à recommen-cer), la vie y passerait, et pour quelques-uns d'entre eux seulement. Et alors, quand jouirait-on?

— Pourtant, la justice...

— Oh! mais nous ne nous piquons pas de justice! dit Guiscart, avec un air un peu offensé. Pour moi, le monde n'est pas un objet à comprendre ni à morali-ser, mais à respirer. Tu vois, respirer: c'est le contraire d'aller profond. J'ai respiré l'Afrique du Nord, et tout ce que j'y ai trouvé d'exquis était le fruit et la fleur de trois mille ans d'iniquités, dont la série continue et continuera toujours, parce qu'elle est dans l'ordre des choses. Mais comme je n'ai d'autre but, sur ce globe calomnié, que de collectionner des illusions agréables, je ne me mets pas martel en tête à cause de l'iniquité. L'autre jour, à Marseille, une femme du peuple, devant qui je m'étonnais qu'elle eût tant d'enfants, étant si pauvre, me donnait en une seule phrase une justification sublime de la volupté: «Ah! monsieur, quand on est sous la couverture, on

ne sent pas la misère.» Je te répondrai de même :
«Quand on est sous la couverture, on ne sent pas l'injustice.» Peut-être cela n'est-il pas *bien*. Mais n'ai-je
pas le droit de préférer ce qui n'est pas le bien ? J'ai
assez de sentiments nobles à d'autres propos. Il faut
bien que je les contrebalance. Car il s'agit de savoir
si on veut rester équilibré.

Auligny répliqua, mais Guiscart ne répondait plus
que par monosyllabes. Visiblement il en avait assez,
et la seule politesse l'empêchait de dire à Auligny,
comme Barsebaï à Schahrokh : «Nous nous sommes
peu étendu dans cette lettre, parce que vous ne valez
pas la peine que nous parlions avec vous.»

«Hier, songeait Auligny, hier, Boualem disait : "Ils
ne sont pas gentils, les Français..." et aujourd'hui
c'est des Arabes que sans cesse il médit. Hier, Guiscart déclenchait en moi cette longue crise en parlant
avec émotion des indigènes, et aujourd'hui... Et moi,
comme une bête, j'y vais carrément !...» C'était vrai :
Guiscart si plein de fuites intellectuelles qu'ensuite
elles lui donnaient l'apparence de la lâcheté dans la
vie, et quelquefois la lâcheté même. Un jour il avait
écrit à une femme qu'il abandonnait : «Je suis l'eau
qui coule, et j'emporte à la mer tout ce qu'étourdi-
ment on confie à mon cours, simplement pour m'en
débarrasser.»

«Pourquoi Boualem ne revient-il pas ?» se demandait Auligny. Sitôt après lui avoir fait reconnaître
l'aimoir, on avait envoyé Boualem aux provisions.
«Et il n'a pas pu se perdre, puisqu'il nous a dit que la
maison était à deux pas de celle d'un de ses "câmâ-
râdes" (un camarade de soixante-dix ans, paraît-il.
Mais, quand il me parle du colonel, il me dit bien :
"Votre câmarâde !").»

Quand il avait engagé Boualem, le lieutenant lui
avait promis de lui acheter un costume «à la riche»,
après un certain temps, trois semaines, par exemple,
s'il était content de lui. Mais, dès le cinquième jour, il
n'avait pu résister à la tentation de lui faire plaisir, et
ce matin, baissant sa garde avec une folle imprudence, il lui avait acheté le costume. À peine Boualem
avait-il eu le carton sous le bras, que — sans avoir,
bien entendu, remercié Auligny — il avait demandé de
l'argent pour s'acheter une chemise, une cravate, des
bretelles, des fixe-chaussettes, un entre-bottines. Au
vrai, il était assez illogique qu'avec ce costume neuf il
eût une vieille chemise trouée, et, en guise de ceinture,
une ficelle. N'importe, Auligny, qui se jugeait magnifique d'avoir dépensé deux cent cinquante francs pour
cet inconnu d'hier, et n'eût voulu que des effusions,
avait trouvé amère cette prompte demande d'argent,
et avait commencé par refuser. C'était surtout l'entre-
bottines qui lui restait sur le cœur. Alors l'expression
mauvaise était passée dans les yeux de l'Arabe, il avait
fait un geste d'humeur, murmuré on ne sait quoi, et
Auligny avait eu l'impression si nette, non seulement
que de son cadeau il ne recueillerait aucune gratitude,
mais que Boualem, à présent qu'il avait le costume,
allait tourner du tout et se gâter ! Ce n'est pas au jour
le jour, c'est *à l'heure l'heure* qu'il faut vivre avec les
êtres jeunes. Sur le petit refuge planté à un carrefour,
où cette scène se passait (pourquoi déjà, quelques
heures plus tard, se souvenait-il de pareils détails,
comme si c'était quelque chose que jamais, jamais il
ne devait oublier ?), il avait dit à Boualem :

— Je vois bien... Maintenant que tu as le costume,
tu vas me laisser tomber. Eh bien ! pourtant, j'ai
confiance en toi...

Quelle émotion avait dû passer dans sa voix, ou plutôt dans ses yeux ? Car, après déjeuner, remontant dans sa chambre et y trouvant un splendide Boualem en frusques neuves, Boualem lui avait dit :

— Après que vous m'avez quitté, j'ai pleuré...

— Pleuré !...

— Oui, parce que vous m'avez dit : « Boualem, maintenant que tu as le costume, tu vas me laisser tomber... » Alors, je me suis dit : « Pauvre patron ! Il a confiance en moi... »

« Pauvre patron ! » Quel mot ! Avec quelle sûreté ce primitif hirsute avait forgé et manié cette lance de douleur ! Oui, Boualem avait tout de suite distingué qu'Auligny était fait pour être sa dupe, et, soit à cause de cette seule connaissance, soit que déjà ses tromperies fussent inscrites dans son cœur, en cet instant il l'avait plaint. Ainsi Ram, le dernier jour, avait eu pitié de lui, sachant qu'elle allait l'abandonner. Quant à la phrase : « Après que vous m'avez quitté, j'ai pleuré... », c'était la même, *identiquement la même* qu'avait prononcée la « petite grenat » ! Ces larmes-cliché étaient une façon de dire, tout comme : « J'y suis resté sept ans », ou « C'est mon frère ». (« Les Arabes, y parlent comme ça ! ») Rien de plus, chez le serviteur comme chez la petite prostituée, que la finesse de l'esclave intelligent, qui a flairé que son maître est un sensible, et qu'il obtiendra tout en disant : « J'ai pleuré. »

Le lieutenant — est-il besoin de le dire ? — avait donné à Boualem l'argent qu'il demandait. Et dans la chambre Boualem, comme il ne savait pas mettre sa cravate, avait tourné autour d'Auligny, avec des yeux implorants. Alors le *pauvre patron*, se mettant derrière lui, lui avait fait son nœud de cravate (non sans s'y embrouiller lui-même), comme il eût fait à son frère cadet ou à son fils. Boualem se rapproche d'Auligny, s'en éloigne d'un bond, le mordille, puis le câline, avec la grâce d'un chat qui joue avec un oiseau mort.

Et maintenant, pourquoi n'était-il pas de retour? Il avait le costume, il avait l'argent que Guiscart lui avait donné pour les provisions (un billet de cent francs). Le moment était-il venu qu'il s'engouffrât, comme les autres?

— Il y a deux heures qu'il est parti! Il ne faut pas deux heures… Je me demande si ton argent ne lui a pas tourné la tête.

À cet instant, on entendit le claquement sec d'un coup de fusil, suivi d'un tumulte de cris.

— Mon cher, on vient de tuer quelqu'un, dit Guiscart. C'est étrange, car la Medina, avec son air coupe-gorge, est un endroit très tranquille.

Ils allèrent vers les fenêtres, — d'étroites fenêtres grillées. Le grillage empêchait qu'on ne sortît la tête. On ne pouvait voir que le côté opposé de la rue. Celle-ci semblait déserte. Il n'y avait devant eux qu'un long mur pâle, au-delà duquel apparaissaient des jardins touchés par le crépuscule, avec leurs feuilles blanches de poussière.

— Est-ce que ces boutiques étaient fermées tout à l'heure? demanda Guiscart, désignant deux boutiques, à l'extrémité de la rue.

— Non, car je les avais remarquées, comme un point de repère pour situer ta maison.

— Les boutiques ne ferment qu'à sept, huit heures, et il en est six.

— Qu'est-ce que tu vas imaginer! Un petit 1912[1], comme cela, juste pour notre arrivée!

— Pourquoi pas? Les histoires du Mellah en seraient le prélude.

— Eh bien! on se sentirait vivre!

— Je n'ai pas besoin de la guéguerre pour me sentir vivre, dit Guiscart, prenant de la hauteur, et du ton dont il avait répondu un jour, à un Prince de l'Esprit qui lui reprochait de n'être pas fine gueule, qu'il n'avait pas besoin d'une digestion pour se faire une haute idée de la vie.

— Je plaisante, car les événements ne recommencent jamais identiques. Quand il y aura un nouveau 1912, ce ne sera pas à Fez.

«Voilà bien le type des raisonnements avec lesquels on prend des piles, pensait Guiscart. Où a-t-il lu cela, que les événements ne recommencent pas identiques? Quand les causes demeurent, les effets se reproduisent; identiques ou non, peu importe. La peste soit des "lois" qui ne sont pas des lois, et des daims qui disent "jamais"!»

Ils firent silence, comme pour écouter s'il y avait encore des cris. En réalité, c'était parce qu'ils ne pouvaient plus reprendre la conversation. L'amour, les âmes, la question indigène, tout ce dont ils avaient parlé était matière assez sérieuse. Cependant, ils avaient l'impression que ce qui venait de se passer rejetait dans le futile tous ces problèmes.

Auligny, enfin, rompit ce long silence:

— En admettant qu'il y ait eu des désordres de quartier, cela pourrait expliquer pourquoi Boualem n'est pas revenu.

1. 1912, année des massacres de Fez.

XXVII

Guiscart, défiant comme un prince (et acceptant fort bien qu'on se défiât de lui mêmement), avait toujours pensé que son aimoir était aussi l'égorgeoir type. Son imagination était si portée en ce sens que certains retraits dans le mur de l'escalier lui faisaient dire, dès le premier jour : « Ils sont juste de la grandeur qu'il faut pour qu'on y mette un cadavre recroquevillé », et qu'il avait même situé, comme dans une hallucination, l'emplacement exact où il se plaquerait contre le mur de la chambre, revolver au poing, quand il entendrait l'égorgeur monter l'escalier. L'isolement de cette maison agissait aussi sur presque toutes les femmes qui y venaient. Une d'elles, quand il s'avançait pour la prendre, était saisie de panique, s'enfuyait, se jetait dans un placard dont elle avait ouvert la porte, la croyant une porte de sortie. Une autre, entrée, se refusait à monter, exigeait que la porte sur la rue restât ouverte, ne la perdait pas de vue un instant, et Guiscart était obligé de la posséder, étendue le long des premières marches de l'escalier, la porte entrebâillée sur la rue à trois pas d'eux. Une autre, après un moment, prétextait un besoin, demandait à descendre, descendait, tournait la clef, filait en courant, sans s'être fait payer. Et il y en avait avec qui il fallait parlementer pendant une damnée demi-heure sur le seuil, qu'elles ne se décidaient pas à franchir, parce que «une vieille leur avait dit que l'oued était plein d'ossements de femmes». Que sais-je encore! Ainsi Guiscart, qui se laissait aisément impressionner par cette maison, en même temps, aux yeux du sexe, y faisait un tantinet figure de Barbe-Bleue. Éternel mécanisme de la peur, chez l'homme et chez les bêtes : celui qui fait peur aux autres a aussi peur qu'eux.

Dans une telle disposition, si Guiscart avait été seul, il fût revenu immédiatement à la ville nouvelle. Mais il n'osait le proposer à Auligny, de crainte de paraître avoir peur. Et Guiscart, nous l'avons assez dit, se moquait de l'opinion. Qu'eût-ce été chez un autre! Ô honneur du monde, que de sottises commises en ton nom!

La nuit tombait. Les teintes vives des vitraux pâlissaient. La lueur glacée des carreaux, sur le sol, prenait une teinte livide. Guiscart sentait que c'était une erreur de rester ici, et chaque minute de plus qu'ils y restaient aggravait cette erreur, qui bientôt serait irréparable. Mais il ne pouvait rompre le charme qui le forçait à n'en rien dire. Ô honneur du monde, que de lâchetés commises en ton nom!

Auligny alluma les grands flambeaux, tout pareils à des cierges de catafalque. Guiscart, qui voyait le danger de montrer par ces lumières que sa maison était habitée (elle était connue pour être maison de Français ; en outre, il avait chez les indigènes des ennemis personnels dans le quartier), se taisait. Ô honneur du monde, que de mal commis en ton nom! Prends l'honneur du monde et tords-lui le cou. L'humanité sera purgée d'un de ses monstres.

De nouveau, sur leur droite, une dense fusillade éclata.

— Qu'est-ce que nous faisons? demanda Auligny, le visage transfiguré en beauté par le tragique.

— Rien à faire qu'à coucher ici, toute lumière éteinte. Il y a trois ans que cette maison est inhabitée. Si nous y faisons le mort, personne ne nous y soupçonnera, et nous atteindrons le jour. Il faut, bien entendu, que Roane (le jardinier) n'ait pas parlé, avec ou sans mauvaise intention, ni Boualem, en faisant ses achats. Le jour venu, nous aviserons.

— La souricière! Plutôt! Essayons de rentrer à la ville nouvelle. Ça a l'air calmé pour le moment.

— Il est trop tard, nous y laisserions notre peau. Sans compter qu'il y a un quart d'heure je pouvais hasarder de retrouver le chemin, parce qu'il faisait jour, mais qu'à présent j'en suis incapable. Et nous n'avons d'arme ni l'un ni l'autre.

— Tu habites une maison dont tu ne connais pas le chemin!...

— Je le connaissais — tout juste — il y a trois ans, et je me perdais encore. Mais je sortais toujours avec un boy. Après trois ans, à la nuit, et seul, rien à faire. On a le sens de l'orientation ou on ne l'a pas, et je ne l'ai pas. Invraisemblable. Mais il n'y a que les romanciers qui se préoccupent de bannir l'invraisemblable de leurs livres. La vie n'a pas ces scrupules.

Soudain tous deux se regardèrent. On entendait les youyous des femmes, ces longs ululements qui, même quand ils sont de joie, ont quelque chose de bestial, comme ceux d'une louve qui dans sa tanière, pendant que le mâle chasse, appelle: les ululements des femmes de l'*Iliade*. Et des cris d'hommes s'y mêlaient, sauvages, avec ces notes de tête qui sont celles de la femme, du singe et de l'ara. Tout cela, d'instant en instant, s'amplifiait. Nul doute qu'ils ne fussent dans la rue.

Guiscart était très calme. Dans cinq minutes il serait peut-être torturé, la chair lentement déchirée par ces femmes que tant de fois il avait tenues dans ses bras, ou bien sa tête coupée serait plantée sur un pieu, avec les parties dans la bouche. Ces images ne lui étaient pas agréables. Cependant son calme était anormal, et il le tenait bien pour tel. C'était comme si les nerfs de l'émotion étaient chez lui coupés. Il mit le pouce sur son pouls et connut qu'il ne battait pas plus vite. Mais il savait qu'il n'y avait là rien que de physiologique, et que ce n'était pas son âme qui tenait bon. Il boutonna son veston, comme pour se sentir plus net, donner moins de prise, au cours d'une lutte.

Le bruit approchait. Guiscart pensa : « C'est ici qu'ils viennent. Roane nous a trahis. » Et Auligny : « Puis-je imaginer sans invraisemblance Boualem au milieu d'eux, changé en bête féroce ? » Il ferma les yeux : « Oui, je le puis. »

Les youyous, les piétinements, les cris d'instant en instant prenaient de la force ; ils arrivèrent à un sommet pathétique où ils ne pouvaient plus que se stabiliser — on s'arrêtait devant la porte — ou décroître. Auligny et Guiscart, debout au milieu de la pièce obscure, ne bougeaient pas, tendus, bloqués au cran d'arrêt. Pendant plusieurs secondes, où ils sentirent que leur vie se jouait, la troupe leur parut faire halte. Puis le vacarme s'affaiblit, tandis qu'un flot de sang recommençait de couler dans les deux hommes.

Guiscart dit : « Descendons voir s'il est vraiment impossible d'ouvrir cette porte du jardin. Le jardin est très vaste, ce serait la sécurité absolue. Au besoin nous pourrions y coucher, avec des couvertures. Et puis, dans la direction des jardins, je ne peux pas dire que je m'y reconnais, mais enfin je m'oriente un peu, et je sais qu'on n'est pas très loin de l'Hôpital Auvert. Je filerais de ce côté-là avec une lueur d'espérance, tandis que, du côté de la ville nouvelle, je filerais comme un homme condamné.»

Ils descendirent à pas de loup, dans le noir, les hautes marches de l'étroit escalier dont les carreaux de faïence, en morceaux, se détachaient sous leurs pieds, avec le bruit démoniaque que savent faire les plus humbles choses, dans les moments où l'on paierait le silence à prix d'or. La porte avait un loquet, qui s'ouvrait facilement, et une serrure qui paraissait fermée à clef. Aucun bruit ne venant de la rue, ils hasardèrent d'allumer une bougie, et de nouveau cherchèrent la clef, qu'ils ne trouvèrent pas.

— Essayons de l'enfoncer.

Ensemble, tous deux donnèrent de l'épaule dans la porte massive, qui ne trembla même pas. Seulement, Guiscart se fit mal à l'épaule. En cherchant la clef, il s'était sali les doigts, s'était fourré le visage dans des toiles d'araignée. Tout cela le dégoûta. Toujours, il en avait fallu peu pour le rebuter. Même dans sa chasse amoureuse, il avait horreur de ce qui n'est pas facile, et aimait à se répéter le mot candide d'un de ses boys: «Travailler, c'est pas bon.» Cette lutte avec une porte lui parut en outre ridicule, et incompatible avec ce qu'il se devait. Il y avait en balance, d'une part sa vie sauve, et de l'autre cet effort à donner. Il n'hésita pas, et proposa qu'on allât se coucher. Quelle habitude, en lui, de rompre!

Ils remontèrent, fermèrent les volets et s'étendi-

rent chacun sur un des divans bas qui étaient en tête-
bêche. L'oued, dans le jardin, imitait à s'y méprendre le bruit de la pluie qui tombe à verse ; une roue
d'eau imitait le ronflement que fait une automobile
arrêtée, dont le moteur reste en marche. C'étaient les
seuls bruits, avec les petits claquements d'un
papillon de nuit qui se frappait aux murs de la pièce.

— Avoue que tu as eu peur, quand ils ont passé
dans la rue, dit Auligny.

Perfide parole, qui force l'interpellé à dire oui,
même s'il n'a pas eu peur, parce qu'un *non* paraîtrait
fier-à-bras. Et, en effet, le chevalier se crut tenu de
dire qu'il avait eu peur, alors qu'il n'avait pas eu
peur. Auligny n'avait jamais pardonné tout à fait à
Guiscart que Guiscart eût été à la guerre.

Mais de nouveau la fusillade retentit, devant eux
maintenant, au nord. Elle dura longtemps, ils eurent
le temps de rêver. « Le combat des gorets et des
gorilles... », songeait le chevalier, toujours flétrissable. La vie de chacun de ces hommes, à quelque
camp qu'il appartînt, ne comptait pas plus pour lui
que celle d'un goujon. Indigènes et Européens étaient
pour lui une même matière, de même que ses
femmes lui apparaissaient comme interchangeables,
qu'il ne reconnaissait plus celle qu'il possédait deux
jours plus tôt, ou bien qu'il se demandait tout d'un
coup : avec qui est-ce que je suis en ce moment ? La
fusillade lui rappelait le dernier soir qu'il avait passé
ici, il y avait trois ans. C'était la première nuit du
Ramadan. De tous côtés, sur les terrasses, on faisait
partir des pétards. Vue de la sienne, avec ses maisons grises et jaunes, la ville aurait semblé irréelle —
un plan en relief, — n'avait été, sur tous les toits, les
taches roses, mouvantes, des femmes, et les négresses

monumentales. La fumée bleue des pétards stagnait
sur toute la ville, comme une nuée dans une vallée.
Dans le fond de la perspective, une foule était assemblée sur une colline, telle que dans un tableau du
quattrocento. Tandis que sonnaient les buccins
rauques et que s'élevait, comme en vue de quelque
adoration isiaque, une lune mince comme un fil dans
l'orient vert d'eau.

«Eh bien, la voilà donc, cette momort!» pensait le
chevalier, toujours plein de ses dédains rayonnants.
Et il la regardait avec fixité, comme un bœuf que
tirent les garçons d'abattoir fixe la plaque de sang, là
où son prédécesseur a été immolé, et où il va l'être.
Toujours il avait souhaité de mourir dans une ville de
passage, à l'hôtel ou à l'hôpital, sous un de ses faux
noms, afin d'être, à cette heure suprême, débarrassé
des siens, de ces gens auxquels le hasard d'une
alliance avait donné des sortes de droits sur lui, loin
des héritiers et des prêtres, et sans aucune obligation
de faire, en mourant, des mots historiques : une mort
obscure, comme était obscure la vie que depuis huit
ans il s'était créée. Et sa mort, ç'allait être cela. En
même temps, puisque le hasard lui imposait un compagnon de mort, il était content — «si las de tout ce
qui a nom peuple...» (Retz) — il était content que ce
fût quelqu'un de son milieu.

C'était quand même un soulagement d'en être
arrivé là sans encombre, d'avoir tenu le coup jusqu'au
bout sans catastrophe. Quelle danse prolongée sur la
corde raide! Par sa mort, il échappait enfin à ses
femmes et à ses bâtards. Ses femmes! La chose
effroyable qu'est quelqu'un qu'on a désiré, qu'on ne
désire plus, et qui continue de vivre! Et ses enfants!
Lui qui avait fondé sa vie sur l'absence de devoirs,

avec ces accidents de son plaisir il s'était donné des devoirs jusqu'à sa mort. Lui qui avait fondé sa vie sur la métamorphose et la fuite, avec eux il avait installé le stable à côté de lui, — le durable, l'exécrable avenir. Lui qui avait laissé tomber sa famille, ses proches, ses relations, pour ne se sentir plus englué par ce magma humain, il avait reconstitué ce magma avec ses femmes et ses bâtards. La pensée que quelque grande perturbation engloutît d'un coup toutes ses femmes et tous ses bâtards (à défaut de pouvoir les parquer dans une île déserte, comme les chiens errants de Constantinople) bien des fois lui avait causé un rebondissement d'espérance, un brusque renouveau de confiance dans la vie. Faire table rase ! Secouer cette vermine des êtres qui crochent à vous par votre plaisir ou par leur tendresse ! Ses femmes et ses enfants l'avaient encerclé comme des montagnes, — une muraille infranchissable. Sa mort y faisait une brèche, où il s'engouffrait avec un ricanement.

Ni dans sa famille, ni dans les objets de son plaisir, ni dans les fruits de sa chair, il n'y avait qui que ce fût qui l'attachât, ni sans doute qui lui fût attaché, et c'était parfait ainsi. «Redoute les cœurs qui te comprennent, parce qu'ils te retiennent. Bénis qui te renie, remercie qui t'oublie[1].» Il n'avait jamais compté sur personne (bien qu'il feignît parfois d'avoir des illusions, par bon goût, ou quand l'idée le prenait de vouloir faire croire qu'il était semblable aux autres). Il n'avait rien aimé de ce qu'on lui donnait : ni l'estime des autres, ni leur admiration, ni leur amour, ni leur désir ; il n'avait aimé que son désir à lui. Il n'avait vécu dans la société des

1. Paul Quinton, *Maximes sur la guerre*.

hommes que dans la mesure où il le fallait bien, pour pouvoir s'approprier leurs filles, en bafouant les pères par-dessus le marché. Eux, ils lui avaient donné tout ce qu'ils pouvaient lui donner, quand ils l'avaient débarrassé d'eux. Maintenant il les avait dépassés tous, tout à fait seul, tout à fait en avant, sans cordée d'aucune sorte, dans une région de neiges éternelles, où la nuit avait un goût d'étoile fraîche, où il était seul avec soi-même et sa force. De tout ce qu'il quittait, il ne regrettait que le plaisir. Il n'y avait que cela de sérieux. Le monde lui apparaissait comme un crachat dans un microscope. Les bacilles vibrionnent, puis se jettent l'un sur l'autre, font l'un dans l'autre leurs trois petites gouttes, et se décollent en se haïssant. Il avait été un de ces bacilles. Il avait terriblement joui de ce crachat. Il fallait bien que cela finît : il en avait son plein. « J'ai travaillé en pleine pâte. Je n'ai jamais fait que ce que je voulais faire. Je n'ai pas été roulé. »

Son art, à aucun moment il n'y pensa. Il n'avait jamais fait que bafouer sa création, la sacrifier à n'importe quoi. Que son œuvre survécût, il y avait beau temps qu'il dédaignait de le souhaiter, parce que trop d'artistes prennent prétexte de cette prétendue survie de leur œuvre pour s'étaler dans la platitude ou la bassesse de leur vie. Ses toiles inachevées, ses ébauches, il était convaincu que tout cela serait pillé par ses amis, qu'ils les exposeraient sous leur signature, patricoteraient avec elles des *affaires*, c'est-à-dire de l'infamie.

Quant à l'idée d'une survie de son être, elle lui paraissait ridicule. Il comprenait que des gens qui n'ont pas eu une vie agréable aient besoin d'un paradis, comme revanche. Mais les autres ? En ce qui regarde l'enfer, ce frileux songe tout de suite : « Au moins c'est un endroit où on n'attrape pas de rhumes de cerveau. »

Quand les gens de Paris apprendraient qu'il avait été tué, ils rigoleraient : « Il y a longtemps qu'il méritait une bonne correction. Il l'a eue enfin ! » Tout à fait inutile d'essayer de les convaincre que cela lui avait été égal. Ils ne voudraient pas le croire, parce que cela les empêcherait d'être contents.

Il se leva, se rapprocha d'Auligny, qui semblait dormir, les yeux fermés, la bouche entrouverte. Cette bouche entrouverte suggéra à Guiscart que le lieutenant devait avoir l'haleine mauvaise. « Pourvu, au moins, qu'il ne ronfle pas ! » Une barbe de deux jours assombrissait les joues d'Auligny ; sous la pomme d'Adam, là où le col frotte, la peau était irritée, il y avait des boutons. « Décidément, ce n'est pas beau, un homme. Et dire que les femmes désirent ça ! Il faut qu'elles aient le cœur bien accroché. »

Ah ! comme ce serait bien, de pouvoir dire de Guiscart, par exemple, qu'il « émanait de lui quelque chose d'épouvantable », ou bien qu'il regardait Auligny « avec des yeux d'abîme ». Le *démoniaque* est toujours le bienvenu en littérature ; les faibles d'esprit en raffolent. Hélas, Guiscart penchait sur Auligny son visage honnête, au teint frais et aux yeux reposés. Tout ce qu'on peut dire, dans le genre démoniaque, c'est que le bien et le mal se succédaient rapidement sur ce visage, comme le font le soleil et l'ombre, quand de petits nuages courent dans le ciel comme des ânons.

Il entendit le petit pas pressé, féminin, d'une mule, dans la rue. Il croyait que tout ce qui se passait dans la rue allait s'arrêter devant la maison.

Auligny ne dormait pas. Il ouvrit les yeux.

— On ne peut pas rester comme ça. Il faut faire quelque chose. On aurait peut-être pu élargir la lucarne qui donne sur le jardin et descendre en nouant les draps et les couvertures...

Guiscart ne répondit pas. Auligny en fut glacé. L'apathie de Guiscart le paralysait. L'inertie est contagieuse, comme la panique.

On s'est demandé comment l'aristocratie avait si bien tendu le cou, sans se défendre, pendant la Révolution. On a dit que c'était affaiblissement du sang. C'est ne pas comprendre que le geste typique de l'aristocratie, si elle a conscience d'elle-même, est de renoncer ; elle a le 4 Août gravé dans son cœur : « On ne discute pas avec ces gens-là. » Que de sauvages parvenus, qui ont toujours conçu la vie comme un *struggle for life*, se décarcassent pour défendre la leur — leur vivie ! — cela est logique. Mais un Guiscart, se laissant aller sur la lancée de ses parents, s'est toujours effacé pour céder le pas à ceux qui jouaient des coudes autour de lui, car peu lui importait de rester seul en arrière, puisque, quoi qu'on fasse, quoi qu'on lui donne, et quoi qu'on lui refuse, cela ne change jamais rien à son rang. Il a été élevé dans ce principe, qu'il ne faut jamais trop en faire : ne pas lécher son style, n'être pas trop poli, être mal habillé... À cette heure suprême, c'est dans ce sens-là qu'il réagit. Cinquante mille Européens entourés de huit cent mille indigènes, comme c'est au Maroc, il faut bien qu'un jour cela craque. Cela a craqué, il n'y a qu'à accepter ; « Quand l'oiseau de race est pris, il ne se débat pas », dit le proverbe marocain. (Ah ! eux aussi, ils ont senti cela ! La *race*, c'est donc bien partout la même chose !) Donner de l'épaule dans une porte, comme un goujat saoul, faire le zigoto avec un drap de lit le long d'une muraille, comme un agité de cinéma... — non. Le gorille est le plus fort ; cédons au gorille ; la chose a été jouée. Il accepte d'être tué, comme il acceptait d'être calomnié ; il laisse faire, comme il laissait dire. C'est être prince, que ne pas se justifier.

Ainsi, Auligny ne tuera pas d'indigènes, par conscience morale. Et Guiscart n'en tuera pas, par hauteur. Ces deux affinements de l'âme ont le même résultat : à l'heure grave, il y a deux soldats de moins dans le petit bloc français. Comment garderons-nous le Maroc ?

Cette apathie exaspérait Auligny. Guiscart était venu empoisonner sa dernière heure. Il ne lui était d'aucun secours, matériel ou moral. Qu'est-ce à dire ? Matériellement et moralement, il l'affaiblissait. « Quel emplâtre ! Ah ! si Boualem était rentré, débrouillard comme il l'est, nous serions déjà sortis d'ici ! » Il dit, avec inquiétude :

— Si Boualem frappait, en bas, je me demande si on entendrait...

Guiscart songea que si Boualem frappait, Auligny étant endormi, il ne réveillerait pas Auligny. Il ne voulait pas voir cette lueur de joie dans ses yeux. Il était las à en mourir de toutes ces histoires d'attachement.

— Il est impossible qu'on ne puisse trouver cette clef, ou enfoncer la porte, dit Auligny. Redescendons.

— Vas-y, si tu veux.

Auligny traversa la pièce. Guiscart le regarda faire. Qu'ils étaient embêtants, ces hommes d'action ! Si Auligny n'avait pas été là, il y a beau temps qu'il eût dormi à poings fermés. Quand Auligny s'engagea dans l'escalier, Guiscart se dit que, si le lieutenant parvenait à ouvrir la porte, lui aussi il en profiterait, qu'il fallait donc qu'il lui donnât un coup de main. Cela était propre. «Bon, si les grands sentiments s'en mêlent, alors nous sommes foutus. C'est à cause des grands sentiments, c'est parce que je suis accouru au S.O.S. de cet imbécile, que je suis ici.»

Ils descendirent, dans le noir, les marches incroyablement hautes. C'était tout à fait la descente de la grande pyramide.

Auligny se jeta contre la porte. Puis Guiscart. Puis Auligny recommença, et Guiscart le regarda faire. Sa divine incurie! Et comme il avait donc aimé, toujours, le travail des autres! Tout cela dans l'odeur bonne du bois de cèdre, et moins bonne des lieux d'aisances. Ils remontèrent. Auligny avait poudré de chaux son uniforme, contre le mur.

— S'ils attaquent la maison, qu'est-ce que nous ferons? demanda Auligny. Il faudrait quand même savoir...

— Nous verrons bien sur le moment...

Toute sa vie, Guiscart avait repoussé au dernier moment de s'occuper des choses ennuyeuses. Et toujours cela lui avait réussi. Toujours, collé au pied du mur, il avait eu l'inspiration salvatrice. De quelle poussière de préoccupations sordides il avait ainsi nettoyé sa vie!

«C'est vrai, qu'est-ce qu'on fera, s'ils font sauter la porte? Ah! tout cela est bien le genre guéguerre. Voilà quinze ans que je me répète: La prochaine guerre? Et puis après? Ils sont tous là, à faire dans leur culotte. Qu'ai-je de commun avec ces croquants? Et maintenant, ça y est, il faut faire la guerre. Eh bien, cela m'assomme. Je n'ai encore rien fait, et j'en ai déjà par-dessus la tête. Si c'est comme cela à la mobilisation, ce sera gai.»

Auligny pensait : «Je dirai la *chehada*[1].» En principe, un homme qui, menacé par son adversaire
musulman, prononce l'acte de foi musulman, a la vie
sauve. Auligny avait entendu dire (sans y croire
beaucoup) que des légionnaires avaient été épargnés,
dans le combat, pour avoir, au dernier moment, prononcé la chehada.

Mais bientôt : «Eh quoi ! Je les tromperais ? Feindre leur foi pour avoir la vie sauve et ensuite... Abuser de leur confiance et de leur piété !» Son âme haït
cette pensée, et la quitta avec une force d'ange.

«Après tout, dans cette émeute, ils sont dans leur
droit. Que faisons-nous chez eux ?

«S'il était ici, que ferait Boualem ? et Yahia ? et
Jilani ? Ils opteraient pour moi, ou pour les leurs ?»

Il rêva que Boualem était là, que Boualem lui indiquait un moyen de s'enfuir, lui sauvait la vie. Puis,
rêva que, au contraire, il le désignait aux énergu-
mènes. *Tu quoque !*

«Pauvre patron !» Tout était là-dedans. Le mal
qu'on vous fait, et la sympathie qu'on a pour vous, en
vous le faisant. C'était la clef de Boualem, la clef de
Ram, la clef de milliers d'êtres qui ne sont ni
méchants, ni bons, — redoutables, et quand même
bien dignes d'être aimés.

Par une étroite lucarne située devant lui, il voyait
des étoiles. Comment n'avait-il pas encore vu ces
petites étoiles ? C'étaient les mêmes qui veillaient au-
dessus du désert ondulé. Sa gorge se serra.

Il la tenait contre lui, la bouche contre sa carotide
majestueuse, et dans les génies de ses cheveux. Il lui
prenait la tête à deux mains, et lui serrait fortement

---

1. «Il n'y a de Dieu qu'Allah, etc.»

le front, comme on fait à un enfant qui vomit. Le dessous de sa langue était lisse, et le dessus un peu râpeux, comme la langue d'un chat : le dessous était meilleur. À l'infini, c'était la solitude tremblotante, et les dunes volaient dans le ciel. Sur eux venaient se poser les sauterelles apportées par le vent.

Elle faisait un mouvement, dans son sommeil. Alors, il élargissait les bras, comme fait un boxeur quand l'arbitre crie : « Break ! », pour montrer qu'il ne « tient » pas. Afin qu'elle se sentît libre, qu'elle ne se sentît pas prisonnière, oh non ! pas prisonnière. Mais elle se reblottissait contre lui, elle lui prenait les mains, et jouait avec elles, pleine de murmures délicieux.

Qui avait dit : « Vous me tenez comme si j'étais prisonnière » ? Qui avait signé : « Votre fils » ? Qui avait dit : « Tout ce que je vois chez vous m'étonne » ? Une nuée de flèches s'abattait sur lui. Et il enfonçait ses mains sous le traversin froid, croyant les enfoncer dans le froid féerique du sable.

Les coussins, les couvertures, qui sentaient l'odeur forte de la peau marocaine, tant les femmes les avaient imprégnés.

Le bruit de sa montre, si lointain, comme dans un autre monde, séparé de lui par un effroyable espace. Là-bas, il la cachait sous le cuir de la peau de mouton, pour que la petite fille ne vît pas qu'elle était restée longtemps, trop longtemps...

L'abandon de Ram, l'abandon de Boualem, l'abandon de Jilani et des autres, et de cet homme, à trois mètres de lui, qu'il avait appelé et qui ne l'aimait pas.

Mais pourquoi crier contre les Arabes ? En rien il n'avait vu Ram, en rien, Boualem, différents de Français de leur âge et de leur condition.

Eux, et les autres, c'étaient seulement de petites

allumettes humaines qu'il avait gardées trop longtemps entre ses doigts. Et enfin il ne lui en était resté
entre les doigts qu'une larve noire et racornie.

Qui lui dirait une bonne parole, pour l'aider à
mourir doucement ? « Dites seulement une parole, et
mon âme sera guérie. »

Il en avait fini avec les contradictions du monde et
les siennes propres, avec les approximations de la
pensée, les tristes remuements du cœur ; fini avec les
tâtonnements à travers la nuit des autres, et à travers
la sienne propre.

Tout à coup, sa pensée s'arrêta net. De nouveau,
comme tout à l'heure, le bruit d'un groupe
d'hommes se rapprochait dans la rue. Guiscart
s'était redressé, était assis sur son lit. Pas un mot.

Le bruit devenait plus fort.

Les hommes firent halte devant la porte.

Tous deux s'étaient levés. Auligny regardait Guiscart. Il le trouvait hideux. Loin que les traits de Guiscart se fussent tendus, comme les traits se tendent
d'ordinaire dans une émotion virile, ils s'étaient affa-
dis ; et avec cela, la mandibule pendante, le nez
pincé, quelque chose de moribond. Il ne soutenait
pas le regard d'Auligny. Il regardait en bas et de
côté, comme un vil grand de la terre dans un tableau
de la Renaissance. La trahison criait sur sa face.
Chacun d'eux était seul.

En bas, on frappa à la porte.

Toutefois, les arrivants ne faisaient pas beaucoup
de bruit. Auligny pensa : « Ils viennent peut-être pour
nous délivrer. »

« De toute façon, il n'y a qu'une chose à faire : leur
parler. Eh quoi ! ce sont des hommes. Ceux-ci ne
paraissent pas être des forcenés comme les autres. »

Il faisait confiance, encore une fois, car c'était sa destinée, de faire confiance dans la nuit.

Guiscart se disait: «Est-ce qu'il n'y a pas une fenêtre aux cabinets? Il me semble qu'il y a une fenêtre assez grande pour qu'on puisse s'y glisser.» Il ne s'agissait plus, maintenant, de ne pas défendre sa peau, par hauteur. Fini de plaisanter. Il s'agissait de sauver sa peau coûte que coûte. Demain, on verrait à recommencer la magnificence.

Ils descendirent l'escalier. Il n'y avait pas, en eux, beaucoup de pensées. Auligny se disait que cela allait s'arranger; il n'était pas ému. Guiscart se disait: «C'est la mort. Comment filer?» Son génie profond ressortait, de toujours se dérober. Auligny qui, cinq minutes plus tôt, redoutait tant la mort, allait à la mort, et il n'y avait en lui que de la paix. Guiscart à qui, cinq minutes plus tôt, cela était si égal de mourir, pour vivre aurait tué.

Auligny s'avança vers la porte et cria, en arabe: «Qu'est-ce que vous voulez?» Il voyait leurs pieds se détacher en noir, dans l'éclaircie au-dessous de la porte... Guiscart jeta un coup d'œil dans les cabinets: la fenêtre était minuscule.

Auligny cria: «Je vais ouvrir. Nous sommes ici des amis des Arabes.»

Guiscart se jeta de toute sa force sur la porte communiquant avec le jardin. En vain.

Dans le geste qu'il fit en reculant, sa main toucha la serrure et ramena la porte avec elle. C'était une porte qui s'ouvrait d'avant en arrière. Ils n'avaient pas pensé à cela.

Il se précipita dans le jardin, les yeux dilatés, comme une bête poursuivie.

XXVIII

Trois jours plus tard, on célébrait à Fez l'enterrement des trois officiers, des cinq soldats et des trois civils tués au cours de l'émeute.

La nature, comme on dit, était en fête. Du jour au lendemain, quelle chaleur ravissante! Fez Bali sentait bon, Fez Jedid sentait bon, le Mellah sentait bon Une floraison de petits drapeaux tricolores: aux mains des indigènes, aux balcons des Juifs. On se sentait Français.

Les vents se roulaient comme des femmes sur cette colline suburbaine, pleine de grottes consacrées à l'Aphrodite errante, où la pompe funèbre était attendue. Des spahis, les yeux lourds des images de Moulay Abdallah[1], maintenaient la foule. L'enfant d'Israël vendait des beignets dans le couvercle d'un seau de toilette. Les gosses arabes, fils des étripeurs d'hier, se poussaient, animés par la vieille espérance, heureusement jamais déçue, de voir un des cavaliers se flanquer par terre. Il y avait des Juifs d'âge, en casquette ou chapeau melon, et paletot européen, et avec cela les jambes nues, grasses et velues parmi les jambes

1. Quartier réservé de Fez.

arabes sèches et lisses; des bourgeois marocains
vêtus de haïks de laine qui leur donnaient, de près, la
même odeur qu'ont les religieuses; et, seules taches
lumineuses dans cette humanité noiraude, les faces
roses, enfantines, des Allemands de la Légion. Une
jument aux yeux égarés se frayait passage à travers
la foule. Au milieu du noble espace vide réservé pour
la cérémonie, un roquet jaune, fidèle gardien de la
tradition, allait et venait sous le feu des regards avec
un cynisme éblouissant, attendant, pour poser
culotte, qu'on en fût à la minute de silence.

Au second rang des assistants, toujours modeste,
toujours auréolé de sa répugnance à *paraître*, se
tenait M. le Chevalier, portant sur sa physionomie
l'expression d'un bonheur conscient et mérité. Les
limites de ce récit ne nous permettent pas de raconter comment, après avoir escaladé le mur de son jardin, Guiscart s'était terré sous les bosquets d'un
jardin proche, d'où il ne sortit qu'au bruit d'une des
patrouilles françaises qui battaient la ville à la première heure du matin. Dans la scène de reconnaissance, sur le seuil de sa maison, avec le cadavre
d'Auligny[1], il avait été parfait, il n'y a pas d'autre
mot. C'est dans cette sorte de moments-là que M. de
Guiscart pouvait donner l'illusion d'être un animal
de la grande espèce.

Et maintenant il était là, avec son âme d'été. Ah! il
ne mourait pas comme ça, lui! En venant, il avait
croisé des petites Juives, aux cheveux tressés dans le
dos (de celles qui vous réconcilient avec l'idée de la

---

1. L'idée de l'assassinat d'Auligny nous a été fournie par un fait
divers de trois lignes lu dans un quotidien: quelque part en Orient,
un archéologue juif, arabisant et très attaché aux Arabes, avait été
massacré par des Arabes.

divinité de Jésus-Christ), et il en gardait une mine si éveillée, un visage si vibrant qu'on aurait dit que ses oreilles bougeaient, comme celles des chevaux. Quarante années de jouissance devant lui : l'immortalité, quoi ! Jamais il n'avait été si reconnaissant à la nature, qu'elle ne l'eût pas fait naître ambitieux, qu'il pût jouir de tout cela sans arrière-pensée. Il faut dire, d'ailleurs, que le ton vital de toute la ville était monté depuis cette alerte. Avez-vous vu dans la rue une foule qui s'égaille, après avoir stationné devant le cadavre, recouvert d'une toile, d'un homme mort de mort violente, et l'avoir vu mettre en voiture pour la morgue ? Tandis qu'on se disperse, les cigarettes sont allumées, les rires retentissent, une alacrité crispe l'air ; on sent que ces gens sont contents, que ce cadavre les a fouettés. Ce soir, ils feront un dîner plus copieux que de coutume ; et dans les alcôves quels gémissements des sommiers ! En mourant ainsi sur le trottoir, et en laissant voir pendant un instant, tandis qu'on le glissait dans la voiture, ce qui avait été sa tête et qui n'était plus que l'apparence d'une tomate sur laquelle on a mis le pied, ce pauvre diable a fait plaisir à toute une foule, lui a vraiment *donné* quelque chose, qu'il était bien incapable de lui donner par sa sotte de vie. Eh bien ! Fez après l'émeute, c'était cela.

Guiscart regardait les officiers cavalcadeurs, et s'il lui arrivait de voir un capitaine cavalcadeur avec la cigarette à la bouche, ou de distinguer la cravate d'un ordre au col d'un colonel, puis, le colonel s'approchant, de reconnaître que la cravate était la cravate du Nicham, sa lèvre s'arquait, et tout de suite il baissait les paupières pour atténuer, par l'humilité des yeux, ce pli canaille de la bouche. Puis, tournant

le visage, il voyait à son côté le gros Juif qui dardait
avec obsession des regards railleurs et supérieurs sur
les officiers, regards pleins d'envie malveillante, qui
à la fois dédaignaient et respectaient. Et Guiscart se
disait : «Bien entendu, je suis quelqu'un de droite ;
est-ce que cela peut être mis en question ? D'ailleurs.
il n'y a qu'à me regarder.»

Mais il se fit un mouvement : les anciens combattants arrivaient. C'était un spectacle réconfortant
que de les voir, avec leurs bérets et leurs gants blancs,
défiler au pas cadencé, portant sur leurs visages une
affirmation si claire et si simple qu'ils étaient prêts à
offrir leur vie une seconde fois. Seulement, ne leur
demandez pas de sacrifier trente francs par an de
leur pension, pour que la France vive. Ils vous arra-
cheraient les yeux.

Soudain, les adjudants crièrent, dans une langue
incompréhensible, des choses en apparence très
redoutables, et Guiscart évoqua les *yaouleds*[1] des sta-
tions de taxis, quand ils crient aux chauffeurs, avec
le dernier sérieux, des ordres dont oncques chauffeur
ne tint le moindre compte : «Roule ! Avance en
arrière !... Arrête !...» Le tambour-major fit avec sa
canne un moulinet destiné en principe à n'impressionner que les petits cireurs, mais qui en fait
impressionna le ministre plénipotentiaire, qui arrivait, et les hauts fonctionnaires, et le haut clergé, et
les dames et les demoiselles de tout ce monde, sans
oublier le tambour-major lui-même. Alors la musique éclata, et les chevaux aux nez roses, mais aux
dents malheureusement jaunes, de contentement se
mirent à faire tourner leurs queues ; puis ils se tra-

---

1. Gamins arabes, en argot nord-africain.

versèrent, infléchirent le col, avec une grâce adorable, sachant qu'ils portaient sur leurs dos des conducteurs de peuples. Quant à Guiscart, c'était en vain qu'il composait *in petto* des phrases à prétentions littéraires sur «cette musique qui indifféremment ferait danser des singes, ou conduirait des hommes à la mort»; il s'était mis à battre la mesure avec le pied. Aussitôt que la grosse caisse retentit, il eût voulu qu'on perdît le Maroc, pour pouvoir le reprendre à soi tout seul; qu'on perdît l'Alsace-Lorraine, pour pouvoir la reprendre à soi tout seul. Il ne touchait plus terre.

Nous ne décrirons pas la cérémonie: elle est tout au long dans *L'Illustration*. Quand cela fut fini, Guiscart revint à la ville nouvelle. Durant le trajet, il déchira en morceaux, et jeta, des croquis qu'il avait faits durant la cérémonie. Il ne voulait pas avoir l'air, à ses propres yeux, d'*utiliser* sa vie.

À l'instant où le cercueil d'Auligny était apparu, il n'avait eu qu'une seule pensée: «Les grands sentiments se paient cher.» Il n'avait pas eu d'émotion. Jetons-lui la pierre, bien sûr, mais ensuite demandons-nous: Auligny aurait-il eu beaucoup d'émotion, devant le cercueil de Guiscart? La société, d'ordinaire si indulgente quand il s'agit d'elle-même, est trop sévère pour l'indifférence à l'égard des morts, qui est une loi de la nature aussi inévitable que celle de la digestion.

«À quoi cela aurait-il servi, que je restasse auprès de notre pauvre daim? Nous étions massacrés tous les deux. Et quelle raison avais-je de me faire tuer pour lui? Je n'avais pour lui ni amitié ni estime, et je ne lui devais rien. Quand il m'envoie son télégramme désespéré, j'accours, plantant là l'exquise Marinette;

et il me raconte des insanités. Nous étions largement quittes. En avant ! à la tour de Nesle ! » Et il se rapproche de la bouche chaude et du souffle fort de la vie.

Guiscart déjeuna devinez avec qui ? Avec la fausse comtesse, qu'il avait invitée. On se souvient qu'il était prêt (véritablement prêt) à lui envoyer une balle dans la peau ; qu'il disait qu'elle, et ses semblables, cela ne valait qu'une noyade à la Carrier. Mais maintenant il la frictionnait fort, faisait le minou, etc., bien qu'il trouvât qu'elle avait un corps qui vous endormait rien qu'à le regarder.

On répandait que la fausse comtesse s'était conduite avec beaucoup de cran pendant l'émeute. Cela chatouillait Guiscart, que cette canaille fût courageuse. « Mais quoi ! on naît courageux comme on naît avec un grain de beauté sur la fesse gauche : il n'y a pas de mérite à cela. Par ailleurs, c'est une question de médication. Un mouton à qui on a fait suivre un traitement thyroïde se met à mordre les barreaux d'une grille. Alors, qu'on ne m'en parle plus. »

Pourquoi Guiscart faisait-il le minou avec la fausse comtesse ? Parce qu'il avait appris qu'il allait y avoir une distribution de croix du T.O.E. (Théâtre des Opérations Extérieures) pour les civils comme pour les militaires qui avaient particulièrement risqué pendant l'émeute ; et il en voulait une, mais ne voulait pas la demander, et comptait donc que la divine poufiasse lui obtiendrait cela, sans qu'il eût à se départir de son air innocent et absent : il avait trop de dégoût pour attaquer jamais les choses de front, mais il n'était rien qu'il ne sût tourner, manège d'ailleurs sans gloire, car l'intrigue à Paris est trop facile ; quand on y voit un raté, on se demande comment il

a pu faire. Guiscart souhaitait d'avoir la croix du
T.O.E., parce que sa conduite dans la seconde partie
de la nuit de l'émeute lui avait révélé que la prochaine mobilisation, qu'il avait toujours cru qui lui
serait très agréable, lui serait en réalité très désagréable. Aussi, pour la faire passer, il lui fallait maintenant ne jamais perdre de vue les agréments qu'il en
tirerait : il y aurait de la fesse à ne savoir qu'en faire
(nous n'osons imprimer cette expression que parce
qu'elle est employée couramment par l'élite de notre
corps d'officiers), il se promènerait avec un casque
sur les grands boulevards, il porterait les rubans de
toutes ses décorations (alors que la petitesse des bou-
tonnières oblige chaque civil français à d'héroïques
sacrifices). Et c'est pourquoi il souhaitait la croix du
T.O.E., qui lui ferait un ruban de plus.

Cela rentrait bien, d'ailleurs, dans la définition de
la guerre telle qu'il l'avait toujours conçue. La guerre,
selon lui, se divisait en cinq phases consécutives :
1º faire l'amour, pour s'y préparer ; 2º faire la
guerre ; 3º faire Charlemagne, quand on en a plein le
dos ; 4º faire l'amour, pour se remettre en condition ;
et 5º faire antichambre, pour secouer le bananier[1].
On voit bien que ce fier personnage était militaire
dans le sang.

Quant à son détachement des vanités, il ne faut pas
croire qu'il avait rompu avec lui ; il gardait toujours
le contact. Il l'avait seulement mis en veilleuse, bien
décidé à le rallumer sitôt obtenu ce qu'il convoitait.
D'ailleurs, il s'approuvait toujours.

Revenu à l'hôtel, il s'amusa d'un griffonnage qu'il
avait commencé. Il avait fait comme un rêve : Auli-

---

1. Une *banane*, en style militaire, est une décoration.

gny était la seule victime de l'échauffourée, et un officier du régiment prononçait donc quelques mots sur sa tombe ; mais, personne ne connaissant Auligny au régiment, on demandait à Guiscart, qu'on croyait son ami, quelques détails familiers qui permissent de donner un tour personnel à l'allocution. Et il s'était laissé aller à tracer quelques paragraphes de l'allocution que prononcerait l'officier, en les écrivant exprès dans un français impossible, «pour que cela eût bien l'air naturel»: «*Le lieutenant Auligny avait ce signe qui jamais ne trompe pour marquer les natures hautes: la foi. La fermeté de ses convictions était admirable. Il était de ces âmes en lesquelles il ne peut pas même y avoir de conflit, si noble fût-il, entre le devoir et quelque sentiment autre, parce que, pour elles, il n'y a que le devoir, etc.*»

À sentir le titillement exquis que cela lui causait, d'écrire ainsi ce qui était le contraire même de la vérité, Guiscart comprenait le plaisir qu'on peut éprouver à être un maître de l'opinion. Et en même temps il se sentait vertueux. «Eh bien! que me reproche-t-on? Je veux faire quelque chose pour la société. Et puis quoi, il ne s'agit que de consoler une mère.» Le plaisir que prend la masse, à être trompée, n'a d'égal que le plaisir que prend l'individu, à la tromper. Et on ose dire que tout n'est pas pour le mieux dans le meilleur des mondes!

Il imagina même, un instant, la scène: l'officier lisant son allocution. Et, au moment où l'officier en vint aux paragraphes écrits par Guiscart, Guiscart eut une bouffée d'émotion, d'amitié pour Auligny, la seule, oui, assurément, la seule que lui eût inspirée la mort du lieutenant, comme si son émotion ne pouvait lui être donnée que par soi-même. Tant y a que, en fin de compte, c'est toujours nous-même que nous préférons.

Comment savoir si un homme a accueilli le malheur avec fermeté? La fermeté vient quand vient l'accoutumance. Il faudrait savoir comment l'homme soutint le premier choc. Or, les gens les plus imperturbables, il y a presque toujours un premier moment où ils sont *enfoncés*, — enfoncés comme, à la guerre, une ligne de défense est enfoncée. Cela dure une heure, ou plusieurs heures, ou une journée, ou plusieurs journées, pendant lesquelles n'importe quoi peut tout contre eux. Ensuite, ils redeviennent hommes; l'armée s'organise sur les secondes lignes; et on peut commencer à parler de fermeté.

Les Auligny reçurent à trois heures une dépêche de Fez, leur disant que leur fils était «grièvement blessé», et à six heures une dépêche leur disant qu'il était «glorieusement décédé». En Mme Auligny ce fut, tout de suite, *de la Somme aux Vosges*[1] : tout le front enfoncé. Elle mit son mari à la porte («Sortez! Sortez!»), sous prétexte qu'il allât envoyer des pneumatiques à la famille, en réalité pour que sa douleur ne fût pas partagée avec cet homme, pour qu'il n'y eût que Lucien et elle. Jetée sur son lit, ayant étendu sur elle le vieil uniforme de son fils (celui auquel elle avait épinglé jadis la croix de la Légion d'honneur[2] ;

1. Allusion, fréquente encore à l'époque de ce récit, à un des premiers communiqués français de la guerre de 1914, annonçant que «de la Somme aux Vosges», le front français était enfoncé.
2. Dans un des passages supprimés, on voyait Mme Auligny acheter d'avance la croix de la Légion d'honneur qu'elle était certaine qui serait donnée à son fils, et l'épingler à un des uniformes laissés à Paris par le lieutenant.

et maintenant elle savait qu'il l'aurait à titre pos-
thume), elle baisait l'étoffe, le haut du col qui sentait
l'odeur de ses cheveux, l'emplacement des aisselles
où demeurait une faible odeur de sueur, tout cela
avec des cris de bête. Pendant ce temps, M. Auligny,
ayant envoyé ses pneumatiques, faisait cinq fois le
tour du pâté de maisons qui comprenait le bureau de
poste, buté et hébété devant ceci, qui lui apparaissait
comme une sorte d'énigme : qu'il fût le même homme
qui, à trois heures, ne savait rien. Il lui semblait que
les gens qu'il croisait avaient tous des figures
réjouies, qu'on ne mourait pas chez ces gens-là. Et
comment y avait-il des gens qui pouvaient lire le
journal, s'arrêter devant une affiche de théâtre ? Un
mendiant aveugle, qu'il rencontra, lui fit du bien : « Il
est aussi malheureux que moi. » Ceux qui souffrent se
demandent quelquefois : « À quoi sert ma souffrance ? » Elle sert à ce que les autres hommes qui
souffrent, en vous voyant se sentent moins seuls.
Cependant M. Auligny ne fit pas l'aumône à l'aveugle, car tout nous est prétexte pour n'avoir pas de
charité : heureux, nous n'imaginons pas la souffrance du prochain ; malheureux, nous disons : « Eh
bien ! moi aussi je le suis. » Ainsi allait le pauvre père,
en une heure de temps voûté, pâli et — on l'eût
presque cru — maigri, avec un air de pneu crevé (un
visage épanoui par soixante années d'insouciance,
un seul chagrin vif et il se plombe, se flétrit en
quelques heures), d'ailleurs repéré par toutes les
autos, qui *le cherchaient*, voulaient le happer, parce
qu'il attirait les coups par sa souffrance. Il les évita à
force de miracles, comme l'ivrogne les évite, et c'est
vrai qu'il était ivre, de douleur. Il s'arrêta deux fois
aux comptoirs de cafés, ce qu'il n'avait fait de sa vie,

et chaque fois but un demi. Quelle soif effrayante, depuis qu'il savait que son fils était mort! (sa bouche desséchée).

Le lendemain, au réveil, Mme Auligny sentit qu'elle avait récupéré. La famille, les relations allaient affluer: plus ou moins consciemment, elle se faisait, il lui fallait se faire ce qu'on appelle dans l'armée une *tête de service* et l'*âme de service* venait en même temps.

Elle commença d'organiser son deuil. Son premier acte fut de tirer violemment de son cadre, et de jeter dans un tiroir, la photo du cousin tué à la guerre, qui ornait le salon, et de la remplacer par celle de Lucien. Foin de cet ersatz de héros! Maintenant elle en avait un bien à elle. Elle alla chercher la croix sur le vieil uniforme, et l'attachait au cadre, quand M. Auligny, mouton enragé, cria que c'était impossible, que la croix à coup sûr serait décernée à Lucien, mais enfin que cela n'était pas fait, qu'on serait la fable du monde. «Vous avez toujours été jaloux de mon fils!» lui jeta Mme Auligny, avec haine. Il faut dire que la Légion d'honneur leur tournait la tête. Mme Auligny, après avoir persécuté l'univers pour que son mari l'obtînt, au bout de quelques mois s'était entêtée qu'il n'en portât plus l'insigne, par genre. À l'inverse, M. Auligny, qui avait affecté de la mépriser quand il ne l'avait pas, maintenant se repaissait de l'avoir, et se sentait, s'il ne voyait plus sur son veston cette goutte de lumière, comme un aveugle à qui on a retiré son bâton. Aussi, gardant l'insigne dans sa poche en présence de sa femme (il s'était acheté des rubans montés sur bouton), il le remettait à sa boutonnière dès qu'il était sorti, comme ces écrivains de gauche «purs» qui portent leur ruban dans la vie journalière, mais le retirent s'ils doivent rencontrer un autre écrivain «pur», lequel de son côté a fait de même. Bref, il n'est pas impossible que M. Auligny, en tonnant contre la croix attachée à la photo de Lucien, ait été mû par un complexe de mouvements clairs et de mouvements obscurs.

Vers neuf heures on commença d'arriver. Ce fut une grande chose, de véritables assises.

Combien de pauvres gens n'ont connu le doux rayon de la vanité satisfaite, dans toute leur vie, que le jour où ils ont perdu leur enfant ou leur femme, et où les voisins les congratulaient, et où tout le monde les regardait tant! Et la pauvre Léontine (dans son corbillard), jamais on ne l'avait saluée comme ça! Ô douce mort! À Dieu ne plaise que nous en disions autant de Mme Auligny. Mais enfin, si les chapitres de ce roman portaient des titres, celui qui s'imposerait ici serait: *promotion de Mme Auligny.*

Les gens s'étaient assis en rond autour d'elle, comme s'ils allaient jouer au furet. Mme Auligny, piquée sur une bergère, se tenant très droit, sa robe noire largement étalée, un mouchoir à la main, les doigts flambants de bagues, les yeux humides, mais qui ne déparaient pas la régularité ni la fierté de ses traits, recevait les condoléances, ou plutôt les hommages, avec un air de reine. Elle s'était composé, sans le vouloir délibérément, une voix extraordinaire, qui semblait venir de l'au-delà, et quand elle disait par exemple, avec les yeux perdus au loin: «Je suis sûre qu'il est mort en souriant...», il y avait dans sa voix, dans son regard, dans l'espèce de sourire qui flottait sur ses lèvres en prononçant ces mots, une suavité mystique si réelle que, s'il s'était trouvé dans

le salon un homme qui ne l'aimait pas, qui la calom-
niait, il eût été pris de remords, lui eût saisi les
mains, lui eût dit : « Que puis-je faire pour vous ? » Et
c'était sans affectation aucune, du mouvement le
plus naturel, que ses yeux, à telle de ses paroles, se
levaient vers le ciel. M. Auligny était assis sur une
chaise, un peu en retrait, sa grosse figure se plissant
quelquefois dans ce rictus de bonhomie qui lui était
si habituel que, même en pareille circonstance, il ne
pouvait s'en défaire tout à fait : bien qu'assurément il
ne rît pas, il avait l'air de rire ; comme les chiens ont
l'air de rire quand ils gardent la gueule ouverte. On
ne lui adressait la parole que rarement, et jamais
n'avait été plus manifeste le discrédit qu'il y avait,
dans cette société, à n'être ni officier, ni mort. Parfois de longs silences s'établissaient, qui n'étaient
interrompus que par quelqu'un qui se mouchait, ou
par une voix qui soupirait à l'improviste, comme une
sorte de formule incantatoire : « Le désert, et Racine ! »

Mme Auligny était sincère quand elle répondait à
ses amis : « Ne me consolez pas. Je n'ai pas à être
consolée. » Voici qu'enfin on a donné de fortes bases,
et une forte nourriture, à son sublime. Son fils avait
accompli ce pour quoi il avait été fait, ce pour quoi
elle l'avait fait, et on peut dire que cette heure-ci,
c'était une heure qu'elle avait vaguement pressentie,
attendue depuis toujours. Lucien Auligny avait
conquis un royaume où il devenait le pair des preux
et des saints, et recevait sur lui comme un reflet de
Dieu ; il s'élevait dans les nuées, emmenant avec lui
sa mère ; M. Auligny restait sur le plancher : *Domine,
non sum dignus.* Maintenant, le sourire mystérieux
qui était venu à Mme Auligny, par mimétisme, quand
elle avait dit que Lucien avait dû mourir en souriant,

s'était fixé sur ses traits. Le teint rose vif, toute brillante d'émotion, d'orgueil et d'idéalisme, tournant à droite et à gauche sa tête de magnifique poule, avec sa robe noire débordant largement de tous les côtés à travers le salon, elle semblait immense, — admirable et épouvantable comme ces idoles des premiers âges qui enfantaient et dévoraient leurs enfants, dans un divin abîme d'inconscience.

À certaine parole de la générale Pariset, elle eut ce cri, où tout l'être vibra, son âme lui montant aux lèvres avec une force qui la secouait : «Pourquoi le bon Dieu ne m'a-t-il pas permis d'en avoir un autre, que je puisse le donner lui aussi !»

Quelques instants plus tard, M. Auligny se leva et quitta le salon, sans que personne s'inquiétât de son départ. Il alla dans sa chambre, s'assit à sa table, et regarda fixement devant lui, par-delà la vitre, les feuillages qui bougeaient. Par la porte ouverte, le murmure de la conversation lui arrivait, que dominait la voix maintenant claironnante de sa femme : «C'était le rêve de Lucien de mourir comme cela…» M. Auligny se leva, alla fermer la porte, se rassit devant sa table, et, tirant de sa poche tabac noir et papier à cigarettes, de ses gros doigts malgracieux roula une épaisse *sibiche* (c'était là son mot). Sur la table étaient posés plusieurs crayons, noir, bleu, rouge, que M. Auligny volait à son bureau, bien qu'ils ne lui servissent quasi à rien. Il se mit à les tailler avec minutie, leur faisant des pointes fines, un vrai travail d'artiste. Les larmes coulaient sur ses joues, intarissablement, sans que son visage changeât, coulaient dans ses rides profondes, s'arrêtaient au bord de la moustache, et il tirait de temps en temps sur sa cigarette, dont la cendre tombait sur son gilet.

Il semblait que décidément, chez Mme Auligny, le sublime eût dévoré la douleur, comme une araignée dévore une mouche morte. C'est l'impression que l'on eut encore durant le déjeuner, auquel étaient restés les membres les plus proches de la famille. Cependant, à quatre heures, le gros des visiteurs étant parti, et une détente survenant avec la solitude, alors que Mme Auligny mangeait du plum-pudding, elle songea que plus jamais Lucien ne mangerait de plum-pudding, et à l'instant la douleur revint, les sanglots l'étranglèrent, comme si elle venait d'apprendre qu'il était mort une seconde fois.

Mais le soir, avec l'exaltation qu'apportent les lumières (toute la journée passée bouillonne en vous), le sublime revint. Un petit ouvrier qui meurt à l'hôpital, trois semaines avant sa mort, lui qui peinait pour écrire une lettre, il ne rêve plus qu'encre et papier, il aligne des phrases assonancées, qu'il tient pour des vers, il se met à rédiger l'histoire de sa vie : l'émotion (et le désœuvrement) ont déclenché en lui l'imagination. L'émotion, de même, jeta Mme Auligny sur sa plume. Elle ouvrit son journal de «pensées» (son journal de jeune fille), où depuis des années elle n'avait pas tracé une ligne, et écrivit :

Dieu est bon, infiniment bon, divinement bon. S'il a repris Lucien, s'il a choisi Lucien, parmi tous les autres, pour le reprendre, c'est qu'il a voulu faire un signe sur lui, sur moi. Ô doux Jésus, merci !...

Lucien est au Ciel. La fête a été grande quand il est venu frapper aux portes du Paradis, et que tous ses camarades, les braves de la guerre, se sont rangés sur son passage pour lui faire la haie, et que tout le Ciel, un instant, a été pavoisé aux couleurs françaises !

À partir de là, Mme Auligny dut sentir que l'expression, chez elle, trahissait la pensée. On le voit à ses points de suspension, les points de suspension remplaçant toujours, sous la plume d'une femme, une pensée qui n'a pas eu la force d'atteindre son expression.

Fume, ô sang!... La source n'est pas tarie. Qu'importe (sic) *les vies quand il s'agit de rendre son éclat à l'âme fanée de son pays!... Tes enfants, prends-les, ô Patrie!... Brise-les, immole-les... Prends, prends sans compter... En chantant ils meurent pour toi!... Un cri éperdu d'amour s'échappe des bouches expirantes... Jusqu'au dernier souffle de leurs vies, jusqu'au dernier enfant des mères, tout est à toi, Patrie insatiable... Ne te hâte pas... Choisis ton heure pour mieux frapper... Je m'agenouille devant toi, Patrie!... Plus je souffrirai pour toi, plus je t'aimerai*[1].

Il y a des personnes qui trouvent odieux de tels accents; odieux le mot que nous avons rapporté : « Je voudrais en avoir un autre, pour le donner lui aussi. » Mais quand la Volumnie de Shakespeare dit, devant le cadavre de son fils : « Sa renommée me tiendra lieu de fils », quand telle grande Italienne de la Renaissance, voyant du haut de son château fort assiégé égorger ses trois enfants, montre aux ennemis son ventre et leur crie : « Il y a là de quoi en faire d'autres », ces mêmes personnes n'hésitent pas : elles tiennent que de telles paroles ajoutent quelque chose au patrimoine de l'humanité. Si nous suivons la tra-

1. Voir note à la fin du volume.

dition, si nous tirons notre bonnet devant le type de la «mère romaine», tirons-le aussi devant Mme Auligny; c'est là simple justice. Et si nous disons de Mme Auligny qu'elle est une folle dangereuse, renvoyons alors au psychiatre, avec pitié et dégoût, la plupart de ceux que le monde, depuis des siècles, nous apprenait à révérer comme des êtres plus grands que nous-mêmes.

Quand nous sommes en état de crise, chaque nuit nous modifie un peu. Le matin du surlendemain, qui était celui de la messe dite à la mémoire de Lucien, le tic de Mme Auligny l'avait reprise. Ce que nous appelons son tic, c'est ce réflexe qu'elle avait, devant toute personne avec qui elle était en rapport, de se dire avant tout : «Qu'obtenir d'elle ?» Comme l'aiguille de la boussole se tourne toujours vers le nord, Mme Auligny se tournait toujours vers ce qui était son intérêt. Sa journée était perdue, si elle n'avait pas amorcé quelque chose en ce sens, ou fait progresser une mine. Les *assises* tenues l'avant-veille avaient été une solennité de pure pompe : sa part donnée à la nature, elle n'avait plus songé qu'au drapé. Les conversations sur les marches de Saint-Augustin, et la réunion à la maison, qui suivit la cérémonie religieuse, furent toutes dévouées aux réalités. Non seulement il y avait la croix de Lucien qu'il ne fallait pas perdre de vue (elle s'en occupait peu, tenant la chose pour assurée), mais il y avait aussi à obtenir que le nom de «Lieutenant Auligny» fût donné à une rue de Fez; qu'on écrivît sur lui quelques articles dans les journaux bien-pensants; qu'un académicien composât une préface aux lettres de lui qu'elle allait réunir et faire imprimer; qu'une causerie fût faite au Cercle Saint-Joseph sur sa vie héroïque, etc. Tout cela fut mis en

train entre onze heures et midi. Quant à la cérémonie, elle avait été parfaite. Lorsque sa fille était morte,
Mme Auligny s'était félicitée (si nous osons employer
ce mot) que ce fût en août, parce qu'on mettrait sur le
compte des vacances que l'assistance eût été plutôt
clairsemée à l'enterrement. Cette fois, bien qu'il y eût
là quelques têtes impossibles, M. Auligny prenant ses
relations au-dessous de lui, par timidité, comme sa
femme les prenait au-dessus, par gloire, tout compte
fait cela fut très bien, et dépassa les espérances de
Mme Auligny, qui les jours précédents en avait été
tourmentée au dernier point. Les gens étaient
aimables parce qu'ils étaient reconnaissants que tout
cela se fût fait vite ; il n'y avait pas eu à venir plusieurs fois prendre des nouvelles, comme on doit le
faire avec les moribonds qui se font prier.

La semaine qui suivit, les Auligny reçurent une
dépêche de Fez, demandant s'ils souhaitaient que le
corps restât là-bas, ou s'ils comptaient le faire revenir
en France. M. Auligny préférait qu'on le laissât là-
bas ; elle, elle voulait aller le chercher elle-même.
Enfin la démangeaison de faire une phrase, et aussi
de montrer qu'elle ne regardait pas à la dépense dans
un télégramme, l'emporta ; elle télégraphia ceci, qui
n'avait pas été sans force brouillons : « Que le lieutenant Auligny repose sur la colline de Fez. En arrosant
cette terre de son sang généreux, il l'a marquée pour
qu'elle le garde. Au Maroc comme à la frontière de
l'Est, ce sont les morts qui défendent le sol. Henriette
Pétivier-Auligny. » Elle espérait que l'employée de la
poste, qui « prenait » son télégramme, lui jetterait un
regard d'admiration. Mais l'employée ne leva pas les
yeux. Mme Auligny pensa qu'elle l'avait fait exprès,
que c'était une communiste.

Elle recevait une assez volumineuse correspondance, qui la touchait et la flattait. Des camarades de régiment de son fils lui écrivaient des lettres dont elle cochait au crayon rouge les passages élogieux pour lui, qu'elle recopiait ensuite à l'usage des personnes qui écriraient des articles sur Lucien ; ces feuilles où elle les recopiait finissaient par ressembler aux « extraits de presse » que publie sur un de ses auteurs un éditeur. Des personnes qui n'avaient pas vu le lieutenant six fois dans leur vie l'appelaient Lucien tout court, comme les journalistes appellent par son prénom, dans leurs articles, la jeune fille qui a vitriolé son amant. Elle passait sa journée à répondre, recopiant jusqu'à sept ou huit fois la même lettre, en n'en changeant que quelques termes ; tous les articles possessifs se rapportant à son fils étaient écrits avec des majuscules ; *adieu* était orthographié *À Dieu* !... Elle était à son affaire.

Cinq jours après l'affreuse nouvelle, comme elle prenait son courrier des mains de la femme de chambre, elle devint livide, la sueur lui sortit du front, elle s'assit et pensa se trouver mal. Il y avait, parmi les lettres, une lettre de Lucien. C'était la dernière qu'il lui eût écrite, la veille de sa mort.

Elle resta un long temps sans ouvrir l'enveloppe. C'était comme si elle s'attendait à ce que cette voix qui sortait de la tombe lui apportât une révélation extraordinaire, le mot essentiel d'une âme et d'une destinée.

Elle ouvrit enfin, et lut :

Fez, le 28 octobre 1932

Chère Maman,

Je ne sais pas pourquoi vous semblez vous être mis en tête que c'est sur mon désir que j'ai quitté Birbatine.

Sans doute, étant donné mon mauvais état de santé, je me suis incliné quand la Faculté m'a pressé de partir, mais l'initiative n'en est pas venue de moi. Je suis d'ailleurs bien décidé, aussitôt que je serai radoubé, à redescendre à l'intérieur et à y gagner enfin mes éperons de chevalier, — et pas dans un bureau, vous pouvez le croire !

La tristesse de quitter Birbatine a été adoucie par l'amitié que tous, sous-officiers et hommes, m'ont témoignée jusqu'au dernier moment. Au milieu des amertumes de toute sorte dont est abreuvé un officier français en 1932, c'est une joie pour lui de voir les liens qui peuvent s'établir entre lui et tous ces braves gens. J'avais conquis leur confiance parce qu'ils avaient compris que je les aimais et que l'expression de grande famille militaire *était pour moi plus qu'un mot : une réalité.*

La lettre se terminait par quelques impressions sur Fez, d'un tour plaisant, destinées à M. Auligny, toujours traité un peu en *minus*.

Mme Auligny, dans les larmes, la colla contre ses lèvres. Tout Lucien était là ! Quand il lui avait écrit qu'il quittait Birbatine, elle avait trouvé sa lettre un peu embarrassée, avait été surprise et mécontente. Maintenant tout s'éclairait. Et Mme Auligny, agenouillée contre son lit, la lettre à la main, adorait la divine Providence qui lui envoyait ce message d'outre-tombe et grâce à lui la rassurait pour toujours.

Il n'y a pas que M. de Guiscart qui vive dans la féerie.

Deux mois ont passé depuis ces événements. Disons ce que sont devenus les principaux personnages de notre récit.

Mme Auligny, épuisée la première fougue de son deuil, s'est trouvée soudain désœuvrée. Elle s'est mise alors à faire de la broderie, avec une agitation frénétique, ornant de «dessus» salissants et gênants (mais pleins du génie féminin) toutes les tables et toutes les cheminées, recouvrant de percale à fleurs ses livres cartonnés, enfin mettant partout des étoffes, comme une araignée ses toiles : c'est sans doute son réflexe de la douleur, comme le chat se gratte sous l'oreille, jusqu'au sang, si vous lui patinez le croupion. Beaucoup de gens opinaient : «Elle ne survivra pas à ce coup.» Mais, de même que le vieil employé dont tous ont dit, quand il a pris sa retraite : «Vous verrez, il ne pourra plus vivre sans son bureau. Je ne lui donne pas un an», vit encore quinze ans gaillardement, et faisant la nique à son rond de cuir, de même Mme Auligny ne semble pas du tout incliner vers la tombe : elle est resplendissante, c'est une vraie pomme d'api. Le sublime la soutient, sans compter que sa situation sociale s'est grandement améliorée avec la mort de Lucien.

L'autre jour, ils ont reçu la cantine de leur fils. Nous ne décrirons pas cette scène bouleversante. Ensuite, vingt personnes ont reçu des invitations à venir se recueillir devant les «reliques» de Lucien, c'est-à-dire le déballage de sa cantine, qui est resté quatre jours exposé sur la table de la salle à manger.

Jeune fille, il arriva à Mme Auligny, tel jour où son galant avait été bien froid avec elle, d'écrire le soir dans son journal qu'il lui avait tenu la main, qu'il avait été plus tendre que jamais, avec mille détails de cette tendresse, inventés. Pendant qu'elle écrivait cela, et quand elle le relisait, elle finissait par le croire vrai, et était heureuse. Le même mécanisme lui avait fait inventer, depuis la mort du lieutenant, une vie de Lucien purement imaginaire : Lucien y apparaissait comme ayant baigné à l'état continuel dans le catholicisme le plus rigide et le plus exalté. Mme Auligny imagina de toutes pièces que Lucien avait fait le souhait, devant elle, qu'un crucifix qu'il y avait à la maison, contenant du bois de la «vraie croix» — ce morceau de la «vraie croix» qu'il y a dans chaque famille de la chrétienté — fût placé, le jour venu, auprès de son lit de mort. Le crucifix fut donc dressé sur la table de la salle à manger, au-dessus de l'appareil photographique, de la casserole de voyage, des objets et des uniformes ayant appartenu à Lucien. «Comme la tunique sans couture était au pied de la croix», dit Mme Auligny devant les uniformes, car elle ne manquait jamais une occasion de comparer son fils à Jésus-Christ.

La lecture de la lettre, trouvée dans la cantine, où Auligny demandait que, s'il mourait, une somme de quatre mille francs fût donnée à l'hôpital indigène de L..., a troublé les Auligny. Le premier mouvement de Mme Auligny fut tout d'extase : voilà ce qu'il faisait pour ses assassins ! M. Auligny ne disait rien. Ensuite, on n'en a plus parlé. Quatre mille francs, c'est quand même une somme. Et puis, les morts sont sacrés sans doute, mais non pas dans leurs dernières volontés. Il n'est pas dans les habitudes de la bourgeoisie française de prendre celles-ci au sérieux.

Parmi les photographies trouvées dans la cantine, ayant pour sujets des paysages, les sous-officiers, des indigènes plus ou moins pittoresques, nombreuses sont celles qui représentent une petite fille marocaine, quelquefois entièrement nue. «Ce sont des photos qu'il a prises pour Guiscart, a dit Mme Auligny. On voit bien que c'est un modèle qui pose pour un peintre.» M. Auligny n'a rien dit.

Trois semaines après l'ouverture de la cantine, M. Auligny, sans en souffler mot à sa femme, a envoyé deux mille francs, anonymes, à l'hôpital indigène de L... Il s'est promis d'envoyer chaque année une petite somme : c'est le vieux pli des Auligny, de se déposséder. En aura-t-il le temps ? Depuis deux mois, il s'est décollé, n'est plus le même. S'il était seul, il se roidirait peut-être. Mais il est bien inutile de s'efforcer à un héroïsme qui lui demanderait beaucoup de peine, et qui, auprès de celui de sa femme, passerait inaperçu. Quand on prononce devant lui le nom de Lucien, il dit : «Ah! le pauvre Lucien...», sans plus, et parle d'autre chose ; et, si alors on le regarde, on trouve qu'il a l'air de rigoler ; mais il ne rigole pas, c'est son rictus de chien. Mme Auligny, outrée que l'on puisse inférer de leurs visages cette chose folle, que son mari a souffert plus qu'elle de la mort de Lucien, est furieuse contre ses joues de pomme d'api. Les hommes qui veulent montrer officiellement qu'ils souffrent peuvent laisser pousser leur barbe ; les femmes, sauf exception, n'ont pas cette ressource. Alors elle prétend que c'est la maladie de foie de son mari, qu'il y a dix ans qu'il en avait des symptômes.

Nous ne quitterons pas les personnages de ce récit sans dire un mot du lieutenant, puisqu'il continue d'exister, sous la forme d'une âme immortelle. Disons donc que, récemment, un mariage qu'on désirait beaucoup pour une petite cousine, Marthe Dau-

tremont, s'est fait par l'entremise céleste du lieutenant, à la mémoire de qui la petite Marthe avait voué
un véritable culte. Et l'oncle Léopold, qui était sur le
point de faire une fin d'athée, est en train de revenir
au bon Dieu, parce qu'il a accepté de porter toujours
dans son portefeuille une des images mortuaires de
Lucien.

Le chevalier est revenu à Alger. Toujours fertile en
événements amoureux, et après qu'El Akri eut été
admise à faire valoir ses droits à la retraite («Chère
El Akri! Elle m'a toujours si magnifiquement
obéi!»), il s'est entêté d'une Française, qui le touchait surtout parce que, par son visage, elle lui rappelait un de ses grands-oncles, et qu'ainsi il ne
sortait pas des sentiments de famille, vers lesquels
présentement il a un retour : il va jusqu'à prévoir le
temps où il ne pourra plus aimer que des vicomtesses
bretonnes. Il a eu ensuite une autre maîtresse (étonnant petit tapir féminin), surpris lui-même d'avoir si
peu envie d'elle, et se disant : «Autrefois, je ne les
haïssais qu'après. Maintenant, je les hais avant, pendant et après.» En dernier lieu, il s'est entêté d'une
jeune Juive tuberculeuse, moins pour sa mine que
parce que, étant tuberculeuse, il pense qu'elle ne
l'ennuiera pas longtemps. Avec elle *il n'y a pas d'avenir*, et pour cet ennemi de toute chaîne c'est là un
avantage incomparable, qui justifie les beaux sacrifices d'argent qu'il a déjà faits à son profit.

Le chevalier, changeant de point de vue, s'est
convaincu que, la nuit de l'émeute, il a agi avec la
dernière lâcheté, et cela l'amuse beaucoup. Il vient
de terminer un pendant au *Pas de l'honneur*, cette
suite de planches dont nous avons parlé. Un homme,
vêtu en eunuque et en lièvre, fait des pas non plus

autour d'une épée, mais autour d'un tambour de colonne, sur lequel est représenté l'organe de la femme : Sésostris, quand, conquêtant, il trouvait peu de résistance, dressait des colonnes où il faisait peindre le *proprium quid* féminin, signifiant ainsi le peu de courage et l'incapacité des habitants. Guiscart a intitulé cette suite : *Le Pas du déshonneur.* La légende en est empruntée à un poète arabe du moyen âge, et la voici : « *D'où viens-tu ? demandait-on à Rabi'a. — De l'autre monde. — Et où vas-tu ? — Dans l'autre monde. — Que fais-tu donc dans celui-ci ? — Je me joue de lui.* »

Et, dans l'original de Guiscart, les mots : « Je me joue de lui » sont tracés à l'encre d'or.

NOTE

On trouvera aux pages 267-272 des *Lettres de guerre du Capitaine Robert Dubarle* (Perrin, éditeur, 1918) une sorte d'*invocation à la Patrie*, écrite sur le front pendant la guerre de 1914, et dont nous nous sommes étroitement inspiré pour rédiger les notes de Mme Auligny afin de rester dans la vraisemblance.

Le capitaine Dubarle était marié, père de famille, et ancien député. Il fut tué au combat. Voici des extraits de son texte, écrit pour une sorte de journal intime, et sans arrière-pensée de publication.

Tes enfants, ô patrie, prends-les, brise-les, immole-les. Accepte le don frémissant de leur vie.

Je m'agenouille devant toi. Piétine mon corps, il est à toi; prends ma demeure, envoie à la mort ceux que j'aime, que jamais je ne revienne vers le doux foyer (...) Plus je souffrirai pour toi, plus je t'aimerai.

Prends, prends sans compter. Entasse nos corps, remplis les tranchées et les sillons de blessés et d'agonisants. Comble avec nos cadavres le gouffre soudain creusé et devant lequel les pas hésitent. Nous t'invoquons, nous te bénissons, en chantant nous mourons pour toi. Ton visage austère, tes mains insatiables, tes pieds devant lesquels défaillent tant de jeunes vies, nous les adorons (...) Chaque jour tu exiges un plus lourd tribut; chaque jour il te faut des bataillons plus épais, de nouvelles poitrines et de nouveaux corps, à peine debout et déjà déchiquetés.

Prends, prends encore. Un cri éperdu d'amour s'échappe des bouches expirantes (...) Rien autour de toi que l'adoration de tes fils qui meurent, et la volonté implacable des vivants.

Jusqu'au dernier souffle de nos vies, jusqu'au dernier enfant de nos mères, jusqu'à la dernière pierre de nos demeures, tout est à toi. Ne te hâte pas. Choisis ton heure pour mieux frapper. Ne songe pas à nos souffrances.

*

Les sentiments que l'auteur exprime en son nom, dans ce livre, au sujet de Racine, ne sont plus les siens aujourd'hui (1967).

DU MÊME AUTEUR

COLLECTION FOLIO

Composition Interligne
Impression B.C.I. à Saint-Amand (Cher),
le 15 février 1995.
Dépôt légal : février 1995.
Numéro d'imprimeur : 4/122.
ISBN 2-07-039316-X./Imprimé en France.

70869